धर्मचक्र

राम प्रताप सिंह

Made with ♥ on the Notion Press Platform
www.notionpress.com

"धर्मो रक्षति रक्षितः अर्थात तुम धर्म की रक्षा करो,धर्म तुम्हारी रक्षा करेगा |"

यह रचना अपने उन सभी देशवासियों को समर्पित है जिन्होंने धर्म की रक्षा में अपने प्राणों का बलिदान कर दिया |

क्रम-सूची

क्रम-सूची

प्रस्तावना

धर्मचक्र धर्म का प्रतीक चिह्न है |हिंदी शब्द "धर्म" का अर्थ अंग्रेज़ी के "रिलिजन" से नहीं है। रिलिजन का अर्थ होता है "पन्थ" और ऐसे कई पंथ हमारे देश मे है। ईसाई, सिख, इस्लाम, जैन और बुद्ध भी पंथ ही है क्योंकि ये एक ईश्वर और एक ईश्वर के प्रतिनिधि और एक पूजा व्यवस्था की बात करते है।

धर्म का वास्तविक अर्थ होता है -"जीवन मूल्य" (set of values)। ये जीवन मूल्य एक दिन में नहीं बने। मनुष्य के सामाजिक होने के साथ ही एक प्रक्रिया जारी हुई जिसके तहत मनुष्यों ने सामाजिक गलतियों या त्रुटियों से सीखना शुरू किया और नियम और कायदे बनाये। उनसे जुड़ी न्याय व्यवस्था बनी और सजा का निर्धारण हुआ। फिर भी यह महसूस किया गया कि कुछ ऐसा करना जरूरी है जो व्यक्ति को अंतर्मन से सामाजिक नियम, कायदों का पालन करने के लिए प्रोत्साहित करें। अतः पाप और पुण्य के ताने-बाने में इसे समाज को समझाया गया। कहानियाँ बनी जहाँ कहानियों के माध्यम से साधारणजन को क्लिष्ट सोच सरल भाषा में समझाई गई। धीरे-धीरे उचित व्यवहार की एक संविदा बनी जिसे धर्म का नाम दिया गया। किसी व्यक्ति की धार्मिकता इस बात पर तौली गयी कि वह इन व्यवहारों का कैसे और किस हद तक पालन करता है। अतएव, यह स्पष्ट है कि धर्म की स्थापना तब हुई जब मनुष्य सामाजिक प्राणी बना और फिर एक लंबी प्रक्रिया के जरिये धर्म विकसित और परिमार्जित हुआ और यह प्रक्रिया अभी जारी है और जारी रहेगी।

धर्म के बारे में हमें बहुत सी भ्रांतियां रहती हैं परन्तु उनकी वास्तविकता जानने की बजाय हम उन्हें मानते चले जाते हैं या फिर उनकी आलोचना करने लग जाते हैं | इसकी वजह है- धार्मिक शिक्षा का अभाव| इस पुस्तक में जरिये मैंने धर्म के बारे में सामान्य जानकारी देने का प्रयास किया है | इसमें शामिल है – धर्म क्या है, इश्वर क्या है, भगवान क्या है,जीव क्या है, प्रकृति क्या है, आत्मा क्या है ,ब्रह्म

क्या है , ब्रह्मचारी और योग क्या है, ध्यान; समाधि व मृत्यु क्या है,नास्तिक और अनास्तिक कौन है,मानव का धर्म से क्या सम्बन्ध है,क्या शिक्षा और संस्कार धर्म का हिस्सा हैं, मंदिर और मूर्ति पूजा का क्या महत्व है, प्रकृति पूजा क्या है,वेद;पुराण; रामायण;महाभारत और भगवतगीता का हमारे जीवन में क्या उपयोगिता है, हिन्दू;जैन;बौद्ध; ईसाई;मुस्लिम;यहूदी व पारसी धर्मों की क्या विशेषताएं हैं| इन्ही सब प्रश्नों के उत्तर मिलेंगे **धर्मचक्र में**|

धर्म का विषय तो एक विशाल समुद्र की तरह है | उसे संक्षेप में लिखना गागर में सागर भरने के समान है |फिर भी मैंने जिज्ञासु मन में उठ रहे सवालों के जवाब जानने की कोशिश की है | मुझे पूरा भरोसा है कि यह पुस्तक पाठकों के धर्म के बारे में सामान्य ज्ञान को बढाने में महती भूमिका अदा करेगी| यदि कोई भी जिज्ञासू पाठक इसे पढ़कर अपनी जिज्ञासा शांत कर सके तो मेरा यह लेखन सफल हो जाएगा | लेखक से पत्र व्यवहार का पता rps1959@gamil.com Mobile No 7000153809

भूमिका

राम प्रताप सिंह भारतीय सेना, मैकनाइज्ड इनफेन्ट्री रेजीमेंट व सीमा सुरक्षा बल में एक सैन्य अधिकारी थे | उन्हे सैन्य सेवा का 36 वर्षों का अनुभव है| उन्होंने MA(English),LLM, PGDHR (Post Graduate Diploma in Human Rights), DLL&LW (Diploma in Labour Laws and Labour Welfare),Diplomaa in Cyber Laws, MDBA(Master Diploma in Business Administration)में मास्टर्स डिग्री व डिप्लोमा हासिल किया है |इसके अलावा उन्होंने हिन्दी,इंग्लिश, बांग्ला,पंजाबी,मराठी का अध्ययन किया है और उन्हें ,छत्तीसगढ़ी और बघेलखंडी बोली का भी ज्ञान है | सैन्य सेवा से मुक्त होने के बाद वो सूर्या स्टील कंपनी में प्राशासनिक और सुरक्षा अधिकारी के पद पर कार्यरत थे | उन्होंने वकालत का पेशा भी अपनाया | अब वह अपना पूरा समय पठन-पाठन व लेखन में देते हैं |धर्मचक्र हिन्दी भाषा मे लिखा गया उनका 22 वां उपन्यास है |

मेरा जन्म एक हिन्दू परिवार में हुआ अतः माता-पिता का धर्म मेरा धर्म हुआ | मैं धर्मभीरु नहीं था और न ही कट्टर हिन्दू | मुझे विद्यार्थी जीवन से ही सभी धर्मों को आदर करना सिखाया गया था | सभी धर्मों के प्रति समदृष्टि बन गयी थी | मौका मिलने पर मंदिर, गुरुद्वारा, और चर्च में भी जाता था |कालान्तर में सेना की सेवा के दौरान मुझे "सर्वधर्म स्थल" जाने का मौका मिला | सर्वधर्म स्थल वो जगह है जहां मंदिर, गुरुद्वारा, चर्च और मस्जिद सभी आसपास ही होते हैं और सेना के जवान और अधिकारी बिना भेदभाव किये एक दूसरे के धर्मस्थलों में जाकर प्रार्थना करते हैं|ऐसे वातावरण ने मेरे मन में सभी धर्मों को जानने की जिज्ञासा पैदा कर दी | इसी जिज्ञासा की प्रेरणा और परिणाम है - धर्मचक्र|

पावती (स्वीकृति)

आशा मैं तुम्हारे प्यार और सहयोग के लिए हमेशा आभारी रहूँगा , तुमने मेरे जीवन के हर पल को अपने प्यार और सेवा से आनंदमय बनाया |

1

धर्मचक्र

धर्मो रक्षति रक्षितः – मनुस्मृति (8:15)

ॐ नमो भगवते वासुदेवाय:हमारा भारत देश एक आध्यात्मिक देश है, ये देवी-देवताओ की भूमि भी मानी जाती है, जब भी पृथ्वी पर अन्याय, दुष्टो का प्रकोप बढता है, तब-तब ईश्वर मानव रुप लेकर पृथ्वी पर जन्म लेते है। और पृथ्वी को अन्याय मुक्त करते है| हमारे भारत देश को लाखो-करोडो वर्ष पहले से ही अध्यात्मिक देश, विश्वगुरु, व संतो का देश माना जाता है।धर्मो रक्षति रक्षितः श्लोक संस्कृत भाषा मे लिखित हिंदू धर्मग्रंथ महाभारत व मनुस्मृति का एक अंश है। इस श्लोक का अर्थ है की, "जो धर्म की रक्षा करता है, धर्म उसकी रक्षा करता है।"

धर्म एव हतो हन्तिधर्मो रक्षति रक्षितः
तस्मादधर्मो न हन्तव्यो मा नो धर्मो हतोऽवधीत् ॥

अर्थातः- जो मनुष्य धर्म की रक्षा करता है, धर्म उसकी रक्षा करता है। धर्म की रक्षा करने वाला मनुष्य कभी पराजित नही होता, क्योकि उसकी रक्षा स्वयं धर्म (ईश्वर, मनुष्य, प्रकृति, ब्रह्माण्ड , इत्यादि) करता है।

धरती पर मानव की उत्पत्ति : कहाँ, कब और कैसे? धर्म के बारे में जानने के पहले हमें यह जान लेना आवश्यक है कि मानव की उत्पत्ति कैसे हुई ?उसे धर्म की आवश्यकता क्यों पड़ी? धर्म ने उसके जीवन में क्या बदलाव लाये ? धर्म ने विश्व का क्या कल्याण किया इत्यादि |

मानव की उत्पत्ति अभी भी अनबूझा सवाल है। मनुष्य की उत्पत्ति कहाँ शुरू हुई थी, कैसे हुई थी, और कैसे विश्व में फैली? इसके आदिपूर्वज (primates) कौन थे? क्या मानव ऐसा ही आदि में था जैसा आज है? ये सवाल अन्य प्राणियों के लिए भी मानव की उत्पत्ति के बराबर महत्व रखते हैं।

विज्ञान तथा वैज्ञानिकों के इतने प्रयासों के बाद भी पृथ्वी पर मानव जीवन की उत्पत्ति कैसे हुई इसका अभी तक कोई सटीक प्रमाण नहीं दे पाया है | यह अभी तक एक रहस्यमय पहेली ही रही है | लेकिन सदियों से पृथ्वी पर 2 मत चलते आ रहे हैं पहला धार्मिक और दूसरा वैज्ञानिक | लेकिन दोनों के मतों के द्वारा भी इस अनसुलझी पहेली का कोई सटीक प्रमाण नहीं मिला है |

हिन्दू धार्मिक ग्रंथों के अनुसार : हिन्दू धार्मिक ग्रंथों तथा धार्मिक मान्यताओं के अनुसार बताया गया है कि भगवान् ब्रह्मा ही इस पूरी सृष्टि के रचयिता हैं | भगवान ब्रह्मा ने ही मनुष्य की उत्पत्ति की है, हिंदू धर्म ग्रंथों विशेष तौर पर ऋग्वेद और उपनिषद का अध्ययन करें तो पता चलता है कि मनुष्य को ब्रह्मा ने बनाया है। विज्ञान अभी भी शोध कर कर रहा है कि मनुष्य की उत्पत्ति कैसे हुई पर वैज्ञानिक अब तक किसी एक नतीजे पर नहीं पहुंचे हैं|

यह सत्य है कि मनुष्य का शरीर पंचभूतों यानी अग्नि, वायु, जल, पृथ्वी और आकाश से मिलकर बना है। इन पंचतत्वों को विज्ञान भी मानता है। वायु को छोड़कर सभी 4 तत्व दिखाई देते हैं। महर्षि अरविंद ने अपनी किताब 'दिव्य जीवन' में मनुष्य के जन्म के बारे में विस्तार से बताया है।

दिव्य जीवन के अनुसार, ब्रह्म से आत्मा, आत्मा से जगत की उत्पत्ति हुई। पुराणों के अनुसार धरती पर जीवन की उत्पत्ति, विकास और उत्थान के बारे में बताया है। पृथ्वी सूर्य से निकली एक पिंड थी, जब धरती ठंडी होने लगी तो उस पर बर्फ और जल का साम्राज्य हो गया। तब धरती पर जल ही जल हो गया। इस जल में ही जीवन की उत्पत्ति हुई। आत्मा ने ही खुद को जलरूप में व्यक्त किया।

ब्रह्म से ब्रह्मा की उत्पत्ति हुई और ब्रह्मा ने स्वयं को दो भागों में विभक्त कर लिया। उनका एक रूप पुरुष स्वयंभुव मनु और एक भाग स्त्री यानी शतरूपा था। सप्तचरुतीर्थ के पास वितस्ता नदी की शाखा देविका नदी के तट पर मनुष्य जाति की उत्पत्ति हुई। पौराणिक मतानुसार आदि सृष्टि की उत्पत्ति ब्रह्मावर्त क्षेत्र यानी भारत के उत्तराखंड में ही हुई थी।

वेदों में सृष्टि की उत्पत्ति, विकास, विध्वंस और आत्मा की गति को पंचकोश के क्रम में समझाया गया है। पंचकोश क्रमशः अन्नमय, प्राणमय, मनोमय, विज्ञानमय और आनंदमय हैं। पंचकोश को ही 5 तरह का शरीर भी कहा गया है। वेदों की यह धारणा विज्ञान सम्मत है।

इसके अलावा इस सम्बन्ध में स्वामी दयानंद सरस्वती द्वारा लिखित "सत्यार्थ प्रकाश" के अनुसार सृष्टि की उत्पत्ति होती है, जीव की उत्पत्ति होती है, जीवन की नहीं। आत्मा नित्य है।

ईसाई धर्म ग्रंथ बाइबल के अनुसार : बाइबल में पृथ्वी पर मनुष्य की उत्पत्ति को विस्तार से समझाया गया है। बाइबल के प्रथम ग्रंथ का नाम भी उत्पत्ति रखा गया है, ताकि इसमें मनुष्य के जन्म के बारे में अच्छे से समझा पाएँ। बाइबल के अनुसार इस संसार में सिर्फ एक ईश्वर है जिसने इस सृष्टि को बनाया है। उसने ही हम इन्सानों को जन्म दिया और हमारे वजूद को आगे बढ़ाया।

बाइबल के अनुसार सर्वप्रथम ईश्वर ने धरती पर सुंदर-सुंदर बगीचों, पेड़-पौधों, जानवरों आदि की रचना की। कुछ समय बाद ईश्वर को अनुभव हुआ कि इन सब का ख्याल रखने के लिए एक बुद्धिमान जीव का होना जरूरी है। ईश्वर ने बहुत सोच-समझकर एक ऐसी आकृति का जीव बनाया जो बिल्कुल इंसान जैसा था। उसे एडम नाम दिया गया।

अब एडम उन जीवों, बगीचों का अच्छे से ख्याल रखने लग गया। लेकिन फिर उसे एक साथी की कमी महसूस हुई जो बिल्कुल उसके जैसा हो। उसने जब ईश्वर से अपनी व्यथा सुनाई तो ईश्वर ने एक स्त्री का निर्माण किया। जिसका नाम 'ईव' हुआ। फिर इन्हीं दोनों ने मिलकर मनुष्य जाती को आगे बढ़ाया और यह दुनिया के पहले मानव कहलाए। यह सिद्धांत भी सनातन धर्म के वेदों से लिया जान पड़ता है क्योंकि

सनातन धर्म तो मानव की उत्पत्ति के साथ ही साथ उत्पन्न हुआ है।

वैज्ञानिक सिद्धांत के अनुसार :विज्ञान का कहना है पृथ्वी के सभी प्राणी विकास की प्राकृतिक प्रक्रिया से गुजरे हैं। उदाहरण के तौर पर मनुष्य चिम्पाजी से लेकर मनुष्य होने तक विभिन्न अवस्थाओं से गुजरते हुए अनगिनत बदलाव के साथ मनुष्य रूप में विकसित हुआ है। दिनों दिन मनुष्य में बदलाव होता जा रहा है, मनुष्य विकसित हो रहा है ,यह सब एक प्राकृतिक प्रक्रिया है।

हम मनुष्य "होमो" वंश के जीव है। इसलिए विज्ञान हम मनुष्यों को होमो सेपियंस कहता है। वैज्ञानिक सिद्धांत कुछ हद तक आज के मनुष्य की रूपरेखा समझाने में कारगर सिद्ध हुआ है। विज्ञान के अनुसार मनुष्य की उत्पत्ति अफ्रीका महाद्वीप में रहने वाले ग्रेट एप्स से हुई थी।जिस परिवार से मनुष्य संबद्ध रखता है, उसे Hominidae कहते हैं। यह मिओसिन काल (53-23 लाख साल पहले) में पाए जाते थे। फिर इसी परिवार में एक प्रजाति विकसित हुई। जिसे Dryopethicus कहते हैं, यही वो जीव था जो प्रारंभिक मनुष्य था। यह दिखने में आज के समय में पाए जाने वाले वनमानुष जैसे थे।

संसार की उत्पत्ति कब और कैसे हुई?हम जिस संसार में रहते हैं वह हमें बना बनाया मिला है। हमारे जन्म से पूर्व इस संसार में हमारे माता-पिता व पूर्वज रहते आयें हैं। न तो हमें हमारे माता-पिता से और न हमें अपने अध्यापकों व विद्यालीय पुस्तकों में इस बात का सत्य ज्ञान प्राप्त हुआ कि यह संसार कब, किसने व क्यों बनाया है। इसका ज्ञान संसार में किसी को है ही नहीं? विगत 5 हजार वर्षों में हमारे देश के लोगों ने वेद और वैदिक साहित्य का सत्य वेदार्थ पद्धति से अध्ययन करना छोड़ दिया जिस कारण मनुष्य न केवल इन प्रश्नों के उत्तर से ही वंचित व अनभिज्ञ हो गया अपितु ईश्वर व जीवात्मा आदि के सच्चे ज्ञान से भी दूर होकर अज्ञान, अन्धविश्वासों और कुरीतियों से ग्रसित हो गया।

यही स्थिति महर्षि दयानन्द सरस्वती के 12 फरवरी, 1825 को गुजरात के टंकारा नामक स्थान पर जन्म के समय भी थी परन्तु उनमें इन प्रश्नों को जानने की जिज्ञासा थी और इसके लिए अपना जीवन लगाने का जज्बा भी उनमें था। उन्होंने घर के सभी सुखों का त्याग कर

इस संसार के सत्य रहस्यों को जानने का निश्चय किया और विद्वानों की संगति व सेवा में जाकर जिससे जितना व जो भी ज्ञान प्राप्त हो सकता था, उसे प्राप्त किया। स्वामी दयानन्द ने किसी एक ही व्यक्ति को अपना गुरू बनाकर सन्तोष नहीं किया अपितु देश में सर्वत्र घूम कर जिससे जहां जो भी ज्ञान मिला उसे अपनी बुद्धि व स्मृति में स्थान दिया जिसका परिणाम हुआ कि अनेक विद्वानों के सम्पर्क में आकर वह शून्य से आरम्भ होकर अनन्त ज्ञान वेद व ईश्वर तक पहुंचे और सभी जिज्ञासाओं, प्रश्नों, शंकाओं व भ्रान्तियों के उत्तर प्राप्त किये और उससे सारे संसार को भी आलोकित व लाभान्वित किया। मथुरा के गुरू प्रज्ञाचक्षु स्वामी विरजानन्द का तीन वर्ष शिष्यत्व प्राप्त कर उनसे पूर्ण ज्ञान प्राप्त कर वह सन्तुष्ट हुए थे।उन्होंने अपने अनुभव और ज्ञान के आधार पर ‘सत्यार्थ प्रकाश’ नाम का ग्रन्थ लिखा।

सृष्टि की रचना व उत्पत्ति के प्रसंग में यह महत्वपूर्ण तथ्य है कि संसार में कोई भी रचना व उत्पत्ति बिना कर्ता के नहीं होती। इसके साथ यह भी महत्वपर्ण तथ्य है कि कर्ता को अपने कार्य का पूर्ण ज्ञान होने के साथ उसको सम्पादित करने के लिए पर्याप्त शक्ति वा बल भी होना चाहिये। इससे यह निष्कर्ष निकलता है कि यह सृष्टि एक कर्ता जो ज्ञान व बल से युक्त है, उसी से बनी है।

वह स्रष्टा कौन है? संसार में ऐसी कोई सत्ता दृष्टिगोचर नहीं होती जिसे इस सृष्टि की रचना का अधिष्ठाता, रचयिता व उत्पत्तिकर्ता कहा व माना जा सके। अतः यह सुनिश्चित होता है कि वह सत्ता है तो अवश्य परन्तु वह अदृश्य सत्ता है। क्या संसार में कोई अदृश्य सत्ता ऐसी हो सकती है जिससे यह सृष्टि बनी है? इस पर विचार करने पर हमारा ध्यान स्वयं अपनी आत्मा की ओर जाता है। हम एक ज्ञानवान चेतन तत्व वा पदार्थ है जो शक्ति वा बल से युक्त हैं। हमने स्वयं को आज तक नहीं देखा। हम जो, इस शरीर में रहते हैं व इस शरीर के द्वारा अनेक कार्यों को सम्पादित करते हैं, वह आकार, रंग व रूप में कैसा है? हम अपने को ही क्यों ले, हम अन्य असंख्य प्राणियों को भी देखते है परन्तु उनके शरीर से ही अनुमान करते हैं कि इनके शरीरों में एक जीवात्मा है जिसके कारण इनका शरीर कार्य कर रहा है। इस जीवात्मा के माता के

गर्भ में शरीर से संयुक्त होने और संसार में आने पर जन्म होता है और जिस चेतन जीवात्मा के निकल जाने पर ही यह शरीर मृतक का शव कहलाता है।

हम यह भी जानते हैं कि सभी प्राणियों के शरीरों में रहने वाला जीवात्मा आकार में अत्यन्त अल्प परिणाम वाला है। अत्यन्त सूक्ष्म होने के कारण इसका अस्तित्व होकर भी यह दिखाई नहीं देता है। अतः संसार में हमारी इस आत्मा की ही भांति जीवात्मा से सर्वथा भिन्न एक अन्य शक्ति, निराकार स्वरूप और सर्वव्यापक, चेतन पदार्थ, आनन्द व सुखों से युक्त, ज्ञान-बल-शक्ति की पराकाष्ठा से परिपूर्ण, सूक्ष्म जड़ प्रकृति की नियंत्रक सत्ता ईश्वर वा परमात्मा हो सकती है। ऐसी ईश्वर नामी सत्ता से ही सूर्य, चन्द्र, ग्रह-उपग्रह, नक्षत्र, असंख्य सौर मण्डलों से युक्त यह संसार, सृष्टि, ब्रह्माण्ड व जगत अस्तित्व में आ सकता है, इसमें सन्देह का कोई कारण नहीं। यही एक मात्र विकल्प हमारे सामने हैं। अन्य कोई दूसरा विकल्प है ही नहीं। अब इस अनुमान का प्रमाण प्राप्त करना है जोकि वेद व वैदिक साहित्य के गहन व गम्भीर अध्ययन तथा ईश्वरोपासना, विचार, चिन्तन, मनन ध्यान व समाधि के द्वारा प्राप्त किया जा सकता है।

अब हमें यह भी विचार करना है कि वस्तुतः वेद और वैदिक साहित्य है क्या? इसको जानने के लिए हमें इस सृष्टि के आरम्भ में जाना होगा। जब सुदूर अतीत में यह सृष्टि उत्पन्न हुई तो अन्य प्राणियों को उत्पन्न करने के बाद मनुष्यों को भी उत्पन्न किया गया होगा। सृष्टि के आरम्भ में मनुष्यों की उत्पत्ति माता-पिता से न होकर अमैथुनी विधि से परमात्मा व सृष्टिकर्ता करता है। इसका भी अन्य कोई विकल्प नहीं है, अतः ईश्वर द्वारा अमैथुनी सृष्टि को ही मानना हमारे लिए अनिवार्य व अपरिहार्य है।

सृष्टि, सूर्य, चन्द्र, पृथ्वी आदि तथा पृथ्वी पर अग्नि, वायु, जल व प्राणी जगत सहित मनुष्य भी उत्पन्न हो जाने पर मनुष्यों को ज्ञान की आवश्यकता होती है जिससे वह अपने दैनन्दिन कार्यों का सुगमतापूर्वक निर्वाह कर सके। यह ज्ञान भी उसे यदि मिल सकता है वा मिला है तो वह सर्वज्ञ, निराकार, सर्वव्यापक व सर्वान्तर्यामी ईश्वर से ही मिला है। इसके

अनेक प्रमाण हमारे पास हैं। पहला प्रमाण तो परम्परा का है। भारत में विपुल वैदिक साहित्य है जिसमें सर्वत्र वेदों को ईश्वरीय ज्ञान अर्थात् ईश्वर से प्रदत्त ज्ञान बताया गया है। वेद संसार में सबसे प्राचीनतम होने के कारण भी ईश्वरीय ज्ञान सिद्ध होता है।

मनुष्य अपने सारे जीवन में ज्ञान की उत्पत्ति नहीं करता, वह तो ज्ञान की खोज करता है जो इस सृष्टि में पहले से ही सर्वत्र विद्यमान है। यह ज्ञान ईश्वर का स्वाभाविक गुण है और उसमें सदा सर्वदा व सनातन काल से है और शाश्वत व नित्य भी है। ईश्वर ने अध्ययन, ध्यान व चिन्तन आदि से ज्ञान को उत्पन्न नहीं किया अपितु यह उसमें स्वतः अनादि काल से चला आ रहा है। परिमाण की दृष्टि से पूर्ण होने के कारण इसमें न्यूनाधिक नहीं होता और यह अनादि काल से ही एकरस व एक समान बना हुआ है और आगे भी इसी प्रकार का बना रहेगा। वेदों का अध्ययन कर भी वेद ईश्वरीय ज्ञान सिद्ध होते हैं क्योंकि वेदों में ईश्वर, जीवात्मा, प्रकृति व संसार विषयक पूर्ण मौलिक ज्ञान बीज रूप में विद्यमान है जिसका समर्थन ज्ञान व विज्ञान से भी होता है। वेदों का ज्ञान पूर्णरूपेण सृष्टि-क्रम के अनुकूल होने से विज्ञान का पोषक है। वेदों की सभी मान्यतायें ज्ञान, बुद्धि, तर्क, ऊहा व वाद-विवाद कर सत्य सिद्ध होती हैं। सृष्टि के आदि से महर्षि दयानन्द पर्यन्त कोटिशः सभी ऋषियों ने वेदों का अध्ययन कर यही निष्कर्ष निकाला है। अतः वेद ज्ञान ईश्वर प्रदत्त आदि ज्ञान सिद्ध होता है जो सभी सत्य विद्याओं सहित सभी प्रकार के आधुनिक ज्ञान व विज्ञान का भी एकमात्र व प्रमुख आधार है। यदि सृष्टि के आरम्भ में ईश्वर से मनुष्यों को ज्ञान न मिलता तो यह संसार आगे चल ही नहीं सकता था। वही वैदिक ज्ञान काल के प्रवाह व भौगोलिक कारणों से आज अनेक भाषाओं में न्यूनताओं को समेटे हुए हमें सर्वत्र प्राप्त होता है।

सृष्टि के आरम्भ में वेदों की उत्पत्ति व ऋषियों को उसकी प्राप्ति के पश्चात समय-समय पर ऋषियों ने लोगों के हितार्थ विपुल वैदिक साहित्य की रचना की। संक्षेप में कहें तो वैदिक आर्ष व्याकरण, निरुक्त, वैदिक ज्योतिषीय ज्ञान, कल्प ग्रन्थ, 6 दर्शन, उपनिषद, प्रक्षेपों से रहित शुद्ध मनुस्मृति और वेदों की शाखायें हमारे ऋषियों ने अल्पबुद्धि वाले

हम मनुष्यों के लिए बना दी जिससे मनुष्य जाति का उपकार व हित हो सके।

धर्म की उत्पत्ति : हिंदी शब्द "धर्म" का अर्थ अंग्रेज़ी के "रिलिजन" से नहीं है। रिलिजन का अर्थ होता है "पन्थ" और ऐसे कई पंथ हमारे देश मे है। ईसाई , सिख, इस्लाम, जैन और बुद्ध भी पंथ ही है क्योंकि ये एक ईश्वर और एक ईश्वर के प्रतिनिधि और एक पूजा व्यवस्था की बात करते है।

धर्म का अर्थ वास्तविक अर्थ होता है "जीवन मूल्य" (set of values)। ये जीवन मूल्य एक दिन में नहीं बने। मनुष्य के सामाजिक होने के साथ ही एक प्रक्रिया जारी हुई जिसके तहत मनुष्यों ने सामाजिक गलतियों या त्रुटियों से सीखना शुरू किया और नियम और कायदे बनाये। उनसे जुड़ी न्याय व्यवस्था बनी और सजा का निर्धारण हुआ। फिर भी यह महसूस किया गया कि कुछ ऐसा करना जरूरी है जो व्यक्ति को अंतर्मन से सामाजिक नियम, कायदों का पालन करने के लिए प्रोत्साहित करें। अतः पाप और पुण्य के ताने-बाने में इसे समाज को समझाया गया। कहानियाँ बनी जहाँ कहानियों के माध्यम से साधारणजन को क्लिष्ट सोच सरल भाषा में समझाई गयी।

धीरे-धीरे उचित व्यवहार की एक संविदा बनी जिसे धर्म का नाम दिया गया। किसी व्यक्ति की धार्मिकता इस बात पर तौली गयी कि वह इन व्यवहारों का कैसे और किस हद तक पालन करता है। अतएव, यह स्पष्ट है कि धर्म की स्थापना तब हुई जब मनुष्य सामाजिक प्राणी बना और फिर एक लंबी प्रक्रिया के जरिये धर्म विकसित और परिमार्जित हुआ और यह प्रक्रिया अभी जारी है और जारी रहेगी।

धर्म का अर्थ, परिभाषा, विशेषताएं या लक्षण : मनुष्य के मस्तिष्क मे इस प्रकार के स्वाभाविक प्रश्न पैदा होते थे कि प्राकृतिक घटनाओं का संचालन कौन करता है? पानी क्यों गिरता हैं? बिजली क्यों कौंधती है? आदि इसी प्रकार के अनेक प्रश्न उसके मस्तिष्क मे पैदा होते थे। इसके साथ ही वह ऐसे प्रयास भी करता था

जिनसे प्राकृतिक शक्तियों से अपनी रक्षा कर सके। इस सबका परिणाम यह हुआ कि वह परिस्थितियों के मध्य अपने को असहाय मानने लगा। ज्ञान के अभाव मे वह इस प्रकार की धारणाएं विकसित करने लगा कि इन घटनाओं का संचालन एक ऐसी शक्ति के माध्यम से होता है, जो मनुष्य से परे है। शक्ति का रूप स्वीकार करने के बाद मनुष्य ने उस शक्ति मे पूजा, आराधना, जैसे कार्यों को विकसित किया और इस प्रकार धर्म नामक संस्था का जन्म हुआ।

धर्म का अर्थ: धर्म शब्द संस्कृत भाषा के 'धृ' से बना है जिसका अर्थ है किसी वस्तु को धारण करना अथवा उस वस्तु के अस्तित्व को बनाये रखना। धर्म का सामान्य अर्थ कर्तव्य है। इसीलिए व्यक्ति के जीवन से संबंधित अनेक आचरणों की एक संहिता है जो उसके कर्तव्यों और व्यवहारों को नियंत्रित और निर्देशित करती है। उसका मार्ग-दर्शन करती है जिससे कि वह अपने लक्ष्य को प्राप्त कर सके।हिन्दू समाज मे धर्म की मान्यता इस प्रकार है "धारणात धर्ममाहः:" अर्थात् धारण करने के कारण ही किसी वस्तु को धर्म कहा जाता है।

सामान्य तौर पर धर्म से आशय अलौकिक शक्ति पर विश्वास है। अलौकिक हम उसे कहते है जो लौकिक जगत से परे है। इंद्रियगम्य नही है। जो अगम और अगोचर है।जिसे हम स्पर्श नही कर सकते, जिसे हम देख नही सकते, किन्तु उसका अस्तित्व है। वह सर्वशक्तिमान है और मानव जीवन व जगत को नियंत्रित करता है। यदि अलौकिक शक्ति साकार अर्थात इंद्रिय गम्य है तो भी वह मानव की समझ और नियंत्रण से परे है।

धर्म की विशेषताएं

1. **शक्ति मे विश्वास:**धर्म की पहली विशेषता यह है कि यह शक्ति मे विश्वास पर आधारित है। धर्म शक्ति पर आधारित है वह मनुष्य निर्मित न होकर प्राकृतिक होता है।

2. **दिव्य चरित्र :**धर्म से जिस शक्ति मे विश्वास किया जाता है, उसकी प्रकृति अलौकिक होती है। चूंकि यह चरित्र दिव्य होता है, अतः मानव समाज से परे होती है।

3. **पवित्रता:**सामाजिक जीवन के तत्वों को दो भागों मे विभाजित किया जा सकता है- पवित्र और अपवित्र। धर्म मे सिर्फ उन्ही तत्वों को महत्व प्रदान किया जाता है, जो पवित्रता की अवधारणा से सम्बंधित होते है।

4. **सैद्धांतिक व्यवस्था :**सैद्धांतिक व्यवस्था भी धर्म का अनिवार्य तत्व है इसका कारण यह है कि प्रत्येक धर्म की एक सैद्धांतिक व्यवस्था होती है। इस सैद्धान्तिक व्यवस्था की सहायता से धर्म को व्यावहारिक स्वरूप प्रदान किया जाता है।

5. **निश्चित प्रतिमान(Model) :**

प्रत्येक धर्म के कुछ निश्चित प्रतिमान होते है। ये प्रतिमान ईश्वरीय रक्षा का प्रतिनिधित्व करते है। यही कारण है कि व्यक्ति इन प्रतिमानों का आदर करता है तथा इन प्रतिमानों के आधार पर अपने व्यवहार का निर्धारण करता है।

6. **मूल्यात्मक व्यवस्था :**धर्म समाज मे मूल्यों की एक व्यवस्था का निर्धारण करता है। यही कारण है कि धर्म को मूल्य और भावनाओं के आधार पर समझने का प्रयास किया जाता है। तर्क और विवेक को धर्म मे कोई स्थान नही है।

7. **धार्मिक चेतना :**प्रत्येक धर्म अपने मे धार्मिक चेतना को विकसित करता है। धार्मिक चेतना के कारण ही व्यक्ति धर्म का आदर करता है। आज संसार मे जो अनेक धर्म पाए जाते है, उनका जन्म और विकास धार्मिक चेतना के कारण ही हुआ है।

8. **कर्मकांड :**धर्म से संबंध की अभिव्यक्ति पूजा पाठ, प्रार्थना या कर्मकांड के रूप मे होती है। प्रत्येक धर्म की मान्यताएं, विश्वास एवं पौराणिक गाथाओं के अनुसार कर्मकांड होता है। यही वजह है कि विभिन्न धर्मों के कर्मकांडों मे भिन्नता दिखाई पड़ती है।

9. धार्मिक मान्यताएं:प्रत्येक समाज के धर्म की अपनी अलग-अलग मूल्य एवं मान्यताएं है, यही मान्यताएं धर्म को एक विशिष्ट स्वरूप प्रदान करती है। यहि कारण है कि लोग समस्याओं एवं कठिनाइयों मे भी धर्म पर विश्वास करके साहस व धैर्य से कार्य करते है।

10. निषेध :प्रत्येक धर्म में लोगों के व्यवहारों के नकारात्मक पक्ष को प्रभावित करने की दृष्टि से कुछ निषेध पाए जाते हैं। निषेध का तात्पर्य यही है कि उन्हें कुछ कार्यों की मनाही की जाती है, उन्हें बताया जाता है कि क्या-क्या नहीं करना चाहिए, जैसे झूठ नहीं बोलना चाहिए, दुराचार, व्याभिचार, बेईमानी आदि नहीं करनी चाहिए। कुछ निषेध सभी धर्मों में समान रूप से पाए जाते है। जबकि कुछ विशेष समाजों से ही संबंधित होते हैं। विवाह संबंधी निषेध प्रत्येक समाज में अलग-अलग पाए जाते हैं।

11. धार्मिक प्रचार प्रसार: सामन्यतः प्रत्येक धर्म से संबंधित प्रचार प्रसार की एक व्यवस्था पाई जाती है। जिन लोगों को धार्मिक क्रियाएँ अथवा कर्मकांड कराने का समाज द्वारा विशेष अधिकार प्राप्त होता है, उन्हें अन्य लोगों की तुलना में संस्कारात्मक दृष्टि से उच्च एवं पवित्र समझा जाता है। ऐसे लोगों में पंडे, पुजारी, महंत, संत, पादरी, मौलवी ओझा आदि आते हैं। प्रचार प्रसार की प्रणाली में दूसरा स्थान उन लोगों को प्राप्त होता है जो धर्म के अंतर्गत बताए गए मार्ग पर चलते हैं। जो लोग धार्मिक आदेशों का पालन नहीं करते, धर्म विरुद्ध कार्य करते है। अथवा अपवित्रता लाने वाली वस्तुओं के संपर्क में आते हैं, उन्हें समाज में निम्नतम स्थान होता है।

धर्म और समाज :धर्म को मानव के सामाजिक तथा व्यक्तिगत जीवन के उस पक्ष के रूप में भी देखा जाता है, जिसमें मानव की उदात्त आकांक्षाएँ होती हैं। यह समाज की नियामक संरचना का आधार स्तम्भ है। यह समाज की सभी नैतिक मान्यताओं, मूल्यों और आचार की मर्यादा रखता है। इस प्रकार यह समाज में सार्वजनिक व्यवस्था का आधार है और सभी नर-

नारियों के लिए अन्तःचेतना का उद्गम है। यह मानव में श्रेष्ठ गुणों का संचार कर उसे सभ्य बनाता है। लेकिन साथ ही मानव को आगे बढ़ने में यह उसके सामने बाधाएँ भी उपस्थित करता है। मनुष्य जाति पर इसका सबसे बुरा प्रभाव यह देखने में आया है कि यह मनुष्य को कट्टरपंथी, असहिष्णु, अज्ञानी, अंधविश्वासी और रूढ़िवादी बना देता है।

समाज के सदस्यों को एक सूत्रबद्ध करने के लिए धर्म सबसे दृढ़ सूत्र है। परंतु इसके कारण ही धार्मिक युद्ध तथा सांप्रदायिक तनाव भी पैदा हुए हैं। फिर भी हमें यह ध्यान में रखना चाहिए कि समाज में सांप्रदायिक तनाव के कारणों में अधार्मिक मामले और ऐसे स्वार्थों के टकराव भी होते हैं जिनका धर्म से कोई संबंध नहीं होता। उदाहरण के लिए भारतीय समाज में होने वाले सांप्रदायिक तनावों को देखा जा सकता है।

मार्क्सवादी विचारकों की दृष्टि में धर्म: अधिकांश लोग धर्म को विश्वव्यापी मानते हुए इसे समाज की एक महत्वपूर्ण संस्था मानते हैं। परंतु मार्क्सवादी विचारकों की दृष्टि में धर्म समाज का आवश्यक अंग नहीं है। कार्ल मार्क्स के शब्दों में," धर्म दलित वर्ग की आह है, निर्दयी विश्व की भावना है और निष्प्राण स्थितियों की आत्मा है। यह जनता के लिए अफीम का काम करता है।"उनका विश्वास था कि धर्म का विश्वास शोषित लोगों के दिमाग में गरीबी और शोषण का उत्पीड़न सहने के लिए अफीम के रूप में काम करता है। अतः मानव समाज को तब तक इसकी आवश्यकता रहती है जब तक कि वह समाज के उच्च वर्ग द्वारा दलित और शोषित होता रहता है। समाजवादी समाज में इसकी कोई आवश्यकता नहीं होगी और यही सामाजिक विकास का अंतिम चरण होगा।

राजनीति और धर्म :कुछ लोग कहते हैं कि समाज में, राजनीति में धर्म की क्या जरूरत है? जिस समाज में हम रहते हैं, वे सब व्यक्ति धर्म का पालन कर रहे हैं। यदि हमने धर्म का पालन नहीं किया, तो जिंदा नहीं रह सकते। सूर्य का धर्म है -उष्णता प्रदान करना। भगवान

भास्कर ने कभी नहीं सोचा कि आज का व्यक्ति धर्म नहीं मानता है। उनके ऊपर आक्रोश करने के लिए मैं भी धर्म का परित्याग कर दूं, परंतु वह ऐसा नहीं करता। चंदमा अपनी शीतलता का परित्याग नहीं करता। जल तरलता धर्म, पृथ्वी गंध धर्म का परित्याग नहीं करती, पवन स्पर्श धर्म का परित्याग नहीं करता -जिससे जीवन मिलता है, प्राण मिलता है। परमात्मा द्वारा प्रदत्त पंचभूत कभी अपना धर्म परित्याग नहीं करते। जीव का रक्षण करते हैं।

धर्म शाश्वत है। मानव-जीवन और सामाजिक जीवन का अपरिहार्य अंग है-धर्म है। मानव-जीवन का आनंद, सरसता और समाज का संतुलन धर्म से ही है। हमारा व्यवहारिक जीवन जितना धर्ममय होगा, धर्म से युक्त होगा-इस धरती पर उतनी ही पवित्रता, निर्मलता, सौहार्द और प्रेम होगा। इसलिए धर्म एक कालिक या परिस्थितिजन्य नहीं, सदैव आचरणीय है। ईश्वर से यही मागों कि हम सबको ऐसी शक्ति दें जिससे निरंतर धर्ममय जीवन जीते रहें।

धर्म और आस्था :सभी धर्मों के मूल में आस्था की संकल्पना होती है। इस दृष्टि से धर्म, आस्था का बाह्य रूप है जो मानव समाज को उनके मूल लौकिक और लोकोत्तर जीवन से बाँधे रखता है। आस्था के कारण ही मानव अन्य जीवधारियों से भिन्न है। निश्चित रूप से यह व्यक्ति1निष्ठ और निजी मामला है। हम एक दूसरे के विश्वासों का आदर करते हैं। इससे हमें व्यापक मानवीय आधार प्राप्त होता है। इस प्रकार हम सबको एक सूत्र में बाँधे रखने के कारण आस्था, तर्क से अधिक महत्वपूर्ण है। प्राचीन भारतीय चिंतनधारा के अनुसार, " आस्था ही आदमी को बनाती है जैसी आस्था वैसा व्यक्ति" (भगवद् गीता)।

बुद्ध धर्म के ग्रंथों में आस्था को मानव की पाँच कार्य शक्तियों में से एक माना गया है। इसके अन्य कार्य हैं- मननशीलता, एकाग्रता और पूर्ण ज्ञान।

आर. पाणिकर के अनुसार," आस्था मूलधार है और सभी मानव संबंध उसमें निहित हैं। यह एक प्रकार की प्रेमावस्था भी है। अपनी आस्था के माध्यम से आस्थावान अपने विचारों का आदान-प्रदान करता

है और नास्तिक के साथ अपना तादात्म्य स्थापित करता है। इस प्रकार मानव अपने दैनिक जीवन में एक सूत्रबद्ध हो जाता है।

सामान्य धर्म : जैसा कि इसके नाम से स्पष्ट है, इसका तात्पर्य धर्म के उस स्वरूप से है, जो सभी के द्वारा अनुसरण करने योग्य होता है। इस धर्म के पालन मे आयु, लिंग, सम्पत्ति, पर आदि का किसी प्रकार का भेद नहीं होता। सामान्य धर्म इस सत्य पर आधारित है कि सभी धर्म समान है तथा सभी धर्मों का उद्देश्य मानव समाज का कल्याण करना है। मनुष्य सर्वश्रेष्ठ प्राणी है और सामान्य धर्म का उद्देश्य मानव की इसी श्रेष्ठता को बनाए रखना है। सामान्य धर्म सभी प्राणी मात्र के लिए है। इसे सर्वव्यापी मानव धर्म कहा जा सकता है। मनुस्मृति मे मनु ने मनुस्मृति मे सामान्य धर्म की विवेचना करते हुए लिखा लिखा है--

धृतिः क्षमा दमोऽस्तेयं शौचमिन्द्रियनिग्रहः।
धीर्विद्दा सत्यमक्रोधो दशकं धर्मलक्षणम्।।

सामान्य धर्म अथवा मानव धर्म के रूप मे मनु ने उन मानवीय गुणों का उल्लेख किया है, जो सभी के लिए अनुकरणीय है। इन गुणों की संख्या दस है--

1. धृति : धृति का तात्पर्य जीभ अथवा जननेन्द्रियों को संयमित रखना है। जो व्यक्ति इस गुण को विकसित कर लेता है, वह धीर कहलाता है।

2. **क्षमा :**सबल होते हुए भी उदार कार्य करना क्षमा कहलाता है, किन्तु कायरता क्षमा नही है।

3. **संयम :**शारीरिक और मानसिक वासनाओं को रोककर अपने को शुद्ध और नियमित बनाना संयम है।

4. **अस्तेय :**सामान्यतया अस्तेय का तात्पर्य चोरी न करना है, जो इसे अपना लेता है उसे सारी समृद्धि अपने आप मिल जाती है।

5. **शुचिता :**शुचिता का तात्पर्य पवित्रता है। शुचिता मन, जीवात्मा और बुद्धि की पवित्रता का नाम है।

6. **इन्द्रिय-निग्रह:** मानव का एक निश्चित लक्ष्य होता है। उस लक्ष्य की प्राप्ति तभी संभव है, जब वह इन्द्रियों पर नियंत्रण रखे। इन्द्रिय निग्रह का तात्पर्य इन्द्रियों को नियंत्रित रखना है।

7. **धी:** धी का अर्थ बुद्धि है। मानव बुद्धि का समुचित विकास करना धर्म का महत्वपूर्ण लक्षण है।

8. **विद्या :**वेदों मे विद्या को अत्यंत ही महत्व प्रदान किया गया है। वास्तव मे विद्या प्राप्त कर लेने से

मनुष्य काम, क्रोध, लोभ, मोह और मन की क्षुद्र प्रवृत्तियों से छुटकारा प्राप्त कर लेता है।

9. सत्य :सत्य धर्म का एक महत्वपूर्ण लक्षण है। " सत्यं वद् धर्मम् चर" अर्थात् सत्य का अनुसरण ही धर्म का अनुसरण है। सत्य की पहचान और सत्य के अनुसरण के समान दूसरा कोई धर्म नही है।

10. अक्रोध :जैसा गीता मे कहा गया है कि कामनाओं की पूर्ति मे विघ्न पड़ने से क्रोध उत्पन्न होता है जिससे व्यक्ति असामान्य व्यवहार करने लगता है। क्रोध संयम रहित हो जाता है। संयम रहित होने से वह धर्म और अर्धम मे भेद करने मे समर्थ नही होता। क्रोध न करना भी मानव धर्म है। अक्रोध के द्वारा ही मनुष्य अपने कर्तव्यों का पालन कर सकता है।

धर्म का महत्व एवं कार्य:मनुष्य के सामाजिक जीवन मे धर्म की उपयोगिता अथवा उसके महत्व से कोई इन्कार नही कर सकता। प्रत्येक समाज की संस्कृति मे भिन्नता होने से धर्म के स्वरूप मे भिन्नता हो सकती है, पर धर्म के द्वारा कुछ ऐसे सार्वभौमिक कार्य किये जाते है जो कि प्रत्येक समाज मे होते देखे जा सकते हैं। धर्म के द्वारा कई ऐसे कार्यों को व्यावहारिक धरातल पर किया जाता है, जो कि सामाजिक व्यवस्था एवं सामाजिक संगठन हेतु बहुत महत्वपूर्ण होते है। धर्म एक सामाजिक संस्था के रूप मे कई महत्वपूर्ण कार्य करता है। संक्षेप मे, धर्म के महत्व को उसके कार्यों के रूप मे निम्न तरह से स्पष्ट किया जा सकता है:-

1. **धर्म समाज को संगठित करता है :**धर्म समाज के सभी सदस्यों को एकता के सूत्र मे बाँधकर इन्हें संगठित करने का महत्वपूर्ण कार्य करता है। एक धर्म के सदस्य स्वभावतः समान मूल्यों को स्वीकार करने लगते

है। समान मूल्य तथा विचारधार के कारण ये एक-दूसरे के सुख-दुख मे सहयोगी बनते है। इस तरह इनमे एक प्रकार का संगठन-सा बन जाता है, जो कि समाज को संगठित करता है।

2. **धर्म सामाजिक व्यवस्था करता है :** धर्म का एक महत्वपूर्ण कार्य यह है कि यह सामाजिक व्यवस्था को स्थायित्व प्रदान करता है। कई समाजशास्त्रियों का मत है कि धर्म समाज तथा व्यक्ति को जीवंत रखता है। धर्म अपने सदस्यों को सामाजिक सेवा की अनुमति देता है एवं व्यक्तियों मे यह भाव पैदा करता है कि उसे सामाजिक हितों हेतु अपना सर्वस्व समर्पित कर देना चाहिए। अगर कोई व्यक्ति सामाजिक व्यवस्था को छिन्न-भिन्न करने का प्रयत्न करता है तो धर्म उसे अलौकिक अथवा ईश्वरीय शक्ति के दण्ड का भय दिखाता है।

3. **धर्म सामाजिक नियंत्रण मे मददगार :** धर्म समाज के सदस्यों मे पाप-पुण्य की भावना को उत्पन्न करता है एवं सदस्यों के व्यवहारों, आचरण तथा कार्यों को नियंत्रित करता है। प्रत्येक धर्म का आधार पारलौकिक शक्ति होती है, जो कि व्यक्ति के प्रत्येक व्यवहार, आचरण तथा कार्यों को देखती रहती है एवं अनुचित अथवा धर्म विरोधी कार्यों के लिए दण्ड भी दे सकती है। इसी भय से व्यक्ति धर्म से सम्बंधित नियमों का पालन करना ही श्रेयस्कर समझते है। प्रत्येक धर्म से सम्बंधित कुछ गाथाएँ अथवा कहानियाँ होती है, जिनके माध्यम से पारलौकिक शक्ति की महिमा को स्पष्ट किया जाता है एवं यह बतलाया जाता हैं कि अच्छे तथा धर्मानुसार कार्य करने से पारलौकिक शक्ति प्रसन्न होती है एवं व्यक्ति को सुख व मानसिक शांति प्राप्त होती है तथा समाज विरोधी व धर्म विरोधी कार्य करने से दुःख, कष्ट व परेशानियाँ होंगी एवं मानसिक तनाव होगा। इसलिए व्यक्ति धर्मानुसार चलना ही उचित समझता है, जिससे सामाजिक नियंत्रण बना रहता है।

4. **धर्म व्यक्तित्व का विकास करता है :** धर्म मानव के व्यक्तित्व का विकास करने का एक महत्वपूर्ण कार्य करता है। यह व्यक्ति मे पारलौकिक शक्ति का भाव जागृत करता है एवं किसी भी कार्य मे सफलता-असफलता से परे कार्य करने को प्रेरित करता है। धर्म मनुष्य मे जीवन के महत्व को स्पष्ट करता है, पवित्र भावनाओं को पैदा करता है

एवं मानसिक तनाव व चिन्ताओं से दूर रखकर गलत, समाज विरोधी व धर्म विरोधी कार्यों के प्रति घृणा को पैदा करता है। इस तरह धर्म व्यक्ति के व्यक्तित्व का विकास करता है एवं उसे सुख समृद्धि हेतु धार्मिक नियमों के अनुरूप आचरण के लिए प्रेरित करता है।

5. **धर्म सुरक्षात्मक भावना का विकास करता है :**प्रत्येक धर्म के द्वारा यह स्पष्ट किया जाता है कि अलौकिक शक्ति ही सर्वेसर्वा है, उस शक्ति की इच्छा के बगैर न तो कोई व्यक्ति किसी भी व्यक्ति को किसी भी तरह की हानि, नुकसान या अशुभ कर सकता है तथा न ही अलौकिक शक्ति से कोई व्यक्ति अपने स्वार्थों को पूरा कर सकता है। यह तो धर्मानुसार कार्य की भावना-जागृत होती है, वह दुःखों तथा कष्टों के समय भी निराश नही होता तथा इन्हें हल करने के लिए न ही असामाजिक या अधर्म के कार्यों का ही सहारा लेता है। इस संदर्भ मे धर्म व्यक्तियों मे सुरक्षा की भावना को पैदा करने का कार्य करता है।

6. **धर्म समाज कल्याण का कार्य करता है :**प्रत्येक धर्म अपने सदस्यों को समाज कल्याण के कार्य को करने की प्रेरणा देता है। धर्म व्यक्तियों मे सहयोग, प्रेम, आपसी तालमेल तथा परोपकार जैसे गुणों को विकसित करता है। इन गुणों से प्रेरित होकर व्यक्ति समाज कल्याण के कार्यों को करता है एवं उसमे दूसरे व्यक्तियों के प्रति सहयोग, त्याग तथा स्नेह के भाव पैदा होते है। वह वैयक्तिक स्वार्थों तथा हितों को ही महत्व नही देता बल्कि समाज कल्याण के कार्यों को करके सन्तुष्ट होता है।अतः स्पष्ट है कि धर्म समाज व व्यक्ति के लिए कई कार्यों को करता है।

आदिकाल से ही धर्म प्रत्येक समाज मे किसी न किसी रूप मे विद्यमान रहा है। सामाजिक नियंत्रण मे धर्म बहुत महत्व है। व्यक्ति भौतिकवाद के अनेक दुर्व्यसनों से धर्म के द्वारा बच जाता है। धर्म देश-भक्ति की भावना को बढ़ाने मे बहुत सहायक हुआ है। धर्म दुःख एवं संकट के समय मनुष्य को सांत्वना देता है। मनुष्य अपने भविष्य को सुखमय बनाने हेतु सत्कर्म करता है और अपने मन में धैर्य एवं शांति रखता है। धर्म के द्वारा सदैव अच्छे मार्ग पर चलने की प्रेरणा मिलती है। धर्म मे ईश्वर की इच्छा तथा ईश्वरीय नियमों का पालन करना जरूरी होता है क्योंकि इसके पीछे ईश्वरीय डर है। इससे समाज मे एकता रहती

है।धर्म का सामान्य आधार घृणा एवं द्वेष न होकर मैत्री, सहानुभूति आदि है। ऐसी स्थिति में समाज विरोधी प्रवृत्तियों के पनपने की कम संभावना होती है।

धर्मचक्र क्या है?धर्मचक्रसमाज में धर्म को स्थापित करने की प्रक्रिया का प्रतीक है। जब व्यक्ति और समाज में भटकाव का स्तर आत्मघाती स्तर तक पहुंच जाए, लक्ष्यों को लेकर विभ्रम पैदा हो जाए तथा सत्य और असत्य के बीच की रेखा इतनी बारीक हो जाए कि दोनों को पहचानना मुश्किल हो जाए तो धर्म चक्र को गतिशील बनाने के लिए कोई न कोई महापुरुष सक्रिय होता है। महात्मा बुद्ध ने विकृतियों को दूर करने और वास्तविक धर्म को स्थापित करने के लिए, वाराणसी के नजदीक सारनाथ से उपदेशों की जो शृंखला प्रारंभ की, उसे धर्म चक्र प्रवर्तन कहा गया। धर्म, मानव-जीवन का अहम हिस्सा है। वास्तव में धर्म संप्रदाय नहीं है। जीवन में हम जो धारण करते हैं, वही धर्म है। धर्म और जीवन एक दूसरे के पूरक हैं। धर्म, जीवन को एक दिशा देता है। अनुशासन सिखाता है। धर्म हमें जीना सिखाता है। सनातन धर्म, धर्म की इसी गतिशील और सापेक्षिक अवधारणा में विश्वास करना सिखाता है। धर्म के मार्ग पर चल कर आप जीवन के हर सुख को पा सकते हैं, स्वस्थ व निरोगी रह सकते हैं और जीवन के चरम लक्ष्य, मोक्ष को प्राप्त कर सकते हैं।

धर्मचक्र, धर्म शिक्षा और धर्म स्थापना का प्रतीक है। भगवान बुद्ध ने काशी के निकट सारनाथ में सबसे पहले अपने पांच शिष्यों को धर्म का पाठ पढ़ाया था। धर्म चक्र प्रगति और जीवन का प्रतीक भी है। बुद्ध ने 'बहुजन हिताय बहुजन सुखाय' का उपदेश दिया और इस प्रकार अपने धर्म चक्र को गति दी। धर्म चक्र प्रगति और जीवन का प्रतीक है।

धर्म चक्र को भारत के राष्ट्रीय ध्वज में बीच की सफेद पट्टी में रखा गया है। यह अशोक चक्र, मौर्य सम्राट अशोक के सारनाथ स्थित स्तंभ में उकेरा गया चक्र है, जिसमें 24 तीलियां हैं। प्रत्येक तीली एक आध्यात्मिक सिद्धांत का प्रतिनिधित्व करती है। धर्मचक्र को ब्रह्मांडीय व्यवस्था का प्रतीक भी माना जाता है। धर्म चक्र, धर्म में गतिशीलता के महत्त्वपूर्ण संदेश को हम सभी तक पहुंचाता है। प्रायः धर्म

को रूढ़ मानकर किसी किताब में कही गई बात का उद्धरण देकर लोगों को धर्म का आशय समझाते हैं, अनुभूति के स्तर पर यह बात सही भी हो सकती है लेकिन व्यावहारिक जीवन में तो धर्म गतिशील रहता है।

सच्चा धार्मिक व्यक्ति वही है, जो धर्म के मर्म को पकड़ कर अलग-अलग परिस्थितियों में मर्म के अनुरूप नए-नए ढंग से व्यवहार करता रहता है। आगे बढ़ते रहना ही गति है। भारतीय राष्ट्र ने चक्रध्वज को अपना ध्वज स्वीकार किया, जो उसने गति तत्व को जीवन के रहस्य-रूप में स्वीकार किया। धर्म चक्र चेतना का शुद्धिकरण है। धर्म चक्र को विधि का चक्र माना जाता हैं। चक्र को धर्म, विकास, शक्ति एवं सृजन का प्रतीक कहा जाता है। विज्ञान ने हमें शक्ति, गति एवं ऊर्जा प्रदान की है। लक्ष्य हमें धर्म एवं दर्शन से प्राप्त करने हैं।धर्म ही ऐसा तत्व है, जो मानव मन की असीम कामनाओं को सीमित करने की क्षमता रखता है। धर्म मानवीय दृष्टि को व्यापक बनाता है। धर्म मानव मन में उदारता, सहिष्णुता एवं प्रेम की भावना का विकास करता है। नैतिक मूल्यों का आचरण ही धर्म है। धर्म वह पवित्र अनुष्ठान है, जिससे चेतना का शुद्धिकरण होता है। धर्म वह तत्त्व है, जिसके आचरण से व्यक्ति अपने जीवन को चरितार्थ कर पाता है। धर्म चक्र, सभी दुखों का निरोधक है।

हमारे अंतःकरण में प्रत्यक्ष लोक का प्रभाव ही अधिक होता है। लोक चक्र मोह, मूढ़ता का भी प्रतीक है। लोक चक्र अज्ञान, अविवेक, अविद्या है, जिसके कारण हम निरंतर राग और द्वेष की चक्की में पिसते रहते हैं। यह हमारे मन में तनाव-खिंचाव और उत्तेजना पैदा करते हैं। इससे समता नष्ट होती है। विषमता आरंभ होती है। इसी भव चक्र को काटने के लिए हमारे भीतर धर्मचक्र जागते रहना बहुत आवश्यक है।

यदि धर्म चक्र जागता है तो विवेक, विद्या और होश जागता है। लोक चक्र से छुटकारा पाना है तो धर्म चक्र प्रवर्तित करना होगा। लोक चक्र हमारे समस्त दुखों का मूल है। धर्म चक्र सभी दुखों का निरोधक है। धर्मचक्र प्रवर्तन की प्रक्रिया सामूहिक स्तर पर चेतना को उन्नत बनाने का धार्मिक प्रयास है और इस तरह राष्ट्र और विश्व का कल्याण करने में सहयोगी बन जाती है।

धर्मचक्र को पालिभाषा में 'धम्मचक्क' कहते हैं जिसका शाब्दिक अर्थहै - 'धर्म का पहिया'|भारतीय संस्कृतिमें बहुतायत में प्रयोग किया जाने वाला एक प्रतीक है जो चक्र या पहिए के रूप में होता है। यह भारतीय धर्महिन्दू, बौद्ध, जैन, सिख में मान्य आठ मंगलों में से एक है। यह प्रगति और जीवन का प्रतीक भी है। विविध प्रसंगों में हमें धर्मचक्र देखने को मिलता है | बौद्ध पंथ में धर्मचक्र का विशेष महत्व है| बुद्ध ने सारनाथ में जो प्रथम धर्मोपदेश दिया था उसे धर्मचक्र प्रवर्तन भी कहा जाता है |धर्मचक्र बौद्ध धर्म का प्रमुख प्रतीक है| चक्र या पहिया प्राचीन काल से प्रयुक्त प्रतीकों में से एक है| सिन्धु घाटी में खुदाई से प्राप्त वस्तुओं पर,विशेष रूप से मुद्राओं पर प्रायः पहिये का चिह्न मिलता है |

विश्व के अन्य देशों में धर्मचक्र : मंगोलिया का राजचिह्न जिसमें धर्मचक्र, चिन्तामणि, पद्म आदि हैं।श्रीलंका का राजचिह्न जिसमें सबसे ऊपर नीले रंग में धर्मचक्र है।भारतीय तिरंगा ध्वज जिसके मध्य में अशोक चक्र की 24 तिल्लियाँ हैं।सिक्किम के भूतपूर्व राज्य का ध्वज में भी धर्मचक्र है।धर्मचक्र ध्वज - जो थाईलैण्ड में बौद्ध धर्म का प्रतीक है।थाइलैण्ड के तम्मसत विश्वविद्यालय की मुद्रा (सील)है | अमेरिका की सेना का भी यह एक पहचान है |जैन धर्म के अहिंसा के प्रतीक में भी धर्मचक्र विद्यमान है।

अब सवाल उठता है कि धर्म या धर्मचक्र किसके लिए है ? स्वाभाविक तौर पर यह मनुष्यों के लिए है क्योंकि उसने ही धर्म के मानदंड निर्धारित किये हैं | यही धर्मचक्र धर्म की पहचान है |

2

नास्तिक बनाम आस्तिक

"हिन्दू धर्म यूरोप का शासक धर्म बन जाएगा| यूरोप का प्रसिद्ध महानगर हिन्दू राजधानी है"

-माइकल नास्त्रेदमस (1503-1566)

सनातन धर्म एक ऐसा उदार धर्म है कि इसमें पैदा होने वाला व्यक्ति अगर इसके नियमों को मानता है तो भी वह एक हिन्दू है और नहीं मानता तो भी हिन्दू है | उसे दुनिया के अन्य धर्म के अनुयायियों की तरह कठोरता से नियमों को पालन करने की आवश्यकता नहीं पड़ती |यहाँ नास्तिक बनाम आस्तिक का भी प्रश्न आता है | इस विषय में पण्डित हरिदेव जी के तर्क प्रस्तुत हैं:

प्रश्न 1 - नास्तिक का क्या लक्षण है? अर्थात् नास्तिक किसे कहते हैं? १

उत्तर- जो ईश्वर की सत्ता से इनकार करे वह मुख्य रूप से नास्तिक कहा जाता है परन्तु स्वामी दयानन्द सरस्वती ने दस प्रकार के लोगों को नास्तिक संज्ञा दी है यथा 1) जो ईश्वर को न माने। (2) जो आत्मा और पुनर्जन्म स्वीकार न करे और यह कहे कि अग्नि वायु, जल तथा पृथ्वी से आत्मा उत्पन्न होती है और मृत्यु के पश्चात् इसका नाश हो जाता है इसलिए परलोक की चिन्ता करना व्यर्थ है। (3) जो ईश्वरीय ज्ञान

वेद को न माने अर्थात् ज्ञान का विरोधी हो। (4) जो अभाव से भाव की उत्पत्ति माने नेस्ति से हस्ती की पैदायश पर विश्वास रखता हो। (5) जो ईश्वर को बिना कर्मों के स्वेच्छा से फल प्रदाता मानता हो अर्थात् यह कहे कि ईश्वर अपनी मर्जी से जिसको चाहे जैसा बना दे लूला-लँगड़ा, अंधा कोढ़ी इत्यादि। (6) स्वभाव-वादी जो कहे कि स्वभाव से ही अपने आप ही सब कुछ बन बिगड़ रहा है बनाने बिगाड़ने वाला कोई नहीं जैसे जैन मत। (7) जो अपने आपको ब्रह्म या भगवान माने "अहं ब्रह्मा अस्मि अर्थात् मैं ब्रह्म ही हूँ|खुद ही खुदा हूँ जैसे नवीन वेदान्ती (8) जो यह कहे कि संसार नित्य है सदा से है और सदा रहेगा जैसे चार्वाक।(9) जो केवल प्रत्यक्ष प्रमाण को माने अन्य प्रमाणों का निषेध करे। (10) शून्यवादी जो कहता है कि सब शून्य ही शून्य है, वास्तव में किसी वस्तु की सत्ता ही नहीं इन दस प्रकार के नास्तिकों में सब नास्तिकों की गणना हो जाती है।

प्रश्न 2 - नास्तिक मत का प्रचार कब और कहाँ से चला?

उत्तर- नास्तिक मत के प्रचार का काल और स्थान भिन्न-भिन्न है परन्तु मुख्य रूप से नास्तिक मतों का जन्मदाता भारत देश ही है चार्वाक, बौद्ध और जैनियों ने नास्तिकवाद की नींव उस समय रखी जब कि पश्चिमी सभ्यता का अभी जन्म भी नहीं हुआ था भारतवर्ष में मायावाद और नास्तिकवाद के विचार आदि प्राचीन काल से पाए जाते हैं रामचन्द्रजी के जमाने में "जाबाल" ऋषि तथा तथा हरिवंश देश का राजा "बीना भी कुछ ऐसे ही विचार रखते थे परन्तु भारतवर्ष प्राचीन काल से ही धर्म प्रधान देश रहा है इसलिए नास्तिकवादी विचारधारा को यहां कभी भी सफलता प्राप्त नहीं हुई। इस देश में पुरातन काल से ही ईश्वर जीव प्रकृति को नित्य अनादि तथा स्वतन्त्र सत्ता स्वीकार किया जाता रहा है| इसलिए नास्तिकवाद का यहां विस्तार नहीं हो सका परन्तु इस समय भारत में जैन बौद्ध कम्युनिष्ट तथा पश्चिमी विचारधारा के पोषक कुछ ग्रेजुएट इस नास्तिकवादी विचारधारा का बड़े प्राबल्य से प्रचार व प्रसार कर रहे हैं।

प्रश्न 3 – वाममार्गी किसे कहते हैं ?

उतर- नास्तिकवाद के प्रचलित होने से पूर्व यहां वाममार्गियों का प्राबल्य था वाम मार्ग के दो अर्थ हैं एक तो वाम का अर्थ है सुन्दर और दूसरा अर्थ है उलटा। वाममार्गी अपने मत को सुन्दर मार्ग कहते थे परन्तु इनके कुकर्मों को देखकर वैदिक सिद्धान्तों ने इन्हें कुमार्गी या वाममार्गी अर्थात् उलटे मार्ग पर चलनेवाला कहा वाममार्गी संज्ञा देने के कई कारण थे। (क) वाममार्गी पशुओं और मनुष्यों तक की बलियां देते थे। (ख). इस मत में व्यभिचार का जोर था मातरमपि न त्यजेत- यह इनका नारा था। (ग) मांस शराब की प्रवृत्ति लोगों में अधिक थी यज्ञों तक में मांस शराब का प्रयोग होता था। (घ) जन्तर-मन्तर, जादू-टोना, भूत प्रेत तथा चुड़ैल आदि पर लोगों को पूर्ण विश्वास था। प्रत्येक बुरी बात और अनिष्ट रीति-रिवाज को शास्त्रों के प्रमाणों से सिद्ध किया जाता था और प्रत्येक बुरी बात को लोग धर्म का अंग और मुक्ति का साधन समझते थे। इस प्रकार के विचारों की प्रतिक्रिया और विरोध के फलस्वरूप चार्वाक या नास्तिकमत का प्रादुर्भाव हुआ परन्तु वर्तमान समय में इस मत का खूब जोरों से प्रचार हो रहा है | इनकी मुख्य मान्यताओं का आस्तिक नास्तिक सम्वाद रूप से वर्णन किया जाता है।

नास्तिक आस्तिक संवाद

नास्तिक- इस संसार का कर्त्ता धर्त्ता संहर्त्ता, कोई नहीं है |आग, हवा, मिट्टी, पानी चारों तत्व स्वतः अपने आप स्वभाव से मिलते हैं और उससे जगत की उत्पत्ति हो जाती है।

आस्तिक- बिना चेतन परमेश्वर के निर्माण किये जड़ पदार्थ स्वयं आपस में स्वभाव से नियमपूर्वक मिलकर उत्पन्न नहीं हो सकते यदि स्वभाव से ही होते हों तो द्वितीय सूर्य चन्द्र पृथ्वी, नक्षत्र आदि आप से आप क्यों नहीं बन जाते। दूसरे बनाने वाले के बिना कोई वस्तु नहीं बनती और यह संसार बना हुआ है कार्यरूप है अतः इसका भी कोई न कोई कर्त्ता अवश्य होना चाहिए जो ज्ञानपूर्वक इस जड़ प्रकृति को कारण रूप से कार्य रूप में ले आए अथवा कार्यरूप से कारण रूप में परिवर्तित कर दें ऐसा केवल सर्वज्ञासृष्टि कर्त्ता ईश्वर ही कर सकता है दूसरा नहीं इसलिए वेदान्त दर्शन कहता है "जन्माद्यस्ययतः (१/१/२) अर्थात् जो संसार की उत्पत्ति स्थिति प्रलयकर्त्ता है वही ईश्वर है। तीसरे इस शरीर के

एक-एक अंग को देखो देखने से पता चलेगा कि ऐसी अद्भुत रचना कोई जीव नहीं कर सकता जीव तो शरीर का एक रोम भी नहीं बना सकता अतः जिसने शरीर और शरीर स्थित अंग-प्रत्यंग की अद्भुत रचना की है वही परमेश्वर है।

नास्तिक- यदि ईश्वर की रचना से ही सृष्टि होती है तो माता-पिता आदि की क्या आवश्यकता है बिना माता-पिता के ही सन्तान हो जाए?

आस्तिक- सृष्टि रचना दो प्रकार की है एक ऐश्वरी दूसरी जैवी ऐश्वरी सृष्टि का कर्त्ता ईश्वर है जैवी सृष्टि का नहीं क्योंकि वे जीवों का कर्म है वह जीव ही कर्त्ता है ईश्वर नहीं जैसे वृक्ष, फल औषधि आदि ईश्वर ने उत्पन्न किये हैं उसी को लेकर मनुष्य यदि कूटे -पीसे नहीं न ही रोटी आदि बनवाए और न ही खाए तो क्या मनुष्य के बदले यह कार्य भगवान करेगा? कभी नहीं क्योंकि यह कार्य जीव के हैं भगवान के नहीं। यदि यह कार्य जीव न करे तो उनका जीना भी दूभर हो जाये इसलिए आदि सृष्टि में जीव के शरीर रूपी सांचों को बनाना ईश्वर का काम है तत्पश्चात् उनसे पुत्रादि की उत्पत्ति करना जीव का काम है ईश्वर का नहीं।

नास्तिक- यदि कोई ईश्वर है तो उसका प्रत्यक्ष क्यों नहीं होता जिससे लोगों को उसके प्रति विश्वास हो जाये कि वस्तुतः ईश्वर है।

आस्तिक- यह कहना सर्वथा अशुद्ध और भ्रमपूर्ण है कि ईश्वर का कभी प्रत्यक्ष नहीं होता | हां प्रत्यक्ष दो प्रकार का है एक बाह्य प्रत्यक्ष जो इन्द्रियों द्वारा होता है यथा आंख से रूप का, नासिका से गंध का, कान से शब्द का, रसना से रस का और त्वचा से स्पर्श का दूसरा आन्तरिक प्रत्यक्ष जो अन्तःकरण (मन बुद्धि चित्त अंहकार द्वारा किया जाता है जैसे सुख-दुःख, राग-द्वेष भूख-प्यास इत्यादि | आत्मा अथवा परमात्मा का प्रत्यक्ष बाह्य इन्द्रियों द्वारा नहीं अपितु आन्तरिक इन्द्रिय शुद्ध मन द्वारा होता है| बाह्य इन्द्रिय स्थूल हैं इस कारण स्थूल वस्तुओं का ही ग्रहण करती हैं अति सूक्ष्म वस्तुओं का नहीं इसलिए योगीजन ही सूक्ष्म बुद्धि एवं शुद्धान्तःकरण द्वारा ईश्वर को साक्षात्कार करते हैं अन्य नहीं| इसलिए 'सत्यार्थप्रकाश' नाम की पुस्तक में स्वामी जी ने लिखा है - "जैसे कान से रूप और चक्षु से शब्द का ज्ञान नहीं हो सकता ऐसे ही बिना शुद्धान्तःकरण विद्या योग्याभ्यास और मल

विक्षेप आवरण से रहित पवित्रात्मा के बिना उस परमात्मा का प्रत्यक्ष नहीं होता|

नास्तिक : मल विक्षेप आवरण किसे कहते हैं?

आस्तिक : मन में दूसरों को हानि पहुंचाने का विचार तथा आत्मा पर जो पापों का जन्म-जन्मान्तर का कुसंस्कार है वह 'मल दोष नाम से कहा गया है। लगातार विषयों का चिन्तन वा ध्यान अथवा मन के स्थिर न होने का नाम 'विक्षेप दोष है। संसार के नाशवान पदार्थों की प्राप्ति से उत्पन्न अभिमान का पर्दा जो मन पर पड़ा रहता है उसे आवरण दोष कहते हैं। इन दोषों के दूर होने से उस प्रभु के दर्शन होते हैं।

नास्तिक- वह परमात्मा एक है या अनेक? संसार में जब हम अनेक प्रकार की बनी वस्तुएं देखते हैं तो उनसे अनेककर्त्ताओं का अनुमान होता है ऐसे ही जब हम इस विविध प्रकार के संसार में नाना प्रकार की वस्तुओं को बना देखते हैं तो इससे अनुमान होता है कि इस संसार को बनाने वाले भी कई कर्त्ता हैं एक नहीं अतः सन्देह होता है कि इस संसार को बनाने वाले भी कई ईश्वर हैं एक नहीं किसी ने सूर्य चाँद बनाया होगा किसी ने पहाड़ समुद्र और किसी ने पशु-पक्षी मनुष्यादि बनाये होंगे।

आस्तिक- ऐसी शंका करनी उचित नहीं क्योंकि कई बार एक ही कर्त्ता विविध प्रकार की वस्तुओं का निर्माता वा रचयिता होता है जो उसकी अद्भुत बुद्धि तथा कौशल का परिचायक होता है जितनी प्रकार की वस्तुओं का निर्माण करना कोई जानता है उतना ही ज्ञानवान तथा बुद्धिमान वह समझा जाता है| इसी प्रकार अनेक विध संसार की रचना ईश्वर के अद्भुत ज्ञान और बुद्धि कौशल का परिचय कराती है न कि उसके अनेक होने की अतः वेद दर्शन सब उसके एक होने की साक्षी देते हैं अनेक होने की नहीं |

नास्तिक- यदि वह ईश्वर अनेक नहीं एक है तो वह व्यापक है या एकदेशी?

आस्तिक- वह सर्वव्यापक है एक देशी नहीं यदि एकदेशी होता तो अनेक विध संसार का पालन पोषण एवं संरक्षण कैसे कर सकता?

नास्तिक- यदि वह सर्वव्यापक है तो पुनः दिखाई क्यों नहीं देता।

आस्तिक- दिखाई न देने के कई कारण होते हैं जैसे सांख्या-कारिका में कहा है अतिदूरात सामीप्यादिन्द्रयघातान्मनो ऽनवस्थनात्। सौक्ष्म्याद् व्यवधानादभिभवाद समानाभिहाराच्च ।। (1) दिखाई न देने का प्रथम कारण है अति दूर होना जैसे लन्दन या अमेरिका दूर होने से दिखाई नहीं देते परन्तु दिखाई न देने पर भी उनकी सत्ता से इन्कार नहीं हो सकता। (2) दूसरा कारण है अति समीप होना अति समीप होने से भी कोई वस्तु दिखाई नहीं देती जैसे आंख की लाली या आंख का सुरमा आंख के अति समीप होने पर भी दिखाई नहीं देते, अथवा पुस्तक आंख के अति समीप हो तो उसके अक्षर दिखाई नहीं देते। (3) इन्द्रिय के विकृत या खराब होने पर भी कोई वस्तु दिखाई नहीं देती जैसे आंख दुखने पर या आंख के फूट जाने पर यदि कोई अन्धा कहे कि सूर्य चन्द्रादि की कोई सत्ता नहीं तो क्या यह ठीक माना जाएगा? (4) मन के अस्थिर होने पर भी कोई वस्तु दिखाई नहीं देती जैसे कोई व्यक्ति सामने से होकर निकल जाय तो उसके विषय में पूछने पर उत्तर मिलता है कि मेरा ध्यान उस ओर नहीं था। इसलिए मैं नहीं कह सकता कि वह यहां से निकला है कि नहीं। (5) अति सूक्ष्म होने पर भी कोई वस्तु दिखाई नहीं देती। जैसे आत्मा मन बुद्धि परमाणु भूख प्यास सुख-दुख ईर्ष्या द्वेष आदि । (6) ओट में रखी या बीच में किसी वस्तु का पर्दा होने से भी वस्तु दिखाई नहीं देती जैसे दीवार के पीछे रखी वस्तु या ट्रक के अन्दर रखी वस्तु। (7) समान वस्तुओं के सम्मिश्रम हो जाने पर भी वस्तु दिखाई नहीं देती जैसे दूध में पानी तिलों में तेल दही में मक्खन लकड़ी में आग इसी प्रकार परमात्मा सब वस्तुओं में व्यापक होने पर भी अत्यन्त सूक्ष्म होने के कारण आंखों से दिखाई नहीं देता परन्तु जिस तरह अग्नि का शोला संग में मौजूद है। इस तरह परमात्मा हर रंग में मौजूद है । (8) अभिभव से अर्थात् दब जाने से भी कोई वस्तु दिखाई नहीं देती यथा दिन को तारे सूर्य के प्रकाश से दब जाने के कारण दिखाई नहीं देते अथवा आग में पड़ा लोहा अग्नि के प्रभाव से दिखाई नहीं देता। परन्तु ज्ञान की आंख से वह दिखाई देते हैं ऐसे ही परमात्मा के दर्शन के लिए भी अन्दर की आंख की आवश्यकता है।

नास्तिक- यदि वह सब जगह सर्वत्र व्यापक है तब तो टट्टी पेशाब गन्दगी कूड़े-करकट में भी उसका वास मानना होगा इस प्रकार तो दुर्गन्ध से उसकी बड़ी दुर्गति होती होगी।

आस्तिक- आपका यह विचार ठीक नहीं क्योंकि सुगन्ध व दुर्गन्ध इन्द्रियों द्वारा प्रतीत होती है और परमात्मा इन्द्रियातीत अर्थात् इन्द्रियों से रहित है इसलिए उसे सुगन्ध-दुर्गन्ध नहीं आती। दूसरे जो वस्तु अपने से भिन्न दूसरे स्थान पर या अपने से पृथक बाहर दूर हो उससे सुगन्ध-दुर्गन्ध आती है जो वस्तु अपने ही अन्दर हो उससे सुगन्ध-दुर्गन्ध नहीं आती। जैसे पखाना अपने अन्दर हो तो दुर्गन्ध नहीं आती परन्तु बाहर पड़ा हो तो दुर्गन्ध आती है। इसी प्रकार यह सारा संसार और उसकी सब वस्तुयें भी ईश्वर के भीतर विद्यमान हैं इसलिए उसे सुगन्ध-दुर्गन्ध नहीं आती न ही उस पर इनका कोई प्रभाव होता है। कठोपनिषद् में ठीक कहा है जिस प्रकार सूर्य सब संसार की चक्षु है परन्तु चक्षु के बाह्य दोषों से प्रभावित नहीं होता इसी प्रकार सब प्राणियों का अन्तरात्मा लोक में होने वाले दुखों से लिप्त नहीं होता क्योंकि वह सब में रहता और उसमें सब संसार रहता है संसार में रहते हुए भी वह सब से बाह्य अर्थात् सब संसार से पृथक है अलिप्त है।

नास्तिक- जब वह स्वयं इन्द्रिय रहित तथा इन्द्रियों से न जानने योग्य है तो उसका ज्ञान होना असम्भव है पुनः जानने का प्रयत्न व्यर्थ है?

आस्तिक- उसके जानने का प्रयत्न करना व्यर्थ नहीं क्योंकि ईश्वर की सत्ता का उसके विचित्र ब्रह्माण्ड और उसमें विचित्र नियमानुसार कार्यों को देखकर बुद्धिमान ज्ञानी तपस्वी भलीभांति अनुभव करते हैं इसके अतिरिक्त प्रभु-प्राप्ति का साधन इन्द्रियां नहीं अपितु जीवात्मा है। योगाभ्यास आदि क्रियाओं द्वारा जीवात्मा उनका प्रत्यक्ष अनुभव करता है।

नास्तिक- ईश्वर को मानने से मनुष्य की स्वतन्त्रता जाती रहती है इसलिए मानना व्यर्थ है?

आस्तिक- ईश्वर को मनाने तथा उसकी उपासना करने का अन्तिम फल मुक्ति है मुक्ति स्वतन्त्रता का केन्द्र है जहां सब प्रकार के बन्धन

टूट जाते हैं अतः ईश्वर के मानने से मनुष्य की स्वतन्त्रता के साथ दुःखों की समाप्ति तथा आनन्द की प्राप्ति भी होती है इसलिए उसका मानना तथा जानना आवश्यक है व्यर्थ नहीं।

नास्तिक- ईश्वर को अज्ञेय अर्थात् न जानने योग्य कहा गया है तो उसके जानने का परिश्रम करना व्यर्थ है।

आस्तिक- सृष्टि और उसके विविध पदार्थों तथा उसमें काम कर रहे अनेक विधि व नियमों को देखकर उसके रचयिता का बोध सरलता से हो जाता है जैसे आकाश ,वायु ,अणु, परमाणु आदि इन्द्रिय रहित है परन्तु उसका निश्चय बुद्धि से हो जाता है इसी प्रकार शुद्धान्तःकरण द्वारा प्रभु का ज्ञान हो जाता है इसमें किसी प्रकार की कोई बाधा नहीं परिश्रम की आवश्यकता है।

नास्तिक- ईश्वर को सगुण कहा गया है प्रत्येक सगुण वस्तु नाशवान होती है इसलिए ईश्वर को भी नाशवान मानना पड़ेगा।

आस्तिक- प्रत्येक सगुण वस्तु नाशवान होती है यह कोई नियम नहीं जब सत्व राजस तमस गुणवाली प्रकृति ही नाशवान नहीं तो ईश्वर सगुण होने से कैसे नाशवान माना जा सकता है। ईश्वर न्याय दया ज्ञानादि गुणों से सगुण और अजर अमर अजन्मा आदि होने से निर्गुण कहलाता है।

नास्तिक : जगत नित्य है इसी प्रकार अनादि काल से चला आ रहा है और इसी प्रकार अनन्त काल तक चलता रहेगा संसार की समस्त वस्तुएं अपने स्वभाव से बनती और बिगड़ती हैं फिर ईश्वर को मानने की क्या आवश्यकता है ?

आस्तिक- जगत मिश्रित वस्तुओं के संग्रह का नाम है चूंकि संसार की समस्त वस्तुएं मिश्रित हैं इसलिए ये कभी न कभी अवश्य बनी है मिश्रित वस्तुएं नित्य नहीं हुआ करती अपितु नाशवान होती हैं इसलिए जगत नित्य नहीं बल्कि रचा हुआ है जब रचा हुआ है तो इसका रचयिता भी कोई न कोई अवश्य है उसको जानना सत्य ज्ञान को प्राप्त करना है|

नास्तिक- संसार में कोई नियम दिखाई नहीं देता समस्त घटनाएं आकस्मिक (Accidental दिखाई पड़ती हैं इसलिए नियामक ईश्वर को मानने की भी कोई आवश्यकता नहीं ?

आस्तिक- संसार एक नियम में बंधा हुआ है आकस्मिक रूप में कभी कहीं कुछ नहीं होता सूर्य का समय पर उदय और अस्त होना दिन के पश्चात रात और रात्रि के पश्चात दिन का होना ऋतुओं का नियम से आना और जाना सृष्टि उत्पत्ति और प्रलय किसी वस्तु पर दृष्टि डालिये नियम में बंधी दिखाई पड़ेंगी जब नियम है तो नियामक का होना भी आवश्यक है|

नास्तिक- उस ईश्वर को मानने में क्या युक्ति व प्रमाण है जिससे उसे माना जाये?

आस्तिक- उसके मनाने में अनेकों युक्ति व प्रमाण हैं जिससे उसकी सिद्धि होती है परन्तु संक्षेप से यह कह सकते हैं कि जो इस संसार का कर्त्ता धर्त्ता और संहर्त्ता है वह ईश्वर है क्योंकि बिना किसी चेतन सता के सृष्टि का उत्पादन धारण पालन-पोषण तथा प्रलय में परिणत होना असम्भव है|

3

त्रिविध ब्रह्म

"आज नहीं तो एक दिन हमें हिन्दू धर्म स्वीकार करना ही होगा क्योंकि यही सच्चा धर्म है।"

-जोहान कीथ(1749-1832)

वैदिक मान्यताएँ :वैदिक साहित्य में तीन सत्ताएँ अनादि मानी जाती हैं । सत्ता वह है जिससे सत् (अस्तित्व) का ज्ञान होता है । वे सत्ताएँ हैं- ईश्वर, जीव और प्रकृति । श्वेताश्वतर उपनिषद में इन तीनों को सम्मिलित रूप में त्रिविध ब्रह्म कहा गया है।

प्रकृति सत् (शाश्वत/ Eternal) है, जीव सत्-चित् (Eternal - Conscious) और ईश्वर सत्-चित् और आनन्द (सच्चिदानन्द : Eternal, Conscious, Blissful) । प्रकृति अज्ञ (ज्ञानरहित) है, जीव अल्पज्ञ और ईश्वर सर्वज्ञ। प्रकृति साधन है, जीव साधक और ईश्वर साध्य।

इन तीन सत्ताओं के साथ-साथ तीन सिद्धान्त भी अटल माने जाते हैं । जो प्रमाणों से अन्ततः सिद्ध हो, वह सिद्धान्त है । वे तीन सिद्धान्त हैं - कर्म सिद्धान्त, पुनर्जन्म सिद्धान्त और मोक्ष सिद्धान्त ।

पूर्वोक्त तीन सत्ताओं का क्या स्वरूप है ? इनका परस्पर क्या सम्बन्ध है और ये तीन सिद्धान्त इन तीन सत्ताओं से कैसे सम्बद्ध हैं ? यहां ध्यान देने वाली बात यह है कि तीनों सिद्धान्त जीव के लिये

हैं; इनमें प्रकृति जीव की सहायक है और ईश्वर अधीक्षक। इन सभी विषयों के बारे में सम्यक जानकारी ही वैदिक दर्शन व वैदिक मान्यताओं को ठीक से समझना है।ईश्वर की सृष्टि का विधान त्रिकों में रचित प्रतीत होता है। एक सूत्र है: " सर्वं त्रैराशिकं पाति " अर्थात् सब कुछ त्रिकों में है।

प्रकृतिः प्र-कृति, विकृति और प्राकृत । 'प्र-कृति' का अर्थ है कृति से पूर्व अर्थात् सृष्टि रचना से पूर्व की स्थिति (Primordial Nature / Holy Grail)। इसे अव्यक्त प्रकृति या प्रधान भी कहते हैं । यह एक साम्यावस्था (State of Equilibrium) है। सृष्टि रचना के समय इसमें 'विकृति' (Disturbance in Equilibrium) आती है । सृष्टि के सृजन और संहार की अवस्था को विकृति अवस्था कहते हैं । प्रकृति की तीसरी अवस्था सृष्टि है जिसे प्राकृत (Created World) भी कहते हैं । यइ दृश्य संसार प्रकृति की प्राकृत अथवा प्रकट अवस्था या सृष्टि है| सृष्टि का अपनी कारण अवस्था में लय (Dissolve) हो जाना प्रलय है।

सांख्य दर्शन (1.121) का कथन है: नाशः कारणलयः। अर्थात् किसी वस्तु के नाश का मतलब है उसका अपने कारण/ स्त्रोत में लय/ वापस चला जाना। विज्ञान भी यही कहता है : Matter can neither be created nor be destroyed, it only changes its form .अर्थात् द्रव्य न तो पैदा किया जा सकता है और न इसका ध्वंस किया जा सकता है। यह केवल अपना रूप बदलता है। दूसरे शब्दों में, प्रकृति शाश्वत (Eternal) है।

प्रकृति का ताना-बाना तीन गुणों से बुना है । ये हैं: सत्त्व, रजस और तमस । प्रकृति के तीन मुख हैं : काल, आकाश और प्राण (ऊर्जा)। काल के तीन रूप हैं : भूत, वर्तमान, भविष्यत । आकाश की भी तीन दिशाएँ हैं (Three Dimentional Space) - लम्बाई, चौड़ाई और गहराई ।

प्राण ऊर्जा का स्रोत है। ऊर्जा परमाणु में परिवर्तित होकर तीन रूप धारण करती है- वायु (Gas), तरल (liquid) और ठोस (Solid)।

जीवःजीव तीन अवस्थाओं में रहता है : शरीरावस्था, प्रेत्यावस्था (मृत्यु के उपरान्त तथा पुनर्जन्म के बीच की अशरीरी अवस्था) तथा मोक्ष अवस्था।

जीव के तीन शरीर हैं : स्थूल शरीर (Physical Body) , सूक्ष्म शरीर (Astral Body) , कारण शरीर (Causal Body)।

जीव की तीन प्रकार की गतिविधि है : ज्ञातृत्व (ज्ञान प्राप्त करना), कर्तृत्व (कार्य करना) भोगतृत्व (सुख- दुःख का भोगना)। जीव जैसा ज्ञान प्राप्त करता है, वैसे कर्म करता है और जैसे कर्म करता है , वैसे फल भोगता है।

ईश्वर :ईश्वर के अनन्त गुण, कर्म, स्वभाव हैं। संक्षेप मे, वह सर्वज्ञ, सर्वव्यापक, सर्वशक्तिमान है। मुख्यतः उसके तीन कार्य हैं : सृष्टि रचना ,धारण और संहार। उसका स्वभाव है: सत्- चित्- आनन्द।

ईश्वर के नामों के विश्लेशण से तीन सत्ताएँ सिद्ध होती हैं। ब्रह्म, विष्णु, स्वयंभु, स्वराट् आदि उसकी निजी सत्ता इंगित करते हैं। जगदम्बा, हिरण्यगर्भ, सृष्टिकर्ता ईश्वर के साथ-साथ प्रकृति की सत्ता भी सिद्ध करते हैं।

वेदमंत्रांश है : स नो बन्धु जनिता स विधाता - स्पष्ट है , वह अपना बन्धु , पिता आदि नहीं हो सकता। इससे जीव की सत्ता भी सिद्ध हो जाती है।

त्रिविध ब्रह्म :ईश्वर,जीव, प्रकृति तीनों अलग-अलग होते हुए भी, अविभाज्य तरह से आपस में एक दूसरे से गुन्थे हुए (Inextricably inter-twined) हैं। प्रकृति और जीव ईश्वर में वास करते हैं जो इनका अधिष्ठाता (Matrix) है। ईश्वर अन्तर्यामी, सर्वव्यापक होने से प्रकृति के हर कण और हर जीव में वास करता है। श्वेताश्वतर उपनिषद् में इन तीनों को सम्मिलित रूप में त्रिविध ब्रह्म कहा गया है।वस्तुतः सृष्टि संचालन के लिये ईश्वर, जीव और प्रकृति तीनों की सत्ता का होना अनिवार्य है। इन में से किसी एक की सत्ता न होने पर, अन्य दो की सत्ता निरर्थक हो जाती है।

कल्पना कीजिये कि ईश्वर और प्रकृति हैं, परन्तु जीव नहीं। ऐसी अवस्था में, प्रकृति जड़ होने से अपना उपभोग कर नहीं सकती और ईश्वर आनन्दस्वरूप होने से इसका उपभोग करता नहीं। अर्थात यह तो वैसी स्थिति हुई कि हलवाई ने पकवान तो बना रखे हैं परन्तु खाने वाला कोई नहीं!

अब कल्पना कीजिये कि प्रकृति और जीव हैं ,परन्तु ईश्वर नहीं। प्रकृति अज्ञ/जड़ है, स्वयं को व्यवस्थित कर नहीं सकती। जीव के पास भी इसे व्वस्थित करने का ज्ञान और समर्थ नहीं। अतः सृष्टि रचना असंभव । इन दोनों की सत्ता भी निरर्थक।

अब कल्पना कीजिये कि ईश्वर और जीव हैं , परन्तु प्रकृति नहीं। ऐसी अवस्था में जीव सदा - सदा के लिये ईश्वर में निष्क्रिय पड़े रहेंगे ।अतः सृष्टि संचालन के लिये, तीनों सत्ताएँ का होना अनिवार्य है।

यहां यह इंगित करना असंगत नहीं होगा कि ईसाई धर्म भी इन्हीं तीन सत्ताओं (God, Souls, Nature - Heaven , Hell) में विश्वास रखता है। इसी प्रकार इस्लाम धर्म भी इन्हीं तीनों सत्ताओं (अल्लाह, रूह, कुदरत -- जन्नत, जहन्नुम) में विश्वास रखता है।

त्रिविध ब्रह्म की अनुभूति: हर व्यक्ति को बुरा कार्य करते समय भय और लज्जा की अनुभूति होती है। स्वामी दयानन्द ने कहा है जो भय की अनुभूति करता है वह आत्मा है और जो भय का भाव जागृत करता है, वह परमात्मा है। अर्थात् हर जीव प्रतिदिन अपनी अन्तरात्मा में ईश्वर की सत्ता की अनुभूति करता है। तैत्तिरीय आरण्यक (3.11.1) का कथन है:

अन्तःप्रविष्टः शास्ता जनानाम्।अर्थात् अन्दर प्रविष्ट हुआ (परमात्मा) लोगों का शिक्षक है।

इसी प्रकार हम प्रतिदिन अपने क्रिया - कलापों में त्रिविध ब्रह्म की भी अनुभूति करते हैं। जब हम अति प्रसन्न होते हैं, तो हमारे मुख से स्वतः तीन बार निकलता है : हाह! हाह! हाह! जब अत्यन्त दुःखी होते हैं, तो निकलता है : ओह! ओह!ओह! जब बहुत जल्दी में होते है, तो निकलता है: चलो,चलो,चलो। क्या कोई मनोवैज्ञानिक या जीव-विज्ञान शास्त्री बतला सकता है कि ऐसे शब्द स्वतः तीन बार ही क्यों नकलते हैं, चार बार क्यों नहीं?

खेल गांवों में भी होते हैं, विद्यालियों में भी और विश्वविद्यालयों में भी, सभी में एक, दो, तीन या Ready, Steady, Go के आह्वान से ही खेल आरम्भ होते हैं। किस खेल संस्थान ने यह नियम बनाया है?

इस्लाम में निकाह (विवाह) से पहले, दुल्हन से पूछा जाता है कि क्या तुम्हें यह निकाह मन्ज़ूर है? मन्ज़ूर है? मन्ज़ूर है? दुल्हन के तीन बार "हां" कहने पर ही काज़ी निकाह की रस्म अदा करता है। ऐसा क्यों?

धार्मिक प्रवचन आरम्भ करने से पूर्व, वक्ता श्रोताओं से एक बार या तीन बार ओ३म् का अथवा गायत्री का उच्चारण करवाते हैं। ऐसा क्यों? वह इसलिये कि जब वे एक बार उच्चारण करते हैं, वे परब्रह्म का स्मरण करते हैं! जब वे तीन बार उच्चारण करते हैं, वे त्रिविध ब्रह्म का स्मरण करते हैं!!!

ओ३म् शम्।

।।ॐ भूर्भुवः स्वः तत्सवितुर्वरेण्यम् भर्गो देवस्य धीमहि धियो यो नः प्रचोदयात्।।

अर्थातः उस प्राणस्वरूप, दुःखनाशक, सुखस्वरूप, तेजस्वी, पापनाशक, परमात्मा को हम अंतःकरण में धारण करें। वह परमात्मा हमारी बुद्धि को सन्मार्ग में प्रेरित करे।

<u>ब्रह्म ही सत्य है</u> :हिन्दू धर्म के ग्रंथ वेद में ईश्वर को 'ब्रह्म' कहा गया है। ब्रह्म को प्रणव, सच्चिदानंद, परब्रह्म, ईश्वर, परमेश्वर और परमात्मा भी कहा जाता है। इसी कारण हिन्दू धर्म को 'ब्रह्मवादी' धर्म भी कहा जाता है। इस ब्रह्म के बारे में उपनिषद (वेदांत) और गीता में सारतत्व समझाया गया है। उपनिषद और गीता के साथ ही प्रत्येक व्यक्ति को 'ब्रह्मसूत्र' का अध्ययन करना चाहिए।

दुनिया के सभी धर्मों से अलग है हिन्दू धर्म में ईश्वर की धारणा, जो कि बिलकुल भी सतही नहीं है। यह ऋषियों का अनुभूत सत्य है। जांचा-परखा मार्ग है। ऋषियों ने ईश्वर की कल्पना नहीं की बल्कि उसका अनुभव किया और जाना। जो जाना वही कहा। आइये जानते हैं कि हिन्दू धर्म ईश्वर के बारे में क्या कहता है?

कौन ईश्वर नहीं है?

*ब्रह्म ही सत्य है, जो न तो पुरुष है, न ही स्त्री। वह सिर्फ ब्रह्म है।

*ईश्वर न तो भगवान है, न देवी है, न देवता और न ही ब्रह्मा, विष्णु और महेश।

*ईश्वर पृथ्वी, जल, अग्नि, वायु और आकाश भी नहीं।

*ईश्वर दुर्गा, राम, कृष्ण और बुद्ध भी नहीं हैं।

*ईश्वर न पिता है, न माता और न ही गुरु।

*उनका न कोई पिता है और न कोई स्वामी और न ही वह किसी का स्वामी है।

ईश्वर कहाँ है?

*ईश्वर वह है जो समय और स्थान से प्रभावित नहीं होता है।

*ईश्वर न धरती पर है और न आकाश में लेकिन वह सर्वत्र होकर भी अकेला है।

*सृष्टि से पहले भी वही था और सृष्टि के बाद भी वही एकमात्र होगा।

*ईश्वर सभी की आत्मा में है और सभी की आत्मा ही ईश्वर है, लेकिन वह कभी किसी को महसूस नहीं होता। उसके लिए आत्मवान होना जरूरी है।

*वह दूर से दूर और पास से भी पास है।

*परमात्मा सर्वव्यापक है लेकिन माया के आवरण से परमात्मा की प्रतीति नहीं होती।

*जो भूत, भविष्य और सबमें व्यापक है, जो दिव्यलोक का भी अधिष्ठाता है, उस ब्रह्म (परमेश्वर) को प्रणाम है।-ऋग्वेद

ईश्वर क्या है?

*ईश्वर शुद्ध प्रकाश स्वरूप है, लेकिन वह प्रकाश नहीं है।

*ईश्वर केवल एक है, उसके जैसा कोई दूसरा नहीं।

*क्लेश, कर्म, विपाक और आशय- इन चारों से अपरामष्ट- जो संबंधित नहीं है वही पुरुष विशेष ईश्वर है। अर्थात जो बंधन में है और जो मुक्त हो गया है वह ईश्वर नहीं है, बल्कि ईश्वर न कभी बंधन में था, न है और न रहेगा।

*ईश्वर निराकार, निर्विकार और निर्विकल्प है। उसकी कोई मूर्ति नहीं बनाई जा सकती।

*ईश्वर अजन्मा है। जिन्होंने जन्म लिया है और जो मृत्यु को प्राप्त हो गए हैं या फिर अजर-अमर हो गए हैं वे सभी ईश्वर नहीं हैं।

*ईश्वर दयालु, प्रेमपूर्ण और जगत का रखवाला है।

*वह सच्चिदानंद है। अर्थात सत, चित्त और आनंद स्वरूप है। सत् का अर्थ है- सनातन, साश्वत, जिसका कोई प्रारंभ नहीं और अंत भी नहीं, न बदलने वाला- न समाप्त होने वाला। चित् का अर्थ है- चेतना, विचारणा, मन और बुद्धि आदि। चेतना से ही संसार का उद्भव हुआ है। तीसरा इस संसार का सबसे बड़ा आकर्षण 'आनंद' है। संसार की उत्पत्ति आनंद के लिए ही हुई है। शुद्ध आनंद की अनुभूति होना दुर्लभ है।

'वह परब्रह्म (ईश्वर) एकात्म भाव से और एक मन से तीव्र गति वाले हैं। वे सबके आदि (प्रारंभ) तथा सबके जानने वाले हैं। इन परमात्मा को देवगण भी नहीं जान सके। वे अन्य गतिवानों को स्वयं स्थिर रखते हुए भी अतिक्रमण करते हैं। उनकी शक्ति से ही वायु, जल वर्षण आदि क्रियाएं होती हैं। वे चलते हैं, स्थिर भी हैं; वे दूर से दूर और निकट से निकट हैं। वे इस संपूर्ण विश्व के भीतर परिपूर्ण हैं तथा इस विश्व के बाहर भी है|(4,5ईशावास्योपनिषद)

ईश्वर क्या करता है?ईश्वर का कोई संदेशवाहक नहीं। संदेशवाहक देवी और देवताओं के होते हैं। ऋषियों ने ईश्वर के वचनों को सुना और उसकी स्तुति की जिसे वेद कहा गया। वे ईश्वरीय वचन है जिनमें आदेश, संदेश या आज्ञा नहीं है।
*ब्रह्म या ईश्वर न न्याय करता है और न अन्याय करता है, लेकिन जो उसका ध्यान करते हैं उनके साथ कभी अन्याय नहीं होता।

*ईश्वर किसी को भयभीत करने वाला और न ही प्रेम करने वाला है। जो उससे प्रेम करते हैं वे स्वत: ही उसके सान्निध्य में होकर सुरक्षित हो जाते हैं। जो उससे भयभीत रहते हैं, वे अपने पापों के कारण ही भयभीत रहते हैं।

*ईश्वर न आज्ञा देने वाला है और न ही उपदेश देने वाला। उपदेश और आज्ञा देने वाले ईश्वर या सत्य के मार्ग पर नहीं हैं।

*ईश्वर न सजा देता है और न ही पुरस्कार। वह न स्वर्ग में भेजता है और न नर्क में। जो लोग उसका ध्यान करते हैं और सभी को ईश्वरमय समझते हैं, वे हर तरह की सजा-पुरस्कार और स्वर्ग-नर्क से परे होकर शांति पाते हैं।

*ईश्वर न सृष्टि रचयिता है और न सृष्टि का रखवाला। उसके होने से ही सृष्टि हुई और उसके होने से ही सूर्य, तारे, पृथ्वी तथा दूसरे ग्रह-नक्षत्र काबू में रहते हैं। उनके काबू में रहने से ही प्राणियों का अस्तित्व विद्यमान है, तो वह ऐसा होने पर भी ऐसा नहीं है। अर्थात उसकी उपस्थिति से ही सब कुछ है और उसकी इच्छा से ही सभी की सुरक्षा है और उसकी इच्छा से ही विध्वंस है।

*जड़ से बढ़कर प्राण है, प्राण से बढ़कर मन। मन से बढ़कर बुद्धि है और बुद्धि से बढ़कर विवेक। विवेक से बढ़कर चेतना है और चेतना से बढ़कर आत्मा। आत्मा ही सभी को धारण करने वाली है और इस आत्मा को धारण करने वाला परमात्मा है।

*धरती से बढ़कर जल है, जल से बढ़कर अग्नि। अग्नि से बढ़कर वायु है और वायु से बढ़कर आकाश। आकाश से बढ़कर ब्रह्म है और ब्रह्म से बढ़कर आत्मा। आत्मा से बढ़कर वह एकमात्र परमात्मा ही सभी को धारण करने वाला है।

'उस ब्रह्म से प्रकट यह संपूर्ण विश्व है जो उसी प्राण रूप में गतिमान है। उद्यत वज्र के समान विकराल शक्ति ब्रह्म को जो मानते हैं, अमरत्व को प्राप्त होते हैं। इसी ब्रह्म के भय से अग्नि व सूर्य तपते हैं और इसी ब्रह्म के भय से इंद्र, वायु और यमराज अपने-अपने कामों में लगे रहते हैं। शरीर के नष्ट होने से पहले ही यदि उस ब्रह्म का बोध प्राप्त कर लिया तो ठीक अन्यथा अनेक युगों तक विभिन्न योनियों में पड़ना होता है।'।। 2-8-1।।-तैत्तिरीयोपनिषद

यह आत्मा ही ब्रह्म है। ब्रह्मस्वरूप होने और ब्रह्म में से ही प्रस्फुटित होने के कारण आत्मा को भी ब्रह्म (ईश्वर) तुल्य माना गया है।

*संसार प्राकृतिक शक्तियों का खेल है और प्राकृतिक शक्तियां चित्त शक्तियों का खेल है और चित्त की शक्तियां आत्मा का खेल है और आत्माएं ईश्वर के होने से ही विद्यमान हैं।

*स्वयं को जानने वाला ही ईश्वर को जान सकता है।

*ईश्वर तक पहुंचने के दो ही रास्ते हैं- शरणागति और ध्यान। ये दो मार्ग अभ्यास और जाग्रति से हासिल किए जा सकते हैं।

*'अहम् ब्रह्मास्मि' अर्थात मैं ही ब्रह्म हूं, 'तत्वस्मी' अर्थात तू ही ब्रह्म है और 'एकमेव ब्रह्म सत्य' अर्थात वह ब्रह्म ही सत्य है। इसका मतलब वह ब्रह्म मुझ में, तुझ में और सर्वत्र होकर भी अकेला है।

*शरीर में रहकर आत्मा जाग्रत, स्वप्न और सुषुप्ति का अनुभव करती है। इस दौरान वह मस्तिष्क की क्षमता से अनावश्यक और निरंतर चलने वाले विचारों से प्रभावित होती रहती है। मन के भावों और गति से सुख और दुख का अनुभव करती रहती है, लेकिन वह कभी खुद को देखने और समझने का प्रयास नहीं करती। जागृत, स्वप्न और सुषुप्ति। उक्त तीन अवस्थाओं से बाहर निकलने की विधि का नाम ही है हिन्दू धर्म है।

*यह आत्मा ही सब कुछ है अर्थात समस्त वस्तु, विचार, भाव और सिद्धांतों से बढ़कर आत्मा है। आत्मा को जानने से ही परमात्मा को जाना जा सकता है। यही सनातन धर्म का सत्य है।

4

भगवान और आत्मा

"हिन्दू धर्म और हिन्दू एक दिन इस दुनिया पर राज करेंगे क्योंकि यह ज्ञान और चेतना का मिश्रण है।" - - लियो टॉल्स्टॉय (1828-1910)

वेदों में भगवान का कोई उल्लेख नहीं मिलता। इनमें विभिन्न तरीकों से सृष्टि रचयिता के विचार पर मंथन किया गया है लेकिन भगवान जैसी कोई निश्चित अवधारणा नहीं है, जैसी कि पुराणों में पाई जाती है।

वेद 4000 साल पुराने हैं और पुराण 2000 साल पुराने हैं । वेदों में विधि-विधान को महत्व दिया गया है, जबकि पुराणों के काल तक आते-आते एक सर्वशक्तिमान के प्रति आस्था को अधिक महत्व दिया जाने लगा था और इस सर्वशक्तिमान को भगवान कहा जाने लगा था।मगर बौद्ध तथा जैन धर्म में 'भगवान' शब्द का प्रयोग उपाधि के तौर पर किया जाता है। ये दोनों ही मठ आधारित व्यवस्थाएं हैं, जिनमें ईश्वर की अवधारणा नहीं है।

उनका उद्देश्य तो सांसारिकता की बेड़ियों से मुक्ति पाना है। जो ऐसा करने में सफल हो जाते हैं, वे भगवान कहलाते हैं। अत: जैन महावीर को भगवान कहते हैं और बौद्ध बुद्ध को। इन दोनों धर्मों के अनुसार भगवान के पास कैवल्य ज्ञान होता है और वे आम आदमी की तरह भय और वासना के जाल में नहीं उलझे होते। यहां 'भगवान' ज्ञानियों में ज्ञानी को कहा जाता है।

'भगवान' शब्द की उत्पत्ति 'भाग' से हुई है। प्रत्येक प्राणी विश्व के आनंद में अपना भाग या हिस्सा चाहता है। अक्सर हमें लगता है कि हमारे हिस्से में कम आया और दूसरों के हिस्से में ज्यादा। जब हमें अपने धन का बंटवारा करना होता है, तो हम नहीं जानते कि कौन कितने हिस्से का हकदार है। केवल भगवान ही जानते हैं कि कर्म के आधार पर किसे कितना भाग मिलना चाहिए। वे सही 'भाग" तय करने में समर्थ हैं, इसीलिए 'भगवान' हैं।

योनि को 'भग' भी कहा जाता है। भग का अर्थ कामना तथा भाग्य भी होता है। दूसरे शब्दों में कहें, तो 'भग' से तात्पर्य भौतिक संसार से है, जो सभी भौतिक आनंदों, कामनाओं और भाग्य को धारणा करने वाला गर्भ है। भगवान इस भौतिक संसार से, भाग्य से और संसार में उपलब्ध ऐंद्रिक सुखों से बंधे हैं। वे इससे अलग नहीं हो जाते। वे शिव, बुद्ध या महावीर की तरह संन्यासी नहीं हैं।

जैसे जैन कैवल्य ज्ञान को प्राप्त व्यक्ति को तीर्थंकर या अरिहंत कहते हैं। बौद्ध संबुद्ध कहते हैं वैसे ही हिंदू भगवान कहते हैं। भगवान का अर्थ है जितेंद्रिय। इंद्रियों को जीतने वाला। भगवान का अर्थ ईश्वर नहीं और जितने भी भगवान हैं वे ईश्वर कतई नहीं है। ईश्वर या परमेश्वर संसार की सर्वोच्च सता है।

भगवान शब्द संस्कृत के भगवत शब्द से बना है। जिसने पांचों इंद्रियों पर विजय प्राप्त कर ली है तथा जिसकी पंचतत्वों पर पकड़ है उसे भगवान कहते हैं। भगवान शब्द का स्त्रीलिंग भगवती है। वह व्यक्ति जो पूर्णत: मोक्ष को प्राप्त हो चुका है और जो जन्म मरण के चक्र से मुक्त होकर कहीं भी जन्म लेकर कुछ भी करने की क्षमता रखता है वह भगवान है। परमहंस है।

भगवान को ईश्वरतुल्य माना गया है इसीलिए इस शब्द को ईश्वर, परमात्मा या परमेश्वर के रूप में भी उपयोग किया जाता है, लेकिन यह उचित नहीं है। ब्रह्मा, विष्णु, महेष, राम, कृष्ण और बुद्ध आदि सभी ईश्वर नहीं है।

भगवान शब्द का उपयोग विष्णु और शिव के अवतारों के लिए किया जाता है। दूसरा यह कि जो भी आत्मा पांचों इंद्रियो और पंचतत्व के जाल

से मुक्त हो गई है वही भगवान कही गई है। इसी तरह जब कोई स्त्री मुक्त होती है तो उसे भगवती कहते हैं। भगवती शब्द का उपयोग माँ दुर्गा के लिए भी किया जाता है। इसे ही भागवत मार्ग कहा गया है।

भगवान (संस्कृत : भगवत्) सन्धि विच्छेद: भ्+अ+ग्+अ+व्+आ+न्+अ

भ = भूमि

अ = अग्नि

ग = गगन

वा = वायु

न = नीर

भगवान पंच तत्वों से बना/बनाने वाला है।भगवान्- ऐश्वर्य, धर्म, यश, लक्ष्मी, ज्ञान और वैराग्य- ये गुण अपनी समग्रता में जिस गण में हों उसे 'भग' कहते हैं। उसे अपने में धारण करने से वे भगवान् हैं। यह भी कि उत्पत्ति, प्रलय, प्राणियों के पूर्व व उत्तर जन्म, विद्‌या और अविद्‌या को एक साथ जानने वाले को भी भगवान कहते हैं।

भगवान शिव और शंकर में क्या अंतर है? शंकर को सदा तपस्वी मूर्त दिखाया जाता है और कई तस्वीरों में शिवलिंग का ध्यान करते हुए भी दिखाते हैं।अज्ञान के कारण बहुत से लोग शिव और शंकर को एक ही सत्ता के दो नाम मानते हैं। परंतु दोनों की प्रतिमाएं अलग-अलग आकृति की हैं। शंकर को सदा तपस्वी मूर्त दिखाया जाता है और कई तस्वीरों में शिवलिंग का ध्यान करते हुए भी दिखाते हैं।

परमात्मा शिव ब्रह्माण्ड की स्थापना, पालना और विनाश के लिए ब्रह्मा विष्णु और शंकर तीन सूक्ष्म देवताओं की रचना करते हैं जिनमें शंकर के द्‌वारा केवल विनाश का कार्य ही कराते हैं। शिव परमात्मा रचयिता हैं और शंकर उनकी एक रचना हैं। शिव ब्रह्म लोक में परमधाम के निवासी हैं, सर्व व्यापी हैं जबकि शंकर सूक्ष्म आकारी देवता हैं जो सूक्ष्म लोक में रहने वाले हैं।शिव की यादगार में शिवरात्रि मनाई जाती है ना कि शंकर रात्रि। अतः शिव निराकार परमात्मा हैं और शंकर सूक्ष्म आकारी देवता है।

क्या कारण है शिव का नाम शंकर के साथ जोड़ा जाता है ?

शिव का नाम शंकर के साथ जोड़ा जाता है तो कहते हैं शिव शंकर भोलेनाथ। शंकर जी को उंचे पर्वत पर तपस्या में लीन बताते हैं जबकि भगवान शिव ज्योति बिंदु स्वरूप हैं। जिनकी पूजा ज्योतिर्लिंग के रूप में की जाती है। वास्तव में भगवान शिव के तीन प्रमुख कर्तव्य हैं। नई पावन दैवीय सतयुगी दुनिया की स्थापना, दैवीय दुनिया की पालना और पुरानी पतित दुनिया का विनाश। इसलिए भगवान शिव को गॉड कहा जाता है। ये तीनों कर्तव्य तीन प्रमुख देवताओं ब्रह्मा, विष्णु, शंकर द्वारा करवाए जाते हैं। इसलिए शिव की त्रिमूर्ति शिव भगवान भी कहा जाता है। भगवान शिव सदा कल्याणकारी हैं, जन्म-मरण के चक्र या बंधन से सदा मुक्त हैं जबकि शंकर साकारी देवता है।शंकर को ही देव आदि देव महादेव भी कहा जाता है। भगवान शिव शंकर में प्रवेश करके वो महान से महान कार्य करवाते हैं जो अन्य कोई देवी-देवता, साधु, संत, महात्मा नहीं कर पाते।

आत्मा क्या है? हर जीवित व्यक्ति के अंदर आत्मा मौजूद रहती है। जैसे ही यह शरीर से निकल जाती है शरीर निर्जीव हो जाता है यानी आत्मा एक जीव है जिसके चले जाने से शरीर जीव विहीन हो जाता है। शरीर से जुड़े सारे नाते रिश्ते सब खत्म हो जाते हैं। गीता में श्री कृष्ण कहते हैं, मैं हर व्यक्ति में आत्मा रूप में मौजूद हूं, यानी यह आत्मा ईश्वर का स्वरूप है।

आत्मा एक अनसुलझा रहस्य :गीता में श्रीकृष्ण ने आत्मा को अमर और अविनाशी बताया है जिसे न शस्त्र काट सकता है, पानी इसे गला नहीं सकता, अग्नि इसे जल नहीं सकती, वायु इसे सोख नहीं सकती। यह तो ऐसा जीव है जो व्यक्ति के कर्मफल के अनुसार एक शरीर से दूसरे शरीर में भटकता रहता है। दरअसल आत्मा एक ऐसा रहस्य है जिसका रहस्य जितना सुलझाया गया है, यह उतना ही उलझता गया है। फिर भी इसे जानने का रोमांच मन में बना ही रहता है। इसलिए यहां हम आपको आत्मा के कुछ ऐसे रहस्यों को बता रहे हैं जिसे जानकर आप यकीनन हैरान रह जाएंगे।

आत्मा का आकार :कठोपनिषद एवं गरुड़ पुराण मे बताया गया है कि आत्मा अंगूठे के आकार का होता है। गरुड़ पुराण में तो इस अंगूठे के

आकार के जीवात्मा को ही कर्मफल को भोगने वाला बताया गया है।

शरीर में आत्मा का निवास :आत्मा का निवास स्थान हृदय में होता है इस बात का उल्लेख श्रीकृष्ण ने गीता में इस प्रकार किया है:-

ईश्वर: सर्वभूतानां हृदेशेअर्जुन तिष्ठति। भ्रामयन् सर्वभूतानि यन्त्रारूढानि माययया।।

आत्मा प्रकाश पुंज है जो सूक्ष्म शरीर के रूप में जीवित व्यक्तियों के अंदर मौजूद रहती है। सूक्ष्म शरीर के आंख, कान, मुख तथा हाथ पैर नहीं होते है फिर भी यह देख सकता है, सुन सकता है, बोल सकता है और स्पर्श कर सकता है।

आत्मा का रंग कैसा :आत्मा के रंग को लेकर ऋषि-मुनियों ने कई शोध किए है जिससे यह अनुमान लगाया गया कि आत्मा का रंग नीला या आसमानी है। आधुनिक समय में भी इस विषय पर काफी शोध होते रहे हैं। वर्तमान में आत्मा के रंग को लेकर शोध कर रहे पांडिचेरी के प्रो. के सुंदरम का भी कहना है कि आत्मा का रंग नीला या आसमानी है। वैसे यह आसमानी रंग को अधिक करीब मानते हैं।

कर्मफल भोगने के लिए शरीर :मृत्यु के समय आत्मा अपने कर्मों को समेटकर अपनी अधूरी इच्छाओं को पूरी करने के लिए अन्य शरीर की खोज में चल देती है। और कर्मों के अनुसार ही आत्मा को नया शरीर कर्मफल भोगने के लिए प्राप्त हो जाता है।

5

धर्म और पंथ

"हिंदू केवल शांति और मेल-मिलाप की बात करते हैं। मैं ईसाइयों को उसकी प्रशंसा करने, बदलने और उसमें विश्वास करने के लिए आमंत्रित करता हूं।"

कोस्टा लोबन (1841-1931)

सनातन धर्म (हिन्दू धर्म) को विश्व में सबसे प्राचीन धर्म माना जाता है जिसमें से कई अन्य धर्मों का उदय हुआ। सनातन धर्म में ईश्वर की परिकल्पना के साथ-साथ वेदों व उपनिषदों के माध्यम से जीवन जीने की एक उत्तम पद्धति की स्थापना की गयी। जब मनुष्य आदिमानव था और वनों में रहता था तब वहां मत्स्य न्याय था अर्थात बड़ी मछली छोटी मछली को खा जाती थी। इसी मत्स्य न्याय की काट के लिए धर्म की स्थापना हुई थी।

धर्म सनातन है, मतलब पहले दिन से है। जिसका न आदि है न अंत है। सनातन धर्म का अर्थ है- हमारा सनातन कर्तव्य, ईश्वर की सेवा, मनुष्य में ईश्वरीय गुण की अभिव्यक्ति। धर्म की उत्पत्ति आवश्यकता, अवस्था तथा इनके अनुकूलन के लिए किये गये चिंतन का परिणाम होता है। धर्म का आध्यात्मिक तात्पर्य सत् से है, सत् सनातन है, ये सारा अस्तित्व सदा सनातन है, इस अस्तित्व के सारे सूरज, चाँद, प्रथ्वी, आकाश, आकाशगंगा, जल, वायु, पेड़, मानव, कीट, पतंगे, सब कुछ उसी से उत्पन्न होते है और उसकी ही महिमा और करुणा से चलायमान और

गतिशील है|

अगर आप मानव इतिहास देखे तो करीब 12000 साल पहले और पुराण देखे तो इस मनवंतर की शुरुआत यानी करीब 4,32,00,000 साल पूर्व में प्रलय हुआ था। दुनिया के सभी धर्मों ने इस कहानी को अपनी ग्रंथों में जगह दी है किन्तु कोई प्रमाण नहीं दिया कि ये उनकी कहानी है।Bible के अनुसार The Great Deluge नाम से इसका उल्लेख है |,यही सनातन धर्म के मत्स्य पुराण में लिखित कहानी है |

दोनों कथाओं में एक राजा है जिसे भगवान आदेश दिया कि दुनिया का अंत होने वाला है |विश्व में सबसे पहले वैदिक धर्म ही था। फिर लोगों और तथाकथित संतों ने मतभिन्नता को जन्म दिया और इस तरह एक ही धर्म के लोग कई जातियों व उप-जातियों में बंट गए। ये जातिवादी लोग ऐसे थे जो जो वेद, वेदांत और परमात्मा में कोई आस्था-विश्वास नहीं रखते थे। इसमें से एक वर्ग स्वयं को वैदिक धर्म का अनुयायी और आर्य कहता था तो दूसरा जादू-टोने में विश्वास रखने वाला और प्रकृति तत्वों की पूजा करने वाला था। दोनों ही वर्ग भ्रम और भटकाव में जी रहे थे क्योंकि असल में उनका वैदिक धर्म से कोई वास्ता नहीं था। श्रीकृष्ण के काल में ऐसे 72 से अधिक अवैदिक समुदाय दुनिया में मौजूद थे। ऐसे में श्रीकृष्ण ने सभी को एक किया |

धर्म मनुष्य को विश्वास दिलाता है, किसी एक मत में विश्वास जगाता है।उपयोगी अर्थ में धर्म मनुष्य को एकजुट रखता है और मनुष्य में कहीं ना कहीं आस्था जगाता है, उसे सकारात्मक सोच प्रदान करता है।धर्म कहीं ना कहीं मनुष्य को एक विवेक मन वाला व्यक्ति बनता है, और धर्म उसे सदाचार का जीवन जीने को कहता है।1आप किसी भी जीव के लिये कुछ अच्छा करते हैं वो धर्म है ,बुरा करते हैं ,दुखी करते हैं वो अधर्म है |

पंथ क्या है ? यदि आप सोचते हैं कि धर्म हिन्दू ,मुस्लिम ,सिख ,ईसाई ये धर्म हैं तो आप गलत हैं ,ये पंथ हैं 1 ये कलचर हैं ,ये जीवन जीने के तरीके हैं| मूलतः धर्म शब्द का अर्थ दायित्व से है जैसे राजधर्म , पतिधर्म , मित्रधर्म , राष्ट्रधर्म आदि । अंग्रेजी में इसका निकटतम शब्द ड्यूटी है ।

जबकि पन्थ का शाब्दिक अर्थ विचारधारा , पथ या रास्ता है जिस पर हम किसी लक्ष्य को पाने के लिए अपने जीवन में चलते हैं ।उदाहरण के लिए समाज की तरक्की के लिए राजनीति में वामपंथी या दक्षिणपंथी हो सकता है ।ईश्वर को पाने के लिए कोई कबीरपंथी, नानकपंथी, ईसापंथी (ईसाई) , मोहम्मदपंथी (मोहम्मडन) हो सकता है जिसका अर्थ यह हुआ कि इन लोगों का सोचना है कि कबीर, नानक, ईसा, मोहम्मद के बताए रास्ते पर चलने से ईश्वर मिलेगा । पंथ में एक गुरु होता है जिसके बताये रास्ते पर उसके अनुयायी चलते हैं | उस गुरु के न रहने के पश्चात उसका स्थान पंथ के किसी दुसरे गुरु को मिल जाता है | ये सभी एकेश्वरवाद में विश्वास करते हैं| हालांकि ये सभी पंथों ने सनातन धर्म के साथ साथ ही अपना रास्ता तय किया परन्तु मत की विभिन्नता की वजह से अपना अलग अस्तित्व स्थापित कर लिया | जैन, बौद्ध और सिख सनातन धर्म के अंग हैं पर इन्होने पंथ का रास्ता अपना लिया |

लेकिन जबसे अंग्रेजी के रिलिजन शब्द का अनुवाद धर्म हुआ है , पंथ शब्द का प्रयोग बंद हो गया है और पंथों ने धर्म शब्द ओढ़ लिया है ।धर्म का तात्पर्य कर्तव्य से था | वास्तविक धर्म शब्द कहीं गायब हो गया है और अब सभी पंथों को भी धर्म कहा जाने लगा है |

जिस धर्म की बात कर रहे है उसका इतिहास बहुत बड़ा है और वह है सनातन धर्म जिसे कालान्तर में हिन्दू धर्म कहा जाने लगा | उसे और भी माध्यम से जाना जा सकता है, धरती पर जीवन लाखो वर्षो से है, लेकिन हमारे पास उसका इतिहास चंद हजार वर्षो का है| इंसानों के लिये काल (समय) का महत्व पांच हजार वर्षो तक से है उसके पहले समय की गणना की जरूरत नहीं थी, जैसा की आज हमारे अंदर ये सब जानने की उत्सुकता पैदा होती है |

धर्म की उत्पत्ति का सबसे बड़ा कारण यह सृष्टि है क्योंकि जब सृष्टि बनी है तब उसके चलाने का विधान भी बना । "धर्म" सत्य न्याय नीति पर आधारित भगवती विधान है जिससे यह सृष्टि संचालित हो रही है ।जिसकी स्थापना भगवान स्वयं करते हैं गीता में भगवान ने कहा है "धर्म संस्थापनार्थाय संभवामि युगे युगे"

हिन्दू धर्म अत्यंत प्राचीन धर्म है। इतना प्राचीन कि इसकी उत्पति वेदों से भी पहले मानी गई है। मौखिक रूप से चले आ रहे इस धर्म को कालांतर में लिपि बद्ध किया गया जो वेद कहलाएं। पर वेदों की रचना भी अलग अलग समय में हुई।

एक अवधारणा यह भी बताती है कि हिंदू धर्म 5000 वर्ष पूर्व मध्य एशिया से हिमालय तक फैला हुआ था। परन्तु कुछ इतिहासकारो ने इसे सिंधु घाटी सभ्यता के पहले का माना है जो कि 6000 वर्ष पूर्व है। जहां सूर्य पूजा, अग्नि पूजा एवं मूर्ति पूजा के प्रमाण मिले हैं।कुछ विद्वानों ने ऋषि मुनियों के समय को 12000 वर्ष पूर्व का माना है।अतः स्पष्ट रूप से यह नहीं कह सकते कि यह कितना पुराना है।

आश्रम व्यवस्था किसे कहते है? आश्रम शब्द श्रम धातु से निकला है जिसका अर्थ होता है प्रयत्न या परिश्रम। इस प्रकार एक आश्रम तुलनात्मक रूप से श्रम का एक उल्लेखनीय भाग या कर्मस्थली है जिसमे व्यक्ति अपनी योग्यता व क्षमता के अनुसार किन्ही वैयक्तिक व सामाजिक लक्ष्यों की प्राप्ति (या धार्मिक कर्तव्यों के निर्वाह) के लिए प्रयत्न करता है।

आश्रम का अर्थ वैसे चाहे कुछ भी हो, जन समाज मे इसका अर्थ विश्राम स्थान के रूप मे ग्रहण किया गया। उपनिषद्काल मे आर्य लोग जीवन को अनन्त यात्रा मानते थे, जिसमे स्थान-स्थान पर विश्राम करके आगे बढ़ते थे अथवा आगे बढ़ने की तैयारी करते थे। यह यात्रा मोक्ष की ओर होती थी। लोगों के जीवन का चरम लक्ष्य था मोक्ष की प्राप्ति, जिसके बाद आवागमन के बन्धन से मुक्ति मिल जाती थी। प्रत्येक आश्रम एक ऐसी व्यवस्था थी, जिसमे कुछ अवधि के लिए रूककर व्यक्ति आगे की यात्रा के लिए प्रस्थान करता था।

वैदिक व्यवस्था मे मनुष्य की आयु 100 वर्ष मानी गई है। इन 100 वर्षों को चार बराबर भागों में विभाजित किया गया है। ये चार भाग इस प्रकार है--1. ब्रह्माचर्य आश्रम 2. गृहस्थ आश्रम 3. वानप्रस्थ आश्रम 4.

सन्यास आश्रम।

इन्ही चार भागों को चार आश्रमों की संज्ञा दी गयी है। प्रत्येक आश्रम की अवधि 25 वर्ष मानी गई है। मनुष्य के जीवन के प्रथम 25 वर्ष ब्रह्माचर्य आश्रम, द्वितीय 25 वर्ष अर्थात् 50 वर्ष तक गृहस्थ आश्रम, तीसरे 25 वर्ष अर्थात् 75 वर्ष तक वानप्रस्थ आश्रम तथा अन्तिम 25 वर्ष सन्यास आश्रम के कहलाते है। अब हम आश्रम व्यवस्था के इन चारों भागों या प्रकार को विस्तार से समझेंगे।

1. ब्रह्माचर्य आश्रम : *यह आश्रम साधारणतः 25 वर्ष की आयु तक माना गया है। ब्रह्माचर्य आश्रम, विद्या और शक्ति की साधना का आश्रम है। इसमे एक व्यक्ति ब्रह्माचर्य व्रत का पालन करते हुए विभिन्न विद्याओं मे निपुणता प्राप्त करने का प्रयत्न करता है। मनुष्य का शारीरिक, मानसिक तथा आध्यात्मिक विकास इसी आश्रम मे होता है। ब्रह्माचर्य आश्रम का आयोजन और महत्व विशेष रूप से द्विजों के लिए है जिन्हें विभिन्न वेदशास्त्रों और विद्याओं की साधना की अनुमति है। इस आश्रम मे यज्ञोपवीत या उपनयन संस्कार के पूर्ण होने पर द्विज प्रवेश करता है, जिसकी आयु सामान्यतः 8 से 16 वर्ष की होती है। प्राचीन ग्रन्थों के अनुसार एक ब्राह्मण साधारणतः 8 से 10 वर्ष, क्षत्रिय 10 से 14 वर्ष की और वैश्य 12 से 16 वर्ष की आयु के बीच उपनयन संस्कार के माध्यम से ब्रह्माचर्य आश्रम मे प्रवेश कर सकता है।*

ब्रह्माचर्य जीवन तप और इंद्रिय संयम का जीवन है। मनु के अनुसार ब्रह्माचारी को गुरू के पास रहता हुआ इंद्रियों को वस मे कर तपवृद्धि के लिए नियमों का पालन करे। वह नित्य पूजन करे तथा प्रातः एवं सायंकाल हवन करे। ब्रह्माचर्य भोजन के लिए गृहस्थों से भिक्षा प्राप्त करे किन्तु निम्न व पातकी लोगों से तथा साधारणतः अपने कुलबान्धव,

जाति व गुरूकुल से भिक्षा प्राप्त न करे। वह प्रतिदिन भिक्षा माँगे परन्तु किसी एक का ही अन्न ग्रहण न करे और न ही भोजन का संचय करे। ब्रह्माचारी को गुरू की आज्ञा का पालन करना चाहिए।

2. गृहस्थ आश्रम : *सामाजिक जीवन का आरंभ तथा अन्त इसी आश्रम से होता है। सामाजिक दृष्टिकोण से गृहस्थ आश्रम सबसे अधिक महत्वपूर्ण माना गया है। साधारणतः ब्रह्माचर्य आश्रम के समाप्त होने यानि की 25 वर्ष की आयु तक व्यक्ति शरीरिक और मानसिक दृष्टि से इतना समर्थ हो जाता है कि वह जीवन मे अर्थ और काम की उचित साधना और विभिन्न पारिवारिक व सामाजिक उत्तरदायित्वों का निर्वाह कर सके। सामान्यतः इस आयु तक व्यक्ति अपनी शिक्षा पूर्ण कर विवाह करके, गृहस्थ मे प्रवेश करता है। जीवन की यही 25 से 50 वर्ष का भाग गृहस्थाश्रम कहलाता है।*

इस आश्रम मे प्रवेश करने के पश्चात व्यक्ति सन्तान उत्पन्न करता है। वह अपनी पत्नी तथा बच्चों का पालन-पोषण करता है। इस आश्रम मे रहकर व्यक्ति अपने माता-पिता की सेवा करता है। उन्हें सभी तरह से सन्तुष्ट रखता है। इस आश्रम मे व्यक्ति पितृ यज्ञ करता है। पितृ यज्ञ एक महत्वपूर्ण यज्ञ कहलाता है। गृहस्थ आश्रम मे व्यक्ति अनेक व्यक्तियों को भोजन कराता है। अनेक प्राणी गृहस्थ के सहारे जीवित रहते है। इसी कारण यह आश्रम सबसे अधिक महत्वपूर्ण माना गया है। इस आश्रम मे व्यक्ति के 2 महत्वपूर्ण कर्तव्य बताए गए है। प्रथम प्रकार के कर्तव्यों का सम्बन्ध धर्म, अर्थ, काम तथा मोक्ष से है। द्वितीय प्रकार के कर्तव्यों का सम्बन्ध विभिन्न ऋणों से उऋण होना है। विभिन्न प्रकार के यज्ञ करके ही एक व्यक्ति इन ऋणों से उऋण हो सकता है।

मनु के अनुसार जिस प्रकार सब लोग वायु के सहारे जीवित रहते है, उसी प्रकार सब आश्रम गृहस्थाश्रम के सहारे निर्वाह करते है। गृहस्थाश्रम के इस महत्व को देखते हुए मनु ने इसे सभी आश्रमों

मे श्रेष्ठ निरूपित किया है। यस्मात्त्रयोऽप्याश्रमिणो ज्ञानेनात्रेन चान्वहम्।गृहस्थेनैव धार्यन्ते तत्याज्जेष्ठाश्रमों गृही।। (मनुस्मृति, 2:78)।

3. वानप्रस्थ आश्रम : *50 वर्ष की आयु पूरी करने के बाद वानप्रस्थ आश्रम मे प्रवेश करता है। यह गृहस्थाश्रम के बाद की स्थिति है। मनु के अनुसार गृहस्थाश्रम व्यतीत करने के पश्चात जब व्यक्ति के बाल पक जायें, चेहरे पर झुरियाँ दिखाई पड़ने लगें, उसके प्रौत्र उत्पन्न हो जायें तब वह विषयों से रहित होकर वन का आश्रय ले। यदि उसकी पत्नी उसके साथ जाना चाहे तो ले जाए अन्यथा उसे पुत्रों के उत्तरदायित्व पर छोड़ दें। उसे अपने साथ कोई भी गृह सम्पत्ति नही ले जानी चाहिए। अपने साथ अग्निहोत्र तथा तथा उसकी सामग्री लेकर अपने ग्राम का त्याग करे। जटा, दाढ़ी, मूँछ और नख धारण करे तथा प्रातः फल एवं मूल का सेवन करे। साधारणतः वानप्रस्थी को बस्तियों मे केवल भिक्षा के लिए ही जाना चाहिए। वर्षा के अतिरिक्त वानप्रस्थी को किसी ग्राम मे एक से अधिक रात्रि के लिए विश्राम नही करना चाहिए।*

4. सन्यास आश्रम :सन्यास शब्द का अर्थ है- 'सम्यक रूप से त्याग'सम्यक न्यासः प्रतिग्रहाणां सन्यासः।' (बौधायन घ. सू. 10.1)। लेकिन भौतिक पदार्थों का त्याग मात्र सन्यास नहीं है बल्कि यह राग-द्वेष, मोह-माया जैसे आन्तरिक भावों का त्याग भी है। भगवद्गीता (5.3) में भगवान श्रीकृष्ण ने स्पष्ट रूप से कहा है कि सन्यासी वह है जो न किसी से द्वेष करता है और न ही स्नेह |'ज्ञेयः स नित्यं संन्यासी यो न द्वेष्टि न काङ्क्षति।'महाभारत में ही लिखा है कि सन्यासी की दृष्टि में पाषाण और कांचन, शत्रु मित्र उदासीन आदि सब समान होते है।

सन्यास अपनाने वाले दो वर्गों का उल्लेख मिलता है-- एक वह जो व्यक्तिगत रूप से अपने को पूर्णतः अलग करके सन्यासी हो जाता था

और दूसरा वह जो संसार त्यागियों के समूह में मिलकर रहता था। पहला वर्ग योगी का था और दूसरा वर्ग त्यागी का ऐसे त्यागी सन्यासी की श्रेणी से सम्बन्धित थे किन्तु पहले वर्ग के योगी समाज में विरले ही पाये जाते सन्यासी के कर्तव्यों का उल्लेख करते हुए मनुस्मृति में कहा गया है कि इसमें व्यक्ति यज्ञोपवीत शिक्षा आदि चिह्नों तथा पंचमहायज्ञ के लिए स्वीकृत गृहाग्नि का त्यागकर गेरुआ (काषाय) वस्त्र धारण करता था। वह निरपेक्ष तथा एकाकी जीवन बिताये इन्द्रियों को विषयों से दूर करने के लिए अल्पभोजन तथा एकान्तवास करे दिन में केवल एक बार भिक्षा ग्रहण करें गाँव में एक दिन तथा नगर में पाँच दिन से अधिक न रुके, अहिंसा को अपनाते हुए सभी प्राणियों के परोपकार के लिए कार्य करे। इस तरह समूचा विश्व उसका अपना परिवार तथा आत्मा की खोज और मोक्ष की प्राप्ति करना उसका लक्ष्य बन जाता था।

भारत में वर्ण व्यवस्था: वर्ण का शाब्दिक अर्थ वरण करना या चयन करना है। ऐसा अनुमान किया जाता है कि प्राचीन भारतीय सामाजिक व्यवस्था मे व्यवसाय के चयन के पश्चात ही उसका "वर्ण" निश्चित किया जाता था।

ऋग्वेद आर्यों का सबसे प्राचीन ग्रन्थ है। ऋग्वेद मे वर्ण-व्यवस्था से सम्बंधित एक श्लोक है- "ब्राह्मणोऽस्य मुखमासीद् बाहू राजन्म कृतः। उरू तदस्य यद्वैश्य पदभ्यां शुद्रोऽजायत्।।" इस श्लोक का अर्थ यह है कि विराट पुरुष (ईश्वर) के मुखारबिन्द से ब्राह्मण की उत्पत्ति हुई है। बाहु से क्षत्रिय, जंघाओं से वैश्य तथा पैरों से शुद्रों की उत्पत्ति हुई है। मुख का कार्य पढ़ाना, प्रवचन करना या भाषण देना है। अतः ब्राह्मणों का कार्य वेदों का पढ़ना तथा पढ़ाना माना गया है। चूंकि क्षत्रियों की उत्पत्ति बाहुओं से मानी गयी है, अतः क्षत्रियों का धर्म युद्ध करना बताया गया है। जंघाओं से उत्पत्ति मानी जाने के कारण वैश्यों का कार्य उत्पादन करना है। अतः वैश्यों का कार्य कृषि तथा व्यापार करना बताया गया है। शुद्रों की उत्पत्ति पैरों से हुई मानी गयी है। पैरों का कार्य शरीर की सेवा करना है। इस प्रकार शुद्रों का कार्य तीनों वर्णों की सेवा करना है।

मनुस्मृति के अनुसार " वर्ण " का सम्बन्ध " कर्म " से है। कर्म के कारण ही ब्राह्मणों को सर्वोच्च स्थान प्रदान किया गया है। क्षत्रियों का

स्थान ब्राह्मणों के पश्चात आता है। शुद्रों का स्थान सबसे नीचा माना गया है। इसी कारण सब वर्णों की सेवा करना उनका "धर्म" बताया गया है। मनु से सभी वर्णों के कार्य निश्चित किए है।

वर्ण व्यवस्था का महत्व: वर्ण व्यवस्था बहुत खुली व्यवस्था थी जिसमे एक व्यक्ति को अपनी क्षमता व गुणों के आधार पर अपनी स्थिति उच्च करने का अधिकार और अवसर होता था ।सामाजिक जीवन मे चार प्रमुख शक्तियाँ कार्य करती है-- ज्ञान शक्ति, राज्य शक्ति, अर्थ शक्ति और श्रम श्रक्ति। समाज मे चारों शक्तियों के केन्दीयकरण का अर्थ होता है- निरंकुशता और शोषण। इनके अधिक बिखराव से सामाजिक संगठन और प्रगति मे बाधा पहुँचाने लगती है। आवश्यकता इस बात की होती है कि समाज मे इन शक्तियों के केन्द्रीयकरण को रोका जाय और इनके अधिक बिखराव को भी। दूसरे शब्दों मे, वैयक्तिक और सामूहिक दोनों दृष्टियों से अधिक हितकर यह है कि समाज मे इन शक्तियों का एक ऐसा विकेन्द्रीकरण हो जिसमे इनके बीच एक अपेक्षित मात्रा तक सामंजस्य, संगठन और समन्वय बना रहे। वर्ण व्यवस्था मे यह मे यह देखने को मिलता है।वर्ण-व्यवस्था सामाजिक श्रम विभाजन का एक अच्छा आदर्श प्रस्तुत करती है। अध्ययन व अध्यापन, सुरक्षा व प्रशासन, उत्पादन व व्यापार तथा इन सभी कार्यों मे आवश्यक शरीरिक श्रम सम्पादन के रूप मे वर्ण व्यवस्था समाज को क्रमशः चार प्रमुख वर्णों, बुद्धिजीवी, शासक, व्यापारी और शारीरिक श्रमजीवी मे विभाजत करती है।

वर्ण व्यवस्था के कारण समाज मे संघर्ष की सम्भावना नही होती। इसका कारण यह है कि प्रत्येक वर्ण के कार्य निश्चित होते थे । सभी व्यक्ति अपने लिए निर्धारित कार्य करते रहते थे । अतः सामाजिक व्यवस्था सुचारू रूप से चलती रहती थी ।वर्ण व्यवस्था मे हर एक वर्ण के लिए पृथक धर्म का प्रावधान है, जिसका अनुसरण करना प्रत्येक व्यक्ति का आवश्यक कर्तव्य होता था । इससे समाज मे अनुशासन रहता था । वर्ण व्यवस्था के कारण जब समाज चार भागों मे विभक्त हो गया तो लोगों की सामुदायिक भावना संकुचित हो गई और राष्ट्रीय एकता के मार्ग मे बाधाएं उत्पन्न हुई। फलस्वरूप विदेशियों ने देश को गुलाम

बनाकर सैकड़ों वर्षों तक शासन किया। इस व्यवस्था ने समाज मे एक बहुत बड़े भाग (शुद्र वर्ण) को विकास के समुचित अवसर नही दिए गए। वर्ण व्यवस्था ने ही समाज मे अस्पृश्यता और शोषण को जन्म दिया।आज एक ही वर्ण से सम्बंधित विभिन्न जातियां राजनीतिक स्वार्थों के लिए संगठित होकर प्रजातंत्र के स्वस्थ विकास मे बाधा पैदा कर रही है।

6

गुरुकुल

"शिक्षा सबसे शक्तिशाली हथियार है जिससे आप दुनिया को बदल सकते हैं।"

- नेल्सन मंडेला

हिंदू धर्म के अनुसार गुरु :सनातन धर्म में ज्ञान को सबसे महत्वपूर्ण माना गया है क्योंकि मनुष्य के द्वारा धर्म के मूल्यों की स्थापना करने के लिए ज्ञान अति-आवश्यक था। ज्ञान को साधारण मनुष्यों को समझाना या यूँ कहे कि धर्म और अधर्म के बीचे में भेद बताने का कार्य शिक्षक का होता था जिसे हम गुरु भी कह देते है।असलियत में सभी गुरुओं को हम शिक्षक की संज्ञा दे सकते हैं लेकिन सभी शिक्षकों को गुरु की नही। इसलिए अंग्रेजी भाषा के टीचर को शिक्षक या अध्यापक की संज्ञा दी जाएगी, ना कि गुरु की। गुरु संस्कृत भाषा का शब्द हैं जो हिंदी, अंग्रेजी या विश्व की कोई भी अन्य भाषा में गुरु ही कहा जाएगा।हम सभी ने इस मंत्र को कई बार सुना होगा और अधिकांश को तो यह मंत्र याद भी होगा क्योंकि हर विद्यालय में इसे प्रतिदिन कंठस्थ करवाया जाता था।

गुरूर्ब्रह्मा गुरूर्विष्णुः गुरूर्देवो महेश्वरः।

गुरूर्साक्षात परब्रह्म तस्मै श्री गुरवे नमः।।

अर्थ: गुरु ही ब्रह्मा है, गुरु ही विष्णु है, गुरु ही देवों के देव भगवान शिव है। गुरु ही परमब्रह्म का साक्षात् रूप है, ऐसे गुरु को हम सभी <u>प्रणाम</u> करते हैं।विश्व में हिंदू धर्म के अलावा जितने भी अन्य धर्म हैं,

उन सभी में ईश्वर को सर्वोच्च माना गया हैं जबकि सनातन/ हिंदू धर्म में गुरु को ईश्वर से भी सर्वोपरी माना गया हैं लेकिन क्यों!! इसके पीछे कई भेद हैं जिसके लिए पहले आपको मत्स्य न्याय व धर्म की परिभाषा के बारे में पढ़ना चाहिए ताकि आप गुरु के अर्थ को और बेहतर तरीके से समझ सके।गुरु के बारे में जानने से पहले हमें एक शिक्षक की परिभाषा, उसके कार्य व उसके प्रकारों के बारे में जानना चाहिए। तभी हम गुरु की परिभाषा को और अच्छे से समझ सकते हैं। आइए जाने शिक्षक या अध्यापक के प्रकार।

हिन्दू धर्म में संस्कृत में योग्यता के अनुसार शिक्षक के 5 प्रकार हैं:-

1.अध्यापक :शिक्षक में सर्वप्रथम अध्यापक आते हैं जिनका उत्तरदायित्व विद्यार्थी को शुरूआती ज्ञान उपलब्ध करवाना होता हैं। एक अध्यापक वह होता है जो विद्यार्थी में सीखने की इच्छा को जागृत करता है। जब एक शिष्य गुरुकुल में प्रवेश करता है तब सबसे पहले उसका परिचय अध्यापक से ही होता है। अध्यापक उसके मन के अंदर ज्ञान का प्रवाह करता है। कहने का तात्पर्य यह हुआ कि किसी विषय के बारे में शुरूआती ज्ञान देने वाले को ही अध्यापक की संज्ञा दी गयी है।

बिना अध्यापक के एक सुशिक्षित समाज की परिकल्पना करना असंभव है क्योंकि एक अध्यापक ही विद्यार्थी के लिए आगे के मार्ग को प्रशस्त करता है जो उसकी आगे सीखने की क्षमता को विकसित करने में सहायक है। वर्तमान परिप्रेक्ष्य में, हम छोटी कक्षा के शिक्षकों को अध्यापक की संज्ञा दे सकते हैं।

2. उपाध्याय :इनका पद अध्यापक से ऊपर होता था जो विद्यार्थी को किसी विषय वस्तु में जानकारी उपलब्ध करवाने के साथ-साथ उसके बारे में ज्ञान भी देते (Upadhyay Ka Matlab) थे। इन्हें आप आज के समय के अनुसार प्रधानाध्यापक या बड़ी कक्षा के अध्यापक की संज्ञा दे सकते है।उदाहरण के तौर पर एक अध्यापक आपको यह जानकारी देगा कि ब्रह्मांड में सूर्य व पृथ्वी विद्यमान है व पृथ्वी हमेशा सूर्य के चारो ओर निरंतर परिक्रमा करती है किन्तु उपध्याय आपको इसके बारे में ज्ञान देगा कि आखिर यह होता कैसे है तथा वह कौन सी शक्तियां हैं जिनसे पृथ्वी व सूर्य ब्रह्मांड में स्थित है व घूम रहे हैं।कहने का तात्पर्य

यह हुआ कि एक अध्यापक अपने शिष्य के कौन, कब, कहां जैसे प्रश्नों के उत्तर देते है जबकि उपाध्याय उस शिष्य के कैसे और क्यों जैसे प्रश्नों के उत्तर देने में सक्षम होते हैं।

3. आचार्य:इनका स्थान उपाध्याय से ऊपर था जिन्हें वेदों व शास्त्रों का ज्ञान भी होता था। आप यहाँ पर वेदों या शास्त्रों को केवल धर्म की व्याख्या करने वाली सामान्य पुस्तकें समझने की भूल कदापि ना करे। दरअसल वेदों और शास्त्रों में जीवन की संपूर्ण व्याख्या, ग्रहों व ब्रह्मांड का विस्तृत अध्ययन, भौतिकी, रसायन, चिकित्सा व गणित के सूत्र, शरीर की आंतरिक सरंचना, बीमारियाँ व औषधियां, खगोल विज्ञान इत्यादि सभी की विस्तृत जानकारी दी गयी हैं। इनके सामने आज का विज्ञान तुच्छ मात्र हैं।

आचार्य वे होते थे जिन्होंने सभी वेदों और शास्त्रों का संपूर्ण अध्ययन किया हो और सभी विषयों के बारे में जानकारी रखता हो लेकिन किसी एक विशेष विषय में निपुणता प्राप्त की हो। इन्हें आप आज के समय के अनुसार महाविद्यालय/ कॉलेज के शिक्षक की उपाधि दे सकते है जैसे कि भौतिकी के शिक्षक या रसायन विज्ञान के शिक्षक इत्यादि। सामान्यतया गुरुकुल में विद्यार्थियों को शिक्षक के रूप में आचार्य तक की उपाधि वाले शिक्षक तक ही ज्ञान अर्जित करने का अवसर प्राप्त होता था।

गुरुकुल में आचार्य का कार्य विद्यार्थी को ज्ञान देने के साथ-साथ उनमे कौशलता का विकास करना होता था। साथ ही वे उसे नैतिक मूल्यों, नियमों व सिद्धांतों का ज्ञान देते थे। आचार्य विद्यार्थी में ज्ञान को अपने जीवन में कैसे उपयोग में लाया जाये, इसके बारे में बताते थे।

उदाहरण के तौर पर, एक उपाध्याय अपने विद्यार्थी को पृथ्वी का सूर्य के चारों ओर घूमने व उसके रहस्यों के बारे में तो बता देते हैं किन्तु आचार्य उसे अपने दैनिक जीवन में किस प्रकार उपयोग किया जाये व किस प्रकार गति हमारे दैनिक जीवन का एक भाग है व उसका कैसे विभिन्न माध्यमों में प्रयोग किया जाये, इत्यादि के बारे में जानकारी देते थे।

4. पंडित:पंडित का स्थान आचार्य से ऊपर होता था। आचार्य को वेदों-उपनिषदों में से किसी एक विषय के बारे में निपुणता प्राप्त होती थी जबकि पंडितों को सभी विषयों में निपुणता प्राप्त थी। जिसे वेदों और उपनिषदों का संपूर्ण गूढ़ प्राप्त हो और जिसनें उसमे दक्षता सिद्ध कर दी हो, उसे ही पंडित की उपाधि दी जाती थी।वे किसी भी विषय के बारे में उसका गहराई से विश्लेषण करके अपने विद्यार्थियों को सिखा सकते थे, नयी चीज़ों की खोज कर सकते थे, सूत्र बदल सकते थे या उन्हें नया रूप दे सकते थे इत्यादि। किंतु इनके गुणों को देखते हुए इन्हें गुरुकुल से बाहर आम प्रजा के मार्गदर्शन के लिए उपलब्ध करवाया गया।इनका मुख्य कार्य सामाजिक व धार्मिक अनुष्ठान करवाना, आम प्रजा को उचित मार्ग दिखाना व यज्ञ करवाना होता था। किसी भी धार्मिक व शुभ कार्यक्रम में पंडित को बुलाना अनिवार्य होता था व बिना उनके वह कार्य पूर्ण नही माना जाता था। वर्तमान परिप्रेक्ष्य में भी सभी धार्मिक कार्यक्रमों में पंडित की उपस्थिति अनिवार्य है।पंडित को गुरुकुल से बाहर जाकर शिक्षक की भूमिका इसलिए दी गयी क्योंकि एक मनुष्य ब्रह्मचर्य आश्रम तक ही गुरुकुल में रहता हैं। गुरुकुल में प्राप्त की गयी शिक्षा से बाद में वह भ्रमित हो सकता हैं, उसको मार्गदर्शन की आवश्यकता पड़ सकती हैं, इत्यादि कई कारणों से शिक्षकों के एक प्रकार पंडितों को गुरुकुल से बाहर समाज का मार्गदर्शन करने का उत्तरदायित्व दिया गया था।

5. गुरु: गुरु संस्कृत का एक शब्द है जो दो शब्दों के मेल से बना है जिसमे "गु" का अर्थ "अंधकार" व "रु" का अर्थ "प्रकाश" से है अर्थात अंधकार से प्रकाश की ओर ले जाने वाला। यहाँ अंधकार का अर्थ अज्ञानता से है जबकि प्रकाश का अर्थ ज्ञान से हैं। गुरुकुल में केवल एक गुरु होता था जो वहां का प्रधान होता था। गुरु का शिक्षकों में सर्वोत्तम स्थान था। इतना ही नही गुरु को ईश्वर से भी बड़ी उपाधि दी गयी है।

एक गुरु अपने सामने वाले मनुष्य की आँखें तक पढ़ सकता था, उसकी आत्मा का गूढ़ जान सकता था, बिना कहे अपनी बात कह सकता था, किसी की छुपी हुई विद्या/कौशल को पहचान सकता था, उस कौशल को उसकी शक्ति बना सकता था इत्यादि। कहने का तात्पर्य

यह हुआ कि एक गुरु अपने शिष्य या किसी मनुष्य के जीवन को एक नयी दिशा तक दे सकता था।

उदाहरण के तौर पर गुरु द्रोणाचार्य ने अर्जुन की प्रतिभा को पहचाना व उनके जीवन को अलग दिशा दी जिससे वे सर्वश्रेष्ठ तीरंदाज बने। यदि गुरु द्रोणाचार्य उन्हें शिक्षा नही देते तो शायद वे कभी भी महान योद्धा नही बन पाते। गुरु अपने शिष्य का संपूर्ण जीवन बदल सकता है व उसे बुराई से अच्छाई के मार्ग पर ले जा सकता है।इसलिए प्राचीन समय की कथाओं को हम देखेंगे तो पाएंगे कि एक गुरु जब राजभवन में आते थे तब स्वयं राजा अपने सिंहासन से उठकर उनका स्वागत करते थे और उनके चरण धोते थे। एक राज्य के लिए उसके राजगुरु सबसे श्रेष्ठ होते थे जो राज्य की राजनीति में सीधे हस्तक्षेप कर सकते थे व राजा को परामर्श या चेतावनी भी दे सकते थे।

गुरु के गुण: एक गुरु में मुख्य रूप से निम्नलिखित गुण होने आवश्यक हैं:

- उसे सभी वेदों और शस्त्रों का संपूर्ण ज्ञान हो,
- योग व आयुर्वेद में निपुण हो,
- शस्त्र विद्या में भी पारंगत हो
- ईर्ष्या, घृणा, लोभ, वासना जैसी भावनाएं ना हो,
- आत्म-ज्ञान की प्राप्ति हो चुकी हो,
- सांसारिक वस्तुओं, धन से लोभ ना हो इत्यादि।

सच्चा गुरु किसे कहते हैं :रामायण में हनुमान ने श्रीराम को अपना ईश्वर माना था और वे सभी के ईश्वर थे भी किंतु बहुत कम लोग जानते होंगे कि हनुमान ने माता सीता को अपना गुरु माना था। हनुमान चालीसा की शुरुआत श्री शब्द से होती हैं जिसका अर्थ माता सीता ही है। हनुमान का जन्म ईश्वर के रूप श्रीराम की सहायता करने के उद्देश्य से हुआ था लेकिन वह माता सीता ही थी जिनके कारण उन्हें श्रीराम मिले। तभी कहते हैं कि गुरु वह हैं जो हमे ईश्वर से भी मिला दे।

अर्जुन के गुरु श्रीकृष्ण :महाभारत के युद्ध की शुरुआत में ही जब धनुर्धारी अर्जुन अपने कर्तव्य से डगमगा गया था और युद्ध ना करने का कहने लगा था तब श्रीकृष्ण ने ईश्वर की भांति उसे बहुत समझाया। किंतु जब ईश्वर की भूमिका काम नहीं आई तब उन्होंने गुरु की भूमिका निभाई। तभी उनके मुख से श्रीमद्भागवत गीता का पाठ पूरी दुनिया ने सुना था। इसे सुनकर ही अर्जुन पुनः युद्ध करने को तैयार हो पाया था।

दोनों ही घटनाओं को देखने पर यह निष्कर्ष निकलता हैं कि माता सीता या श्रीकृष्ण किसी गुरुकुल के संचालक नहीं थे लेकिन हनुमान व अर्जुन के जीवन को एक नयी दिशा देने के लिए उनकी पहचान उन व्यक्ति विशेष के गुरु के रूप में हुई, अन्य के लिए नही। अन्य के लिए माता सीता माँ लक्ष्मी का एक रूप व श्रीकृष्ण भगवान विष्णु के रूप में ही रहेंगे।

समाज में धर्म की स्थापना करने, उसे मनुष्यों के लिए रहने लायक बनाने, सभी को शिक्षित करने, अराजकता को रोकने, सभी का मार्गदर्शन करने में गुरुओं की ही महत्वपूर्ण भूमिका होती थी। वह एक मनुष्य को समाज में रहने के लिए तैयार करता था। इसलिए गुरुओं के प्रति अपना सम्मान प्रकट करने के लिए ही <u>गुरु पूर्णिमा</u> का पर्व मनाया जाता है।जब एक शिष्य की शिक्षा पूरी हो जाती थी तो उसका गुरु के द्वारा <u>समावर्तन संस्कार</u> करके पुनः घर भेज दिया जाता था। समावर्तन संस्कार वह होता था जब गुरु उसे गुरुकुल से बाहर निकल कर नए परिदृश्य में रहने के लिए तैयार करता था।

गुरुकुल शिक्षा प्रणालीक्या है?गुरुकुल शिक्षा प्रणाली रेजिडेंशियल शिक्षा प्रणाली का रूप थी, जहां छात्र टीचर या आचार्य के घर यानी गुरुकुल में रहते थे जो शिक्षा का केंद्र हुआ करता था। इस शिक्षा प्रणाली का आधार अनुशासन और मेहनत थे। छात्रों से अपेक्षा की जाती थी कि वो अपने गुरुओं से सीखें और इस जानकारी को जीवन में इस्तेमाल भी करें। इसमें छात्र और शिक्षक का रिश्ता बहुत पवित्र होता था और अक्सर इसमें किसी तरह का भुगतान नहीं किया जाता था। हालांकि छात्र शिक्षक को उनके सहयोग के लिए गुरुदक्षिणा जरूर दिया करते थे।गुरुकुल शिक्षा प्रणाली की शुरुआत वैदिक काल में हुई जब किसी भी

तरह की शिक्षा प्रणाली नहीं हुआ करती थी। लेकिन स्किल बेस्ड शिक्षा के साथ वेद, पुराण आदि से सीखने का चलन जरूर था। ये अध्यात्मिक किताबें छात्रों को उनकी जानकारी बढ़ाने में मदद करती थीं।

गुरुकुल का अर्थ :गुरुकुल का अर्थ है वह स्थान या क्षेत्र, जहां गुरु का कुल यानी परिवार निवास करता है। प्राचीन काल में शिक्षक को ही गुरु या आचार्य मानते थे और वहां शिक्षा प्राप्त करने वाले विद्यार्थियों को उसका परिवार माना जाता था। गुरुकुल के छात्रों को लिए आठ साल का होना अनिवार्य था और पच्चीस वर्ष की आयु तक लोग यहां रहकर शिक्षा प्राप्त और ब्रह्मचर्य का पालन करते थे।

गुरुकुल शिक्षा प्रणाली की विशेषताएं:

1. शिक्षा संस्कृति और धर्म से प्रभावित थी जो प्राचीन भारतीय समाज के अहम तत्व थे।

2. प्रोफेशनल, सोशल, धार्मिक और अध्यात्मिक शिक्षा पर फोकस करते हुए इसमें समग्र (Holistic) शिक्षा पर जोर दिया जाता था।

3. गुरुकुल में चुने जाने का आधार बच्चों का ऐटिट्यूड यानी रवैया और मॉरल स्ट्रैंथ यानी नैतिक मजबूती थे जो छात्रों के कंडक्ट या आचरण में नजर आते थे

4. कला, साहित्य, शास्त्र और दर्शन की जानकारी के साथ छात्रों को व्यावहारिक हुनर भी सिखाए जाते थे और उन्हें अलग-अलग कामों के लिए तैयार किया जाता था।

5. गुरुकुल शिक्षा प्रणालीसे छात्र का पूरी तरह से विकास होता था और जोर शिक्षण के साइकोलॉजिकल या मनोवैज्ञानिक तरीके पर होता था।

गुरुकुल शिक्षा के उद्देश्य :गुरुकुल शिक्षा कई उद्देश्य पर आधारित थी। यहाँ का मुख्य उद्देश्य ज्ञान विकसित करना और शिक्षा पर अत्यधिक ध्यान केंद्रित करना होता है। सामाजिक मानकों के बावजूद हर छात्र के साथ समान व्यवहार किया जाता है। इस शिक्षा प्रणाली से मिले निर्देश छात्रों को अपनी तरह का जीवन बनाने में मदद करते थे। इस तरह से छात्र को जीवन के कठिन समय में भी खुद को दृढ़ता से खड़े रखने में मदद मिलती थी। गुरुकुल शिक्षा प्रणाली के कुछ खास उद्देश्य

निम्नलिखित थे :-

- सम्पूर्ण विकास Holistic Development
- व्यक्तित्व विकास Personality growth
- आध्यात्मिक जाग्रति Spiritual Awakening
- प्रकृति और समाज के प्रति जागरूकता Awareness about nature and society
- पीढ़ी-दर पीढ़ी ज्ञान और कल्चर को आगे बढ़ाना Passing on of knowledge and culture through generations
- जीवन में सेल्फ कंट्रोल और अनुशासन Self-control and discipline in life

गुरुकुलशिक्षाप्रणालीकीअहमियत :तकनीक के लगातार बदलते आयामों के साथ दुनिया ने फॉर्मल एजुकेशन की तरफ थोड़ा और आगे बढ़ा है, जो गुरुकुल शिक्षा प्रणाली से काफी अलग है। इस प्रणाली का भारतीय क्षेत्र पर एकाधिकार हुआ करता था। इस प्रणाली की अहमियत कई गुना ज्यादा थी। इससे आधुनिक शिक्षा व्यवस्था बहुत कुछ सीख सकता है। यहां गुरुकुल शिक्षा प्रणाली की उन खासियतों की सूची दी जा रही है जिनको बिलकुल भी नकारा नहीं जा सकता है-

- प्राकृतिक वातावरण में अहम जानकारी जिसमें सहायक जानकारी दी जाती थी और इसका समाज पर कोई गलत प्रभाव भी नहीं पड़ता था।
- एक्स्ट्रा करिकुलम एक्टिविटी जैसे खेल, योग और चहलकदमी पर फोकस जिससे छात्रों के शारीरिक स्वास्थ्य बेहतर होता था।
- लर्निंग स्किल जैसे क्राफ्ट, डांसिंग या सिंगिंग पर जोर और हर छात्र को उनके पैशन को पहचानने के लिए उत्साहित करना। साथ में उनके स्किल को और विकसित करना।
- छात्रों को अपने रोजमर्रा के काम खुद ही करने होते थे, जिसकी वजह से वह आत्मनिर्भर बनते थे। इस तरह से उन्हें जीवन निर्वाह के लिए

जरूरी स्किल सीखने में मदद मिलती थी।

* पर्सनालिटी डेवलपमेंट, बौद्धिकता और आत्म विश्वास पर काम किया जाता था। छात्र अपने विकास के लिए सोचने की योग्यता भी विकसित कर लेते थे।

प्राचीन शिक्षा केन्द्र गुरुकुलों और आधुनिक गुरुकुलों में शिक्षण व्यवस्था :भारत में अंग्रेजी शिक्षा पद्धति के पूर्व परम्परागत शिक्षा पद्धति का प्रचलन था। देश के महापुरुष जिन्होंने देश ही नहीं वरन् विदेश में भी अपने बुद्धि कौशल का परचम लहराया था उन्होंने हमारी प्राचीन शिक्षा पद्धति से ही शिक्षा ग्रहण की थी।यदि हम वैदिक युगीन शिक्षा की ओर दृष्टिपात करें तो सम्पूर्ण परिदृश्य ही भिन्न परिलक्षित होता है। मानव का जीवन आश्रमों में विभाजित था- 1. ब्रह्मचर्य, 2. गृहस्थ, 3. संन्यास, 4. वानप्रस्थ। ब्रह्मचर्य आश्रम अध्ययन के लिए निर्धारित था। शिक्षा प्राप्त करने के लिए आज के समान विद्यालय नहीं होते थे। गुरुकुल शिक्षा पद्धति का ही प्रचलन था। समाज के चार अंग थे- 1. ब्राह्मण, 2. क्षत्रिय, 3. वैश्य, 4. शूद्र। गुरुकुल शिक्षा पद्धति में इनमें से किसी अंग के लिए कोई प्रतिबन्ध नहीं था। सभी वर्ण के बालक गुरुकुल में प्रवेश ले सकते थे। किसी के लिए कोई प्रतिबन्ध नहीं था। सभी वर्ण के बालक गुरुकुल में प्रवेश ले सकते थे। गुरुकुल में ऊँच-नीच, जात-पात का नामोनिशान नहीं था। आधुनिक विद्यालयों के समान गुरुकुल में किसी भी प्रकार का शुल्क निर्धारित नहीं था। सम्पूर्ण शिक्षा अवधि निःशुल्क थी। शिक्षा पूर्ण होने पर विद्यार्थीगण अपने सामर्थ्यानुसार आश्रम को दान स्वरूप भेंट देते

थे। गौदान, भूमिदान, अनुदान आदि के रूप भेंट होती थी। कुछ गुरुकुल भारत ही नहीं अपितु विदेशों में ख्याति अर्जित कर चुके थे। विदेशों से शिक्षार्थी यहाँ शिक्षा ग्रहण करने आते थे और अपने देश में भारत का यशोगान करते थे।

प्राचीन भारत के प्रमुख गुरुकुल

1.महर्षि वेदव्यास का गुरुकुल : वेदव्यासजी द्वापर युग के अंत में हुए थे। इनका पूरा नाम कृष्णद्वैपायन है। इन्हें व्यास या वेदव्यास भी कहा जाता है। गुरु पूर्णिमा के विशेष दिन इनकी पूजा की जाती है। कहा जाता है कि महाभारत ग्रंथ के साथ ही इन्होंने शताधिक ग्रंथों की रचना की तथा कुछ पुराण भी इनके द्वारा रचित माने जाते हैं। इनके कुछ शिष्यों ने आश्रम स्थापित कर वैदिक शिक्षा देने का कार्य किया।

2. शौनक ऋषि का गुरुकुल : इनके गुरुकुल में दस हजार से अधिक शिष्य शिक्षा प्राप्त करते थे। इनके पिता का नाम शुनक था। इनके आश्रम में गुरुकुल का सर्वोच्च पद कुलपति होता था। आधुनिक काल में सम्पूर्ण विश्व में विश्वविद्यालय के प्रमुख को कुलपति या वाइस चांसलर कहा जाता है। आधुनिक समय की शिक्षण पद्धति तो सर्वथा भिन्न है परन्तु कुलपति शब्द शिक्षाविदों ने यहीं से ग्रहण किया है।

3. अत्रि गुरुकुल : विद्वानों की मान्यता है कि अत्रि वंश के कारण ही पारसी धर्म का सूत्रपात हुआ। पारसी धर्मावलम्बी अग्निपूजक हैं। कहा जाता है कि अत्रि लोग सिन्धुपार गए थे। वे ईरान (प्राचीन नाम पारस) गए और यज्ञ का प्रचार प्रसार किया। कृषि कार्य को अत्रि ऋषि ने विकसित करने में योगदान दिया। वे अनुसूया के पति थे। इनका आश्रम पावन चित्रकूट में था जो कि वर्तमान में जिला सतना मध्यप्रदेश में स्थित है।

4. धौम्य ऋषि का गुरुकुल : धौम्य ऋषि के आश्रम के प्रमुख आज्ञाकारी शिष्यगण आरुणि और उपमन्यु की गुरुभक्ति आज भी विश्वप्रसिद्ध है। इस आश्रम में शिष्यों को तप और योग साधना में पारंगत किया जाता था। तितिक्षा और संयम की मूलभूत शिक्षा यहाँ का

प्रमुख ध्येय रहा है।

5. **भारद्वाज ऋषि का गुरुकुल** : यह आश्रम प्रयाग में था। भारद्वाज ऋषि ने महर्षि भृगु से धर्मशास्त्र की शिक्षा ग्रहण की थी। उन्होंने 'भरद्वाज स्मृति की रचना की थी। भारद्वाज ऋषि वैदिक ऋषियों में सर्वोच्च स्थान पर हैं। ये विमान शास्त्र के प्रणेता थे। इनका 'यन्त्र सर्वस्व' बृहद् ग्रंथ प्रसिद्ध है। इस ग्रंथ में युद्ध में प्रयुक्त होने वाले विमानों के निर्माण विषयक सूत्र समीकरण उपलब्ध हैं। ऋषि भारद्वाज अर्थशास्त्र, धनुर्वेद, व्याकरण, धर्मशास्त्र, शिक्षाशास्त्र, आयुर्वेद, भौतिक विज्ञान आदि कई विषयों में असाधारण प्रतिभा के धनी थे।

6. **ब्रह्मर्षि वसिष्ठ का गुरुकुल** : यह गुरुकुल विश्व प्रसिद्ध था। दशरथ नंदन राम, लक्ष्मण, भरत, शत्रुघ्न के ये गुरु थे। वसिष्ठ के कथनानुसार ही दशरथजी ने अपने चारों पुत्रों को विश्वामित्र के आश्रम में भेजा था।

7. **विश्वामित्र का गुरुकुल** : यह आश्रम बक्सर (बिहार) में स्थित था। यहाँ रहकर राम-लक्ष्मण ने धनुर्विद्या प्राप्त की थी। यहाँ शिक्षा प्राप्त करते हुए उन्होंने कई राक्षसों को मार गिराया।

8. **महर्षि वाल्मीकि का गुरुकुल** : महर्षि वाल्मीकि संस्कृत भाषा के आदि कवि माने जाते हैं। इन्होंने ही संस्कृत भाषा में 'श्री वाल्मीकि रामायण' की रचना की है। सीताजी ने गर्भावस्था में इसी आश्रम में निवास किया था। यहीं पर लव तथा कुश का जन्म हुआ था। वाल्मीकि ऋषि श्रीराम के समकालीन थे।

9. **गौतम ऋषि का गुरुकुल** : विद्वानों की मान्यता है कि गौतम ऋषि के आश्रम में श्रीराम गए थे। वहाँ श्रीराम ने पाषाण रूप में स्थित अहिल्या को अपने चरणों की रज से शापमुक्त किया था। उसने मानवी रूप धारण कर लिया था। गौतम ऋषि धनुर्वेदाचार्य भी थे और स्मृतिकार भी।

10. **परशुराम ऋषि का गुरुकुल** : यह नर्मदा के तट पर स्थित था। परशुरामजी जनकजी तथा दशरथजी को बहुत सम्मान देते थे। कालान्तर में वे दक्षिण प्रदेश में चले गए और एक नए आश्रम की स्थापना की तथा शस्त्र तथा शास्त्र की शिक्षा का प्रसार किया।

11. **कण्व ऋषि का गुरुकुल** : इनके आश्रम में नैयायिक रहा करते थे। वे न्याय सिद्धान्त के ज्ञाता थे। इन्हीं के आश्रम में मेनका पुत्री शकुन्तला रहती थी। दुष्यन्त तथा शकुन्तला का पुत्र इसी आश्रम में सिंह शावक से खेलता था। यही भरत प्रसिद्ध सम्राट हुए। इन्हीं के नाम से हमारा देश 'भारतवर्ष कहलाया।

12. **कपिल मुनि का गुरुकुल** : महाभारत के अनुसार कपिल मुनि सांख्य के वक्ता कहे गए हैं। इन्होंने अपनी माता को ज्ञान दिया। उसे ही सांख्य दर्शन कहते हैं। ऐसा कहा जाता है वनवास के समय राम, लक्ष्मण और सीता कपिल मुनि के आश्रम में पहुँच गए। यह आश्रम ताप्ती नदी के किनारे गुजरात राज्य में वर्तमान सूरत शहर के पास स्थित था वे तीनों थके हुए थे। उन्हें पानी की तलाश थी। कपिल मुनि के आश्रम में ही उनकी तृषा शान्त हुई।

13. **वामदेव का गुरुकुल** : वामदेव को विश्व में संगीत के प्रणेता के रूप में स्वीकारा गया है। भरत मुनि का नाट्य शास्त्र सामगान से प्रेरणा लेकर ही निर्मित है। इस अति प्राचीन सामवेद में संगीत तथा वाद्ययंत्रों की सम्पूर्ण जानकारी प्राप्त होती है।

14. **गुरु द्रोण का गुरुकुल** : द्रोणाचार्य भारद्वाज मुनि के पुत्र थे। द्रोणाचार्य के हजारों शिष्य थे। अर्जुन गुरुद्रोण के ही शिष्य थे। पांडवों के भाई अर्जुन ने गुरु द्रोण से ही धनुर्विद्या में श्रेष्ठता प्राप्त की थी। एकलव्य ने द्रोणाचार्य की मिट्टी की एक मूर्ति बनाकर, उसे अपना गुरु मान कर धनुर्विद्या सीखी थी। इनके गुरुकुल में धनुर्विद्या, अस्त्र-शस्त्र निर्माण कला, चिकित्सा, ज्योतिष, वैदिक ज्ञान आदि महत्वपूर्ण विषयों की शिक्षा दी जाती थी। इतिहास में इस गुरुकुल को महत्वपूर्ण बतलाया गया है।

15. **कश्यप ऋषि का गुरुकुल** : कश्यप ऋषि का गुरुकुल हिमालय की तराई में स्थित था। सर्प दंश निवारण विद्या के जनक कश्यप ऋषि को माना गया है। ऋषि आयुर्वेद में निष्णात माने गए हैं। इनका गुरुकुल रोग-पीड़ा निवारण केन्द्र के रूप में प्रसिद्ध था। यहाँ तंत्र-मंत्र के द्वारा विषैले जीव-जन्तु को वश में किया जाता था। आधुनिक समय में भी वनक्षेत्रों तथा हिमालय की तराई में रहने वाले तंत्र मंत्र वेता के वंशज

जहरीले साँप बिच्छु को अपनी मंत्र शक्ति के द्वारा वश में कर लेते हैं। यह सब कश्यप ऋषि की देन है।

16. सांदीपनि ऋषि का गुरुकुल : यह गुरुकुल जगत् प्रसिद्ध रहा है। कृष्ण, बलराम तथा सुदामा ने इसी आश्रम में शिक्षा ग्रहण की थी। यहाँ का शिक्षण उच्च कोटि का था। यह आश्रम मध्यप्रदेश के प्रसिद्ध शहर उज्जैन में आज भी अपने अवशेषों के साथ स्थित है। उज्जैन का प्रसिद्ध मौनी बाबा आश्रम समीप ही स्थित है, जहाँ आश्रम परम्परानुसार बालकों को शिक्षण दिया जाता है। सांदीपनि आश्रम में राजा से लेकर रंक तक एक समान शिक्षा प्राप्त करते थे। शिष्यगण आश्रम कार्य के लिए जंगल से लकड़ियाँ लाते थे। उज्जैन के समीप स्थित ग्राम नारायणा में आज भी कृष्ण-सुदामा द्वारा एकत्रित लकड़ियाँ रखी हुई है, जो अब वृक्ष में परिवर्तित हो गई है।

17. महर्षि अगस्त्य का गुरुकुल : महर्षि वसिष्ठ के बड़े भाई महर्षि अगस्त्य थे। दक्षिण भारत में इन्हें आद्य व्याकरणाचार्य के सम्मान से विभूषित किया गया है। 'अगस्त्य व्याकरण' इनके द्वारा रचित है और इसे पाणिनी की अष्टाध्यायी के समान तमिल व्याकरणाचार्य स्वीकारते हैं। रुद्र प्रयाग जिले में अगस्त्य मुनि नामक नगर आज भी है। जावा सुमात्रा आदि देशों में महर्षि अगस्त्य का पूजन किया जाता है। महाराष्ट्र में कई स्थानों, उत्तराखण्ड तथा तमिलनाडु में इनके कई आश्रम थे। महर्षि अगस्त्य को मार्शल आर्ट का आदि गुरु माना जाता है। इन्होंने अपनी इस कला को कई शिष्यों को सिखाया। दक्षिण भारतीय चिकित्सा पद्धति के ये 'सिद्ध वैद्यम कहे जाते हैं।

हमारे सभी गुरुकुल शिक्षा के प्रमुख केन्द्र थे। अध्ययन, चिन्तन तथा मनन के लिए कोलाहल से दूर सुरम्य शान्त वातावरण की आवश्यकता होती थी। इसीलिए प्राचीन काल में जितने भी गुरुकुल होते थे वे सुन्दर प्राकृतिक वातावरण में बागबगीचे तथा वनों के मध्य होते थे। इससे गुरु और शिष्यों को अध्ययन अध्यापन में शान्त वातावरण प्राप्त होता था। जीवन निर्वाह की वस्तुएँ तथा भिक्षाटन के लिए ब्रह्मचारीगणों को घूमने पर्याप्त सुविधा थी। कुल बान्धवों से भिक्षा ग्रहण करना पूर्णतया वर्जित था। तत्कालीन राजा विद्वान पंडितों को अपने राजदरबार में

सम्मेलन में निमन्त्रित करते थे। राजा दान में भूमि, गौधन आदि देते थे। जो विद्वान नगरों के आसपास बस जाते थे वहाँ शिक्षा के क्षेत्र बन जाते थे। काशी, नासिक, पाटलिपुत्र, तक्षशिला, मिथिला आदि कई नगर विश्वप्रसिद्ध शिक्षा केन्द्र बन गए थे। कई प्रसिद्ध मठ शिक्षा के केन्द्र थे। सम्राट अशोक ने बौद्ध विहारों की स्थापना की थी, जहाँ अनुशासनबद्ध छात्र आचार्यों से शिक्षा ग्रहण करते थे। विश्वप्रसिद्ध नालंदा और विक्रमशिला विश्वविद्यालय में कई छात्र अध्ययनरत थे।

****

ऋषि कौन हैं और उनका क्या योगदान है ?भारतीय धर्म, अध्यात्म और संस्कृति में ऋषि को सबसे ऊँचा स्थान प्राप्त है| शास्त्रों में वर्णन आया है कि कई बार ऋषियों ने भगवान तक को शाप दे दिया और भगवान ने उसे सम्मान के साथ स्वीकार भी किया| देवर्षि नारद ने भगवान विष्णु को शाप दे दिया था| सनातन धर्म-संस्कृति में ऋषियों का महत्व इस बात से भी पता चलता है, कि हर जाति-समुदाय अपनी उत्पत्ति किसी न किसी ऋषि से मानता है|

तपस्या के द्वारा अतीन्द्रिय पदार्थों का साक्षात्कार करने वाला व्यक्ति ऋषि होता है| ऋषि शब्द का अर्थ ऋतंभरा प्रज्ञा-संपन्न और तपस्या द्वारा वेद मन्त्रों का आभिर्वाव करने वाला विशिष्ट व्यक्ति होता है| ऋषियों के विषय में सबसे बड़ी बात यह है, कि अधिकतर ऋषि ग्रहस्थ थे| इसीलिए वे लौकिक और सामाजिक जीवन के कभी विरोधी नहीं रहे| वे हमेशा सम्पूर्ण समाज और विश्व के हित के कार्यों में संलग्न रहते थे| उन्होंने ज्ञान-विज्ञान के क्षेत्र में जो उपलब्धियां हासिल कीं, वे सम्पूर्ण मानवता के हित के लिए हैं| आकाश में सात तारों का एक मंडल अस्तित्व में है,जिन्हें सप्तर्षि मंडल कहा जाता है| उस मंडल के तारों के नाम भारत के सात ऋषियों के नाम पर ही रखे गए हैं| ये सप्तऋषि ऋग्वेद के नवम मण्डल के 107वें और दशम मण्डल के 137वें सूक्तों के द्रष्टा हैं| सात ऋषि कुलों में इनका विभाजन इस प्रकार है – 1. वशिष्ट 2. विश्वामित्र 3. कंडव 4 भारद्वाज 5. अत्रि 6. बामदेव 7. शौनक | इन्हें सप्त ऋषि भी कहा जाता है |यहाँ पर कुछ प्रमुख ऋषियों के बारे में थोड़ा विस्तार से जानना उपयुक्त होगा:-

1. वशिष्ठ: वशिष्ठ मुनि राजा दरशरथ के कुल गुरु थे| वशिष्ठ ऋषि दशरथ के चारों पुत्र राम, लक्ष्मण, भरत और शत्रुघ्न के गुरु थे| वशिष्ठ के कहने पर ही राजा दशरथ ने अपने चारों पुत्रों को ऋषि विश्वामित्र के कहने पर उनके आश्रम में राक्षसों का वध करने के लिए भेज था|

2. विश्वामित्र: ऋषि विश्वामित्र मुनि होने के साथ ही राजा भी थे| ऋषि विश्वामित्र महाराज गांधी के पुत्र थे, जो एक पराक्रमी और साहसी राजा थे ऋषि विश्वामित्र का वास्तविक नाम राजा कौशिक था जिन्होंने अपनी प्रजा का पालन पोषण अपने पुत्रों के समान किया था। महर्षि विश्वामित्र जन्म से क्षत्रिय थे, किंतु अपने तपस्या के बल पर वह ब्राह्मणत्व को प्राप्त कर पाए |महर्षि विश्वामित्र का लंबे समय तक महर्षि वशिष्ठ के साथ संघर्ष होता रहा अंत में उन्होंने महर्षि विश्वामित्र के साथ मित्रता कर ली| <u>महर्षि विश्वामित्र</u> महान पराक्रमी राजा होने के साथ ही एक परम तपस्वी भी थे जिन्होंने अपनी तपस्या के बल पर भगवान ब्रह्मा को ब्राह्मणत्व प्रदान करने के लिए विवश कर दिया, और सभी ऋषि मुनियों देवताओं ने उन्हें ब्राह्मण स्वीकार किया ।

उन्हें भगवान श्रीराम का गुरु होने का गौरव हासिल है| उन्होने समाधि अवस्था में अनेक मन्त्रों का दर्शन किया, इसीलिए वह मंत्रदृष्टा ऋषि कहलाते हैं| उन्होंने ऋग्वेद के तीसरे मण्डल की रचना की, जिसमें 62 सूक्त हैं. गायत्री मंत्र महर्षि विश्वामित्र की ही देन है| इसी मंत्र की साधना से उन्होंने क्रोध और अन्य विकारों पर विजय प्राप्त की और तपस्वियों के आदर्श बन गये| विश्वामित्र ने भगवान शिव से अस्त्र विद्या पाई| माना जाता है कि आधुनिक काल में प्रचलित प्रक्षेपास्त्र या मिसाइल प्रणाली हजारों साल पहले विश्वामित्र ने ही खोजी थी| उन्होंने भगवन राम को दिव्य अस्त्र और शस्त्र प्रदान किये थे, जिनके नाम वाल्मीकि रामायण में दिए गये हैं| उन्होंने राम को बला और अतिबला नाम की सिद्धियाँ भी प्रदान की थीं, जिनसे भूख-प्यास नहीं लगती और बिना खाए-पिए भी शरीर का तेज और बल नहीं घटता| हिंदू ग्रंथों में उनकी एक कथा काफी प्रचलित है जिसमें विश्वामित्र ने ऋषि वशिष्ठ की कामधेनु गाय हड़पने के लिए युद्ध किया था.

| युद्ध में वे ऋषि वशिष्ठ के हाथों हार गए थे| ऋषि विश्वामित्र की तपस्या और मेनका द्वारा उसे भंग करने की कथा काफी प्रचलित है|

3. कण्व: इनके बारे में कहा जाता है कि हिंदू रीति-रिवाजों में सबसे महत्वपूर्ण यज्ञ सोमयज्ञ को कण्व ऋषियों ने ही शुरू किया था| कण्व ऋषियों के आश्रम में ही हस्तिनापुर के राजा दुष्यंत की पत्नी शकुंतला और उनके पुत्र भरत का पालन-पोषण किया गया था|

4. ऋषि भारद्वाज: यह ऋग्वेद के छठे मण्डल के द्रष्टा हैं. इस मण्डल में 765 मंत्र हैं. भरद्वाज ने इंद्र से व्याकरण शास्त्र सीखा और उसे व्याख्या के साथ अनेक ऋषियों को पढ़ाया| उन्होंने आयुर्वेद संहिता की भी रचना की. भरद्वाज ने "यंत्रसर्वस्व" नामक ग्रंथ की रचना की. इस ग्रंथ का कुछ भाग स्वामी ब्रह्ममुनि ने "विमान-शास्त्र" के नाम से प्रकाशित करवाया है| इस ग्रंथ में उच्च और निम्न स्तर पर विचरने वाले विमानों के लिए विविध धातुओं के निर्माण का विवरण है|

5. अत्रि ऋषि: यह ऋग्वेद के पंचम मण्डल के द्रष्टा हैं. इसमें 87 सूक्त हैं. इन सूक्तों में मुख्य रूप से अग्नि, इंद्र, मरुत, विश्वदेव और सविता देवों की स्तुतियाँ हैं| पुराणों के अनुसार, अत्रि ब्रह्माजी के मानस पुत्र हैं| उनके चक्षु भाग से इनका प्रादुर्भाव हुआ| उनकी पत्नी का नाम अनसूया है, जो बहुत दिव्य तेज से सम्पन थीं| वह पतिव्रता स्त्रियों की आदर्श हैं| भगवान श्रीराम वनवास के दौरान उनके आश्रम में गये थे| अनसूया ने सीताजी को पतिव्रत धर्म की शिक्षा के साथ-साथ दिव्य आभूषण भी प्रदान किये थे| अत्रि दम्पती की तपस्या और त्रिदेवों की प्रसन्नता से विष्णु के अंश से महायोगी दत्तात्रेय, ब्रह्मा के अंश से चन्द्रमा और शंकर के अंश से महामुनि दुर्वासा अत्रि और अनसूया के पुत्र के रूप में आविर्भूत हुए|अनुसूया आश्रम मध्यप्रदेश के सतना जिले के चित्रकूट में स्थित है | उनके द्वारा रचित अत्रि स्मृति एक श्रेष्ठ ग्रन्थ है| अत्रि कहते हैं, कि वैदिक मंत्रों के अधिकारपूर्वक जप से सभी प्रकार के पाप-क्लेशों का अंत हो जाता है| पाठ करने वाला पवित्र हो जाता है| वह कहते हैं, कि यदि विद्वेष भाव से वैरपूर्वक भी ईश्वर का स्मरण किया जाए तो परम कल्याण होता है|

6. बामदेव : बामदेव ने इस देश को सामगान अर्थात संगीत दिया| बामदेव ऋग्वेद के चतुर्थ मंडल के सूक्तद्रष्टा, गौतम ऋषि के पुत्र तथा जन्मत्रयी के तत्ववेता माने जाने हैं| भरत मुनि द्वारा रचित भरत नाट्य शास्त्र सामवेद से ही प्रेरित है | हाजरों वर्ष पूर्व लिखे गए सामवेद में संगीत और वाद्य यंत्रों की सम्पूर्ण जानकारी मिलती है |

7.शौनक: शौनक ने दस हजार विद्यार्थियों के गुरुकुल को चलाकर कुलपति का विलक्षण सम्मान हासिल किया और किसी भी रिष्टि ने ऐसा सम्मान पहली बार हासिल किया| वैदिक आचार्य और ऋषि शुनक ऋषि के पुत्र थे |

8. महर्षि भृगु:महा ऋषि भृगु सप्तर्षियों में गिने जाने वाले एक महान ऋषि थे। वे त्रिदेवों (Tridev) की परीक्षा लिए जाने के कारण विख्यात हो गए।महर्षि भृगु का जन्म सुषानगर वर्तमान में इराक में हुआ था। इनके पिता का नाम प्रणेता ब्रह्मा तथा माता जी का नाम वीरणी था।महर्षि भृगु ही भृगु संहिता और मनुस्मृति के संरक्षक भी माने जाते हैं। महर्षि भृगु के बड़े भाई का नाम ऋषि अंगिरा था और ऋषि अंगिरा के पुत्र थे "महर्षि बृहस्पति" जो देवताओं के राजगुरु थे।महर्षि भृगु की दो पत्नियाँ थी, जिनमें से एक पत्नी हिरणकश्यप की पुत्री दिव्या थी, जिससे शुक्राचार्य और विश्वकर्मा जैसे पुत्र उत्पन्न हुए,जबकि दूसरी पत्नी पौलमी थी, जो दानवो के अधिपति ऋषि पुलोम की पुत्री थी। इनसे चवन और ऋषीच नामक दो पुत्र उत्पन्न हो हुए।

9. ऋषि कणाद – इन्हें परमाणु सिद्धांत का जनक माना जाता है| उन्होंने हजारों साल पहले यह उजागर किया था कि द्रव्य के परमाणु होते हैं| उन्होनें परमाणु की गति, संरचना और उसकी रासानायिक प्रवर्ति पर प्रकाश डाला| कहते हैं, कि कणाद जंगल में घूम रहे थे| उनके हाथ में एक फल था| वह फल को नाखूनों से कुरेद-कुरेद कर फेंक रहे थे| धीरे-धीरे फल इतना छोटा हो गया कि कणाद फिर उसको तोड़ ही नहीं पाए| यही बात उनके दिमाग़ में बैठ गयी, कि इस फल की कोई न कोई एक सूक्ष्मतम इकाई है, जिसे तोड़ा नहीं जा सकता| उन्होंने बहुत शोध कर परमाणु सिद्धांत का प्रतिपादन किया|कणाद ने ही सबसे पहले सिद्ध किया, कि परमाणु ही किसी पदार्थ की सबसे छोटी इकाई है| इसे नंगी

आँखों से नहीं देखा जा सकता और न इसका विभाजन किया जा सकता है| उन्होंने बताया, कि ब्रह्माण्ड में मौजूद हर चीज़ परमाणु से ही मिलकर बनी है| कणाद ने बताया, कि ब्रह्माण्ड में मौजूद हर चीज़- पृथ्वी, जल, प्रकाश, हवा, आकाश, समय, तत्व, दिमाग़ और आत्मा से मिलकर बनी है| बहुत सारे परमाणु आपस में जुड़कर पदार्थ की रचना करते हैं|इसके बाद कणाद ने उष्मा के बारे में बताया, कि यह एक प्रकार की ऊर्जा है| इसे कभी ख़त्म नहीं किया जा सकता| इसे बनाया भी नहीं जा सकता| सिर्फ एक स्थिति से दूसरी स्थिति में बदला जा सकता है| आधुनिक विज्ञान भी यही मानता है| सोनभद्र में जिला मुख्यालय से आठ किलोमीटर की दूरी पर कैमूर श्रृंखला के शीर्ष स्थर पर स्थित है इनका आश्रम जिसे कन्दाकोट नामे से जाना जाता है|

10. महर्षि गृत्समद- यह ऋग्वेद के द्विवतीय मण्डल के दृष्टा हैं. इनका पैतृक नाम शौन्होत्र था. बाद में इंद्र के प्रयत्न से भृगुकुल में उत्पन्न शुनक ऋषि के दत्तक पुत्र के रूप में इनकी प्रसिद्धि हई और यह यां सौनक गृत्समद नाम से विख्यात हुए. इनके नाम की आध्यात्मिक व्याख्या के अनुसार 'गृत्स' का अर्थ है प्राण और 'मद' का अर्थ है अपान| अतः प्राणापान का समन्यव ही गृत्समद तत्व है| वह इच्छा के अनुसार रूप धरकर देवताओं की सहायता किया करते थे|

11.बौधायन :भारत के वैज्ञानिक ऋषियों में इनका बहुत महत्वपूर्ण स्थान है| उन्होंने "शुल्ब सूत्र" और "श्रौतसूत्र" नामक प्रसिद्ध ग्रंथों की रचना की. उन्होंने पाइथागोरस से बहुत पहले ही ज्यामिति के सूत्रों की रचना की थी. उन्होंने ईसा से 800 वर्ष पहले ही रेखा गणित और ज्यामिति के महत्वपूण नियमों की खोज कर ली थी| उस समय भारत में रेखागणित,ज्यामिति और त्रिकोणमति को "शुल्वशास्त्र" कहा जाता था| इसी के आधार पर विभिन्न प्रकार की यज्ञवेदियाँ बनाई जाती थीं|

12. भाष्कराचार्य :भारतीय गणित और खगोलशास्त्र में भास्कराचार्य का नाम सूर्य की भांति दमकता है| उनका जन्म 1114 में और मृत्यु 1179 में हुयी| उन्होंने न्यूटन से करीब 500 वर्ष पहले गुरुत्वाकर्षण के नियम को जान लिया था| उन्होंने अपने ग्रंथ "सिद्धांतशिरोमणि" में इसका उल्लेख किया है| उनके ग्रंथों का अनेक

विदेशी भाषाओं में अनुवाद किया जा चुका है| उन्होंने लिखा है कि "पृथ्वी अपने आकाश का पदार्थ अपनी शक्ति से अपनी ओर खींच लेती है. इसीलिए आकाश का पदार्थ पृथ्वी पर गिरता है|" उन्होंने अपने ग्रंथ "लीलावती" में गणित और खगोल विज्ञान से सम्बंधित विषयों पर लिखा है. उन्होंने अपने "करणकुतूहल" ग्रंथ में बताया है, कि जब चंद्रमा सूर्य को ढँक लेता है, तो सूर्यग्रहण और जब पृथ्वी की छाया चन्द्रमा को ढंक लेती है, तब चंद्रग्रहण होता है|

13. पतंजलि :योगशास्त्र के प्रणेता पतंजलि का नाम प्रमुख रूप से योगविज्ञान से जुड़ा है, लेकिन उन्हें संस्कृत व्याकरण और आयुर्वेद का भी बहुत ज्ञान था| उनके तीन ग्रंथ प्रमुख हैं- "योगसूत्र", "पाणिनी अष्टाध्यायी" और "भाष्य तथा आयुर्वेद पर ग्रंथ"| उन्हें मनोवैज्ञानिक और चिकित्सक कहा जाता है| उन्होंने योगशास्त्र में पहली बार इसे चिकित्सा और मनोविज्ञान से जोड़ा| यह ग्रंथ पूरी दुनिया के लिए वरदान साबित हुआ है| पतंजलि रसायन विद्या के बहुत जानकार थे| अभ्रक, विंदास, धातुयोग और लौहशास्त्र उन्हीं की देन है|

14. आचार्य चरक : चिकित्सा के क्षेत्र में आचार्य चरक का बहुत महत्वपूर्ण योगदान है| उनकी गिनती औषधि विज्ञान के मूल प्रवर्तकों में की जाती है. उन्होंने 300-200 ईसा पूर्व "चरक संहिता" की रचना की| वह त्वचा चिकित्सक के भी विशेषज्ञ थे| उन्होंने शरीरशास्त्र, गर्भशास्त्र, रक्ताभिसरण, औषधिशास्त्र इत्यादि विषय पर गहन शोध किया| उन्होंने मधुमेह, हृदयविकार, टीबी जैसे गंभीर रोगों का इलाज भी बताया|

15.महर्षिसुश्रुत: महर्षि सुश्रुत को सर्जरी का जनक माना जाता है| ईसा से 600 साल पहले उन्होंने मोतियाबिंद, प्रसव, कृत्रिम अंग लगाने, पथरी और प्लास्टिक सर्जरी जैसे जटिल ऑपरेशन किये| उनके पास अपने स्वयं के उपकरण थे, जिन्हें वह उबालकर प्रयोग करते थे. ऑपरेशन के लिए वह चाकू, सुई, चिमटे सहित लगभग सवा सौ उपकरणों का इस्तेमाल करते थे|

16 नागार्जुन: रसायन शास्त्र में नागार्जुन का स्थान सबसे ऊँचा है. इनकी पुस्तकें "रस रत्नाकर" और "रसेन्द्र मंगल" बहुत प्रसिद्ध हैं|

नागार्जुन ने अनेक असाध्य रोगों की दवाएं बनाई थीं| चिकित्सा के क्षेत्र में उनके प्रमुख ग्रंथों में "कक्षपूटतंत्र", "आरोग्य मंजरी" "योगसार" और "योगाष्टक" शामिल हैं| सोने और पारे पर उनके द्वारा बहुत सफल प्रयोग किये गये. ऐसा कहा जाता है कि वह पारे से सोना बनाने की विद्या जानते थे| उन्होंने लिखा है कि पारे के 18 संस्कार होते हैं|

17.महर्षि अगस्त्य : महर्षि अगस्त्य वैदिक कालीन एक महान ऋषि थे। इनके पिता का नाम महर्षि पुलत्स्य था, जबकि उनके छोटे भाई का नाम महर्षि विश्वा था, जो रावण के पिताजी थे। महर्षि अगस्त्य का विवाह विदर्भ देश की राजकुमारी लोपमुद्रा के साथ हुआ था जो अत्यंत सुंदर होने के साथ ही रूपवती और गुणवान भी थी।महर्षि अगस्त्य कई वेद मंत्रों के ज्ञाता तथा निर्माता भी थे। इसके साथ ही कई प्रकार की देवी सिद्धियाँ प्राप्त तथा अतापी वतापी राक्षसों का वध इन्हीं के द्वारा किया गया था। वह राजा दशरथ के राजगुरु थे| उन्होंने "अगस्त्य संहिता" नामक महत्वपूर्ण ग्रंथ की रचना की| इस ग्रंथ में उन्होंने विद्युत् उत्पादन से जुड़े सूत्र लिखे हैं|

18. महर्षि दुर्वासा :महर्षि दुर्वासा एक ऐसे ऋषि थे, जो रामायण काल और महाभारत काल दोनों में ही थे। महर्षि दुर्वासा ब्रह्माजी के मानस पुत्र माने जाते हैं।महर्षि दुर्वासा की पत्नी का नाम सती अनुसुइया था| जो पति परायण और एक धार्मिक महिला होने के साथ परम तपस्वी थी। महर्षि दुर्वासा अति क्रोधित स्वभाव के थे और बहुत ही जल्दी क्रोधित होकर श्राप भी दे देते थे। महर्षि दुर्वासा ने शकुंतला महादेव के गणों आदि कई लोगों को भी श्राप दिया था।

भारतवर्ष में महर्षि दुर्वासा के कई आश्रम थे, जिनमें से एक आश्रम मथुरा से 2 किलोमीटर दूर एक गांव में यमुना नदी के किनारे भी स्थित है।

19. महर्षि दधीचि: महर्षि दधीचि भी पौराणिक कालीन एक महान ऋषि थे, जिन्होंने अपने शरीर का भी त्याग मानव जाति के कल्याण के लिए कर दिया था।महर्षि दधीचि के पिता का नाम अथर्वा तथा माता जी का नाम चित्ति देवी था। महर्षि दधीचि का बचपन का नाम दध्यच था। महर्षि दधीचि बड़े ही परोपकारी स्वभाव के थे और हमेशा जंगली

जानवरों की सेवा तथा दूसरे लोगों की मदद किया करते थे। महर्षि दधीचि ने शरीर का त्याग बिना संकोच कीए ही बत्रासूर जैसे राक्षस का अंत करने के लिए कर दिया था।महर्षि दधीचि के शरीर से प्राप्त हड्डियों का एक दिव्य और तेजस्वी वज्र बनाया गया था, जिससे बत्रासुर का संघार देवराज इंद्र ने किया था।

20. **महर्षि कपिल :**कपिल ऋषि भारत के प्राचीन ऋषि-मुनियों में से एक हैं, जो सांख्य दर्शन के प्रवर्तक माने जाते हैं। कपिल मुनि ने ही कपिल स्मृति नामक धर्मशास्त्र की भी रचना की थी।कपिल मुनि के पिता जी का नाम **ऋषि कर्दम** था तथा इनकी माता जी का नाम **देवहूति** था। कपिल मुनि ने अपनी माता देवहूति को सांख्य दर्शन का उपदेश दिया था |कपिल मुनि के पास अपार सिद्धियाँ थी, इसलिए कपिल मुनि को आदिसिद्ध और आदिविद्वान की संज्ञा भी दी जाती है।कपिल मुनि के द्वारा ही महाराज सगर के 60000 पुत्र भस्म हो गए थे, जिनका उद्धार भागीरथ के द्वारा लाई गई माँ गंगा के पावन जल से हुआ था।

21. **आर्यभट्ट :** आर्यभट्ट भारत के महानतम ज्योतिषविद और गणितज्ञ थे. शून्य और दशमलव की खोज का श्रेय उन्हीं को प्राप्त है. उन्होंने "आर्यभट्ट सिद्धांत" नामक अद्भुत ग्रंथ की रचना की| इसमें वर्गमूल, घनमूल, समान्तर श्रेणी तथा विभिन्न प्रकार के समीकरणों का वर्णन है।उनकी प्रमुख कृति, आर्यभटीय, गणित और खगोल विज्ञान का एक संग्रह है, जिसे भारतीय गणितीय साहित्य में बड़े पैमाने पर उद्धृत किया गया है| यह आज भी अस्तित्व में है। आर्यभटीय के गणितीय भाग में अंकगणित, बीजगणित, सरल त्रिकोणमिति और गोलीय त्रिकोणमिति शामिल हैं। इसमे सतत भिन्न, द्विघात समीकरण घात श्रृंखला के योग आदि सम्मिलित हैं| एक प्राचीन श्लोक के अनुसार, आर्यभट्ट नालंदा विश्वविद्यालय के कुलपति भी थे| वह गुप्तकाल में हुए, आर्यभट का भारत और विश्व के ज्योतिष सिद्धान्त पर बहुत प्रभाव रहा है| उन्होंने एक ओर गणित में पूर्ववर्ती आर्किमिडीज से भी अधिक सही तथा सुनिश्चित पाई के मान को निरूपित किया तो दूसरी ओर खगोलविज्ञान में सबसे पहली बार प्रमाण के साथ यह बताया, कि पृथ्वी अपनी धुरी पर घूमती है| आर्यभट ने लिखा है, कि नाव

में बैठा हुआ मनुष्य जब प्रवाह के साथ आगे बढ़ता है, तब वह समझता है कि अचर वृक्ष, पाषाण, पर्वत आदि पदार्थ उल्टी गति से जा रहे हैं| इसी तरह, गतिमान पृथ्वी पर से स्थिर नक्षत्र भी उलटी गति से जाते हुए दिखाई देते हैं| इस प्रकार आर्यभट ने सर्वप्रथम यह सिद्ध किया कि पृथ्वी अपने अक्ष पर घूमती है। इन्होंने सतयुग, त्रेता, द्वापर और कलियुग को समान माना है|

22. **महर्षि बाल्मीकि :**महर्षि बाल्मीकि रामायण कालीन एक महान ऋषि थे, जिन्होंने भगवान ब्रह्मा की आज्ञा से <u>श्रीराम</u> का जीवन चरित्र पर आधारित रामायण नामक ग्रंथ लिखा था।

वे एक महान ऋषि होने के साथ ही त्रिकालदर्शी भी थे। ऋषि बाल्मीकि के बचपन का नाम रत्नाकर था। इनका जन्म अश्विन की पूर्णिमा को हुआ था।किंतु जन्म के पश्चात ही इनको एक भीलनी ने चुरा लिया था, इसलिए इनका पालन-पोषण जंगल में ही भीलनी के परिवार में हुआ।वे बड़े होने पर अपने परिवार के साथ जंगल में रहने लगे और एक भीलनी के साथ इनका विवाह कर दिया गया अपने परिवार के पालन पोषण के लिए इन्होंने लूट, मार, चोरी, डकैती का रास्ता अपनाया और डाकू बन गए तथा इनका नाम रत्नाकर से बदलकर डाकू माल्या हो गया, किंतु एक ऋषि के द्वारा उन्हें ज्ञान प्राप्त हुआ और अपनी गलती का एहसास हुआ ऋषि के बताए अनुसार उन्होंने राम नाम का जप शुरू किया, किंतु वह ठीक से राम का नाम भी नहीं ले पा रहे थे। इसलिए मरा मरा जपने लगे जिससे राम का उच्चारण होने लगा।

इस प्रकार से उनके सारे पाप धुल गए उन्होंने ईश्वर की घोर आराधना की और वह सतयुग के महान त्रिकालदर्शी भविष्यवक्ता <u>ऋषि बाल्मीकि</u> कहलाए।

****

इंग्लैंड में पहला स्कूल सन 1811 में खुला उस समय भारत में 732000 गुरुकुल थे । परन्तु हमारे गुरुकुल कैसे बन्द हुए?

गुरुकुल कैसे खत्म हो गये? आप पहले यह जान लें कि हमारे सनातन संस्कृति परम्परा के गुरुकुल में क्या पढ़ाया जाता था ! आर्यावर्त के गुरुकुल के बाद ऋषिकुल में क्या पढ़ाई होती थी यह जान

लेना आवश्यक है । गुरुकुल में निम्नलिखित विषय पढाये जाते थे:-

01 अग्नि विद्या (Metallurgy),02 वायु विद्या (Flight),03 जल विद्या (Navigation),04 अंतरिक्ष विद्या (Space Science),05 पृथ्वी विद्या (Environment),06 सूर्य विद्या (Solar Study),07 चन्द्र व लोक विद्या (Lunar Study),08 मेघ विद्या (Weather Forecast),09 पदार्थ विद्युत विद्या (Battery),10 सौर ऊर्जा विद्या (Solar Energy),11 दिन रात्रि विद्या,12 सृष्टि विद्या (Space Research),13 खगोल विद्या (Astronomy),14 भूगोल विद्या (Geography),15 काल विद्या (Time),16 भूगर्भ विद्या (Geology Mining)

17 रत्न व धातु विद्या (Gems & Metals),18 आकर्षण विद्या (Gravity),19 प्रकाश विद्या (Solar Energy),20 तार विद्या (Communication),21 विमान विद्या (Plane)

22 जलयान विद्या (Water Vessels),23 अग्नेय अस्त्र विद्या (Arms & Ammunition)

24 जीव जंतु विज्ञान विद्या (Zoology Botany),25 यज्ञ विद्या (Material Sic)

ये तो बात हुई वैज्ञानिक विद्याओं की । अब बात करते है व्यावसायिक और तकनीकी विद्या की ! इसमें शामिल विषय थे -26 वाणिज्य (Commerce),27 कृषि (Agriculture),

28 पशुपालन (Animal Husbandry),29 पक्षिपलन (Bird Keeping),30 पशु प्रशिक्षण (Animal Training),31 यान यन्त्रकार (Mechanics),32 रथकार (Vehicle Designing),

33 रतन्कार (Gems),34 सुवर्णकार (Jewellery Designing),35 वस्त्रकार (Textile),36 कुम्भकार (Pottery),37 लोहकार (Metallurgy),38 तक्षक,39 रंगसाज (Dying),40 खटवाकर,41 रज्जुकर (Logistics),42 वास्तुकार (Architect),43 पाकविद्या (Cooking)

44 सारथ्य (Driving),45 नदी प्रबन्धक (Water Management),46 सुचिकार (Data Entry)

47 गोशाला प्रबन्धक (Animal Husbandry),48 उद्यान पाल (Horticulture),49 वन पाल (Horticulture),50 नापित (Paramedical)

यह सब विद्या गुरुकुल में सिखाई जाती थी पर समय के साथ गुरुकुल लुप्त हुए तो यह विद्या भी लुप्त होती गयी ! आज मैकाले पद्धति से हमारे देश के युवाओं का भविष्य नष्ट हो रहा तब ऐसे समय में गुरुकुल के पुनः उद्धार की आवश्यकता है।

भारतवर्ष में गुरुकुल कैसे खत्म हो गये ? कॉन्वेंट स्कूलों ने किया बर्बाद । 1858 में Indian Education Act बनाया गया। इसकी ड्राफ्टिंग 'लोर्ड मैकाले' ने की थी। लेकिन उसके पहले उसने यहाँ (भारत) के शिक्षा व्यवस्था का सर्वेक्षण कराया था, उसके पहले भी कई अंग्रेजों ने भारत की शिक्षा व्यवस्था के बारे में अपनी रिपोर्ट दी थी। अंग्रेजों का एक अधिकारी था G.W. Luther और दूसरा था Thomas Munro ! दोनों ने अलग अलग इलाकों का अलग-अलग समय सर्वे किया था। Luther, जिसने उत्तर भारत का सर्वे किया था, उसने लिखा है कि यहाँ 97% साक्षरता है और Munro, जिसने दक्षिण भारत का सर्वे किया था, उसने लिखा कि यहाँ तो 100% साक्षरता है ।

मैकाले का स्पष्ट कहना था कि भारत को हमेशा-हमेशा के लिए अगर गुलाम बनाना है तो इसकी "देशी और सांस्कृतिक शिक्षा व्यवस्था" को पूरी तरह से ध्वस्त करना होगा और उसकी जगह "अंग्रेजी शिक्षा व्यवस्था" लानी होगी और तभी इस देश में शरीर से हिन्दुस्तानी लेकिन दिमाग से अंग्रेज पैदा होंगे और जब इस देश की यूनिवर्सिटी से निकलेंगे तो हमारे हित में काम करेंगे ।

मैकाले ने एक मुहावरा इस्तेमाल किया -"कि जैसे किसी खेत में कोई फसल लगाने के पहले पूरी तरह जोत दिया जाता है वैसे ही इसे जोतना होगा और अंग्रेजी शिक्षा व्यवस्था लानी होगी।" इस लिए उसने सबसे पहले गुरुकुलों को गैरकानूनी घोषित किया । जब गुरुकुल गैरकानूनी हो गए तो उनको मिलने वाली सहायता जो समाज की तरफ से होती थी वो गैरकानूनी हो गयी । फिर संस्कृत को गैरकानूनी घोषित किया गया और इस देश के गुरुकुलों को कर ख़त्म कर दिया गया । उनमें आग लगवा दी

गयी , उसमें पढ़ाने वाले गुरुओं को मारा- पीटा गया और उन्हें जेल में डाल दिया गया।

1850 तक इस देश में '7 लाख 32 हजार' गुरुकुल हुआ करते थे और उस समय इस देश में गाँव थे '7 लाख 50 हजार' । मतलब हर गाँव में औसतन एक गुरुकुल और ये जो गुरुकुल होते थे वो सब के सब आज की भाषा में 'Higher Learning Institute' हुआ करते थे । उन सबमे 18 विषय पढाये जाते थे और ये गुरुकुल समाज के लोग मिलके चलाते थे न कि राजा, महाराजा ।

गुरुकुलों में शिक्षा निःशुल्क दी जाती थी। इस तरह से सारे गुरुकुलों को ख़त्म किया गया और फिर अंग्रेजी शिक्षा को कानूनी घोषित किया गया | और इस तरह कलकता में पहला कॉन्वेंट स्कूल खोला गया । उस समय इसे 'फ्री स्कूल' कहा जाता था । इसी कानून के तहत भारत में कलकता यूनिवर्सिटी बनाई गयी, बम्बई यूनिवर्सिटी बनाई गयी, मद्रास यूनिवर्सिटी बनाई गयी, ये तीनों गुलाम भारत की यूनिवर्सिटी आज भी देश में हैं !

मैकाले ने अपने पिता को एक चिट्ठी लिखी थी बहुत मशहूर चिट्ठी है वो, उसमें वो लिखता है कि: "इन कॉन्वेंट स्कूलों से ऐसे बच्चे निकलेंगे जो देखने में तो भारतीय होंगे लेकिन दिमाग से अंग्रेज होंगे और इन्हें अपने देश के बारे में कुछ पता नहीं होगा । इनको अपने संस्कृति के बारे में कुछ पता नहीं होगा, इनको अपने परम्पराओं के बारे में कुछ पता नहीं होगा, इनको अपने मुहावरे नहीं मालूम होंगे, जब ऐसे बच्चे होंगे इस देश में तो अंग्रेज भले ही चले जाएँ इस देश से अंग्रेजियत नहीं जाएगी।" उस समय लिखी चिट्ठी की सच्चाई इस देश में अब साफ़-साफ़ दिखाई दे रही है और उस एक्ट की महिमा देखिये कि हमें अपनी भाषा बोलने में शर्म आती है । अंग्रेजी में बोलते हैं कि दूसरों पर रोब पड़ेगा । हम तो खुद में हीन हो गए हैं जिसे अपनी भाषा बोलने में शर्म आ रही है, दूसरों पर रोब क्या पड़ेगा।

लोगों का तर्क है कि अंग्रेजी अंतर्राष्ट्रीय भाषा है । दुनिया में 240 देश हैं| हालांकि संयुक्त राष्ट्र संघ ने सन 2022 तक केवल 195 देशों को मान्यता दी है और अंग्रेजी भाषा सिर्फ 12 देशों की आधिकारिक भाषा

है जो बोली, पढ़ी और समझी जाती है| दुनिया में मात्र 3 प्रतिशत लोग अंगरेजी समझते और बोलते हैं | फिर ये कैसे अंतर्राष्ट्रीय भाषा है ? शब्दों के मामले में भी अंग्रेजी समृद्ध नहीं दरिद्र भाषा है। इन अंग्रेजों की जो बाइबिल है वो भी अंग्रेजी में नहीं थी और ईशा मसीह अंग्रेजी नहीं बोलते थे। ईशा मसीह की भाषा और बाइबिल की भाषा अरमेक थी। अरमेक भाषा की लिपि जो थी वो हमारे बंगला भाषा से मिलती जुलती थी । समय के कालचक्र में वो भाषा विलुप्त हो गयी। दुनिया में अंगरेजी और चीन की भाषा मैंडरिन के बाद हिन्दी बोलने वालों की संख्या तीसरे नंबर पर है और विडंबना यह है कि आजादी के 75 वर्षों के बाद भी हिन्दी भारत की राष्ट्रभाषा नहीं है | यह देश के राजनेताओं की संकीर्ण सोच का परिणाम है|

संयुक्तराष्ट संघ जो अमेरिका में है वहां की भाषा अंग्रेजी नहीं है, वहां का सारा काम फ्रेंच में होता है। जो समाज अपनी मातृभाषा से कट जाता है उसका कभी भला नहीं होता और यही मैकोले की रणनीति थी ! जिसमे लगभग वो विजय पा चुका क्योंकि आज का युवा भारत को कम यूरोप को ज्यादा जानता है । भारतीय संस्कृति को ढकोसला समझता है लेकिन पाश्चात्य देशों की नकल करता है । धर्म की प्रमुखता और विशेषता को न जानते हुए भी वामपंथियों का समर्थन करता है।

हम सभी को धर्म की जानकारी होनी चाहिये । क्योंकि धर्म ही हमे राष्ट्र धर्म सिखाता है, धर्म ही हमे समाजिकता सिखाता है, धर्म ही हमे माता – पिता, गुरु और राष्ट्र के प्रति प्राण न्योछावर करने की प्रेरणा देता है। परंपरा एक आध्यात्मिक विज्ञान है, जिस विज्ञान को हम आज जानते है उससे भी कहीं अधिक समृद्ध विज्ञान अध्यात्म है|

आधुनिक समय में गुरुकुल शिक्षा का जुड़ाव :हालांकि समकालीन समय में गुरुकुल शिक्षा को प्राथमिकता नहीं दी जा रही है । पर बहुत से मॉडर्न एजुकेशन सिस्टम इससे प्रेरणा जरूर लेते हैं। गुरुकुल शिक्षा प्रणाली मॉडर्न समय के साथ भी प्रासंगिक है । चलिए उन तरीकों पर नजर डालें जिनके साथ ये प्रणाली डिजिटल एरा से जुड़ी हुई है-

- सम्पूर्ण शिक्षा पर फोकस होने के चलते गुरुकुल शिक्षा प्रणाली आज की पीढ़ी के लिए कमाल कर सकती है। इसके साथ आज के छात्रों का सम्पूर्ण विकास हो सकता है।
- वैल्यू बेस्ड एजुकेशन की अहमियत इस प्रणाली में पाई जा सकती है। जो कि मॉडर्न दुनिया में छात्रों के लिए अभिन्न शिक्षा बन सकती है।
- ये लोगों को अपना जुनून खोजने में भी मदद करती है और ये सिर्फ किताबों तक सीमित नहीं रहती है बल्कि ये उनको लाइफ की असल जरूरत समझने में मदद भी करती है।

आधुनिक समय में हमारे यहाँ के प्रयोगधर्मी शिक्षाविद् गुरुकुल शिक्षा पद्धति के महत्व को स्वीकार कर उसे मूर्त रूप देने के लिए प्रयत्नशील हैं। गुजरात के उत्तमभाई ने साबरमती गुरुकुलम् की स्थापना की है। यह स्थान बौद्धिक पुनर्जागरण का केन्द्र बन चुका है। यहाँ शिक्षा के क्षेत्र में भारतीय प्राचीन जीवनशैली को आत्मसात किया जा चुका है।

इंदौर जैसे प्रगतिशील नगर में भी आय.आय.टी. गुरुकुलम् की स्थापना की जा चुकी है। बारहवीं उत्तीर्ण करने के बाद जो छात्र यहाँ प्रवेश लेता है वह यहाँ के सुरम्य शैक्षणिक वातावरण से एकदम संतुष्ट दिखाई देता है। वहाँ टेलीविजन आदि की सुविधा न होने पर प्रथम तो उन्हें असहज लगता है परन्तु अल्प समयोपरान्त वातावरण से अभ्यस्त होने पर उसे अध्ययन में आनन्द आने लगता है।

अहमदाबाद के साबरमती गुरुकुलम् को जो भी देखने जाता है उनके मन में दिव्य स्पन्दन का अनुभव होता है। आय.आय.टी. दिल्ली के छात्रों ने वहाँ जाकर शैक्षणिक गतिविधियों को समझा तो वे अभिभूत हो गए। उन्हें अनुभव हुआ कि हमारी बाल्यावस्था का ज्ञान अधूरा रह गया। यहाँ पर सीखने जैसा बहुत कुछ है जिससे हम वंचित हैं। यदि हम भारतीय संस्कृति का मनमोहक दृश्य देखना चाहते हैं तो भारत के प्रत्येक मुख्यालय में एक गुरुकुलम की स्थापना होनी चाहिए जिससे हमारी गौरवपूर्ण संस्कृति की रक्षा हो सके और भारतवर्ष पुन: विश्वगुरु

के पद पर आसीन हो सके।

7

शिक्षा और संस्कार

"अच्छे संस्कार,अच्छी शिक्षा,अच्छी संगती, अगर ये तीनों मिले तो जिन्दगी निखर जाती है,वर्ना बिखर जाती है।"

शिक्षा और संस्कारएक दूसरे से जुड़े हुए हैं। शिक्षा अगर स्तम्भ है तो नींव है संस्कार, सद्गुण सुख की खान है जिसपर टिका संसार। शिक्षा मनुष्य के जीवन का अनमोल उपहार है जो व्यक्ति के जीवन की दिशा और दशा दोनों बदल देती है और संस्कार जीवन का सार है जिसके माध्यम से मनुष्य के व्यक्तित्व का निर्माण और विकास होता है। जब मनुष्य में शिक्षा और संस्कार दोनों का विकास होगा तभी वह परिवार, समाज और देश के विकास की ओर अग्रसर होगा। शिक्षा का तात्पर्य सिर्फ किताबी ज्ञान ही नहीं बल्कि चारित्रिक ज्ञान भी होता है जो आज के इस भागदौड़ वाली जिंदगी में हम भूल चुके हैं। हम अपने बच्चों को अच्छे स्कूलों में दाखिला दिलाकर संतुष्ट हो जातें हैं परन्तु ये हमारी लापरवाही है जो हमारे बच्चों को गुमराह कर रही है। आज के अधिकांश बच्चे संभ्रांत तो हैं पर विवेकशील नहीं।समाज के बदलाव के लिए व्यक्ति में अच्छे गुणों की आवश्यकता होती है और उसकी नींव हमें हमारे बच्चों के बाल्यावस्था में ही रखनी पड़ती है।

बच्चों को तीन गुण आत्मसात करवाने की आवश्यकता है। ज्ञान, कर्म और श्रध्दा। इन्हीं तीन गुणों से उनके जीवन में बदलाव आएगा और वे परिवार, समाज, और देश सेवा में आगे बढ़ेंगे । आज जो राष्ट्रव्यापी

अनैतिकता हमारे समाज और देश को दूषित कर रही है उसका कारण सिर्फ बच्चों में संस्कार और शिक्षा का अभाव है जिसके दोषी हम हैं। हम झूठे दिखावे के लिए अपने भारतीय अमूल्य संस्कारों के प्रति उदासीन होते जा रहे हैं। पाश्चात्य सभ्यता का आँख मूंद कर अनुसरण करना ही हमें और हमारे बच्चों को पथभ्रष्ट कर रहा है।

शिक्षा का अंतिम लक्ष्य सुंदरचरित्रहै। शिक्षा मनुष्य के व्यक्तित्व के सभी पहलुओं का पूर्ण और संतुलित विकास करता है। बच्चों में सांसारिक और आध्यात्मिक शिक्षा दोनों की नितांत आवश्यता है क्योंकि शिक्षा हमें जीविका देती है और संस्कार जीवन को मूल्यवान बनाते हैं। शिक्षा में ही संस्कार का समावेश है। अगर हम अपने बच्चों में भारतीय संस्कृति, भारतीय परम्पराएँ, भाईचारा, एकता आदि का बीजारोपण करतें हैं तो उसमें खुद व खुद के संस्कार आ जाते हैं जिसकी जिम्मेदारी माता-पिता, परिवार और शिक्षक की होती है।

बचपन में परिवार के बाद विशेष रूप से बच्चों को संस्कार विद्यालय में सिखाए जाते हैं। अतः शिक्षक का कर्तव्य बनता है कि वे कक्षा तथा खेल के मैदान में ऐसा वातावरण उपस्थित करें जिससे बच्चों में शिक्षा और संस्कार दोनों का विकास हो। विद्यालय स्तर पर ऐसी गतिविधि का आयोजन होना चाहिए जिससे बच्चों में अनुशासन, आत्मसंयम, उत्तरदायित्व, आज्ञाकारिता विनयशीलता, सहानुभूति, सहयोग, प्रतिस्पर्धाआदि गुणों का विकास हो सके। अधिकांशतः सरकारी स्कूलों में ग्रामीण परिवेश के बच्चे पढ़ने आते हैं जो मजदूर किसान और सामान्य वर्ग के होते हैं। उनके माता-पिता उतने संभ्रांत नहीं होते कि वे अपने बच्चों का सही मार्गदर्शन कर सके। इसलिए सरकारी स्कूलों में शिक्षकों को अधिक परिश्रम करने की आवश्यकता है। बच्चे देश के भविष्य हैं इन्हें कुशल नागरिक बनाना हमारा परम कर्तव्य है।

मेरा मानना है कि सरकारी स्कूलों में भी वर्ग I से V तक के बच्चों के पाठ्यक्रम में नैतिक शिक्षा भी शामिल हो ताकि शिक्षक उन्हें नियमित रूप से नैतिक ज्ञान की जानकारी दे सकें। बाल्यकाल में पाठशाला में जाने वाले बच्चे अपने माता-पिता की बजाय शिक्षक का कहना ज्यादा मानते हैं | अतः बच्चे नैतिक शिक्षा जल्दी सीखेंगे, जैसे-- सदा सत्य

बोलें, दूसरों की मदद के लिए तत्पर रहें , माता-पिता, शिक्षक और बड़ों का सम्मान करें, ईश्वर पर विश्वास रखें, सहनशील बनें, कर्तव्यनिष्ठ बनें, सबों से प्रेमपूर्वक व्यवहार करेंइत्यादि।

शिक्षा के साथ ही संस्कारजरूरी :कहा जाता है कि शिक्षा जीवन का उपहार है और संस्कार जीवन का सार| या फिर यूं कहें कि शिक्षा व संस्कार दोनों एक ही सिक्के के दो पहलू हैं यानी एक के बिना दूसरा अधूरा है| अगर किसी ने बहुत शिक्षा हासिल किया और शिक्षा के बल पर उसने देश-दुनिया में काफी नाम भी कमाया लेकिन अगर उसमें संस्कारों की कमी है तो फिर वह शिक्षा किसी काम की नहीं!वर्तमान समय में यह महसूस किया जा रहा है कि जैसे-जैसे शिक्षित नागरिकों का प्रतिशत बढ़ रहा है, वैसे-वैसे समाज के संस्कारों में गिरावट आ रही है| हमें संस्कारों का सौंदर्य बोध होना चाहिए और बच्चे को भी इसकी जानकारी देनी चाहिए|

विद्यार्थी जो देश का भविष्य हैं वे तनाव, अवसाद, बाह्य आकर्षण और अनुशासनहीनता के शिकार हैं। पुस्तके वो साधन है जिनके माध्यम से हम विभिन्न संस्कृतियों के बीच पुल का निर्माण कर सकते है, और नैतिक शिक्षा और नैतिक मूल्यों और आदर्शो को भी स्थापित किया जा सकता है, परन्तु आज तो ऐसा कुछ भी नहीं है !आज हम प्रायः विद्यालयों में देखते है, की शिक्षा केवल नाम के लिए रह गयी है, शिक्षा के द्वारा प्राचीन समय में हमे ज्ञान तथा नैतिक मूल्यों को सिखाया जाता था !

परन्तु आज ये बहुत बड़ा प्रश्न हमारे सामने उठ खड़ा हुआ है, की आज की शिक्षा प्रणाली से हम वही ज्ञान और नैतिक मूल्यों को अर्जित कर रहे है, शिक्षार्थियों को केवल उत्तीर्ण करने के हेतु से उन्हें ज्ञान दिया जाता है|, क्या सही मायने में हम उन्हें सही ज्ञान और आदर्श सिखा रहे है ?

आख़िरकार ये जिम्मेदारी किसकी है ?माता– पिता की , शिक्षक की , विद्यालय की, या पूरे समाज की, या सबसे अहम् भूमिका सरकार की !सतर्कता के साथ सदैव कार्यशील एवं तत्पर रहना ही हमारे अच्छे भविष्य का निर्माण कर सकती है , हमारे अर्थात सभी एक कामयाब

शिक्षक या शिक्षिका और एक कामयाब शिक्षार्थी या शिक्षार्थिनी की भी ! अब बात कर ले नैतिक मूल्यों की, तो वो तो कहीं दूर दूर तक नजर ही नहीं आते !एक शिक्षक जिसका नाम सुनते ही हमारे समक्ष समाज का आदर्श, ज्ञान की मूर्ति, विवेक और सहनशीलता से परिपूर्ण न्यायप्रिय एवं अच्छी समझ रखनेवाला एक बेहतरीन इन्सान की झलक हमारे आँखों के सामने आती है, परन्तु आज तो कहीं भी ऐसा दिखाई नहीं देता| आज के इस कलयुग में शिक्षक की भी परिभाषा बदल गयी है |

भ्रष्टाचार, असमानता, जातिवाद, आतंकवाद सभी का आधार कहीं न कही शिक्षा ही बनती जा रही है! शिक्षा के बल पर दुनिया जीती जा सकती है , परन्तु आज की शिक्षा व्यवस्था और उससे जुड़े लोग यह कथन असत्य कर रहे है ! आज कल घूस, दलाली, चोरी, एक खुला व्यापर सब शिक्षा जगत में आसानी से प्रवेश कर चुका है, यह नैतिक मूल्यों की कमी और उसके हनन का ही परिणाम है !

आज जरूरत है -अखिल भारतीय स्तर पर संस्कारपूर्ण शिक्षा पाठ्यक्रम लागू करने की, राज्य स्तर पर अच्छे शिक्षकों के चयन की, मेहनती और लगनशील शिक्षकों के उचित सम्मान की ,शिक्षकों को शिक्षण कार्य के अलावा अन्य कार्यों से मुक्त करने की, नैतिक शिक्षा की, प्राइवेट विद्यालयों के व्यावसायीकरण को दूर करने की और शिक्षा विभाग में व्याप्त भ्रष्टाचार को समाप्त करने की | यदि देश व राज्य की सरकारें शिक्षा पर किये जाने वाले खर्च को मजबूरी न मानकर जिम्मेदारी माने तो कोई कारण नहीं है कि हमारा देश शिक्षा के क्षेत्र में पिछड़ जाए| हमारे देश में प्रतिभाओं की कमी नहीं है बल्कि इच्छा शक्ति की कमी है |सरकारों को शिक्षा, स्वास्थ्य और देश की सुरक्षा को पहली प्राथमिकता देना होगा तभी हमारा भारत एक मजबूत राष्ट्र बन सकता है |

हिन्दू संस्कार :धर्म के दो पक्ष होते है, जिनमे एक है विश्वास और दूसरा है क्रिया। विश्वास धर्म का अमूर्त पक्ष है, जबकि क्रिया धर्म का मूर्त पक्ष है। धर्म के क्रियात्मक पक्ष मे संस्कार, अनुष्ठान, विधि-विधान

एवं कर्मकांड आदि सम्मिलित है।हिन्दुओं मे संस्कारों को बहुत अधिक महत्व दिया जाता। यहां गर्भ से लेकर मृत्यु के बाद तक के लिये अनेक सूक्ष्म संस्कारों की व्यवस्था की गई है। भारतीय मान्यता के अनुसार जन्म से सभी वर्णों के व्यक्ति समान होते है। "जन्मना जायेते शूद्रः संस्काराद् द्विज उच्यते" अर्थात जन्म से सभी शुद्र होते है, संस्कारों को पूरा करने के कारण ब्राह्माण, क्षत्रिय और वैश्य वर्णों के लोग शूद्रों से श्रेष्ठ हो जाते है | वास्तव मे संस्कार ही व्यक्ति को मनुष्य बनाते है। संस्कार विहीन पुरूष पशु के समान समझा जाता है।संस्कार से आशय उन अनुष्ठानों से है जो एक हिन्दू को अपने जीवन को पवित्र और परमार्जित करने की दृष्टि से करने पड़ते है। संस्कार मनुष्य के जीवन मे नई स्थितियों के परिचायक है। मनुष्य के जीवन मे आगे आने वाले विभिन्न स्तरों के उत्तरदायित्व का बोध कराते हुए उसके जीवन को प्रगतिशील व व्यवस्थित करते ।

हमारे देश की महान संस्कृति की एक देन संस्कार भी है जिनका प्रत्येक व्यक्ति के जीवन में बड़ा महत्व हैं| एक तरह से संस्कार जीवन के आभूषण समझे गये है व्यक्ति का समाज में मूल्य तथा सम्मान बहुत बढ़ जाता हैं| साधारण शब्दों में संस्कार का हिंदी में अर्थ होता है संवारना|
जिस तरह हीरे एवं सोने का खनन के समय कई अवशिष्टों के साथ धूल, मिट्टी से सना होता है जब उसे अच्छी तरह साफ़ किया जाता है फिर उसे तरासने के बाद ही चमक मिलती हैं| हीरे को तरासने के बाद उसकी महीन घिसाई की जाती हैं| उसके बाद ही वह पत्थर हीरा बनता है और हमारे लिए बहुमूल्य आभूषण तैयार किये जाते हैं|हीरे की कीमत संस्कारों के बाद ही बढ़ती हैं| संस्कारों के बिना उसकी कोई कीमत नहीं रह जाती हैं| प्रकृति की छोटी से छोटी वस्तु से लेकर बड़ी से बड़ी चीज को

उपयोग में लाने के लिए संस्कारों की आवश्यकता पड़ती हैं| जिस अन्न से हमारी काया बनती हैं उसे खेत में बोने के बाद दाने निकालकर उसका प्रसंस्करण कर चक्की से आटा पीसने के बाद ही यह हमारे लिए रोटी बनाने योग्य बनता हैं, ये समस्त संस्कार के उदाहरण हैं|

एक बालक के मन पर बड़ों द्वारा किये प्रत्येक कर्म एवं बात का गहरा असर होता हैं. बालक जो कुछ देखता, सुनता हैं उसे शिक्षा मिलती है वे ही उसके संस्कार बन जाते हैं. जीवन के आरम्भिक दिनों में जिन संस्कारों की नींव डाली जाती है उसका जीवन उसी अनुरूप बन जाता हैं|

हमनें इतिहास में ऐसे कई विलक्षण उदाहरणों को देखा है जिन्होंने जीवन की शुरुआत में ही माँ बाप अथवा अपने गुरुजनों के व्यवहार, आचरण से प्रभावित होकर संस्कारवान बनकर अपना नाम बनाया हैं. वीर भरत माता शंकुलता के कारण ही महान वीर बन सका जो आगे जाकर महान सम्राट बने और हमारे देश का नाम भी उन्ही के नाम पर पड़ा था| जीजाबाई के कारण ही शिवाजी जैसे देशभक्त हुए|

ध्रुव अपनी माताजी के संस्कार उन्ही की प्रेरणा के चलते अमर हुए| महाभारत के महान यौद्धा अभिमन्यु के जीवन पर उनके माता पिता के आदर्श संस्कारों का बड़ा असर रहा जिसके चलते उन्हें महान यौद्धाओं में गिना जाता हैं| संस्कार परम्परा के कारण मानव में दैवीय गुण उत्पन्न हो जाते हैं, अब तक जितने भी संत महात्मा बने हैं उनके जीवन निर्माण संस्कार के ही परिणाम हैं|

स्वामी विवेकानंद का जीवन संस्कार से चरित्र निर्माण का बेहतरीन उदाहरण हैं| व्यक्ति में जितने अधिक अच्छे संस्कार हो उनका चरित्र उतना ही अच्छा बन जाता हैं| जिस व्यक्ति में बुरे संस्कारों की प्रबलता अधिक होती हैं उसका चरित्र हीन बन जाता हैं| कोई इन्सान अच्छे विचार रखे, सत्कर्म करे तो उसके विचारों एवं सत्कार्यों से आने वाली पीढ़ियाँ संस्कारित होगी और यह युवा पीढ़ी में बढ़ते बुरे संस्कारों को रोकने में प्रभावी हो सकता हैं.

माता पिता को ध्यान रखने योग्य कुछ महत्वपूर्ण बातें ?यदि आप अपने बच्चों की परवरिश और उनके अंदर अच्छे संस्कार के लिए चिंतित है, तो आपको सर्वप्रथम बच्चों के बचपन से लेकर बच्चों की जवानी तक

कुछ जरूरी बातों का ध्यान रखना आवश्यक है| अपने पहले बच्चे की परवरिश के समय हम इतने पारंगत नहीं होते | जब आप अपने बच्चे की पसंद और नापसंद के बारे में सीखते हैं तब आप एक माता-पिता के रूप में विकसित होते हैं ।

ज्ञानी पुरुष दादाश्री कहते है कि, अपने साथ खुद के संस्कार तो लेकर ही आता है बच्चा। लेकिन उसमें आपको हेल्प करके उन संस्कारों को रंग देने की ज़रूरत है। जैसे की सेब या नारंगी का बीज बोते ही उसी का पेड़ उत्पन्न होता है| वैसा ही बालक के साथ होता है | वह अपने साथ अपना बीज कर्म लेकर आता है। ऐसा कुछ नहीं है कि, नारंगी सेब से बेहतर है। सभी के अपने व्यक्तित्व कि एक पहचान होती है और जब सही तरीके से पोषण दिया जाएगा तो वह खूबसूरती से खिलेंगे। ज़रा आसपास देखेंगे तो और आपको कई सफल लोग मिलेंगे, जो या तो अंतर्मुखी या बहिर्मुखी हैं। कोई ऐसा नियम नहीं है जैसे एक दूसरे से बेहतर या दुसरे से ज़्यादा सुखी है |माता-पिता के रूप में अपने कर्तव्य को पूरा करने के कुछ व्यावहारिक तरीके नीचे दर्शाए गए हैं:-

1. प्रत्येक द्रष्टिकोण से अपने जीवन को सुधारें: सही जीवन केसे जिए, यह बात माता-पिता को समझनी चाहिए। सिर्फ पैसो के पीछे जीवन व्यर्थ नहीं करना चाहिए | अपने स्वास्थ्य, धन और बच्चों की परवरिश के प्रति जागरूक रहें । जीवन की प्रत्येक परिस्थिति को सुधारने का प्रयत्न करे |हररोज़ दिन के आखिर में अपने बच्चों के साथ शांति से बैठ कर बातचीत करें । उनके पास पहले से ही सांस्कृतिक मूल्य हैं, लेकिन बस उन्हें उत्साह देने की आवश्यकता है।

2. माता-पिता अपने बीच जिम्मेदारियों को साझा करे :आदर्श रूप से, माता-पिता के बीच बच्चों के प्रति अपनी जिम्मेदारियों पर चर्चा करें और उन्हें विभाजित करें। चौदह वर्ष की आयु तक, एक बच्चे को माँ के प्यार और ध्यान की अधिक आवश्यकता होती है। उसे देखभाल करने दें और दैनिक दिनचर्या का निर्णय लें। पिता को आम तौर पर जीवन के अहम फैसलों में शामिल होना पड़ता है जैसे कि आपके बच्चे को किस स्कूल में दाखिला दिलवाना है, किस क्षेत्र में आगे बढ़ाना है आदि। पंद्रह साल की उम्र के बाद पिता को बच्चे के विकास में मुख्य भूमिका निभाने

दें। पिता की यह भूमिका बच्चे के विकास में महत्वपूर्ण साबित होती है।

3. ज़रूरत से ज्यादा ध्यान केन्द्रित न करे : बच्चे के विकास में माता-पिता की यह एक महत्वपूर्ण भूमिका है। जब बच्चे कम उम्र के हो तभी से उन्हें कुछ घरेलू काम दें और आपके व्यवसाय के काम में मदद करने के लिए कहें, इससे उन्हें अपने पास जो कुछ भी है उसकी किंमत पता चलेगी और अपनी जिम्मेदारी के प्रति जाग्रत होंगे। कई माँ-बाप अपने बच्चों को ज़रूरत से ज़्यादा निर्देश देते हैं या फिर अतिसरंक्षित हो कर अपने बच्चे को लाड़-प्यार देते है। बच्चो के प्रति ज़रूरत से ज़्यादा ध्यान देने से उनका दम घुटने लगता है। उन्हें निष्फलता का सामना करने दें ; थोड़ी परेशानी भी उठाने दें तभी उनका समग्र विकास संभव है।

4. बच्चें को हिम्मत से जीवन का सामना करना सिखाएं : कोष से निकलने वाली तितली का संघर्ष उसे दुनिया का सामना करने के लिए मजबूत बनाता है; अन्यथा वह अशक्त हो जाएगी। याद रखें कि एक बच्चे की बहुत अधिक देखभाल करने से वह भी अशक्त हो सकता है। थोड़ा सा प्रतिरोध, संघर्ष, एक बच्चे की प्रतिभा को विकसित करने के लिए एक आशीर्वादरूप साबित होती है। विपरीत परिस्थितियों के बीच में ही एक बच्चा सफलता की चोटियों तक पहुंचने के लिए एक नया मार्ग प्रस्थापित करता है। बच्चे को जीवनमें आनेवाली असफलता का साहसपूर्वक सामना करना सिखाएं। हमेशा किसी भी चुनौती का सामना करने से पहले बच्चे को प्रेरित करें, और किसी भी असफलता के लिए उनकी कभी आलोचना न करें। इसके बजाय, उनसे पूछें कि उन्होंने अगली बार क्या सबक सीखा या वे इसे कैसे ठीक करेंगे।

5. एक आँख में प्यार और दूसरी आँख में सख्ती : कई बार माता-पिता द्वारा उकसाने के कारण बच्चे गलत रास्ते पर चले जाते हैं। इसलिए, हर चीज में सामान्यता लाएं। एक आँख में प्यार बनाए रखें, और दूसरे में सख्ती। कठोरता दूसरे व्यक्ति को ज्यादा नुकसान नहीं पहुंचाती है बल्कि क्रोध के कारण बहुत नुकसान होता है। कठोरता का मतलब क्रोध नहीं है, वह सिर्फ क्रोध का निम्न प्रकार है। आपको सब कुछ करना है, लेकिन नाटकीय रूप से। नाटक किसे कहते है? अर्थात शांति की जंजीर को खिंच के फिर क्रोध दिखाना।

6. **कब प्रोत्साहित करना है और कब नहीं :**माता-पिता की भूमिका एक तरह से चुनौती भरी है। एक पिता खुश हो जाता है जब उसका बेटा उसकी मूंछों को ज़ोर से खींचता है। वह कहता है, "देखो इसे, यह मेरी मूंछ कैसे खींच रहा है!" | यदि आप बच्चे को उसकी इच्छानुसार करने देंगे और उनसे कुछ न कहेंगे, तो बच्चा कभी नहीं जान पाएगा कि वह गलत कर रहा है। बच्चा प्रत्येक परिस्थिति में दूसरों की प्रतिक्रिया देखकर ज्ञान ग्रहण कर लेता है। यदि और कुछ नहीं, तो बस थोड़ी सी चुटकी दें ताकि बच्चे को पता चल जाए कि वह कुछ गलत कर रहा है। इससे यह समझ आयेगी कि वह जो व्यवहार कर रहा है, वह गलत है।' इसके लिए सजा देने की आवश्यता नहीं है; बस एक छोटी सी चुटकी काफी है।उसे पता होना चाहिए कि जब भी वह मूंछों को खींचेगा, तो बदले में उसे एक चुटकी मिलेगी। यदि आप उसे यह कहते है कि," मेरा बच्चा बहुत अच्छा है,बस थोड़ा शरारती है," तो उसे प्रोत्साहन मिलता है और फिर वह हर बार और भी अधिक खींचेगा! हर बार जब वह कुछ गलत करता है, तो उसे समझाएं कि यह गलत है। यह गलत है, इस बात का उसे एहसास दिलाए। अन्यथा, वह ऐसा मानेगा कि वह जो कुछ कर रहा है वही सही है। इससे वह गलत रास्ते पर चला जाता है। इसलिए, आपको बच्चे को समझाना चाहिए।जब कुछ अच्छा कार्य करता है, तो आपको उसकी प्रशंसा करनी चाहिए और उसकी पीठ थपथपा कर शाबाशी देनी चाहिए| उसके अहंकार को प्रोत्साहन मिलेगा, वह एक बार फिर अच्छा काम करेगा। एक छोटे बच्चे का अहंकार सुषुप्त अवस्था में होता है। बच्चे के बड़े होने पर यह अंकुरित होता है। एक बच्चा तभी अच्छा होगा जब तक आप उसके अहंकार को अनावश्यक रूप से पानी नहीं पिलाते। यदि उसके अहंकार को आपकी ओर से पोषण नहीं मिलता, तो बच्चा अच्छे संस्कारों के साथ विकसित हो जाएगा।

7. **नियंत्रण नहीं; दिल से प्यार बरसायें :**यह माता-पिता की सबसे महत्वपूर्ण भूमिका है। जब आप अपने बच्चों से बात करते हैं, तब आपका अंदाज़ मालिकी भाव रहित होना चाहिए। उदाहरण के लिए, यदि कोई बच्चा 60% से परिणाम प्राप्त करता है और जब पिता को दिखाता है, तब पिता को कहना चाहिए कि यह अच्छा है कि आपने परीक्षा पास

कर ली है, लेकिन यह पर्याप्त नहीं है। मैं आपसे उम्मीद करता हूँ कि आप 85% प्राप्त करें और एक अच्छे इंजीनियर बनें', फिर इस बात को यहीं छोड़ दें। उसे बार बार यह याद मत दिलाते रहें कि आपने उसे अच्छे अंक लाने के लिए कहा था। यदि आप बार बार इस बात से परेशान करेंगे, तो वह आपकी बातों को नजरअंदाज कर देगा।

कुछ महीनों के बाद, जब आप उसके परिणाम देखते हैं, यदि वह 75% हो जाता है, तब अपने बच्चे को यह कहते हुए प्रोत्साहित करें कि, "आपके अंक बढ़ गए हैं। आपके पास आगे बढ़ने के लिए उत्कृष्ट क्षमता है। यदि आप अधिक ध्यान केंद्रित करते हैं, तो मुझे यकीन है, आप बहुत आगे तक पहुंच सकेंगे। मुझे विश्वास है कि आप 85% से 90% प्राप्त कर सकते हैं, और बात को वही छोड़ दें। बच्चे को प्रोत्साहित करना महत्वपूर्ण है।जब भी वे गलती करते हैं, तो इसे बहुत प्यार से समझाएं। बात करते समय अहंकार रहित शब्द का प्रयोग करें, खासकर बड़े बच्चों के साथ।

8. मैत्री बनाए रखें :जब तक बच्चा सात से आठ साल का नहीं हो जाता है और जभी गलती करे – तब माता-पिता को उन्हें मार्गदर्शन देना होगा और यदि ज़रूरत पड़े तो उन्हें नियम में भी रखना भी आवश्यक है| बारह से पंद्रह साल की उम्र तक आप उन्हें मार्गदर्शन दे सकते हैं, लेकिन सोलह वर्ष के बाद आपको उनके साथ दोस्ती करनी होगी |यदि आप अपने बच्चों के दोस्त बनते हैं, तो उनमे सुधार होगा। लेकिन अगर आप माता-पिता के तौर पर उन पर हुक्म चलाएंगे, तो आप उन्हें खो देंगे | आपकी दोस्ती ऐसी होनी चाहिए कि, बच्चा कहीं और अपनापन और मार्गदर्शन की तलाश में न जाए। आपको अपने बच्चे के साथ वह सब कुछ करना चाहिए जो एक दोस्त करते है| सबसे पहले, आपको यह निश्चय करना होगा कि आप उनके साथ दोस्त के रूप में रहना चाहते हैं और फिर आप ऐसा कर पाएंगे।अगर आपका दोस्त कुछ गलत कर रहा है, तो आप उसे कितनी दूर तक जाने देंगे? आप उसे केवल उस हद तक सलाह देंगे जितना वह सुनता है, लेकिन आप उसे परेशान नहीं करेंगे। यदि वह आपकी नहीं सुनता है, तो आप उसे कहेंगे कि निर्णय तो आखिर उसका ही है।अपने बच्चे के साथ दोस्ती करने के लिए,आपको

यह स्वीकार करना होगा कि सांसारिक दृष्टिकोण से आप उसके पिता हैं, लेकिन विचारों से आपको अपने पुत्र का भी पुत्र बनना पड़ेगा। जब पिता अपने बच्चे के स्तर पर आ कर बात करते है, तो वह एक दोस्त के रूप में स्वीकार होते है| दोस्त बनने का कोई और उपाय नहीं है।

9. स्वयं को सुधारें :यह माता-पिता की सबसे अहम् और सूक्ष्मतम भूमिका है। <u>शुद्ध प्रेम</u> आपके भीतर तभी उत्पन्न होगा जब आप शुद्ध होंगे, अर्थात् क्रोध, मान, माया, लोभ आदि से मुक्त होंगे तभी। यदि आप में सुधार होगा, तो आपकी हाज़िरी से ही सब कुछ सुधर जाएगा। जो पहले खुद को सुधारता है वही दूसरों को सुधार सकता है। सुधार हुआ ऐसा कब कहा जा सकता है? जब आप डांटते हैं, तब भी बच्चा आपके डांटने के बाद प्यार को महसूस करे। यदि माता-पिता अच्छे हैं, तो बच्चे भी अच्छे होंगे, वे समझदार होंगे। अपने आप थोड़ा अंतर तप करे, लेकिन बच्चों को नैतिक मूल्यों से समृद्ध बनाएं।

प्रश्नकर्ता : बच्चों को नैतिक मूल्य कैसे सिखाएँ?यहाँ अमरीका में पैसा है, लेकिन संस्कार नहीं हैं और यहाँ आसपास का वातावरण ही ऐसा है, तो इसके लिए क्या करें?

दादाश्री: पहले तो माता-पिता को संस्कारी बनना चाहिए। फिर बच्चे बाहर जाएँगे ही नहीं। माता-पिता ऐसे हों कि उनका प्रेम देखकर बच्चे वहाँ से दूर जाएँ ही नहीं। माता-पिता को ऐसा प्रेममय बनना चाहिए। बच्चों को अगर सुधारना हो तो आप ज़िम्मेदार हैं । बच्चों के साथ आप फर्ज से बँधे हुए हैं । बच्चों को बहुत उच्च स्तर के संस्कार देने चाहिए। अमरीका में कई लोग कहते हैं कि 'हमारे बच्चे मांसाहार करते हैं और ऐसा बहुत कुछ करते हैं।' तब मैंने उनसे पूछा, 'आप मांसाहार करते हो?' तो बोले, 'हाँ, हम करते हैं।' तब मैंने कहा, 'फिर तो बच्चे भी करेंगे ही।' आपके ही संस्कार हैं!

प्रश्नकर्ता: जब बच्चे बड़े हो जाएँ, तब हमें उन्हें धर्म का ज्ञान किस तरह देना चाहिए?

दादाश्री: आप धर्म स्वरूप हो जाओ, तो वे भी हो जाएँगे। जैसे आपके गुण होंगे, बच्चे वैसा ही सीखेंगे। इसलिए आप ही धर्मिष्ठ हो जाना। आपको देख-देखकर सीखेंगे। यदि आप सिगरेट पीते होंगे, तो वे भी

सिगारेट पीना सीखेंगे। आप शराब पीते होंगे तो वे भी शराब पीना सीखेंगे। माँस खाते होंगे तो माँस खाना सीखेंगे। जो आप करते होंगे वैसा ही वे सीखेंगे। वे सोचेंगे कि हम इनसे भी बढ़कर करें।

प्रश्नकर्ता: अच्छे स्कूल में पढ़ाने से अच्छे संस्कार नहीं आते?

दादाश्री: लेकिन, वे सब संस्कार नहीं हैं। माता-पिता के सिवा बच्चे अन्य किसी से संस्कार प्राप्त नहीं करते। संस्कार माता-पिता और गुरु के, और थोड़ा-बहुत संस्कार मित्रों तथा आसपास के लोगों से मिलते हैं। सबसे अधिक संस्कार माता-पिता से मिलते हैं। माता-पिता संस्कारी हों, तो बच्चे भी संस्कारी बनते हैं वर्ना संस्कारी होंगे ही नहीं।

प्रश्नकर्ता: कैसे बात करें कि बच्चे आपकी बात सुने?

दादाश्री : बहुत सारे माता-पिता को यह शिकायत रहती है कि उनके बच्चे उनकी बात नहीं सुनते हैं। जब आप फोन पर बात कर रहे हों और सामने वाला व्यक्ति आप की बात नहीं सुन पा रहा तब आप क्या करते हैं? क्या आप अपनी ओर से ऐसा प्रयास नहीं करते जिससे वह आपकी बात सुने? बच्चों से बात करते समय भी यही करना है। आपको यह जानने की ज़रूरत है कि बच्चों से कैसे बात करें जिससे वे आपकी बात सुने।रोज़ की बातचीत में स्कूल जाने से लेकर स्कूल से आने के बाद होमवर्क की बातें, महत्वपूर्ण होती हैं। दिन की शुरुआत प्यार भरे शब्दों से करें। बच्चे हम पर आश्रित होते हैं। उन्हें हमारे प्यार की ज़रूरत होती है।आदेशात्मक शब्दों से बच्चे परेशान होते हैं जैसे कि- ऐसा करो और वैसा करो या ऐसा मत करो। जरा सोचिए-कि जब आपको आपके बॉस या जीवन साथी के साथ काम करना पड़े जो हर वक्त आपके पीछे पड़ा रहे कि 'काम पूरा करो, जल्दी करो, तुम हमेशा देर से आते हो!, तुम्हारे काम का कोई ठिकाना नहीं होता...' तब आपको कैसा अपमानित महसूस होगा! आपका बच्चा छोटा है, लेकिन उसकी अपनी स्वतंत्र इच्छा शक्ति है और उसे उसकी पसंद के अनुसार काम करने की स्वतंत्रता है।

यह ध्यान रखिए जब आपके बॉस, मित्र या परिवार आपकी प्रशंसा करते हैं तब आपको कितनी खुशी होती है। इसी तरह रोज़ आप अपने बच्चों की उन छोटी-छोटी बातों में प्रशंसा करें जिसमें आप उन्हें प्रोत्साहित करना चाहते हैं।दैनिक परिस्थिति का विश्लेषण करें और

उसमें से समाधान लें।

जब बच्चा घर आए तो उसके साथ बातें करें : 'लगता है तुम बहुत थक गए हो, थोड़ा खा-पी लो'| होमवर्क और दूसरी चीज़े करने को कहने के बदले, उसे जो पसंद हो उन चीजों के बारे में बात करें, जैसे कि उसके मित्र, गेम्स आदि। यह बच्चों के साथ मित्रता करने की टिप है| उनके साथ क्वालिटी टाइम बिताएँ जिसमें उनकी पसंद के विषय पर बातें करने के लिए प्रोत्साहित करें। सबसे अच्छी चीज़ जो आप अपने बच्चे को दे सकते हो वह है उनके साथ समय बिताना। अपने बच्चों के विभिन्न पहलुओं के बारे में जानकर आप आश्चर्य चकित हो जाएँगे और उनके रुप में आप नया मित्र पाएँगे।

पढ़ाई के लिए एक निश्चित समय निर्धारित करें और उन्हें प्यार से बताएँ। एक ही बात को बार-बार याद ना दिलाएं- यह दर्शाता है कि आपको उन पर विश्वास नहीं है। होमवर्क ना करने का जो परिणाम आता है वह उन्हें भुगतने दें। खुद अनुभव करके सीखने से जो समझ मिलती है वह और किसी में से नहीं मिलती।गुस्सा करने के बजाय शांति से बात करें : जैसे कि, 'तुम ब्रश और स्नान कर लो उसके बाद हम नाश्ता करेंगे। या तुम कुछ समय मोबाइल भी देख सकते हो।आप उन्हें जो कहना चाहते हैं उसके लिए अलग-अलग तरीके अपनाए : जैसे कि-जल्दी से अपनी पढ़ाई पूरी कर लो जिससे शाम को तुम अपने मित्रों के साथ खेल सको या टी.वी देख सको।आप अपने बच्चे से कपड़े उठाने के लिए कहें पर नोर्मल टोन में, बिना किसी दबाव या डायलॉग बाजी के जैसे कि,'एक ही बात आपको कितनी बार बतानी पड़ेगी!' या 'तुम कभी भी मेरी बात नहीं सुनते हो!' ऐसा कई दिनों तक आपको उसके कपड़े रखने के बाद कभी किसी दिन एक बार प्यार से बोलना चाहिए।सकारात्मक शब्द सामने वाले को प्रोत्साहित करते हैं। उनमें सुख के स्पंदन होते हैं। इसलिए बच्चों की अच्छी बातों को प्रोत्साहित करें और बुरी बातों पर ध्यान न दें। दूसरे शब्दों में, आप जो काम उनसे कराना चाहते हैं उसकी प्रशंसा करें। बच्चों के साथ बात करने का यह सबसे आसान तरिका है जिससे वे आपकी बात सुने। साथ में दिए गए उदाहरण ध्यान में रखिए, 'जब तुम अपना होमवर्क जल्दी पूरा कर लेते हो तब तुम बहुत खुश होते

हो क्योंकि तुम्हें मित्रों के साथ खेलने का ज्यादा टाइम मिलता है।' या 'जब तुम बाहर ताजी हवा में खेलते हो तब तुम ज्यादा खुश और फुर्तीले लगते हो।' या 'रात को साथ में खाना खाने से कितनी खुशी महसूस होती है। हम आपस में जुड़े रहते हैं।' या 'जब तुम सुबह जल्दी तैयार हो जाते हो, तब तुम्हें अपनी पसंद का काम करने के लिए अधिक समय मिलता है।'सब दिन एक जैसे नहीं होते, कई बार बुरे दिन भी होते हैं परंतु उसका असर आपके निश्चय पर नहीं होना चाहिए- यह निश्चय की छोटे बच्चे को किंचित मात्र दुःख नहीं देना हैं।हमेशा सकारात्मक शब्द बोलना चाहिए क्योंकि छोटे बच्चे से लेकर सबके भीतर शुद्धात्मा है। जब कुछ अच्छा होता है, तो उसके बारे में बुरा बोलना गलत है। यह सब समस्या इसलिए होती है क्योंकि लोग अच्छी बात में भी बुराई खोजने का प्रयत्न करते हैं। इसलिए यह ध्यान रखना चाहिए कि हमें उस तरीके से बात करना सीखना होगा जिससे बच्चे हमारी बात सुने। और जब आप कहते हैं "कुछ भी बुरा नहीं हुआ है," तब भीतर से जबरदस्त परिवर्तन आने लगता है। इसलिए हमेशा अच्छा ही बोलें।जिस विषय में आप बच्चों को सुधारना चाहते हैं उस विषय पर उन्हें रूचिप्रद कहानियाँ सुनाएँ।

प्रश्नकर्ता: बच्चों को जितना हो सके जंक फूड कम खाने के लिए कैसे मार्गदर्शन करें?

दादाश्री: वर्तमान समय में बच्चे विकासशील दुनिया और आधुनिक भोजन से प्रभावित हो रहे हैं। वे करी और रोटी के बजाय बच्चे अपने माता-पिता की नकल करते हैं। कैसा आहार लेना चाहिए इसकी सही समझ प्राप्त करें, क्योंकि आप जो भोजन करते हैं उसका सीधा प्रभाव आपकी सोच और शरीर पर पड़ता है। चलो आध्यात्मिक दृष्टि से समझते हैं कि कौन-सा आहार लाभदायक हैं और कौन सा हानिकारक।

1. फलः फलों को खा के जीना सबसे श्रेष्ठ होता है। जो व्यक्ति आहार में सिर्फ फल लेता है उसमें श्रेष्ठ समझ शक्ति होती है।

2. शाकाहारी भोजनः यदि कोई फल खाकर जीवित नहीं रह सकता है, लेकिन सभी तरह के अनाज लेता हो, तो वह शुद्ध शाकाहारी है। उसकी समझशक्ति उच्च कोटि की होती है।

3. कंदमूलः तीसरे प्रकार में कंदमूल आते हैं, जिससे जागृति मंद पड़ जाती है।

यह जानने के बाद वे माता-पिता जो सात्विक भोजन लेना शुरू कर दें तो बच्चे भी न सिर्फ जंक फूड खाने की आदत में से बाहर निकल सकेंगे बल्कि उनके मूल्यों की प्रशंसा करेंगे और उनके जैसा बनने का प्रयास करेंगे।

प्रश्नकर्ताः जब आपके बच्चे गलतियाँ करें तो क्या करें?

दादाश्री जब बच्चे गलतियाँ करते हैं या कुछ गलत करते हैं, तब सच्चा रास्ता यह है की आप उनसे मित्र की जैसे बात करे की, बेटा, आप जो यह कर रहे हो उसके लिए आपने सोचा है?' और क्या ऐसा आपको ठीक लगता है? अब यदि वह कहे कि 'मुझे ठीक नहीं लगता!' तो फिर आपको उनसे पूछना चाहिए कि 'तो आप ऐसा क्यों करते रहते हो?' वे निर्णय लेने और समझने में सक्षम हैं। जब वे कब कुछ गलत करते हैं तो खुद समझते तो हैं ही। लेकिन जब आप उनकी निंदा करने लगोगे, तब वे सामने हो जाएँगे। और क्रोधित हो जाएँगे।बात इस तरह करनी चाहिए कि जिससे सामनेवाले का अंहकार खड़ा ही न हो। जब आप अपने बच्चों के साथ बात करें तब आदेशात्मक लहज़े में न बोलें। बल्कि इस तरह से बात करें जो उन्हें उनकी गलतियों से सीखने में मदद करें। बच्चों को पंद्रह साल की उम्र तक इच्छानुसार ढ़ाला जा सकता है।

यहाँ बच्चों की परवरिश के कुछ तरीके दिए गए हैं ताकि वे अपने बचपन की गलतियों से सीख सकेः

1. उनका <u>प्रेम</u> और विश्वास जीतने के लिए उनकी बातों को सुने और अपनी सहमती में कुछ कहें अथवा मौन रहें परंतु किसी निष्कर्ष पर ना पहुँचे। और दैनिक बातचीत में उनका विरोध न करें जैसेःजब बच्चा स्कूल से आए और कहे कि-'ओह, आज मैं बहुत थक गया हूँ और इतना सारा होमवर्क करना है,' तो बस इतना ही कहो 'ओह!, आज तुम्हारा दिन बहुत व्यस्त रहा!'

2. जब कभी बच्चा गुस्से में या गुस्से के मूड में आए और कहे कि-'ओह!, मुझे तो वह पसंद ही नहीं है हमेशा धोखा देती है।' तब सिर्फ इतना ही कहना 'अरे, मुझे भी कोई धोखा दे वह पसंद नहीं है।' ऐसा कहने के

बजाय हम कभी-कभी आवेश में आकर उन्हें डाँटने लगते हैं कि 'देखो, तुम्हें धोखा नहीं देना चाहिए', अथवा 'तुम भी पहले ऐसा ही करते थे।'

3. अपने चेहरे के हावभाव बिगाड़े बिना डाँटें। बच्चों को डाँटना भी एक कला है। अपने चेहरे के भावों को खुश रखें और फिर डाँटें! यदि आप ऐसा कर सकते हो, तो इसका मतलब है कि आप नाटकीय रुप से डाँट रहे हो। और इससे उसके अहंकार को दुःख नहीं होगा, लेकिन उससे बच्चो को सही बात समझ में आएगी। दूसरी ओर, यदि डाँटते समय आपका मुँह बिगड़ जाए तो इसका मतलब यह है कि आप जो डाँटते हो वह आप अहंकार करके डाँटते हो। और इससे उनमें बदले की भावना पैदा होती है।

4. बिना पूर्वाग्रह के डाँटना उपयोगी है। बच्चों से आप ऐसा कहें, 'तुम मुझे हमेशा परेशान करते हो!' 'तुम मेरी बात कभी नहीं सुनते!' 'मैं तुमसे कुछ भी कहना नहीं चाहती!' और ऐसा तो बहु कुछ, तो ये सब 'एक्सट्रा आइटम्स' हैं जो उनके प्रति आपके पूर्वाग्रह को दर्शाते हैं जब वे गलती करते हैं।

5. अपने बच्चों को कभी कोई लेबल या टैग नहीं दे जैसे-'तुम मूर्ख हो', 'तुम हमेशा लापरवाही करते हो, 'तुम हमेशा धोखा देते हो', 'तुम कभी पढ़ाई नहीं करते', 'तुम कोई काम के नहीं हो', 'तुम मोटे हो' आदि। आपके द्वारा किया गया व्यवहार क्षणिक है, लेकिन आपके द्वारा दिया गया लेबल हमेशा उनके साथ रहेगा। इस तरह के नेगेटिव शब्द हमेशा उन्हें दुखी करते हैं जिसके कारण वे अपनी गलतियों से कभी नहीं सीख पाएँगे।

6. जब भी आप कोई महत्वपूर्ण बात कहना चाहते हैं तो घटना के तुरंत बाद न कहें बल्कि कम से कम 24 घंटे परिस्थिति के सामान्य होने का इंतजार करें। इससे आप बिना भावुक हुए परिस्थिति को संभाल सकेंगे।

7. जिन्हें आप गलती मानते हैं वे साधारण आवश्यकताएँ हैं। दैनिक जीवन में छोटी-छोटी बातें जैसे कि रूम को साफ न रखना, जल्दी नहीं उठना, गलतियाँ नहीं कहलाती। ऐसी बातें जो उसके चरित्र या उसके भविष्य को प्रभावित करें वे गलती कहलाएगी। और उसके लिए भी आपको रोज़ कहने की जगह सिर्फ महीने में एक बार बोलना चाहिए।

और इसे हर दिन नहीं कहेना चाहिए।

प्रश्नकर्ता : व्यवहार में कोई गलत कर रहा हो तो उसे टोकना पड़ता है, तो उससे उसे दुख होता है। तो उसके साथ कैसा व्यवहार करें?

दादाश्री : टोकने में हर्ज नहीं है, पर हमें कहना आना चाहिए।

प्रश्नकर्ता : किस तरह?

दादाश्री : बच्चे से अगर कहोगे, 'तुझमें अक्कल नहीं, गधा है।' ऐसा बोलोगे तो फिर क्या होगा, वहाँ। उसे भी अहंकार होता है या नहीं? आपको ही आपका बोस कहे कि 'आपमें अक्कल नहीं, गधे हो।' आपको टोकना आना चाहिए।

प्रश्नकर्ता : किस तरह टोकना चाहिए?

दादाश्री : उसे बैठाओ। फिर कहो, हम हिन्दुस्तान के लोग कोई अनाड़ी नहीं और अपने से ऐसा नहीं होना चाहिए। ऐसा-वैसा सब समझाएँ और प्रेम से कहें तब रास्ते पर आएगा। कोई भी कार्य का परिणाम प्रेम से किए बिना नहीं आता। एक पौधा भी पाल पोसकर बड़ा करना हो तो भी प्रेम से करते हो, तो बहुत अच्छा उगता है। पर वैसे ही पानी डालो न, और चीखो-चिल्लाओ तो कुछ नहीं होता। आप कहते हो कि ओहोहो, बहुत अच्छा हुआ पौधा। तो उसे अच्छा लगता है! वह भी अच्छे फूल देता है बड़े-बड़े!! तो फिर ये मनुष्य को तो कितना अधिक असर होता होगा?

प्रश्नकर्ता : संसार में रहने के बाद कितनी ही जिम्मेदारियाँ पूरी करनी पड़ती है और उस धर्म का पालन करते हुए, कारण या अकारण कटुवचन बोलने पड़ते हैं, तो वह पाप या दोष माना जाता है? ये संसारी धर्मों का पालन करते समय कड़वे वचन बोलने पड़ते हैं, तो क्या वह पाप या दोष है?

दादाश्री : कड़वा वचन बोलें, उस समय हमारा मुँह कैसा हो जाता है? गुलाब के फूल जैसा, नहीं? अपना मुँह बिगड़े तो समझना कि पाप लगा। अपना मुँह बिगड़े ऐसी वाणी निकली, वहीं समझना कि पाप लगा। कड़वे वचन नहीं बोलते। धीरे से, आहिस्ता से बोलो।

थोड़े वाक्य बोलो, पर आहिस्ता रहकर, समझकर कहो, प्रेम रखो, एक दिन जीत सकोगे। कड़वे से जीत नहीं सकोगे। पर वह सामने विरोध

करेगा और उल्टे परिणाम होंगे। बेटा भी उल्टा परिणाम लाएगा। 'अभी तो छोटी उम्र का हूँ, इसलिए मुझे इतना झिड़कते हैं। जब बड़ी उम्र का हो जाऊँगा तब इनके साथ वैसा ही व्यवहार करूँगा।' ऐसी सोच वो मन ही मन बना लेता है। इसलिए ऐसा मत करो। उसे समझाओ। एक दिन प्रेम जीतेगा। दो दिन में ही उसका फल नहीं आएगा। दस दिन, पंद्रह दिन, महीने तक प्रेम रखा करो। देखो, उस प्रेम का क्या फल आता है।

प्रश्नकर्ता : हम अनेक बार समझाएँ, फिर भी वह न समझे तो क्या करें?

दादाश्री : समझाने की ज़रूरत ही नहीं है। प्रेम रखो।

प्रश्नकर्ता : माता-पिता को अपना रोल पूरी तरह कैसे निभाना चाहिए?

दादाश्री : एक बैंक मेनेजर ने मुझसे कहा, दादाजी, मैंने तो कभी भी वाइफ या बच्चों को एक अक्षर भी नहीं बोला है। चाहे कितनी भी भूल करें, कुछ भी करें, लेकिन मैं कुछ नहीं कहता।'वह ऐसा समझा होगा कि दादाजी मेरी बहुत तारीफ करेंगे। वह क्या आशा करता था समझ में आया न? और मुझे उसके ऊपर बड़ा गुस्सा आया कि तुझे किस ने बैंक का मैनेजर बनाया? तुझे बाल-बच्चे सम्हालना नहीं आता और बीवी सम्हालना नहीं आता! तो वह घबरा गया बेचारा। उल्टा मैंने उसे कहा, आप अंतिम प्रकार के बेकार आदमी हो! आप इस दुनिया में किसी काम के नहीं हो!' वह आदमी मन में समझ रहा था कि मैं ऐसा कहूँगा तो 'दादा' मुझे बड़ा इनाम देंगे। बच्चा जब गलत करे तब हमें 'तूने ऐसा क्यों किया? फिर ऐसा मत करना।' इस तरह नाटकीय रूप से कहना चाहिए; नहीं तो बच्चा समझेगा कि वह जो कुछ कर रहा है सब सही है। उसने 'स्वीकार' किया कि ऐसा नहीं बोलने के कारण ही घरवाले मुँहफट हो गए। याद रहे सब कुछ कहना, लेकिन नाटकीय! हमें अपना रोल बिना किसी राग-द्वेष के पूरी तरह निभाना चाहिए।

प्रश्नकर्ता : बिना कटु वचन कहे बच्चों को किस प्रकार शिष्ट करें? शिष्टाचार और अनुशासन के सहित बच्चों की परवरिश कैसे करें?

दादाश्री :बच्चों को अनुशासित करना, उनकी परवरिश करना एक कला है। बच्चों में अच्छे संस्कार डालने के लिए बच्चों को अनुशासित

करना, उनकी परवरिश करना एक कला है। बच्चों में अच्छे संस्कार डालने के लिए हमें परवरिश संबंधित कुछ पॉजिटिव पेरेंटिंग टिप्स जानना जरूरी है। क्या आप जानते हैं बच्चे आप में जो देखते हैं वही सीखते हैं? आपको देखकर ही आपके बच्चे सीखते हैं। आप जो कुछ भी करते हैं, वे उसकी नकल करते हैं। यदि माता-पिता संस्कारी हो तो बच्चे भी संस्कारी बनते हैं। यह बच्चों के लालन-पालन करने की एक महत्वपूर्ण कुँजी है।

अगर आप शाकाहारी हैं, शराब ना पीएँ और आप अपने जीवनसाथी के साथ सम्मान से व्यवहार करते हैं, तो आपके बच्चे भी आपके यह गुणों को नोटिस करेंगे। वे नोटिस करेंगे कि दूसरों के मम्मी-पापा झगड़ते हैं, मेरे मम्मी-पापा नहीं झगड़ते। यह देखकर बच्चे भी वैसा ही सीखते हैं।

आदर्श माता-पिता बनाने के लिए कुछ सुझाव :

1. आदर्श माता-पिता बनने के लिए, कई महत्वपूर्ण गुणों की आवश्यकता होती है। यह एक बड़ी जिम्मेदारी है। यदि माता-पिता ऐसी **वाणी बोले जो बच्चों के हृदय को स्पर्श करे तो वे आदर्श माता-पिता** कहलाएँगे।

2. माता-पिता को प्रभावशाली होना चाहिए। यदि वे बच्चों पर क्रोधित नहीं होते तो बच्चे उनके कहे अनुसार करेंगे। यह बच्चों को अनुशासित करने की सबसे प्रभावी चाबियों में से एक है।

3. बच्चे अपना कर्मों का हिसाब लेकर ही आते है, लेकिन साथ ही वे अपने आस-पास जो हो रहा है उसे देखकर भी सीखते हैं। बाहर कुछ अच्छा हो, लेकिन उसके पास यदि गलत समझ होगी, तो उसके मन में सवाल पैदा होगा, 'यह ऐसा क्यों हैं?' उसे समझाना चाहिए कि 'समस्या स्वयं के भीतर ही है।

4. माता-पिता में सबसे महत्वपूर्ण गुण यह होना चाहिए कि वे खुद की कमियों को किसी के सामने, विशेष रूप से उनके बच्चों के सामने ना आने दे। यदि निर्बलता उत्पन्न हो तो भी उसका असर स्वयं के सिवाय किसी और पर ना हो, बच्चों पर भी नहीं। बच्चों को अनुशासित करने के लिए यह एक और प्रभावी चाबी है।

5. डाँटने से या मारने से इस दुनिया में कोई नहीं सुधरता। आपका व्यवहार देखकर सुधरते हैं। उन्हें कार्य करने का सही तरीका दिखाने से फायदा होता है।

शिष्टाचार और अनुशासन सहित बच्चों की परवरिश करने के लिए यहाँ पर कुछ पॉज़िटिव पेरेंटिंग टिप्स दिए गए हैं :

1. बच्चों को समझा-बुझाकर उनसे काम करवाना चाहिए।

2. सही समझ के सचेत करने वाले कुछ ही शब्द उन्हें वापस लौटने में मदद करते हैं।

3. परिवार में सभी के साथ मिलजुल कर रहें। जब बच्चा छोटा होता है तब उसे छोटे-छोटे काम सौंपें और उनके द्वारा किए गए अच्छे कार्यों की प्रशंसा करें। उनमें जो नेगेटिव है उसपर ध्यान ना दें । जो भी अच्छी आदत आप उनमें विकसित करना चाहते हैं, उसके लिए पॉज़िटिव दृष्टिकोण अपनाएं। उनके द्वारा उठाए गए हर छोटे कदम की प्रशंसा करें और उनके द्वारा की गई गलतियों को अनदेखा करें। धैर्य रखें क्योंकि इसमें समय लगेगा।

4. डाँटने पर बच्चा स्पष्ट नहीं कह सकता,कपट करता है। इसी वजह से संसार में सब कपट पैदा हुए हैं! दुनिया में डाँटने की ज़रूरत नहीं है। बेटा फिल्म देखकर आए और आप उसे देखने के लिए ना कहते हैं तो वह दोबारा फिल्म देखने के लिए गलत बहाना दिखायेगा। जिसके घर में माँ सख्त हो, उसके बेटे को व्यवहार नहीं आता।

5. यदि आप बच्चों को मारते रहेंगे, तो इसका परिणाम यह होगा कि वह बाहर प्रेम खोजेगा। आगे जाकर वह 'बॉयफ्रेन्ड' या 'गर्लफ्रेन्ड' खोजेगा। उसके मन में ऐसा होना चाहिए कि 'कब मैं घर जाऊँ ताकि मैं अपने माता-पिता के साथ समय बीता सकूँ बैठ सकूँ? ' इतना प्यार होना चाहिए। इसके बजाय यदि हम मारते रहेंगे तो उन्हें हमारे प्रेम का अनुभव नहीं होगा और वे दूसरी दिशा में भटक जाएंगे। मारने या सजा देने से कभी स्थायी अनुशासन नहीं आता, बच्चे को अनुशासित करने के लिए प्रेम ही एकमात्र आसान और व्यवहारिक चाबी है।

6. नफरत में छुपा हुआ प्रेम अंत में निष्फल ही होता है: यदि बेटा शराब पीकर आए और आपको दुःख दे, तब आप कहोगे कि "बेटा मुझे

बहुत दुःख देता है" लेकिन गलती आपकी है बच्चा तो अपने <u>कर्म का हिसाब</u> पूरा कर रहा है| इसलिए, शांति से चुपचाप भुगत लो, बिना भाव बिगाड़े। उसके सिर पर प्रेम से हाथ फेरकर कहो, "बेटा, ऐसा नहीं होना चाहिए।" उसे प्रेम से समझाओ। उसके प्रति किसी प्रकार का द्वेष मत रखो। आप वास्तव में उसके लिए घृणा रखते हो, क्योंकि आप मानते हो कि 'वो गलत है।' लेकिन यदि आप घृणा से छुटकारा पाकर फिर प्रयत्न करोगे तो यह काम होगा।

7. बच्चों के साथ बच्चा बनकर बात करें। यदि आप बड़ों की तरह व्यवहार करोगे तो बच्चा आपसे डरेगा। आपको उन्हें समझाकर उनकी गलती बतानी चाहिए। उसे आपसे डरने का कोई कारण नहीं होना चाहिए। आपको <u>प्रेम स्वरूप</u> बनना चाहिए।

8. डर केवल आँखों में होना चाहिए, हाथ से नहीं। इसलिए जब भी वो कोई गलती करें तब उसे मारने के बजाय आप उसे वह प्रेम देना बंद कर दे जो आप उन्हें रोज देते हो तो उसे अपने आप समझ में आ जाएगा। उसे यह अहसास हो जाएगा कि उन्हें सजा दी गई है और वो सचेत रहेगा।

8. कठिन समस्याओं का समाधान समभाव और करुणा से करना चाहिए।

प्रश्नकर्ता: जिद्दी एवं गुस्सैल बच्चों के साथ कैसा व्यवहार करें?

दादाश्री : क्या आप अपने बच्चे के गुस्सैल स्वभाव से थक चुके हैं? आपके जिद्दी, गुस्सैल, चिड़चिड़े बच्चों को नियंत्रित करने के कई तरीके हैं। पहला तरीका यह है कि अपने आपको शांत रखें, भावनाओं में ना बहे। परिस्थिति अनुरूप विश्लेषण करने का प्रयास करें जैसे कि सामान्यतः ऐसा कब होता है? क्या ऐसा इसलिए तो नहीं है कि आप अपने बच्चों को अपना महत्वपूर्ण समय नहीं दे पा रहे हैं, या जब उसे अपनी पसंद का भोजन चाहिए? क्या ऐसा तब होता है जब वह 'नहीं' उत्तर स्वीकारने तैयार न हो या अपनी मनमानी करना चाहता हो? ऐसी परिस्थितियों से निपटने के लिए आप अलग-अलग तरीके अपना सकते हैं। जैसे कि - हर सप्ताह बच्चों के खर्चे के लिए थोड़े पैसे अलग रख दें जिसे वह अपने लिए खर्च कर सके। इस बात का ध्यान रखें कि वे चीजें आप खरीदकर न दें।

प्रश्नकर्ता :बच्चों को नियंत्रित करने के लिए क्या माता-पिता को गुस्सा करना चाहिए?

दादाश्री : गुस्सा क्यों करना पड़े? वैसे ही समझाकर कहने में क्या हर्ज है? गुस्सा आप करते नही हों, आपसे हो जाता है। किया हुआ गुस्सा, गुस्सा नहीं कहलाता। आप खुद गुस्सा करते हैं, आप उसे धमकाए उसे गुस्सा नहीं कहते। लेकिन आप तो गुस्सा हो जाते हो।

प्रश्नकर्ता : गुस्सा हो जाने का कारण क्या?

दादाश्री : यह कमज़ोरी है! अर्थात् आप खुद गुस्सा नहीं करते , वह तो गुस्सा होने के बाद खुद को पता चलता है कि यह गलत हो गया, ऐसा नहीं होना चाहिए। अत: अंकुश आपके हाथ में नहीं हैं। यह मशीन गरम हो जाए, तब उस समय आपको ज़रा ठंडा रहना चाहिए। जब अपने आप ठंडा हो जाए, तब हाथ डालना चाहिए ।बच्चे पर आप चिढ़ते हो चिढ़ने में हर्ज नहीं, जब तक आपको गुस्से से नुकसान ना हो। वह नाटकीय होना चाहिए।

प्रश्नकर्ता : बच्चों को जब तक डाँटे नहीं, तब तक शांत ही नहीं होते, डाँटना तो पड़ता है न!

दादाश्री : नहीं, डाँटने में हर्ज नहीं। लेकिन 'खुद' डाँटते हो इसलिए आपका मुँह बिगड़ जाता है । आपका मुँह बिगड़े नहीं ऐसे डाँटो, मुँह अच्छा रखकर डाँटो, खूब डाँटो। आपका मुँह बिगड़ जाए तो इसका मतलब यह है कि आपको जो डाँटना है वह आप अहंकार करके डाँटते हो।

प्रश्नकर्ता: ज़िद्दी या अवज्ञाकारी बच्चों के साथ कैसा व्यवहार करें?

दादाश्री :जब आपके और बच्चों के बीच टकराव हो तब क्या करना चाहिए? जब बच्चा रोए तब क्या करना चाहिए? आइए बच्चों के ऐसे व्यवहार से निपटने की कला जाने!

जब आपको अपने बच्चों के किसी विशेष प्रकार के व्यवहार से शिकायत रहती है, तब क्या आपने कभी यह जानने की कोशिश की है कि कहीं आप भी अपने बच्चों के साथ वैसा ही व्यवहार तो नहीं करते हैं?उदाहरण के तौर पर:

- मान लीजिए, वे आपका कहा नहीं सुनते। जब वो आपके पास कुछ माँगे, तो क्या आपका भी उनके साथ वैसा ही व्यवहार तो नहीं होता? जब वह आपसे कुछ कहना चाहते हैं तब क्या उनके कई बार कहने पर ही आप उनकी बात सुनते हैं?
- मान लीजिए, वे मोबाइल फोन का उपयोग करते हैं। तो क्या आप भी अपने फ्री समय में अपना मोबाइल चेक करते रहते हैं?
- मान लीजिए, वे कठोर शब्द बोलते हैं। तो क्या आप भी जब गुस्से में होते हैं तब ऐसे शब्दों का प्रयोग करते हैं?

उन्हें सुनना शुरू करें और उनके साथ बातें करें फिर उनमें बदलाव देखें। उनके साथ समय बिताएँ, उनका ध्यान रखें और उनके साथ उसी तरह का व्यवहार करना शुरू करें जिस व्यवहार की आप उनसे उम्मीद रखते हैं।

माता-पिता के तौर पर आपको अपने बच्चों के साथ-साथ खुद भी ज़िद्दी बनने के बजाय उन्हें शांत करना चाहिए।

दादाश्री : बहला-फुसलाकर कर एक बार सीधा कर दें फिर चलता रहता है। लेकिन यह तो और भी टेढ़ा बना देते हैं, लोग। उसके साथ खुद भी टेढ़े बन जाते हैं। अगर बेटा बात न करे तो माँ भी बात नहीं करती।

प्रश्नकर्ता : हाँ, मुँह फुला लेती है।

दादाश्री : मुँह फुलाती है। तो फिर ये तो माँ बनने के लक्षण ही नहीं हैं न! लोगों का देख-देखकर.. अन्य कोई माँ मारती है तो यह भी मारती है।

माता-पिता के लिए बच्चों के ज़िद्दी व्यवहार से निपटने में मदद रूप कुछ महत्वपूर्ण सुझाव:

- बच्चों का जिद्दीपना (अवज्ञा) माता-पिता के पिछले आचरण का प्रतिबिंब है। यदि आप एक योग्य माता-पिता हैं, तो बच्चे आपके विरोधी नहीं होंगे। इसलिए माता-पिता को खुद सुधरने की ज़रूरत है।
- यदि आप बच्चों को बार-बार टोकेंगे तो वे बिगड़ जाएँगे।

- उन्हें <u>ज्ञानी</u> के या सत्संग के संपर्क में रखें। अच्छे संग में रहने से उनमें सर्वश्रेष्ठ गुण उत्पन्न होंगे।

- बच्चों को सुधरने में मदद करनी चाहिए, उन्हें मारना नहीं चाहिए। बच्चों को मारना बहुत गलत है।

- सच्चे माता-पिता वे कहलाते हैं अगर बेटा बुरी लाइन पर चला गया हो तो उन्हें <u>प्रेम</u> से समझाकर सुधारने का प्रयास करते हैं। लेकिन आजकल इस प्रकार का प्रेम देखने को नहीं मिलता हैं, क्योंकि माता-पिता स्वयं ही दुखी होते है। यह जगत प्रेम से ही वश होता है।

- माता-पिता अपने बच्चों के गलत आचरण के बारे में मित्रों और परिवार के सदस्यों के सामने बार-बार बात करते रहते हैं। इसके गंभीर परिणाम होते हैं क्योंकि बच्चे वास्तव में वैसे ही बनते जाते हैं जैसा हम उनके बारे में बोलते हैं। उदाहरण के तौर पर, यदि हम मानते हैं कि हमारा बेटा बहुत ज़िद्दी और उद्दंड है, तो बच्चा निश्चित रूप से एक दिन ऐसा बन जाएगा, भले ही वह आज ऐसा ना हो। दूसरी ओर, यदि आपका बेटा वास्तव में ज़िद्दी है, लेकिन फिर भी आप कहा करते हो कि मेरा बेटा बहुत समझदार, शांत और आज्ञाकारी है तो आप कुछ ही समय में आपके बेटे में जबरदस्त <u>सकारात्मक परिवर्तन</u> देखोगे।

- मानव मन इतना सक्षम है कि किसी सोए हुए व्यक्ति को आपने निकम्मा कहा तो उसे भी रेकॉर्ड कर लेता है। आपका कहा उस व्यक्ति के आत्मा तक पहुँच जाएगा, आप उसके साथ <u>कर्म के हिसाब</u> में बंध जाओगे और आपको इसका परिणाम भुगतना पडेगा। अगर आप कुछ कहना चाहते हैं, तो सुनिश्चित करें कि वह सकारात्मक है। आपके अच्छे भाव आपको सुख देंगे। बच्चों के ज़िद्दीपने या गलत व्यवहार के बारे में बार-बार बोलने के बजाय उस व्यवहार के बारे में बात करें जिसके लिए आप अपने बच्चे को प्रोत्साहित करना चाहते हैं। ध्यान रहे :

1. हमें सही मायने में में दुनिया को नहीं जीतना है, घर (परिवार) को जीतना है।

2. बाप धर्मिष्ठ रहा तो भी लड़के की गलतियाँ निकालता रहे। प्रकृति की गलतियाँ नहीं निकालनी चाहिए। प्रकृति की गलतियाँ निकालने पर बात भगवान को पहुँचती है। प्रकृति नियमित है, व्यवस्थित है।

3. नाटक में जैसे ड्रामा करते हैं न, उसी तरह से 'सुपरफ्लुअस' रहना है। बच्चों को डाँटना पड़ता है, पत्नी को भी दो शब्द कहने पड़ते हैं लेकिन नाटकीय भाषा में, गुस्सा शांति से करना है। नाटकीय भाषा अर्थात् क्या कि शांति की ज़ंजीर खींचकर गुस्सा किया जाए तो, उसे नाटक कहते हैं!

बच्चों के साथ प्रेमपूर्ण व्यवहार की यथार्थ समझ प्राप्त करने के लिए आप दादाश्री की पुस्तक "प्रेम" पढ़ सकते हैं।बच्चों के लिए भी ऐसी कहानियाँ हैं जिन्हें आप सोते समय सुना सकते हैं।

प्रश्नकर्ता: बच्चों की बुरी आदतें कैसे छुड़ाएँ ?

दादाश्री :क्या आप जानना चाहते हैं कि अपने बच्चों की बुरी आदतों को कैसे छुड़ाएँ? तो, आइए जानते हैं। नीचे की परिस्थितियों पर ध्यान दें और प्रत्येक कार्य के पीछे क्या कारण हो सकता है इसके बारे में विचार करें:-

- एक बच्चा वृद्ध आदमी की मदद करता है। उसका मानना है कि पीड़ित एवं दुःखी लोगों की मदद करनी चाहिए।
- एक लड़का अपनी बहन को मारता है जब वह उसका विरोध करती है। वह सोचता है कि अपनी बात मनवाने के लिए ऐसा ही करना चाहिए।
- एक छोटी बच्ची रोज भगवान से प्रार्थना करती है। इससे उसे शांति मिलती है। उसने इससे होने वाले लाभ का अनुभव किया है।
- एक लड़का अपने सहपाठी की बैग से पैसे चुराता है। उसका मानना है कि वह जो भी चाहता है उसे पाने का यह सबसे अच्छा तरीका है। उसे अपनी ज़रूरतों के लिए माता-पिता से अनुरोध करने की या उन्हें समझाने की आवश्यकता नहीं है।

उपरोक्त सभी परिस्थितियों में, ऐसा कौन सा सामान्य कारण है जो बच्चों को ऐसा करने के लिए प्रेरित करता है ?

'समझ और कार्य के बारे में अभिप्राय'बच्चों की बुरी आदतें छुड़ाने के लिए इस चाबी का प्रयोग करना चाहिए। जब कोई बच्चा चोरी करता है, या उसकी कोई बुरी आदत है तो माता-पिता को उसे डाँटना नहीं चाहिए बल्कि उसकी समझ को बदलने का प्रयत्न करना चाहिए। प्रत्येक कार्य एक परिणाम है। जब कारण बदलता है तो परिणाम अपने आप बदल जाता है। उसके बजाय आप परिणाम पर ही ध्यान केंद्रित करते हो और यह कहते फिरते हो कि "मेरा बच्चा तो ऐसा है, बेकार है, चोर है," फिर बच्चा क्या करता है? वह मन में गाँठ बाँध लेता है कि, 'उन्हें जो कहना है कहने दो, मैं तो अपनी मर्जी के अनुसार ही करूँगा।' इस प्रकार माता-पिता अपने बच्चों को और भी बिगाड़ देते हैं। इसलिए, उसने जो भी किया है उसे नज़रअंदाज करके उसका भाव बदलने का प्रयास करो! उसके अभिप्राय को बदलो!

उनके सिर पर प्रेम से हाथ फेरकर कहो, "यहाँ आओ बेटा जिस तरह आप किसी के पैसे चुराते हो, उसी तरह यदि कोई आपकी जेब से पैसे निकाल ले तो क्या आपको अच्छा लगेगा? उस समय आपको कितना दुःख होगा? उसी तरह, क्या उसे दुःख नही होता होगा?" इस तरह बच्चों को विस्तार से समझाना चाहिए। जब आप उसके सिर पर हाथ फेरते हो तो वह बहुत अच्छा महसूस करता है। उसे सुकून मिलता है। फिर कहना, "बेटा, हम एक प्रतिष्ठित परिवार से हैं," फिर उसका भाव बदलेगा, कि 'वास्तव में ऐसा करना अच्छा नहीं है।'इसके अतिरिक्त, आप नीचे बताए गए तरीकों से अपने बच्चे की बुरी आदते छुड़वाने में मदद कर सकते हो:-

स्टेप 1 : अभिप्राय बदलो :बच्चे को यह यकीन हो जाना चाहिए कि चोरी करना अच्छा नहीं है। स्टेप 2 से उसकी यह मान्यता और अधिक दृढ़ होगी।

स्टेप-2 : पॉज़िटिव और नेगेटिव पहलुओं का विश्लेषण :उसे यह विश्लेषण करने दो कि चोरी करने से क्या फायदा होगा और यदि वह पकड़ा जाएगा तो उसके क्या परिणाम होंगे। उदाहरण के तौर पर, बच्चे ने चॉकलेट खरीदने के लिए अपने मित्र के बैग में से 10 रुपये चुराए हैं। मनचाही चॉकलेट खरीद कर खाने से उसे खुशी होगी। उससे प्रेम से पूछो

कि चोरी करते समय उसे कैसा लगा। क्या उसे पकड़े जाने का डर लग रहा था? क्या उसने चोरी के परिणामों के बारे में सोचा? इस पूरी प्रक्रिया के दौरान उसके दिल में भारीपन महसूस हुआ या हल्कापन? अगर वह पकड़ा गया तो क्लास में उसकी क्या हालत होगी? क्या कोई उस पर फिर से भरोसा करेगा, आदि।आप उसे यह कहकर आश्वस्त भी कर सकते हैं कि यदि उसे किसी चीज़ की ज़रूरत हो तो, अपने आप को परेशानी में डालने की बजाय वह अपने माता-पिता को उसे पाने के लिए मना सकता है।

स्टेप-3 : प्रतिक्रमण (पश्चाताप सहित माफी माँगना):परम पूज्य दादाश्री द्वारा बताए अनुसार, प्रतिक्रमण तीन चरणों की प्रक्रिया है जो सभी प्रकार की गलतियों और किसी को दुःख दिया हो, उसे धो देती है। और अगले जन्म के कर्म के हिसाब को भी जड़ से खत्म करने में मदद करती है।

- आलोचनाः जो गलती हुई हो उसे याद करना (चोरी के सभी प्रसंग)
- <u>प्रतिक्रमणः</u> आप जिस भगवान को मानते हो उनके पास अथवा जिस व्यक्ति को आपने दुःख पहुँचाया हो उसके पास माफी माँगना।
- प्रत्याख्यानः भगवान से शक्ति माँगना कि फिर से ऐसी भूल नहीं करूँगा। इस तरह भूल धुल जाएगी। बच्चे का हृदय हल्का हो जाएगा और सभी आंतरिक पीड़ा शांत हो जाएगी। ऐसा दोबारा ना हो उसके लिए उसे शक्तियाँ भी मिलेगी।

स्टेप-4 : गलतियों का रक्षण मत करोःजब भी बच्चा एक ही तरह की गलती बार-बार दोहराता है तो यह ध्यान रखें कि वह गलतियों का रक्षण ना करे। वह स्वीकार करे कि यह उसकी गलती है और ऐसा फिर कभी नहीं होगा। उदाहरण के लिए, जब वह चोरी करे और कहे कि 'परिक्षा के लिए पेन खरीदना जरूरी था और उस समय यह करना आवश्यक था।' यदि उसे ऐसा लगता है कि ऐसी परिस्थिति में चोरी करना सही था, तो वह अपनी गलती का रक्षण कर रहा है। गलतियों का रक्षण करने से वे कभी खत्म नहीं होती। इसलिए कारण चाहे जो भी हो, उसकी मान्यता

यही होनी चाहिए कि चोरी करना गलत है। उसका भाव शुद्ध होने पर भी ऐसा हो सकता है कि उसके द्वारा हुई क्रिया (पिछली भाव का परिणाम) गलत हो लेकिन यदि वह क्रिया(कार्य) का पक्ष नहीं लेगा तो गलतियों की तीव्रता कम होगी और एक दिन उसका अंत आएगा। माता-पिता को प्रेम और धैर्य रखना चाहिए, यह सुनिश्चित करते हुए कि उनके बच्चे उपरोक्त दिए गए तरीकों को अपनाकर अपनी गलतीयों पर काम करें।

प्रश्नकर्ता : बच्चों के ऊपर चिल्लाना किस तरह बंद करें? किच-किच कैसे बंद करें?

दादाश्री: सारा दिन कलह करने के बाद भी आखिर में कोई सुधार नहीं होता देखकर आप थक जाते हैं। तो, अपने बच्चों पर ज़रा सोचिएः

- आपकी ऐसी धारणा है कि आपका बच्चा यही काम करे और वह भी आपके कहे अनुसार ही करे। आपकी ही धारणा आपको दुःख देती है, ना कि आपका बच्चा!

- क्या किच-किच करने से आज तक कोई सुधार हुआ है? नहीं हुआ, है ना?

- कोई आपको किच-किच करे तो आप पसंद करेंगे? नहीं, है ना?इसलिए किच-किच करना वह सही तरीका नहीं है।

माता-पिता बहुत छोटी-छोटी बातों के लिए इतना किच-किच करते हैं कि बच्चा उनकी महत्वपूर्ण बात भी नहीं सुनता। आपको बच्चों के लिए भाव करते रहना है कि बच्चों की समज में बदलाव लाना चाहते हो। ऐसा करते- करते बहुत दिनों बाद असर हुए बिना नहीं रहता। वे तो धीरे-धीरे समझेंगे, आपको बस इसके लिए प्रार्थना करते रहना है, क्योंकि प्रार्थना आपको धीरज रखने में मदद करेगी। एडजस्ट हो जाओ और जो जैसा है उसे वैसा स्वीकार करो। यदि फिर से कुछ कहना पड़े तब, आपके बच्चे के अंदर बैठे शुद्धात्मा भगवान से प्रार्थना करना। भाव की ज्यादा कीमत है और वे बच्चों के आत्मा तक पहुँचते हैं।आपके द्वारा लगाये गए गुलाब के पौधे की तरह ही आपके बच्चे भी अपने आप ही बढ़ते हैं। आपको उन्हें सिर्फ सही पोषण देने की आवश्यक्ता है।आप सोचते हो की

गुलाब आपका है, परंतु गुलाब का अपना एक अलग अस्तित्व है। वह किसी का नहीं है।आपकी गैरहाजरी में भी सब कुछ सुचारू रूप से चलता है। टोकने वाली माता को यह समझ लेना चाहिए कि सब किच-किच का मूल कारण गलत मान्यता और अहंकार है। अब सवाल यह है कि संवाद कैसे करें?

हमारी समझ की कमी के कारण ही हम दुःखी होते हैं। यदि हमारे शब्द सही हैं पर सामने वाला व्यक्ति उसे स्वीकार नहीं करता, तो फिर उन शब्दों की कोई कीमत नहीं है। इसके लिए यह जानना जरूरी है कि सत्य किस तरह बोले। वाणी सामने वाले के हित के लिए, मित और प्रिय हो, तो ही सत्य कही जाएगी और सबको स्वीकार्य होगी। बच्चों के ऊपर चीखना- चिल्लाना, झिक-झिक बंद करने की यह एक महत्वपूर्ण चाबी है। लेकिन यदि हमारी वाणी सामने वाले व्यक्ति को किच-किच लगती हो तो उससे सब बिगड़ जाएगा। तो फिर हम एक शब्द भी कैसे बोल सकते हैं?ध्यान देने योग्य यह है कि यदि हम अपने दैनिक जीवन में कुछ सिद्धांत बना लेंगे, तो किसी को कोई समस्या नहीं होगी। इन सब में महत्वपूर्ण बात यह है कि, 'घर हो या बाहर, छोटी-छोटी बातों के लिए कभी भी किसी से कुछ नहीं कहना चाहिए। कुछ महत्वपूर्ण मुद्दो में अवश्य बोलना चाहिए पर वह भी बार-बार नहीं बोलना (दोहराना) चाहिए।' बच्चों पर किच-किच बंद करने की यह और एक महत्वपूर्ण चाबी है।

महत्वपूर्ण मुद्दे हैं:

- जब बच्चा नशे का सेवन करता हो या आपराधिक गतिविधि में शामिल हो ।
- वह किसी बॉयफ्रेन्ड या गर्लफ्रेन्ड के लफड़े में फँसा हो।
- वह पढ़ने में बिल्कुल ध्यान नहीं दे रहा हो।

इन महत्वपूर्ण बातों में माता-पिता का ध्यान देना ज़रूरी है। बाकी सब समस्याएँ सामान्य है।

प्रश्नकर्ता: अपनी युवा बेटी के साथ कैसा व्यवहार करें?

दादाश्री:एक आदमी मेरे पास आता था। उसे मैंने पहले से समझाया था कि 'यह तो कलियुग है, इस कलियुग का असर बेटी पर भी होता है। इसलिए सावधान रहना।' वह आदमी समझ गया और जब उसकी बेटी दूसरे के साथ भाग गई, तब उस आदमी ने मुझे याद किया और मेरे पास आकर मुझसे कहने लगा, 'आपने कही थी वह बात सच्ची थी। अगर आपने मुझे ऐसी बात नहीं बताई होती तो मुझे ज़हर पीना पड़ता।' ऐसा है यह जगत! <u>जो होता है उसे स्वीकार करना चाहिए</u>, उसके लिए क्या ज़हर पीएँ?

एक हमारा खास संबंधी था, उसकी चार बेटियाँ थीं। वह बहुत जागृत था, मुझसे कहता है, 'ये बेटियाँ बड़ी हो गईं, कॉलेज गईं, लेकिन मुझे इन पर विश्वास नहीं होता।' उस पर मैंने कहा, 'कॉलेज साथ में जाना और वे कॉलेज से निकलें तब पीछे-पीछे आना।' इस प्रकार एक बार जाएगा पर दूसरी बार क्या करेगा? बीवी को भेजेगा? अरे, विश्वास कहाँ रखना और कहाँ नहीं रखना, इतना भी नहीं समझता? हमें बेटी से इतना कह देना चाहिए, 'देखो बेटी, हम अच्छे घर के लोग, हम खानदानी, कुलवान हैं।' इस प्रकार उसे सावधान कर देना। बाद में जो हुआ सो 'करेक्ट', उस पर शंका नहीं करना| ऐसा संशय रखने से कब अंत आएगा? इसलिए किसी भी प्रकार की शंका हो तो उत्पन्न होने से पहले ही उखाड़ कर फेंक देना। शंका उत्पन्न हुई तो हमारा सुख-चैन टिकता नहीं।

अतः कभी बेटी रात देर से आए तो भी शंका मत करना। शंका निकाल दो तो कितना लाभ हो? बिना वजह डराकर रखने का क्या अर्थ है? एक जन्म में कुछ परिवर्तन होनेवाला नहीं। उन लड़कियों को बिना वजह दुःख मत पहुँचाना, बच्चों को दुःख नहीं देना। बस इतना ज़रूर कहना कि, 'बेटी, तू बाहर जाती है लेकिन देर मत करना, हम खानदानी लोगों में से हैं, हमें यह शोभा नहीं देता, इसलिए ज़्यादा देर मत करना।' इस तरह समझाना।

प्रश्नकर्ता: बच्चों को विरासत में क्या देना चाहिए?

दादाश्री: बेटे को तो सिर्फ मकान देना चाहिए जहां हम रहते हैं वह। उसे कह देना कि, 'बेटे, हम नहीं रहे उस दिन यह सब तेरा, तब तक मालिकी हमारी! पागलपन करेगा तो तुझे तेरी पत्नी के साथ निकाल

बाहर करूँगा। हम हैं तब तक तेरा कुछ भी नहीं। हमारे जाने के बाद सबकुछ तेरा।' विल बना देना। आपके बाप ने दिया हो उतना आपको उसे देना है। वह उतना हकदार है। आखिर तक लड़के के मन में ऐसा रहे कि 'अभी पिताजी के पास पचास हज़ार और हैं।' आपके पास तो लाख होंगे। उसे आखिर तक इस लालच में रखना। वह अपनी पत्नी से कहे कि, 'जा, पिताजी को भोजन करा, चाय-नाश्ता दे ।' आप रोब से रहना है।

प्रश्नकर्ता: माता–पिता और बच्चों के बीच का संबंध कैसे मज़बूत करें?

दादाश्री : जो व्यक्ति माता-पिता के दोष देखता है, उसमें कभी भी बरकत नहीं हो सकती। संभव है पैसेवाला हो, लेकिन उसकी आध्यात्मिक उन्नति कभी भी नहीं होती। माता-पिता के दोष नहीं देखने चाहिए। उनका उपकार तो भूल ही कैसे सकते हैं? किसी ने चाय पिलायी हो तो भी उसका उपकार नहीं भूलते, तो फिर हम माता-पिता का उपकार कैसे भुला सकते हैं?माता-पिता की बहुत सेवा करनी चाहिए। वे उल्टा-सीधा कहें तो ध्यान पर नहीं लेना चाहिए।

प्रश्नकर्ता: बच्चों के सामने माता-पिता का व्यवहार कैसा होना चाहिए?

दादाश्री: माता पिता को एक होकर रहना – एक उत्तम कला है दो मन हमेशा एकमत नहीं हो सकते।इस कारण माता-पिता के विचारों में अंतर होता है - एक सख्त होता है तो एक नर्म । जो सख्त है उसे ऐसा लगता है कि दूसरा उदार है और जो नर्म है उसे लगता है कि सामने वाला बहुत सख्त और निर्दय है। माता-पिता के बीच झगड़े और मतभेद का यही कारण है। माता-पिता को समझना चाहिए कि बच्चों के सामने झगड़ने या बहस करने से बच्चों पर उसका बुरा असर होता है।यहाँ माता पिता को एक होकर रहने की सुझाव दिए गए हैं, जो माता पिता के तौर पर अच्छे गुण विकसित करने में मददगार होंगे:-

• बच्चों के संतुलित विकास के लिए सख्ती और प्रेम दोनों की आवश्यकता होती है। सख्त दृष्टिकोण रखने वाले माता पिता बच्चों को अनुशासन सिखाते हैं, तो दूसरी तरफ सौम्य दृष्टिकोण रखने

वाले पालक बच्चों को स्वतंत्रता की कीमत करना समझातें हैं। जिस तरह संतुलित भोजन में नमक और मीठे दोनों की जरूरत होती है उसी तरह संतुलित विकास के लिए सख्ती और नर्मी दोनों की जरूरत है। जब बच्चें किसी चुनौतीपूर्ण स्थिति का सामना करते हैं तब उनमें उस स्थिति से निपटने तथा एडजस्ट होने की क्षमता बढ़ जाती है।

- बच्चों के सामने कभी भी अपने जीवन-साथी के बारे में कोई नेगेटिव बात ना करें। यह अच्छे माता-पिता के महत्वपूर्ण गुणों में से एक है। बच्चे के सामने 'एक' होकर रहने से उनका पालन पोषण अच्छी तरह से हो सकता है! यदि अनजाने में आपने ऐसा कह भी दिया तो जब आपका बच्चा उसकी नकल करे तब उस पर ध्यान (पॉज़िटिव या नेगेटिव) न दें। उसे नजर अंदाज करने से वह इसे दोहरायेगा नहीं।

- आप और आपके जीवन-साथी एक-दूसरे के मित्र हैं प्रतिस्पर्धी नहीं। एक दूसरे के पूरक बने। जब एक झुंझलाया हो तब बच्चे को संभालने में दूसरा उसकी मदद करे।

- एक समय में माता-पिता, दोनों में से किसी एक को परिस्थिति संभालनी चाहिए। जब एक कोई बात कहे तो दूसरे को पॉज़िटिव रहकर उसका साथ देना चाहिए। उदाहरण के लिए, यदि माता –पिता में से कोई एक सख्त हो तो दूसरे को यह सोचना चाहिए कि सख्ती से बच्चा निडर बनेगा। दोनों आपस में पहले या बाद में इस बारे में चर्चा कर सकते हैं।

- आपस में अपने डिपार्टमेन्ट बाँट दें जैसे कि, मम्मी खाने-पीने से संबंधित मामलों में बोलें और पापा पढ़ाई के। माता-पिता दोनों के बीच एकता लगनी चाहिए। 'बच्चों के सामने एक होकर रहना' यह उत्तम पेरेंटिंग कला को विकसित करने का एक आसान तरीका है। नहीं तो बच्चा आपके मतभेद का फायदा उठाएगा, और होगा यह कि माता-पिता बहस करते रह जाएँगे और बच्चा आराम से अपनी मनमानी करेगा। इसमें सभी का नुकसान है। जब बच्चे माता-पिता को झगड़ते हुए देखते हैं, तो उनमें किसी एक के प्रति नकारत्मक सोच आ जाती है।

- जब माता-पिता में से कोई एक बच्चे को डाँट रहा हो तब यदि दूसरा उसका बचाव करता है, तो बच्चे के सुधरने की उम्मीद कम हो जाती है। जो उसका पक्ष लेता है उसके प्रति बच्चे को लगाव हो जाता है। जो उसे अनुशासन में रखना चाहता है उसे वह विरोधी मानता है और बड़े होने पर उनकी अवहेलना करता है।

बच्चों के सामने माता-पिता को एकमत होना चाहिए। बच्चों के सामने झगड़ा ना करें।

प्रश्नकर्ता : पति और पत्नी के झगड़ो का बच्चों पर क्या असर होता है?

<u>दादाश्री</u> : बहुत बुरा असर होता है। बालक हो वह भी ऐसे देखते रहता है और फिर मन में गाँठ बाँध लेता हैं। जब वे घर में इस तरह का झगड़ा देखते हैं, तो मन में गाँठ बाँध लेते हैं। फिर जब वे बड़े हो जाएंगे, तो वे अपना बदला लेते हैं! इसका हल यह है कि अच्छे सुसंस्कृत तरीके से बच्चों की परवरिश करना। ऐसे काम मत करो जो बच्चों को पसंद नहीं हो। अपने बच्चों से पूछिए, "क्या आपको अच्छा लगता है जब हम दोनों झगड़ते हैं ?" वे कहेंगे, "हमें यह पसंद नहीं है।" तो आपको बंद कर देना चाहिए। जब बच्चे संस्कारी माता-पिता को देखेंगे तो वे भी वैसे बनेंगे। उन्हें यह सिखाने की जरूरत नहीं होती। वे अच्छे संस्कारों को देखकर अच्छे संस्कार सीखते हैं। आपका आचरण ऐसा होना चाहिए कि आपके बच्चे को आप में कुछ भी गलत ना लगे। आपके बच्चों में अच्छे संस्कार होने चाहिए। इसलिए अपने जीवन को थोड़ा सुधारो, कुछ ऐसा करो कि आपके बच्चे सुधर जाए। यदि आप दृढ़ निश्चय करोगे तो यह जरूर होगा। दृढ़ निश्चय हो तो कुछ भी असंभव नहीं है।

ऐसा नियम बनाओ: घर में झगड़ा नहीं होना चाहिए, यह उत्तम पेरेंटिंग कला की कुंजी है

यदि झगड़ा करना हो तो बाहर जाकर कर आना चाहिए। ऐसा नियम बनाओ। किसी दिन लड़ने का शौक हो जाएँ तब उस दिन बगीचे मे जाकर खूब लड़कर घर आना चाहिए।

प्रश्नकर्ता : लेकिन कलह खड़ा होने का कारण क्या है, क्या स्वभाव नहीं मिलता, इसलिए?

दादाश्री : अज्ञानता है इसलिए। संसार वही है जहाँ किसी का किसी से स्वभाव मिलता ही नहीं। यह 'ज्ञान' मिले उसका एक ही रास्ता है, '<u>हमेशा तालमेल</u>'।

प्रश्नकर्ता:बच्चों के शिक्षण में माता-पिता की क्या भूमिका है?

दादाश्री:आज के युग में बच्चों की शिक्षा अनिवार्य है। तो, बच्चों की शिक्षा में माता-पिता की क्या भूमिका है? सकारात्मक प्रोत्साहन इसकी एक कुंजी है। उन्हें एक सपना दिखाएँ। ऐसा सपना जिसके साथ वे जीना चाहते हों। उनके व्यक्तित्व का अध्ययन करें और समझें। कोई पढ़ने में होशियार होता है, कोई खेल में, कोई रचनात्मकता में, तो कोई सामाजिक प्रवृति में रुचि रखता है। उनकी रुचि को पहचानने के बाद उसी के अनुसार लक्ष्य निर्धारित करें।एक बार स्पष्ट रूप से उद्देश्य समझ में आने के बाद उसका अनुसरण करें। प्रेम से उन्हें शिक्षा का महत्व समझाइए, अच्छे प्रदर्शन के लिए इनाम दें, उन्हें प्रोत्साहित करें।

बच्चों को पढ़ाई के लिए कैसे प्रेरित करें- खेलकूद के साथ-साथ पढ़ाई में भी उनकी रुचि बढ़ाएँ।

प्रश्नकर्ता: आज के बच्चे पढ़ने के बजाय खेलने में ज्यादा रुचि रखते हैं, उन्हें पढ़ाई की ओर ले जाने के लिए उनसे कैसे काम लिया जाए, जिससे लड़कों के प्रति क्लेश उत्पन्न न हो?

दादाश्री: इनामी योजना निकालो न! लड़कों से कहो कि पहला नंबर आएगा उसे इतना इनाम दूँगा और छठा नंबर आएगा, उसे इतना इनाम और पास होगा उसे इतना इनाम। कुछ उनका उत्साह बढ़े ऐसा करो। उसे तुरंत फायदा हो ऐसा कुछ दिखाओ, तब वह चुनौती स्वीकारेगा। दूसरा रास्ता यह है की उन पर सच्चा प्रेम रखो। प्रेम हो तो बच्चे सबकुछ मानते हैं। मेरा कहा सब बच्चे मानते हैं। मैं जो कहूँ वह करने को तैयार हैं, यानी हमें उन्हें समझाते रहना चाहिए। फिर जो करे वह सही।

प्रश्नकर्ता: उनको पढ़ाने का क्या ध्येय होना चाहिए?

दादाश्री: यह कि गलत राह पर न चला जाए। अनपढ़ हो, वह कहाँ-कहाँ जाता है? अनपढ़ को टाइम मिले, तो किस तरफ जाता है? वह

तोड़फोड़ तक पहुँच जाता है। पढ़ाई से स्थिरता रहती है और पढ़ाई से उनमें विनम्रता तो आती ही है। लोगों के साथ कैसे एडजस्ट होना वह आता है। ज़्यादा पढ़ाई से डेवेलपमेन्ट होता है। गलत दुराग्रह और बेवजह की धमाचौकड़ी सब खत्म हो जाती है।

शिक्षा के साथ-साथ व्यवहारिक सूझ भी जरूरी है।

दादाश्रीः आजकल के बच्चों को कोई भान ही नहीं है। बस एक ही चीज़ है कि 'पढ़ना है, पढ़ना है ।' व्यवहारिक ज्ञान तो समझा ही नहीं है। अपने समय में तो व्यवहारिक सूझ और पढ़ाई दोनों साथ में चलते थे । आज के बच्चों की शिक्षा सिर्फ किताबी है व्यवहारिक कुछ नहीं है। वो व्यवहारिक बनेंगे तभी वह शिक्षा काम आयेगी | माता-पिता के लिए अपने बच्चों को शिक्षा की ओर मार्गदर्शन करने के लिए यहाँ कुछ और सुझाव दिए गए हैं-

- आपको सर्वप्रथम उनकी रुचि का पता लगाना चाहिए, अपनी इच्छा का नहीं-जैसे कि आप चाहते हैं कि वह खेल-कूद में आगे बढ़े लेकिन वह विज्ञान, कम्प्यूटर अथवा संगीत में रुचि रखता हो।
- एक बार में एक छोटे कार्य से शुरुआत करें।
- उनके साथ शांति से बात करके यह जानने की कोशिश करें कि उन्हें पढ़ाई में रुचि क्यों नहीं है और हो सके तो उनसे ही इसका उपाय पूछें। जब आप उसे प्रेम देंगे तो वह अच्छा हो जाएगा।
- कभी-कभी प्यार से उनके सिर पर हाथ फेरकर उन्हें बताना चाहिए कि आप हमेशा उनके साथ ही हैं, उन्हें यह व्यक्त करें कि उनके परिक्षा के अंक महत्वपूर्ण हैं लेकिन वो उससे भी अधिक महत्वपूर्ण है।
- साथ ही, उनकी तुलना ना करें। इससे उन्हें दुःख होता है। तुलना सामने वाले व्यक्ति तथा परिस्थिति के लिए नकारात्मक भावना पैदा करती है।
- ना केवल बच्चों की शिक्षा के लिए, अपितु आप जो भी नई उपयोगी चीज़ उसे सिखाना चाहते हैं उसके लिए उसे प्रोत्साहित करना शुरु करें।

नवजात से लेकर 5 वर्ष तक की आयु होने तक इन बातों का रखें ध्यान ?अच्छे संस्कार देने से पहले बच्चों को नवजात उम्र में अच्छे आहार और पौष्टिक खानपान का भी विशेष ध्यान रखना चाहिए| बच्चे के अंदर जिस प्रकार की खानपान की आदतें पड़ी रहेंगी , वह जीवन भर नहीं छूटेगी इसलिए इस बात का विशेष रुप से ध्यान रखें| बच्चों को बचपन से ही कुछ खाद्य पदार्थों के सेवन करने से परहेज करवाना चाहिए जैसे मांसाहार, फास्ट फूड, बासी और तेल मसाले वाले भोजन| ठीक ही कहा गया है 'जैसा खाओगे अन्न वैसा रहेगा मन'|

वर्ष से लेकर 10 वर्ष की आयु होने तक इन बातों का रखें ध्यान?बच्चों को इस उम्र में अपने धर्म, ईश्वर और व्यवहार के बारे में भी समझाना जरूरी होता है|इस उम्र में बच्चों के लिए घर का माहौल शुद्ध और सात्विक होना चाहिए क्योंकि, बच्चे इसी उम्र में बड़ों की आदतों का अनुसरण करने लगते हैं|ध्यान रखने योग्य आवश्यक बात यह है कि घर के सदस्यों को भी अपने व्यवहार और आचरण को अच्छा रखना चाहिए, जिससे बच्चे कुछ सीख सकें|इस उम्र में अपने बच्चों को क्या सही है ? क्या गलत है ? इसके बारे में अवश्य जानकारी प्रदान करें क्योंकि बच्चे स्वभाव के मासूम होते हैं|

बच्चों के 11 वर्ष से लेकर 15 वर्ष की आयु होने तक किन बातों का ध्यान रखना चाहिए ?इस उम्र में बच्चों को उनकी शिक्षा के प्रति सहज करवाना जरूरी है| आज के इस दौर में शिक्षा का क्या महत्व है ? अपने बच्चों को इसके बारे में जरूर समझाएं|अपने बच्चों को इस उम्र में उनके शिक्षा विषय, कैरियर और सफलता के बारे में बताएं और उनको प्रोत्साहित करते रहें| उन्हें धार्मिक मंत्रों और योगा आसन आदि के बारे में जरूर समझाना और सिखाना चाहिए ताकि बच्चों का मस्तिष्क सदैव शुद्ध और स्वस्थ रहे|बच्चों को कभी भी शिक्षा से संबंधित किसी भी प्रकार का दबाव नहीं डालना चाहिए उनको उनकी इच्छा के अनुसार विषय चुनने दें, ताकि बच्चा अपने आप को बेहतर साबित कर सके|

17 वर्ष से लेकर 21 वर्ष की आयु में बच्चों के लिए किन बातों का ध्यान रखें ?किशोरावस्था में बच्चों के अंदर बड़े-बड़े रसायनिक परिवर्तन होते रहते हैं| इन सभी चीजों को लेकर बच्चों को जरूर जागरूक

करना चाहिए चाहे वह लड़का हो या फिर लड़की|इसी उम्र में बच्चों का विशेष रूप से ध्यान रखना आवश्यक है, क्योंकि इसी उम्र में बच्चों के अंदर संस्कारों का पता चलता है| किशोरावस्था में बच्चों को उनकी जिम्मेदारियों का एहसास करवाएं और उनको अपनी जिम्मेदारियों को उठाने में उनकी सहायता भी करें|इस उम्र में बच्चों की दिनचर्या एवं उनकी संगति पर विशेष रूप से ध्यान देना आवश्यक है| उनको समझाना चाहिए , कि उन्हें किन लोगों का साथ देना चाहिए और किन के साथ रहना चाहिए|इस उम्र में बच्चों को थोड़ा बड़े बुजुर्गों के साथ बैठने उठने की भी सलाह दें, ताकि उनसे कुछ वह अपने आने वाले जीवन का अनुभव प्राप्त कर सकें| यह एक ऐसी उम्र होती है जहां ऊर्जा अधिक होती है और गंभीरता कम | बच्चे अपनी इच्छा के विरुद्ध कुछ भी नहीं सुनना चाहते | ऐसी स्थिति में उन्हें बहुत प्यार से समझाना चाहिए |

कुसंस्कारों के दुष्परिणामः किसी भी इंसान के संस्कार बनाने में उसके माता-पिता,परिवार के सदस्य,रिश्तेदार,मित्र,शिक्षक,उसकी शिक्षा-दीक्षा, उसके परिवार का व्यवसाय, उसके आसपास गाँव या शहर का वातावरण महत्वपूर्ण प्रभाव डालते हैं | यहाँ मैं एक ऐसे परिवार के बारे में बताना चाहता हूँ जो सक्षम होते हुए भी अपने बच्चे को उचित शिक्षा और संस्कार न दे सके जिसके दूरगामी परिणाम हुए |

बहादुर सिंह एक सैनिक थे, बहुत ही ईमानदार और मेहनती |उनका पालन पोषण एक बहुत ही गरीब परिवार में हुआ था | वे गाँव में अपने 5 भाई बहनों और माता-पिता के साथ रहते थे | उनका स्कूल गाँव से 6 किलोमीटर की दूरी पर था जहां पैदल ही जाना पड़ता था | उन्होंने आठवीं कक्षा तक उस स्कूल में शिक्षा पाई और फिर नजदीक के शहर में मजदूरी करने के लिए चले गए | इसी दरमियान वो सेना में एक आम सैनिक की तरह भर्ती हो गए | नौकरी लगने के बाद उनकी शादी हो गयी और कालान्तर में तीन बच्चे हो गए |वो अपनी पत्नी और बच्चों को अपने कार्य स्थल पर साथ सिर्फ यह सोचकर नहीं ले जा सके कि उनके माता-पिता और चार छोटे भाई-बहनों को आर्थिक रूप से मदद कर सकें| जब उनके बच्चे पढ़ने लायक हुए तो उन्होंने अपने एक मित्र की सलाह पर शहर के नजदीक ऐसी बस्ती में घर बनाकर रहने लगे जहां ज्यादातर

लोग मजदूर, शराबी, जुआरी,चोर-उचक्के, अपराधी किस्म के लोग रहते थे | उनका परिवार अब गाँव से निकलकर उस बस्ती में रहने लगा |यह उनकी सबसे बड़ी भूल थी क्योंकि दूषित वातावरण में बच्चों के बिगड़ने की पूरी संभावनाएं मौजूद थीं | बच्चों की देखभाल करने के लिए घर में सिर्फ उनकी पत्नी थी जो बहुत ही कम पढी-लिखी और सीधी सादी थी और सर ढँक कर घर में ही रहती थी | यह तो निर्विवाद सत्य है कि ज्यादातर माताएं पिता की तरह बच्चे को अनुशासन नहीं सिखा सकती क्योंकि वो कोमल हृदय होती हैं जबकि पिता थोड़ी सख्ती दिखाकर, थोड़ा प्यार और थोड़ा डर दिखाकर बच्चे को अनुशासन में ले आते हैं|

उनके तीनों बच्चे उस बस्ती के स्कूल में जाने लगे | इसी बीच उनका बड़ा बेटा दुर्जन बस्ती के लड़कों की गलत संगत में पड़ गया | वो उन लड़कों के साथ गांजा पीना,बीडी सिगरेट पीना,शराब पीना और जुआ खेलना सीख गया | इस तरह वह कम उम्र में ही बुरी आदतों का शिकार हो गया और उसकी पढाई भी छूट गयी |यह उसकी गलत संगत, किसी अभिभावक का घर में न होना ,अनुशासन की कमी और आसपास के वातावरण का दुष्प्रभाव था | पिता जब सेना से सेवानिवृत्त होकर घर आये तब तक बेटा पूरी तरह बिगड़ चुका था | अब क्या हो सकता था ? उसकी शिक्षा और संस्कार का सही समय निकल चुका था |पिता भी अपराधबोध से ग्रस्त हो चुके थे कि उन्होंने बेटे के प्रति पूरी जिम्मेदारी नहीं निभाई |यहाँ देखा जाए तो पिता में दूरदर्शिता का अभाव था | उन्होंने परिवार के पालन पोषण के अलावा कुछ सोचा ही नहीं |उनका कोई सपना नहीं था |

मेरा मानना है कि संतान कि उत्पत्ति उसे ही करना चाहिए जो उसका पालन पोषण करने में सक्षम हो| आचार्य मनु के अनुसार पहली संतान पैदा करना समाज के प्रति माता-पिता की जिम्मेदारी है|उसकी अच्छी परवरिश करके वो समाज के प्रति अपना योगदान देते हैं जबकि बाद की संताने तो सिर्फ उनकी यौनसुख का परिणाम है | निकम्मी संताने तो परिवार, समाज, देश और इस धरती के लिए बोझ है | उन्हें इस हालत में लाने की जिम्मेदारी उनके माता-पिता की ही है | बड़ी विडम्बना है कि जिस इंसान के बच्चे को शिक्षा और संस्कार देकर एक सक्षम इंसान

बनाने में 20 वर्षों का समय लगता है उसके माता-पिता को बच्चे के पालन पोषण की कोई औपचारिक शिक्षा देने के लिए कोई विद्यालय नहीं हैं | जिस तरह हर कोई अच्छा माली नहीं बन सकता, अच्छा किसान नहीं बन सकता, अच्छा मूर्तिकार नहीं बन सकता उसी तरह हर स्त्री पुरुष अच्छे माता-पिता नहीं बन सकते| परन्तु मेरा मानना है कि युवाओं को पति-पत्नी के सम्बन्ध व बाल मनोविज्ञान के बारे में शादी के पहले सही जानकारी दी जाए तो कोई भी व्यक्ति एक अच्छा माता-पिता बन सकता है | यह गुण या अवगुण तो हम अपने माता-पिता से ही सीखते हैं जो पूर्णतः उचित और व्यवहारिक नहीं हो सकता | उसमें बहुत कमियाँ होती हैं | परन्तु हम उन्ही खूबियों और कमियों को आत्मसात करके अपने बच्चों को भी वही देने की कोशिश करते हैं | इसके अलावा हमारे भारत देश में बच्चे पैदा करने के लिए संख्या का कोई निर्धारण नहीं है | कोई शेर की तरह एक या दो बच्चे पैदा करता है तो कोई कुत्ते की तरह दर्जनों बच्चे पैदा करता है | ज्यादा बच्चे पैदा कर उनका उचित पालन पोषण नहीं हो पाता| फिर पालन पोषण में आई कमियों का दोष माता-पिता बच्चों पर डालते हैं |ऐसी सोच और कार्य से ही देश के संसाधनों पर बहुत बड़ा बोझ उत्पन्न होता है |किसी भी परिवार, समाज या देश के लिए कर्मठ इंसान उस देश की पूंजी हैं|

अब मुद्दे पर आते हैं |बहादुर सिंह सेवानिवृत होने के बाद अपने छोटे बेटों को अच्छे स्कूल में भेजने लगे | वे दोनों बेटे पढ़ने में औसत दर्जे के विद्यार्थी थे और किसी तरह 12 वीं कक्षा पास करते ही उन्हें भी पिता ने सेना में भरती करा दिया | बिगड़ैल बड़े बेटे दुर्जन सिंह की शादी की उम्र हो गयी थी | पिता ने सोचा कि यदि इसे शादी के बंधन में बाँध दिया जाए तो बेटा जिम्मेदारी समझने लगेगा | पर यह उनकी दूसरी भूल थी | शादी के बाद स्वाभाविक रूप से वह पिता बन गया पर वह कोई काम नहीं करता था, बस दिन भर घर में रहकर टी वी देखता, तीनो समय भोजन करता, अपने गंजेड़ी दोस्तों के साथ बैठकर गांजा पीता,शराब पीता और देर रात घर वापस आता | इसी तरह जिन्दगी का बहुमूल्य समय निकलने लगा| घर में तनाव होने लगा| बेटा सोचता था कि पिता ने उसके लिए कुछ नहीं किया और पिता सोचते थे कि उन्होंने

तो बहुत कुछ किया है| पिता को बेटे की अब ज्यादा चिन्ता होने लगी | उन्होंने कर्ज लेकर उसके लिए एक टैक्सी खरीद कर दे दी ताकि वो किराए पर टैक्सी से कुछ आय हासिल कर सके | बेटा कुछ दिन तो टैक्सी चलाता रहा फिर उसने टैक्सी किसी ड्राइवर के भरोसे छोड़ दिया | नतीजा आय से ज्यादा टैक्सी की मरम्मत पर खर्च होने लगा | पिता अब बेटे से निराश हो चुके थे |अंततः टैक्सी घर पर खड़ी कर देनी पड़ी | सालों टैक्सी घर पर खड़ी रही, पिता अपनी पेंशन से कर्ज चुकाते रहे और उन्हें टैक्सी बेचनी पड़ी | बेटे ने कहा "मैं अब खेती करूंगा, ट्रैक्टर किराए पर चलाऊँगा"| पिता ने फिर कर्ज लेकर ट्रैक्टर खरीद कर बेटे को दे दिया | उसे भी बेटे ने कुछ महीनों तक चलाया और फिर ट्रैक्टर घर में खड़ा कर दिया | पिता ने इस बार भी ट्रैक्टर का कर्ज चुकाया और ट्रैक्टर बेच दिया | अब बेटा घर के गहने, रूपये,लोगों के फोन चुराने लगा| पिता ने सोचा शायद इसे कोइ भूत प्रेत बाधा ने पकड़ लिया है | वो उसे झाड़ फूंक वालों के पास ले गए पर कोई लाभ नहीं हुआ | मुद्दा तो बेटे की सोच का था वो अपने निकम्मेपन से बाहर नहीं आना चाहता था| इसके लिए वो हर किस्म के ढोंग रचता था क्योंकि उसे यकीन हो गया था कि उसके पिता उसे सहारा अवश्य देंगे |उसने अपने माता-पिता के लिए दो पोते भी पैदा कर दिए थे| अब उसके माता-पिता इस मोह माया के बंधन में बंध चुके थे|

बहादुर सिंह अपने बेटे और उसके परिवार का पालन पोषण और बच्चों की पढ़ाई का खर्च अपनी पेंशन से पूरा करते रहे यह सोचकर कि लोग क्या कहेंगे ? जब कोई बेटे के काम के बारे में पूछता था तो वो कहते थे "घर में एक कुत्ता होता है उसे भी तो रोटी खिलाते हैं, मैंने भी सोच लिया है कि मैं भी इसे खिलाता रहूँगा"| ये आक्रोश और निराशा भरे विचार कुसंस्कार के परिणाम थे | ऐसे हालातों में बेटा कैसे सुधर सकता था ? इस बार छोटे भाई ने दरियादिली दिखाते हुए फिर से टैक्सी खरीदने का प्रस्ताव रखा और पिता की सहमती ले ली |पिता ने फिर कर्ज लेकर एक टैक्सी खरीद कर बेटे को दे दी |बेटे ने फिर कुछ दिन टैक्सी चलाया और कुछ ही महीनों बाद टैक्सी घर में खड़ी कर दी | पिता ने फिर अपनी पेंशन से टैक्सी का कर्ज चुकाया| पिता बेटे को स्वभाव को पूरी

तरह से समझने की बजाय हर बार वही गलती दुहराते रहे, यह सोचकर कि सुधर जाएगा |

निकम्मी औलाद की जब शादी कर दी जाती है और उसके पत्नी और बच्चों का पालन पोषण अपने खर्च पर किया जाता है तो औलाद भी समझ जाती है कि पिता की यह कमजोरी है | अतः अब उसे खुद कोई काम करने की जरूरत नहीं है |आखिर जिसे पेट भर भोजन और पत्नी का यौनसुख घर में बिना परिश्रम के मिल जाए वो भला घर से दूर जाकर मेहनत क्यों करे ? उसे पूरा यकीन हो जाता है कि जो भी उसे और उसकी पत्नी व बच्चों को जरूरत होगी उसके पिता ही पूरी करेंगे| इस तरह वह निकम्मा से महा निकम्मा हो जाता है और पिता की कमाई पर ही पूरी जिन्दगी ऐशो आराम करता है |

दुर्जन सिंह की असफलता और निकम्मेपन से तंग आकर उसकी पत्नी अपने सास- ससुर को ही ताने देती थी और दुर्जन भी पिता को बुरा भला कहता था | एक ही छत के नीचे रहते हुए भी पिता-पुत्र में संवादहीनता थी | दोनों आवेश में तने हुए रहते थे |नतीजा यह हुआ कि कालांतर में बहादुर सिंह उच्च रक्तचाप के मरीज हो गए| हमेशा खुश और जोश में रहने वाला सैनिक अन्दर से टूट चुका था| पिता-पुत्र अपने द्वारा तैयार किये गए हालातों को अपनी नियति मान चुके थे | यहाँ यह उल्लेख करना उचित होगा कि बहादुर सिंह ने सन 1971 में भारत-पाकिस्तान के बीच हुए युद्ध में हिस्सा लिया था | इस युद्ध में भारत विजयी हुआ था | यह एक विडम्बना है कि एक बहादुर सैनिक जो युद्ध के मैदान में कभी नहीं हारा वो घर में अपने बेटे से हार मान बैठा|

हमारे देश के परिवारों में ऐसी घटनाएं आम हैं | परिस्थितियाँ चाहे जैसी भी हों बच्चे के कुसंस्कार के लिए माता-पिता ही जिम्मेदार हैं | इस मामले में यदि बहादुर सिंह दूरदर्शिता से काम लेते तो अपने परिवार को दूषित वातावरणपूर्ण से दूर रख सकते थे |वो आर्थिक रूप से इतने सक्षम हो चुके थे कि अपने परिवार को एक अच्छी जगह में रख सकते थे और बच्चों को अच्छी शिक्षा मुहैया करा सकते थे |परन्तु मित्र के कहने पर उन्होंने दूषित वातावरण में रहने के लिए चुना | जिस मित्र के कहने पर उन्होंने ऐसा किया था , वो मित्र भी उस बस्ती को छोड़कर अपने गाँव

चले गए | परिवार के जिन भाइयों का जीवन स्तर सुधारने के इरादे से अपने खुद के बच्चों को उचित शिक्षा और संस्कार से वंचित रखा उन भाइयों का जीवन स्तर भी वो सुधार न सके | 75 वर्ष की उम्र में अपने 50 वर्ष के निकम्मे बेटे,उसकी पत्नी और उसके दो बेटों का खर्च उठाते रहे | बेटा, जिसे वो 'कुत्ता' समझ कर रोटी खिलाते रहे अब उनके लिए वो 'सफ़ेद हाथी' की तरह हो गया था | यह सब कुसंस्कारों का ही दूरगामी परिणाम है |

बच्चों को अच्छी शिक्षा और संस्कार देने के बेहतरीन तरीके ?सभी माता-पिता चाहते हैं, कि उनके बच्चे संस्कारी प्रवृति के हो, बच्चे बड़ों का आदर करना सीखें उनको सम्मान दें| बच्चों में अच्छी आदतें विकसित हो| बच्चों के अंदर अच्छे-बुरे की पहचान हो इसके अलावा बच्चे शिष्टाचार एवं पूर्ण व्यवहार करना सीखें| इसके अलावा बहुत सी चीजें हैं, जो बच्चों के अंदर होनी चाहिए| आइए अब जानते हैं कि अपने बच्चों को कैसे अच्छा संस्कार प्रदान करें ? उनके अंदर अच्छा संस्कार कैसे विकसित करें?

1. ईश्वर में आस्था रखना: बच्चों के अंदर ईश्वर के प्रति आस्था जागृत करनी चाहिए. उनको बताना चाहिए कि ईश्वर में विश्वास रखना चाहिए, क्योंकि ईश्वर में आस्था रखने से सही काम करने की प्रेरणा मिलती है| बच्चों को बताना चाहिए कि ईश्वर सभी चीजें देखता है, और अच्छे कर्म करना इसीलिए आवश्यक है|

2 . बड़े-बुजुर्गों का आदर करना: अपने बच्चों के अंदर बड़ों का आदर करना , बड़ों का कहना मानना, बड़ों से किस तरह बात करनी चाहिए आदि प्रकार की जरूरी चीजें अपने बच्चों को बचपन से ही सिखाना चाहिए| बच्चों के अंदर कुछ बड़े बुजुर्गों के प्रति कुछ गुण सिखाने चाहिए जैसे पैर छूना, बड़े बुजुर्गों का ख्याल रखना आदि प्रकार के गुण बच्चों के अंदर विकसित करने चाहिए| बच्चों को बड़े बुजुर्ग के साथ कुछ समय व्यतीत करने के लिए कहें जब बड़े बुजुर्ग अपने जीवन से संबंधित कहानियां सुनाते हैं उनको अपने जीवन में बीती हुई बातों को बताते हैं, तो बच्चों को उनके जीवन के लिए उपयोगी जानकारी प्राप्त होती है| जिससे उनको हालातों से मुकाबला करने का हौसला मिल जाता है|

3 . **प्रातः काल उठना:**बच्चों को प्रातः काल जल्दी उठने की आदत सिखाएं. बच्चों को बताना चाहिए , कि प्रातः काल उठने के क्या-क्या फायदे होते हैं ? बच्चों को बताएं देर तक सोने के क्या क्या नुकसान होते हैं ? बच्चों को देर तक सोने से उनको आलस्य बढ़ेगा और उनका मस्तिष्क सही तरीके से काम नहीं करेगा| यह सभी जरूरी चीजें अपने बच्चों को दैनिक दिनचर्या के रूप में अवश्य सिखाएं| बच्चों के अंदर संस्कारों में से यह सबसे उपयोगी चीजों में से एक है|

4 . **बच्चों के अंदर सहयोग की भावना जागृत करें:** बच्चों के अंदर बचपन से ही जरूरतमंद लोगों के प्रति सहयोग की भावना जागृत करनी चाहिए| बच्चों को बताये कि किसी भी प्रकार के जरूरतमंद लोगों को सहयोग प्रदान करने से उनको ईश्वर द्वारा आशीर्वाद प्राप्त होता है| कितना भी कठिन कार्य हो यदि एक-दूसरे का सहयोग होगा तो वह कार्य आसानी से हो सकता है| यह भी बातें बच्चों को जरूर सिखाये| बच्चों के अंदर सहयोग की भावना जागृत करने के लिए उनको छोटे-छोटे कार्यों में सहयोग करने का अवसर प्रदान करें| बच्चों को छोटे-छोटे कामों को करने की जिम्मेदारी प्रदान करें और उनको उनकी जिम्मेदारी के प्रति जागरूक करें और उनकी सहायता भी करें|

5 . **मित्रता का व्यवहार सिखाये:** अपने बच्चों को कहें कि अच्छे अच्छे लोगों से दोस्ती करनी चाहिए| बच्चों को दोस्ती का महत्व समझाएं और दोस्ती का क्या मतलब होता है| यह भी जरूर बताएं| बच्चों के माता-पिता होने के नाते बच्चों को अच्छे लोगों से दोस्ती करवानी चाहिए| बच्चों के अंदर मित्रता की भावना जागृत करनी चाहिए|

6 . **समय की कीमत समझाएं:** बच्चों को बताएं कि समय का जीवन में महत्वपूर्ण स्थान रखता है| यदि हम किसी भी कार्य को समय पर नहीं करेंगे, तो हमें उसका हर्जाना भी चुकाना पड़ता है| बच्चों को सिखाएं के समय पर किया गया कार्य सदैव आपके लिए लाभकारी सिद्ध होता है| इसीलिए बच्चों को बताया कि समय का कद्र वह अवश्य करें नहीं , तो समय हाथ से निकल जाएगा तो वह अपने जरूरी कार्य को नहीं कर सकेंगे| बच्चों को समय का सदुपयोग करना सिखाए और उनको बताएं कि उनको किस समय पढ़ना है ? कब खेलना है ? कब खाना है ? इन सभी

चीजों को समय पर करना आवश्यक है ,यह भी जरूर बताएं|

7 . लोगों से बातें करने का तरीका सिखाएं: बच्चों को बचपन से ही बड़े लोगों से कैसे बात करनी है ? अपने से छोटे लोगों से किस तरह बात करनी है ? आदि चीजों को सिखाना आवश्यक होता है| बच्चों को बताएं , कि यदि आप दूसरों से प्रेम से बात करोगे तो, आपको भी उनसे प्रेम प्राप्त होगा. बच्चों को बताएं कि यदि आप अपने से बड़े लोगों से बात कर रहे हैं , तो किन किन शब्दों का प्रयोग बात करते समय करना चाहिए| बच्चों को बताएं , कि बड़ों से बात करते समय थैंक यू , प्लीज, सॉरी ,एक्सक्यूज मी आदि शब्दों का प्रयोग करना चाहिए|

8 . **माता पिता का सम्मान करना सिखाना चाहिए:** बच्चों को सिखाना चाहिए कि माता-पिता का सम्मान करना चाहिए, क्योंकि माता-पिता ही उनके मार्गदर्शक होंगे. बच्चों को बताएं कि किसी भी कार्य को करने से पहले एक बार माता-पिता से जरूर राय लें | बच्चों को अपनी वास्तविक परिस्थिति के बारे में जरूर बताना चाहिए| यदि बच्चा आपकी वास्तविक परिस्थिति से अवगत रहेगा तो, वह आपके भावनाओं की कद्र करेगा| अपने बच्चों को आप आदर्श और वीर पुरुषों की कहानियां सुनाएं|

9 . ईमानदारी सिखाएं :अपने बच्चों के सामने आप सदैव सत्य बोले और उनको बताएं कि किसी भी परिस्थिति में सदैव सत्य का ही साथ देना चाहिए| बच्चों को बताएं कि सदैव ईमानदारी से कार्य करें| किसी भी प्रकार का ईमानदारी से किया गया कार्य हमेशा आपको सही परिणाम देगा| बच्चों को बताएं कि सत्य और ईमानदारी के रास्ते पर चलना चाहिए, आपको आगे चलकर लोग सत्य और ईमानदारी के रास्ते से भटकाने की कोशिश करेंगे परंतु आपको सदैव सत्य का साथ देना है| इसके लिए आप स्वयं ईमानदारीपूर्ण आचरण करें, बच्चा स्वतः सीख जाएगा |

10 . बच्चों को कर्तव्यनिष्ठा की भावना सिखाएं: अपने बच्चों के अंदर कर्तव्यनिष्ठा की भावना जरूर सिखानी चाहिए| बच्चों को बताएं कि अपने परिवार के प्रति, देश के प्रति, अपने गुरु के प्रति, अपने स्कूल के प्रति, अपने बड़ों और छोटों के प्रति अलग-अलग कर्तव्य होते

हैं| उनको अवश्य निभाना चाहिए| आपका व्यवहार कर्तव्यनिष्ठ होना चाहिए जो बच्चे के लिए प्रेरणास्रोत होगा |

11 . **प्रेम की भावना :** यदि परिवार के सदस्यों में आपसी प्रेम और भाईचारा है तो बच्चा भी स्वतः सीख जाएगा | फिर भी समय समय परबच्चों को सबके साथ प्रेम व्यवहार से रहने का तरीका सिखाएं| बच्चों को बताएं कि आपसी प्रेम और भाईचारे की भावना के बल पर वह अपने परिवार विद्यालय एवं समाज में अपनी छवि को अच्छा कर सकते हैं| उनको बताएं कि प्रेम के बल पर ही लोग आपको पसंद करेंगे और वह दिलों पर राज भी कर पाएंगे. बच्चों को जरूरतमंद लोगों जैसे गरीब बेसहारा, अनाथ एवं अपंग लोगों के प्रति सहानुभूति एवं करुणा की भावना सिखाएं| उनको बताएं , कि ऐसे जरूरतमंद लोगों सेवा करने से ईश्वर सदैव उनका बुरे वक्त में साथ देते हैं|

12 . **देश के प्रति प्रेम और सम्मान की भावना दिखाएं :**अपने बच्चों को अपने देश के प्रति उनकी भावना एवं सम्मान अवश्य सिखाएं| हमको बताएं कि देश का सम्मान करना चाहिए क्योंकि, उनका देश उनकी हर परिस्थिति में सहारा होता है| बच्चों को बताएं कि आपको देश के प्रति सभी जरूरी कर्तव्य को करना आवश्यक है| बच्चों के अंदर देश के प्रति समर्पण की भावना सिखाएं| बच्चों को बताएं कि अपने देश के साथ अच्छा वक्त हो चाहे बुरा वक्त हो सदैव साथ में खड़ा होना चाहिए| अपने बच्चों को वीर पुरुषों की कहानी सुनाएं और उनके बलिदान के बारे में उनको बताएं|

13 . **बच्चों के अंदर सहन शक्ति जागृत करें :**बच्चों के अंदर सहनशक्ति की भावना जागृत करनी चाहिए और इसकी महत्वता के बारे में भी बताना चाहिए| परंतु आजकल के बच्चों के अंतर सहनशक्ति का अत्यधिक आभाव है| आजकल के बच्चे किसी भी चीज को पाने के लिए सहनशीलता नहीं दिखाते हैं| बच्चों को यह जरूर बताएं कि किसी भी कार्य को सहनशीलता से करना चाहिए क्योंकि , सहनशीलता से किया गया कार्य सदैव आपके हित में होता है| बच्चों को बताएं कि सदैव सहनशीलता जैसे गुण आपके अंदर होने चाहिए क्योंकि ,यह उनके आगे के जीवन के लिए आवश्यक गुणों में से एक है| बच्चों को बताएं कि छोटे-

छोटे कार्यों को करने में उग्रता नहीं दिखानी चाहिए और वह सदैव अपने जीवन के प्रति सकारात्मक विचार रखें| क्योंकि सकारात्मक विचार से ही कठिन से कठिन कार्य आसानी से किया जा सकता है|

14 . स्त्रियों के प्रति अच्छा व्यवहार करना सिखाएं :अपने बच्चों को बताएं कि सबका सम्मान करें | विशेषकर स्त्रियों के प्रति सम्मानजनक व्यवहार करना चाहिए| इसके अतिरिक्त बच्चों को अपने चरित्र के प्रति सहज रहने की भावना जागृत करने के लिए सिखाएं| बच्चों को बताएं, कि यदि एक बार चरित्र बिगड़ गया तो वो अपना आत्मसम्मान खो देंगे | बच्चों को बताएं, कि आजकल का माहौल धोखे और विश्वासघात से भरा हुआ है| इसीलिए उनके आसपास के लोगों एवं फरेबी दोस्तों से सदैव सावधान एवं सचेत रहें और बुरी संगती से बचे| उन्हें अच्छा साहित्य पढने के लिए प्रेरित करें |

हर माता-पिता अपने बच्चों का भविष्य सदैव उज्जवल रहने की कामना करता है| प्रत्येक माता-पिता चाहते हैं कि उनके बच्चे के अंदर अच्छे अच्छे गुण हो और वह अच्छे संस्कारों से परिपूर्ण हो, ताकि उनका नाम समाज में हो| आपके बच्चों के अंदर तभी अच्छे गुण एवं संस्कार होंगे, जब आपके अंदर भी अच्छे गुण एवं अच्छे संस्कार मौजूद होंगे| बच्चों के सामने खुद को सदैव आदर्श रूप में प्रस्तुत करना चाहिए, ताकि आपका बच्चा आपसे भी कुछ सीख ले सकें|

सनातन धर्म के सोलह संस्कार :हिन्दू धर्म अर्थात सनातन सदियों से चला आ रहा प्रसिद्ध धर्म हैं, प्रत्येक सनातनी के लिए इन संस्कारो का महत्वपूर्ण स्थान हैं| हिन्दू मान्यताओं के अनुसार जन्म से लेकर मृत्यु तक कुल 16 संस्कार माने गये हैं जिनमे से कुछ बच्चे के जन्म से पूर्व ही किये जाते हैं , कुछ परिवार में और कुछ गुरुकुल में किये जाते थे |

संस्कार शब्द का मूल अर्थ है, 'शुद्धीकरण' यानि वे कृत्य जिनसे एक बालक को समुदाय का योग्य सदस्य बनाने के लिए शरीर, मन और मस्तिष्क से पवित्र किया जाए| इन संस्कारों से जन्म से ही बच्चें में अभीष्ट गुणों को विकसित किया जा सकें|संस्कारों का शास्त्रीय विवेचन सर्वप्रथम वृहदारण्यकोपनिषद से प्राप्त होता हैं| इनकी संख्या 16 हैं जो

निम्न हैं:-

1. गर्भाधान संस्कार:यह बालक के जन्म के पूर्व का संस्कार है । गर्भाधान संस्कार गृहस्थाश्रम में प्रवेश करने वाले नवदम्पत्तियों के लिए पारिवारिक दायित्व को संभालने हेतु पूर्व शिक्षण है । इस संस्कार में यह बताया जाता है कि आने वाली जीवात्मा परमात्मा का स्वरूप एवं प्रतिनिधि है ।उसे आमन्त्रित करने के लिए अपनी योग्यता, साधन और परिस्थितियों का आकलन नवदम्पत्ति कर ले । आर्यपुरुष अपनी स्त्री के समीप सुसन्तान उत्पन्न करने के हेतु निश्चित उद्देश्य लेकर पवित्र भाव से जाये, जो भावी सन्तान को निर्मल बनाये ।

2. पुंसवन संस्कार:गर्भस्थ शिशु के समुचित विकास के लिए गर्भिणी द्वारा सम्पन्न किया जाता है । यह तब किया जाता है, जब बालक के भौतिक स्वरूप का निर्माण प्रारम्भ हो जाता है । पुसवन संस्कार से गर्भ पवित्र हो जाता है । इस संस्कार में गर्भिणी स्त्री के दाहिने नासिका छिद्र में वटवृक्ष की छाल का रस श्रेष्ठ सन्तान की उत्पत्ति के लिए छोड़ा जाता है । इसके पश्चात् गर्भपूजन करने के बाद परिवारजन श्रेष्ठ मन्त्रों का उच्चारण करते हैं । गर्भिणी नियमित रूप से पांच आहुतियां खीर अर्पित कर यज्ञ कुण्ड को देती है तथा विशेष मन्त्रों का उच्चारण करती है ।

3. सीमांतोन्नयन संस्कार:यह तीसरा संस्कार है । यह छठे तथा आठवें मास में किया जाता है ।सीमान्तोन्न्यन संस्कार का अभिप्राय सौभाग्य संपन्न होना है । गर्भपात रोकने के साथ गर्भस्थ शिशु एवं उसकी माता की रक्षा कारना भी इस संस्कार का मुख्य उद्देश्य है । इस संस्कार के माध्यम से गर्भिणी स्त्री का मन प्रसन्न रखने के लिए सौभाग्यवती स्त्रियाँ गर्भवती की मांग भरती हैं ।

4. जातकर्म संस्कार:जन्म के तुरन्त बाद सम्पन्न होता है । नाभि बन्धन से पूर्व वेद मन्त्रों के उच्चारण के साथ यह सम्पन्न होता है । दो बूँद घी या छह बूँद शहद का सम्मिश्रण चटाने के बाद पिता बालक के बुद्धिमान, बलवान,स्वस्थ एवं दीर्घजीवी होने की प्रार्थना करता है । इसके बाद माता बालक को स्तनपान कराती है ।

5. नामकरण संस्कार:शिशु कन्या है या कि पुत्र, इसका भेद न करते हुए यह संस्कार किया जाता है । इसके द्वारा शिशु की मौलिक तथा

कल्याणकारी प्रवृत्तियों को जगाने हेतु यह प्रक्रिया सम्पन्न की जाती है ।सामान्यत: यह जन्म के दसवें दिन यज्ञ कर्म के द्वारा सम्पन्न होता था ।जन्म के बाद प्रसूता का शुद्धिकरण भी हो जाता था । सभी उपस्थित व्यक्ति कलश में जल लेकर अभिषेक के द्वारा शिशु पर श्रेष्ठ संस्कारों के प्रभाव की कामना करते हैं । शिशु की कमर पर मेखला इस आशा से बांधी जाती है कि नवजात शिशु निष्ठा की दृष्टि से सदैव सजग रहे । अभिभावक शिशु की कमर पर मेखला बांधकर उसके संरक्षण के प्रति तथा उसे जीवन-भर दोष, दुर्गुणों से बचाये रखते हैं ।शहद चटाकर मधुर भाषण का रहस्य इसी में समाहित है । इसके पश्चात् शिशु को सूर्य का दर्शन कराकर उसको प्रखर एवं तेजस्वी बनाने की कामना के साथ राष्ट्र के प्राप्ति भी निष्ठावान बनाये रखने का शिक्षण दिया जाता है । इसके पश्चात् सज्जित थाली में लिखा नाम सभी को दिखाते हुए आचार्य मन्त्रोच्चारण के साथ उसके नाम की घोषणा कहते हैं । उसे चिरंजीवी, धर्मशील एवं प्रगतिशील होने का आशीर्वाद देते हैं ।

6. निष्कमण संस्कार:निष्क्रमण का तात्पर्य है: घर से बाहर निकालना । इस संस्कार में कोई वयोवृद्ध बच्चे को गोदी में लेकर उसे बाहर का खुला वातावरण दिखाता है, ताकि बालक विराट ब्रह्मरूपी संसार को समझे । इसका उद्येश्य सूर्य के तेज तथा चंद्रमा की शीतलता से शिशु को अवगत कराना है । तीन मॉस तक शिशु बाहरी वातावरण तथा तेज धुप, तेज हवा आदि के अनुकूल नहीं होता है इसलिए प्रायः तीन मास तक उसे बहुत सावधानी से घर में रखना चाहिए ।

7. अन्नप्राशन संस्कार:यह शिशु के छठे मास में किया जाता है । उसे प्रथम अन्नाहार ग्रहण करमे के बाद यह भावना की जाती है कि बालक सदैव सुसंस्कारी गुणों को ग्रहण करे । सुपाच्य खीर, मधुरता का प्रतीक मधु, स्नेह का प्रतीक घी, विकार नाशक पवित्र तुलसी तथा पवित्रता का प्रतीक गंगाजल का सम्मिश्रण प्रत्येक विशिष्ट मन्त्रोच्चार के द्वारा भगवान् तथा यज्ञ के प्रसाद के रूप में बच्चे को खिलाया जाता है । सात्विक आहार ग्रहण करने से उसका समग्र चिन्तन सतोगुणी बनेगा ।

8. मुंडन/चूड़ाकर्म:चूड़ाकर्म या मुंडन संस्कार के साथ शिखा की तथा यज्ञोपवीत (उपनयन) के साथ सूत्र की स्थापना को भारतीय संस्कृति

का आधार माना जाता है । जहां शिखा संस्कृति की गौरव पताका का प्रतीक है, वहीं सूत्र विशिष्ट संकल्पों एवं व्रतों का प्रतीक है ।जन्म के पश्चात् प्रथम वर्ष के अन्त अथवा तृतीय वर्ष की समाप्ति के पूर्व यह सम्पन्न होता है । आयुर्वेद के आचार्य चरक के अनुसार-सर के बाल तथा दाढ़ी, मूंछ व नखों को काटने के पीछे यही संस्कार है । शिखा स्थान पर बालों का गुच्छा व्यक्ति की कुप्रवृतियों पर अंकुश रखता है |

9. कर्णवेध संस्कारःहमारे मनीषियों ने सभी संस्कारों को वैज्ञानिक कसौटी पर कसने के बाद ही प्रारंभ किया है| कर्णवेध संस्कार का आधार बिलकुल वैज्ञानिक है | बालक की शारीरिक व्याधि से रक्षा ही इस संस्कार का मूल उद्येशय है | कान हमारे श्रवण द्वार हैं| कर्ण वेधन से व्याधियां दूर होती हैं तथा श्रवण शक्ति भी बढ़ती है| इसके साथ ही कानों में आभूषण हमारे सौन्दर्य बोध का परिचायक भी है |

10. विद्यारम्भ संस्कारःयह आयु के पांचवें वर्ष में तब सम्पन्न कराया जाता है, जब बालक शिक्षा ग्रहण करने के योग्य हो जाता है । शिक्षा मात्र शिक्षा न रहकर विद्या बने, इसीलिए गणेश व लक्ष्मी के पूजन के बाद विद्या तथा ज्ञानवर्धन करने वाले इस संस्कार को सरस्वती का नमन कर पूर्ण किया जाता है । शिक्षा के उपकरण दवात, कलम, कॉपी, पट्टिका को वेद मन्त्रों से अभिमन्त्रित कर पूजन किया जाता है ।विद्यार्थी गुरु को प्रणाम करता है । बालक श्रेष्ठ मानव बने । बालक पट्टी या कॉपी पर लिखता है, तो उस पर अक्षत छुड़वाकर बालक को तिलक लगाकर आशीर्वाद देते हैं । बालक श्रेष्ठ लोकसेवी व नागरिक बने, यही कामना की जाती है ।

11. उपनयन संस्कारःयज्ञोपवीत, अर्थात उपनयन संस्कार दूसरा जन्म है । इस संस्कार में बालक को वैदिक मन्त्रोच्चारों के बीच विधि-विधान द्वारा तीन बंटे हुए धागों की पतली डोरी धारण करवाई जाती है जिसे जनेऊ कहा जाता है । इसमें नौ धागे, नौ गुणों (विवेक, पवित्रता, बलिष्ठता, शान्ति, साहस, स्थिरता, धैर्य, कर्तव्य, समृद्धि) प्रतीक माने जाते हैं ।यज्ञोपवीतधारी इसे मन्त्रोच्चार के साथ कन्धों पर धारण करते हैं और श्रेष्ठ कार्या का संकल्प लेते हैं । भारतीय संस्कृति में लिंग, जाति, वर्ण आदि किसी भी प्रकार का भेदभाव किये बिना यज्ञोपवीत कराने की

बात कही गयी है । यज्ञोपवीत व शिखा के बिना किसी भी प्रकार का धार्मिक अनुष्ठान पूर्ण नहीं होता है ।

12. वेदारम्भ:यज्ञोपवीत संस्कार के साथ प्राचीनकाल में वेदारम्भ की शिक्षा प्रारम्भ होती थी । वेद जीवन विकास, जीवन एवं परिष्कार के महत्त्व को दर्शाते हैं । वेदों की शिक्षा प्रारम्भ करने से पूर्व बालक श्रद्धापूर्वक गुरू का पूजन करता है । इसके बाद उससे भिक्षा मांगने की क्रिया पूर्ण करवायी जाती है । इस क्रिया को परमार्थ प्रयोजन के रूप में किया जाता है ।

13. केशान्त संस्कार:गुरुकुल में वेदाध्ययन पूर्ण कर लेने पर आचार्य के समक्ष यह संस्कार संपन्न किया जाता था | वस्तुतः यह संस्कार गुरुकुल से विदाई लेने तथा गृहस्थाश्रम में प्रवेश करने का उपक्रम है | वेद पुरानों एवं विभिन्न विषयों में पारंगत होने के बाद ब्रह्मचारी के समावर्तन संकार के पूर्व बालों की सफाई की जाती थी तथा उसे स्नान कराकर स्नातक की उपाधि दी जाती थी |

14. समावर्तन संस्कार:गुरुकुल से विदाई लेने से पूर्व शिष्य का समावर्तन संस्कार होता था |शिक्षा की समाप्ति पर किया जाने वाला यह संस्कार है । यह संस्कार पचीस वर्ष तक ब्रह्मचर्य का पालन करने वाला शिक्षार्थी गृहस्थ जीवन में प्रवेश कर पूर्ण करता है और अपने परिवार, समाज तथा -देश के प्रति सभी कर्तव्यों को पूर्ण करता है ।

15. विवाह संस्कार:हिन्दुओं की सामाजिक व्यवस्था का एक प्रमुख सरकार है विवाह संस्कार । विवाह को हमारी संस्कृति में शरीर का ही नहीं, मन तथा आत्मा का पवित्र बन्धन माना जाता है । इस संस्कार के पूर्ण होने पर पति-पत्नी एकसूत्र में बंध जाते हैं तथा एक-दूसरे के सुख-दुःख में समान रूप से सहभागी होकर जीवनपर्यन्त सभी प्रकार के धार्मिक, सामाजिक कर्तव्यों को पूर्ण करने की शपथ लेते है ।

16 अंत्येष्टि संस्कार:मानव शरीर इस संसार की सबसे बड़ी विभूति है । मृत्यु इसकी चिरन्तन गति है । व्यक्ति जब मृत्यु को प्राप्त होता है, तो उसकी आत्मा की शान्ति व वातावरण की शुद्धि के लिए हमारी भारतीय संस्कृति में कुछ विशेष संस्कार किये जाते हैं ।उसे अंत्येष्टि संस्कार कहते हैं । मृतक को इन संस्कारों द्वारा सम्मानपूर्वक विदाई दी

जाती है ।

8

ब्रह्मचर्य और योग

"मन,वाणी और शरीर से सम्पूर्ण संयम में रहने का सार ही ब्रह्मचर्य है|"
-स्वामी महावीर

प्राचीन भारतीय संस्कृति में ब्रह्मचर्य का विस्तृत वर्णन मिलता है। जिसमें सनातन धर्म के ऋषियों ने अध्यात्मिक यात्रा के लिये ब्रम्हचर्य Brahmacharya को महत्वपूर्ण बताया है।लेकिन जिस ब्रम्हचर्य की बात ऋषियों ने की थी, उसको आज ज्यादातर गलत तरीके से लोगों के सामने पेश किया जा रहा है।

ब्रह्मचर्य का अर्थ :ब्रम्हचर्य का सीधा सा अर्थ यह होता है कि आपकी जीवनचर्या ब्रम्ह की तरह हो जाना अर्थात जब मनुष्य का आचरण ब्रम्ह के केन्द्र से संचालित होने लगता है, तो उस मनुष्य को ब्रम्हचारी कहा जाता है।जब व्यक्ति ब्रम्हचर्य को प्राप्त होता है तो उसको इस जगत की बहुत सी भौतिक सुख सुविधाएं , ब्रम्हचर्य के सुख से छोटी प्रतीत होने लगती है।

इस जगत की बहुत सी भौतिक सुख सुविधाओं में एक सुख जो पुरूष को स्त्री से और स्त्री को पुरूष मिलता है यानि संभोग का सुख वो भी मनुष्य को बहुत छोटा दिखाई देने लगता है।और फिर ब्रम्हचर्य को प्राप्त होने वाला व्यक्ति इन सब छोटी-छोटी बातों में अपना समय व्यर्थ नही गंवाता है। लेकिन यहां इसका मतलब यह नही है कि ब्रम्हचारी व्यक्ति शादी नही कर सकता। ब्रम्हचर्य का विवाह से कोई

सबंध नही होता है और ना ही वीर्य से कोई मतलब होता है।

कुछ लोग अपने अहंकार को बढावा देने के लिये वीर्य को बहुत अशुध्द बता देते है, जबकि वो यह भूल जाते है कि जिस शरीर को वह धारण किये हुये है वह भी एक वीर्य का विस्तृत रूप है।और वीर्य तो मनुष्य का प्राकृतिक गुण है, यह गुण मनुष्य का ही नही अपितु समस्त प्राणी जगत के जीवों का है। इसलिये वीर्य को ब्रम्हचर्य के लिये अशुध्द मानना गलत है।

एक बात यहां ध्यान देने वाली यह कि जिस ब्रम्हचर्य की परिभाषा, आज के लोगो द्वारा गढी जा रही है, उसका केंद्र काम ही है। इस बात को आप इस तरह समझे कि जो व्यक्ति संभोग करता है वो कामी और जो व्यक्ति काम को त्याग दे वो ब्रम्हचारी। इसलिये मनुष्य काम के साथ चले या फिर काम के विपरीत कुल मिलाकर बात एक ही होती है।जबकि ब्रम्हचर्य का इन सब छोटी-छोटी बातो से कोई लेना देना नही होता है। हां ब्रम्हचर्य में एक बात जरूरी होती है कि जब व्यक्ति ब्रम्हचर्य को उपलब्ध होता है तो वो हर किसी से एक स्वस्थ्य सम्बंध बनाता है।जैसे कि ब्रम्हचारी व्यक्ति हर किसी महिला को काम भरी निगाहो से नही देखता है। कुल मिलाकर ब्रम्हचर्य का अर्थ है सत्य को जान लेना।

ब्रह्मचर्य का पालन कैसे करें ? वैसे तो ब्रम्हचर्य का पालन करने के लिये कोई विशेष नियम नही होता है, क्योकि ब्रम्हचर्य कोई शारीरिक क्रिया नही है, जिसे आप कर सके।लेकिन यदि आप ब्रम्हचर्य को उपलब्ध होना चाहते है तो आप ध्यान में बैठना शुरू करे। जैसे-जैसे आपका ध्यान गहरा होता जायेगा वैसे-वैसे आपका अपनी इंद्रियो में कंट्रोल होता जायेगा।और आप धीरे-धीर ब्रम्हचर्य को उपलब्ध होते जायेगें। इसलिये आपको ध्यान नियमित करना है। ध्यान में गहरा उतरने के लिये आप कुछ निम्न नियम जरूर अपना सकते है-

ब्रह्मचर्य के नियम

- आप अपने अहार-विहार को सही रखें ।
- दूसरों की निंदा करने से बचें ।
- दिन में कुछ समय मौन रहें।

- बेवजह किसी से बात ना करें।
- जो भी काम करे उसको होशपूर्ण करें।
- दैनिक जीवन का कुछ समय प्रकृति के साथ बिताएं।
- गलत लोगो की संगति से दूर रहें।
- भगवान पर पूर्ण भरोसा रखें।

गृहस्थ जीवन में ब्रह्मचर्य का पालन कैसे करें? यह सवाल हर शादी शुदा स्त्री पुरूष के मन में रहता है कि गृहस्थ जीवन में ब्रम्हचर्य का पालन कैसे करें। जैसे कि मैंने शुरूआत में ही बताया है कि ब्रम्हचर्य का विवाह से कोई सबंध नही होता है।आप जिस भी अवस्था में है, सिर्फ ध्यान करना शुरू कर दीजिये। ब्रम्हचर्य के लिये किसी अवस्था का होना मायने नही रखता है। इसलिये आप जीवन की किसी भी स्थिति में रहकर ब्रम्हचर्य को उपलब्ध हो सकते है।

ब्रह्मचारी के लक्षण :ब्रम्हचारी एक वृक्ष की तरह होता है, जिसमे सहनशीलता कोई सीमा नही होती है। ब्रम्हचारी, मनुष्य जाति को बिना किसी स्वार्थ के एक खुशहाल जीवन जीने का रास्ता दिखाता है।ब्रम्हचारी हमेशा निसकाम भाव से जीता है। इसिलये जिसके जीवन में कोई इच्छा ना बची हो उसे ही ब्रम्हचारी कहते है।

ब्रह्मचर्य के नुकसान :वैसे तो ब्रम्हचर्य से कोई नुकसान नही होता है। लेकिन इतना जरूर है कि जो व्यक्ति रिश्तो के डोर में बंधा है, वो धीरे-धीरे रिश्तो के डोर से मुक्त होने लगता है।

और उसके मन से संग्रह करने की लालसा विसर्जित होने लगती है। जिससे शायद ही वो अपने सगे सबंधी के अनुरूप अपना जीवन बिता पाये। ब्रम्हचर्य में भौतिक सुख सुविधायों की जरूरते सीमित हो जाती है।इसलिये ऐसे व्यक्तियो को ब्रम्हचर्य में नही उतरना चाहिये, जिनके मन में ब्रम्हचर्य का पालन करने से भौतिक सुख सुविधाओं की पूर्ति करनी हो। क्योकि ब्रम्हचर्य से सदा उनको हानि ही होगी।

ब्रह्मचर्य की प्रचण्ड शक्ति :ब्रम्हचर्य में उतरने से मनुष्य के अंदर प्रचण्ड शक्ति का उद्गम होता है। ब्रम्हचर्य की शक्ति इतनी प्रचण्ड होती है कि मनुष्य अपने इंद्रियो का राजा हो जाता है।ब्रम्हचर्य की

शक्ति से मनुष्य के मन में इतनी संकल्प शक्ति पैदा होती है कि मनुष्य उस संकल्प शक्ति से ब्रम्हाण्ड में विचरण कर सकता है। और वो पंचभूत का महारथी बन जाता है।जिससे वो किसी भी प्रकार का शरीर को धारण कर सकता है। ब्रम्हचर्य की शक्ति असीम है, इसको शब्दों में परभाषित नहीं किया जा सकता है।

ब्रह्मचर्य में वीर्य सरंक्षण भी शामिल है।वीर्य अर्थात् वीर या वीरत्व जिसको धारण करने से शरीर में वीरता और बल, बुद्धि, आयु, यश, स्वास्थ्य में वृद्धि होती है।वीर्य शरीर का अत्यंत आवश्यक अतिशुद्ध सार तत्व है, जिसे बनने में महीनों व्यतीत हो जाते है, साथ ही यह शरीर में जमा होते जाने की स्थिति में यह शरीर में प्रवाहित होकर शरीर में ही घुलने या पचने लग जाता है, जिससे शनैः शनैः शरीर, स्वर्णिम आभा, तेज, अत्यंत ही शक्तिशाली भुजदंड और दिव्य ओज से परिपूर्ण लगने लग जाता है।जो दिव्य शक्तियां वीर्य में होती है, वह इस संसार की किसी साधना से प्राप्त नहीं हो सकती हैं एवम् खोई हुई शक्तियों को आप किसी भी आहार और दवाइयों से पुनः प्राप्त नहीं कर सकते हैं।

साधकों ने वीर्य को अमृत समान माना है, आजकल के युवाओं में वीर्य श्रम की कमी के चलते एवम् काम देर तक बैठे बैठे करते रहने से, वाहनों के अत्यधिक उपयोग और चुस्त कपड़ों, समय से पूर्व ही यौन क्रियाओं में संलिप्त हो जाने के कारण वीर्य बनना कम हो गया है, साथ ही शुक्राणु की संख्या निरंतर कम होती चली जा रही है, आजकल के बालक/बालिकाओं के शरीर में कमजोरी, जल्दी थकना, कम भोजन करना, निराशा लगना, आलस्य ज्यादा आना जैसे लक्षण हावी हो गए हैं, जो चिंताजनक है। पहले के समय में भारतीय पुरुषों के शरीर फौलाद के माफिक हुआ करते थे जोकि उनकी मेहनत एवं वीर्य संचयन की वजह से ही संभव था।

प्रश्न उठता है कि पुरुषों के शरीर में ही वीर्य को स्थान क्यों दिया गया महिलाओं को क्यों नहीं ? तो इसका जवाब है-पुरुषों के शरीर में उचित तापमान रहता है जितना वीर्य को बनने से लेकर पकने तक आवश्यक है, पुरुषों के शरीर में रक्त अधिक होता है, गर्मी अधिक होती है, बल अधिक होता है, गुस्सा, जोश, रौब अधिक आता है, पसीना अधिक आता

है, और टेस्टोस्टेरॉन हारमोन अधिक बनता है जिसकी वजह से पौरुष शक्ति मस्तिष्क पर हावी रहती हैं जिससे वह जवानी के दिनों में दुर्गुणों को आसानी से ग्रहण कर लेते है, और शारीरिक रूप से शरीर कठोर रहता है जिसके परिणामस्वरूप, वीर्य बन सकता है।

जबकि,महिलाओं को संयम, ज्ञान, सहनशील, ममता, प्रेम, कोमलता एवम् अत्यंत ही करुणामय माना गया है, अतः वह गर्भ को धारण कर सकें एवम् संतान को सुसंस्कारवान बना सकें।आजकल इसके विपरित स्त्रियों में भी विपरित लक्षण देखे जा रहे है, जोकि मात्र जवानी का जोश है और उतरते ही उतरता है।

इसका एकमात्र विकल्प यह है, कि - जवानी के नाजुक समय में अपने मन और इन्द्रियों को वश में कर, अच्छे कर्म करते रहने चाहिए.. इसका प्रतिफल आपको मृत्यु के बाद भी अमर रखेगा, जबकि, वासना की भूख आपको एवम् आपके शरीर को खोखला कब कर देगी आपको पता भी नहीं चलेगा।

वीर्य समस्त शरीर में व्याप्त रहता है, जैसे ही आपने वीर्य को स्खलित करने के विषय में सोचा, और आपकी जन्नेद्रिय में तनाव एवं घर्षण हुआ तैसे ही सारे शरीर के अंग प्रत्यंग में से वीर्य खींचता हुआ, शरीर को जैसे बुरी तरह से निचोड़ दिया गया हो, उस तरह से वह कीमती धातु जबरन आप्रकृतिक रूप से बाहर व्यर्थ में ही निकाल दिया जाता है, पश्चात्, व्यक्ति के शरीर की सारी ऊर्जा समाप्त हो जाती है और वह निढाल सा होकर रह जाता है, इस रोग को आजकल के डॉक्टर सामान्य मानते हैं जबकि यह धीरे - धीरे से सारे शरीर को दुर्बल बनाने लगता है।इसका कारण है -ब्रह्मचर्य का अभाव - प्राणशक्ति, स्फूर्ति बुद्धि और ओज यह वस्तुएं वीर्य से ही बनती हैं इसलिए उसे अमूल्य रत्न समझते हुए जी-जान इसकी रक्षा का प्रयत्न करना चाहिये। शरीर और मन का स्वास्थ्य वीर्य की शक्ति से प्राप्त होता है इसलिए क्षणिक इन्द्रिय सुख के लिए शरीर के मूल्यवान तत्व को व्यर्थ करना उचित नहीं है | अखण्ड ब्रह्मचर्य धारण कीजिये। यदि विवाहित हैं तो केवल सन्तान उत्पन्न करने के उद्देश्य से धर्मपूर्वक उसका उपयोग कीजिए। इससे आपकी शक्ति सुरक्षित रहेगी।

ब्रह्मचर्य पर शास्त्र सम्मत विचार :ब्रह्मचर्य की सिद्धि शास्त्र कहता है- 'मरणं विन्दुपातेन जीवनं विन्दुधारणात्" अर्थात् वीर्य का पात करना ही मृत्यु और वीर्य धारण करना ही जीवन है।भगवान शंकर कहते हैं- न तपस्तप इत्याहुर्ब्रह्मचर्यं तपोत्तमम्। ऊर्ध्वरेता भवेद् यस्तु से देवो न तु मानुषः॥ अर्थात्- ब्रह्मचर्य से बढ़कर और कोई तप नहीं है। ऊर्ध्वरेता (जिसका वीर्य मस्तिष्क आदि द्वारा उच्च कार्यों में व्यय होता है।) पुरुष मनुष्य नहीं प्रत्यक्ष देवता है।

योग यह शब्द अपने आप में ही पूर्ण विज्ञान के समान है जो शरीर, मन, आत्मा और ब्रह्मांड को एकजुट बनाता है। **योग का इतिहास करीबन 5000 साल पुराना है,** जिसे प्राचीन भारतीय दर्शन में मन और शरीर के अभ्यास के रूप में जाना जाता है। योग की विभिन्न शैलियाँ शारीरिक मुद्राएँ, साँस लेने की तकनीक और ध्यान या विश्राम को जोड़ती हैं।

हाल के वर्षों में, योग ने शारीरिक व्यायाम के एक रूप के रूप में अपना एक अलग स्थान बनाया है और आज यह दुनियाभर में लोकप्रिय हो चुका है जो मन और शरीर के बेहतर नियंत्रण और कल्याण को बढ़ाता है।योगाभ्यास में कई अलग-अलग प्रकार के योग और कई अनुशासन सम्मिलित हैं। आइये योग के इतिहास, विभिन्न मुद्राओं, इसके फायदों और नुकसानों पर प्रकाश डालने का प्रयास करते हैं।

योग की विभिन्न मुद्राओं को यदि सही प्रकार से न किया जाये तो ये आपके लिए घातक भी सिद्ध हो सकती हैं। अतः इसे किसी अच्छे योग प्रशिक्षक की देख रेख में ही करें परन्तु आइये पहले जान लेते हैं योग क्या है।

योग क्या है?योग संस्कृत भाषा के 'युज धातु' से निकला है जिसका अर्थ होता है आत्मा का परमात्मा से मिलन अर्थात योग में इतनी शक्ति होती है, कि यह आपको अमरत्व की प्राप्ति करा सकता है। कुछ लोग योग को भृमवश साधारण आसान समझ लेते हैं किन्तु यह उनसे कहीं बढ़कर है। योग मुख्य रूप से एक आध्यात्मिक अनुशासन है, जिसमे जीवन शैली का पूर्णसार आत्मसात किया गया है।

योग एक कला के साथ-साथ एक विज्ञान भी है। यह एक विज्ञान है, क्योंकि यह शरीर और मन को नियंत्रित करने के लिए व्यावहारिक तरीके प्रदान करता है, जिससे गहन ध्यान संभव है। और यह एक कला है, जब तक कि यह सहज रूप से और संवेदनशील रूप से अभ्यास नहीं किया जाता है, यह केवल सतही परिणाम देगा। योग केवल मान्यताओं की ही प्रणाली नहीं है अपितु यह शरीर और मन के एक दूसरे पर प्रभाव को ध्यान में रखता है, और उन्हें आपसी सद्भाव में लाता है।

योग प्राणायाम, या ऊर्जा-नियंत्रण के माध्यम से शरीर में मुख्य रूप से ऊर्जा के प्रसार का काम करता है। योग) सिखाता है कि कैसे, सांस-नियंत्रण के माध्यम से, मन और जागरूकता के उच्च स्थान को प्राप्त किया जा सकता है।

योग का इतिहास :यद्धपि योग के खोजकर्ता के विषय में कोई लिखित साक्ष्य उपलब्ध नहीं हैं, किन्तु ऐसा माना जाता है कि योग का प्रारम्भ हमारे देश भारत में हुआ था। भारतीय ऋषि पतंजलि द्वारा योग दर्शन पर लिखे गए 2,000 वर्ष पुराने "योग सूत्र", को मन और भावनाओं को नियंत्रित करने, और आध्यात्मिक रूप से विकसित करने का एक सम्पूर्ण गाइड माना जाता है। योग सूत्र, योग का सबसे पहला लिखित रिकॉर्ड है और अस्तित्व में सबसे पुराना ग्रंथों में से एक है। यह सभी आधुनिक योगों के लिए रूपरेखा प्रदान करता है।

योग अपनी मुद्राओं और आसनों के लिए काफी प्रसिद्ध है। फिटनेस, योग का प्राथमिक लक्ष्य नहीं था अपितु योग साधना के साधकों और अनुयायियों ने अन्य प्रथाओं पर भी ध्यान केंद्रित किया, जैसे कि श्वसन विधियों और मानसिक ध्यान का उपयोग करके आध्यात्मिक ऊर्जा का विस्तार करना।

इतने पुराने इतिहास के बाद भी 19 वीं शताब्दी के अंत में योग को लोकप्रियता प्राप्त होना प्रारम्भ हुई। 1920 और 1930 के दशक के पश्चात पहले भारत में और बाद में पश्चिम में योग में रुचि का विस्फोट हुआ।पुरुष योग पेशेवरों को योगियों के रूप में जाना जाता है, और महिला योग पेशेवरों को योगिनी कहा जाता है।

योग की शुरुआत एक प्राचीन प्रथा के रूप में हुई थी जिसकी उत्पत्ति के नमूने भारत में 3000 ई.पू. योग मुद्राओं के पाषाण-नक्काशीदार आंकड़े सिंधु घाटी में पाए जा सकते हैं, जो मूल मुद्रा और प्रथाओं को दर्शाते हैं। दिव्य ज्ञानोदय के मार्ग पर हृदय और आत्मा के बीच सामंजस्य स्थापित करने के लिए योग का विकास किया गया। साथ ही, यह पता चला कि योग से मधुमेह और उच्च रक्तचाप जैसी कई बीमारियों का इलाज करने और शारीरिक चोटों और पुराने दर्द को कम करने में भी सहायता मिलती है। योग के कारण बहुत सारी बीमारियों का इलाज करने में मदद मिली है। और जैसे-जैसे योग भारत के बाहर और इतने सारे अलग-अलग संस्कृतियों में तेजी से लोकप्रिय हो रहा है, वैसे ही इस प्रथा को कई अलग-अलग स्कूलों में शिक्षाओं और साधनों में बदल दिया गया है।

भारत में योग (अंतराष्ट्रीय योग दिवस) :अंतराष्ट्रीय योग दिवस की शुरुआत सर्वप्रथम 21 जून 2015 को भारत में हुई। माननीय प्रधानमंत्री श्री नरेंद्र मोदी जी के द्वारा संयुक्त राष्ट्र महासभा (UNGA) को दिए गए प्रस्ताव को स्वीकृति मिली और 21 जून को अंतराष्ट्रीय योग दिवस के रूप में मनाया जाना प्रस्तावित किया गया।

अभी प्रश्न यह उठता है कि 21 जून ही क्यों? इसका उत्तर है – 21 जून उत्तरी गोलार्ध में वर्ष का सबसे लंबा दिन है और दुनिया के कई हिस्सों में एक विशेष महत्व रखता है, अतः माननीय प्रधानमंत्री जी ने इस दिन का सुझाव दिया।

वर्ष 2018 में योग सत्र के बाद, अधिकारियों ने गिनीज वर्ल्ड रिकॉर्ड्स प्रमाण पत्र प्रस्तुत किया, जिसमें लिखा था, "21 जून 2018 को राजस्थान सरकार के पतंजलि योगपीठ और जिला प्रशासन कोटा, राजस्थान में सबसे बड़ा योग प्रशिक्षण ग्रहण किया जिसमे सबसे अधिक संख्या में लोगों ने भाग लिया"।

योग के प्रकार :आधुनिक योग व्यायाम, शक्ति, लचीलापन और श्वास पर ध्यान देने के साथ विकसित हुआ है। यह शारीरिक और मानसिक कल्याण को बढ़ाने में मदद करता है। योग की कई शैलियाँ हैं, और कोई भी शैली दूसरे से अधिक प्रामाणिक या श्रेष्ठ नहीं है। योग

के विभिन्न प्रकार और शैलियों हैं | जैसे-अष्टांग योग, बिक्रम योग,हठ योग,अयंगर योग जीवामुक्ति, कृपालु योग, कुंडलिनी योग,पावर योग,शिवानंद, विनियोग, यिन, जन्मपूर्व योग आराम योग इत्यादि|

योग के फायदे :यदि आप योग करने के कारणों की खोज कर रहें है? यहाँ हमने योग की सहायता से आपके दिल की सेहत और आपके शरीर के लचीलेपन में वृद्धि करने के जैसे अनेक फायदों के बारे में बताया है, जो निम्न प्रकार हैं –

- आपके लचीलेपन में सुधार करता है
- मांसपेशियों की ताकत बढ़ाता है
- आपके पोस्चर्स को परिपूर्ण करता है
- कोमल हड्डी और जोड़ों को टूटने से बचाता है
- आपकी रीढ़ की हड्डी की सुरक्षा करता है
- आपके हड्डियों के स्वास्थ्य को मजबूत करता है
- आपके रक्त प्रवाह को बढ़ाता है
- आपकी प्रतिरक्षा शक्ति को बढ़ाता है
- हृदय गति को नियमित रखता है
- आपके ब्लड प्रेशर को कम करता है
- आपके अधिवृक्क ग्रंथियों को नियंत्रित करता है
- आपको खुश करता है
- एक स्वस्थ जीवन शैली प्रदान करता है
- ब्लड शुगर कम करता है
- आपको ध्यान केंद्रित करने में मदद करता है
- आपके सिस्टम को आराम देता है
- आपके संतुलन को बेहतर बनाता है
- आपके तंत्रिका तंत्र को बनाए रखता है
- आपके अंगों में तनाव को दूर करता है
- आपको गहरी नींद देने में मदद करता है
- IBS और अन्य पाचन समस्याओं को रोकता है
- आपको मन की शांति देता है

- आपके आत्म-सम्मान को बढ़ाता है
- आपका दर्द मिटाता है
- आपको आंतरिक शक्ति देता है

योग का अभ्यास शरीर और मन को विकसित करने में मदद करता है, यद्धपि यह किसी भी दवा के विकल्प के रूप में प्रयोग नहीं किया जा सकता है। प्रशिक्षित योग शिक्षक की देखरेख में योग सीखना और अभ्यास करना अति आवश्यक होता है। किसी भी चिकित्सकीय स्थिति के मामले में, अपने डॉक्टर और अपने योग शिक्षक से परामर्श करने के बाद ही योग का अभ्यास करें।

9

ध्यान, समाधि और मृत्यु

"शांति अंदर से आती है। इसे बाहर मत ढूंढो"- गौतम बुद्ध

ध्यान एक सरल साधना है जिसे रोज़ आप धीरे धीरे अभ्यास करके ध्यान को स्थिर कर सकते हैं। ये प्रक्रिया आपको रोज़ सोने से पहले करनी है। सोने से पहले अपने चित्त से सारी बातें निकाल दें और विचार शून्य हो जाएँ | भूल जाएँ की आप क्या हैं | थोड़ा मुश्किल है पर असंभव नहीं | लगातार प्रयास से संभव है | आप मूर्ख बन जाएँ |

एक आत्म-ज्ञानी और एक मूर्ख में बस इतना ही अंतर होता है कि ज्ञानी व्यक्ति जानता है कि वह मूर्ख है, जबकि मूर्ख यह नहीं जानता कि वह मूर्ख है। 'जो आपने अब तक इकठ्ठा किया हुआ है' उससे हटाकर 'जो आप वास्तव में हैं' उस पर लगाना है। यह काम रोज कीजिए, आपको अनुभव हो जाएगा कि ध्यान में कितनी शक्ति है |

ध्यान की जरूरत :मेडिटेशन यानी ध्यान लगाना हिन्दू, बौद्ध और जैन धर्मों का महत्वपूर्ण भाग रहा है, और इसने पूरी दुनिया में लोकप्रियता हासिल की है।आइये जानते हैं इसकी जरूरत क्यों है :-

1) आप काम करते-करते अचानक रूचि लेना बंद कर देते हैं?

2) काम में पूरा मन नहीं लग पता और गलतियां हो जाती हैं?

3) जितना पढ़ा उतना याद नहीं रहता?

4) दिमाग पर नियंत्रण नहीं होता?

5) मन खुश नहीं होता?

ध्यान करने से फायदे : यदि ऐसी समस्या है तो इसका उपाय ध्यान है |वेस्टर्न वर्ल्ड में मेडिटेशन पर काफी रिसर्च की गई है तथा इसके लिए MRI जैसी तकनीकों का उपयोग किया जाता है। मेडिटेशन से तनाव के कमी , लेफ्ट फ्रंटल लोब की गतिविधि में स्पष्ट बदलाव, अधिक शांत और पहले से ज्यादा खुशी , शारीरिक दर्द में कमी, वर्क-परफॉर्मेंस में सुधार, शारीरिक स्वास्थ्य में सुधार और एकाग्रता में वृद्धि होती है ।

ध्यान क्या है :ध्यान लगाना (मेडिटेट करना) एक प्रक्रिया है जहां आप अपने माइंड को किसी एक गतिविधि पर फोकस करते हैं (या विचार पर, या वस्तु पर) और अपने अटेंशन की ट्रेनिंग करते हुए, मेन्टल पीस और इमोशनल शांति पाने का प्रयास करते हैं।

1) शांत अवस्था में बैठ कर मनुष्य का अपने शरीर के भीतर श्वास, और विभिन्न ग्लेंड्स जैसे पिट्यूटरी, पीनियल, थॉयरॉइड इत्यादि के बारे में माइंडफुल (Mindful) होना या उनके बारे में अवेयर होकर उन पर ध्यान लगाना उन्हें मन की आंखों से देखना ही ध्यान है।

2) भारतीय शास्त्रों में कुंडलिनी योग में सात चक्रों मूलाधार, स्वाधिष्ठान, मणिपूर, अनाहत, विशुद्ध, आज्ञा चक्र, सहस्रार चक्र, की बात की गई है, हमारे शरीर की सभी प्रमुख ग्लेंड्स क्रमशः गोनेड्स, एड्रेनल, थायमस, थॉयरॉइड, पिट्यूटरी और पीनियल ग्लेंड्स भी इन्ही स्थानों पर स्थित है।

यही ग्लैंड जीवन में प्रसन्नता व स्वास्थ्य के लिए आवश्यक सभी प्रकार के हॉर्मोन्स जैसे डोपामीन, कोर्टिसोल, ऑक्सीटोसिन, एंडोमॉर्फिन इन्सुलिन इत्यादि को रिलीज़ करती है।नियमित रूप से ध्यान करने से इन ग्रंथियों या ग्लेंड्स को नियंत्रित करने में मदद मिलती है और मन प्रसन्न रहता है।

ध्यान कैसे लगाएं :

1) शांत, हवादार जगह चुनें

2) आरामदायक तरीके से रिलैक्स होकर बैठे, आदर्श अवस्था पद्मासन की हो सकती है, फिर भी आप किसी भी पॉस्चर में बैठ सकते

हैं, केवल रीढ़ की हड्डी सीधी-तनी होनी चाहिए

3) आंखे बंद करके दिमाग को विचार-शून्य बनाने की कोशिश करें|

4) धीरे-धीरे अपना ध्यान श्वास के आने और जाने पर केंद्रित करें, श्वास के लेने और छोड़ने से 'सो हम' की ध्वनि उत्पन्न होती है आपको उसी पर ध्यान केंद्रित करना है

5) यहां से ध्यान को दिमाग में 'पिट्यूटरी ग्लैंड' (पीयूष ग्रन्थि) के ऊपर केंद्रित करें

6) शुरुआत तीन से पांच मिनट (या उससे कम) अवधि के साथ करें। एक दिन में 40-45 मिनट से अधिक न करें, वो भी 20, 20 की दो अवधियों में हो तो और अच्छा

7) ध्यान के सिद्धांतों को समझें व उनके बारे में पढ़ें।

टी -ब्रेक मेडिटेशन

भाग-दौड़ भरी जिंदगी में रोज 'ध्यान' के लिए अलग से समय निकालना कई लोगों के लिए असंभव हो जाता है इसलिए प्रैक्टिकल 'टी-ब्रेक मेडिटेशन' सुझाना चाहता हूं

1) अपनी पसंद की चाय बनाएं और उसे अपने पसंद की साफ प्याली या कटलरी में निकाल लें|

2) आराम से रिलैक्स हो कर बैठ जाएं। चाय एकदम पीना शुरू ना करें। गर्म चाय से उठती भाप पर ध्यान केंद्रित कर, उसकी खुशबू, उसकी गर्मी महसूस करें

3) फिर धीरे-धीरे आनंद से एक-एक घूंट लें, प्रत्येक घूंट को अपने मुंह में महसूस कर, उसका स्वाद एन्जॉय करें |

4) प्रत्येक घूंट गले से पेट में उतरता हुआ महसूस करें, इसी प्रकार आराम 8 से 10 मिनट में अपने चाय की प्याली को खत्म करें|

5) थोड़ी देर के लिए किसी चीज के बारे में न सोचें, बस आप और चाय, ऐसा करते वक्त आंखें बंद करना अच्छा रिजल्ट दे सकता है|

6) ध्यान करने से आप तरो-ताजा महसूस करेंगे!ध्यान हमारी अपने बारे में और हमारे आस-पास की दुनिया के बारे में माइंडफुलनेस या सचेतता बढ़ती है।गुस्से से निजात, खुशियों को दावत देती है |आप रोजमर्रा के पैटर्न्स को समझ पाते हैं और उन पर आपका रिएक्शन बदल

जाता है। गुस्से के बजाय मुस्कान आती है

उदाहरण: जब आप सड़क पर बाइक (या कार) लेकर जाते हैं तो कोई व्यक्ति ऐसा होगा ही जो आपको 'कट' मार कर आगे निकलने की कोशिश करता है। हम गुस्से में कुढ़ने लगते हैं।उस पर गुस्सा न करें बल्कि ये सोचें कि जरूर ये ऑफिस के लिए बहुत लेट हो चुका है, या इसका कोई अस्पताल में जूझ रहा है, या इसे अपने बच्चे को स्कूल लेने जाना है, या ये युवा है और तेज गति एन्जॉय कर रहा है! उसे शुभकामना दें कि सुरक्षित पहुंच जाए।

कई लोग दावा तो करते हैं कि वे रोजाना ध्यान लगाते हैं, लेकिन उनके बिहेवियर में गुस्सा, आक्रामकता, 'मैं तुमसे बेहतर' का एटिट्यूड साफ झलकता है। इनका कोई भला नहीं हो पाया क्योंकि इन्होंने ध्यान लगाना सीखा ही नहीं!मेडिटेशन जीवन को स्थिर बनाने, अपने आप को समझने, दुनिया के पैटर्न को समझने, अपनी ताकत की सीमाओं को समझने और सदा खुश रहने का अचूक रास्ता है।

कुंडलिनी जागरण :कुंडलिनी जागरण ध्यान की एक अवस्था है| यह एक ऐसा ध्यान जिसका लगातार अभ्यास करने से यदि कुंडलिनी जागृत हो जाती है तो व्यक्ति परमानंद की अनुभूति करता है | आइये विस्तार से जानते हैं कि कुंडलिनी जागरण कैसे करें |हमारा यह भौतिक शरीर एक वाहन है हमारे सूक्ष्म शरीर का, यह भौतिक अभिव्यक्ति है हमारे सूक्ष्म शरीर की।जिस तरह हमारे इस शरीर का (तंत्र) सिस्टम है, कोशिकाएं, ऊतक, अंग, रक्त, रक्तवाहिकाएं आदि आदि वैसे ही सूक्ष्म शरीर का भी तंत्र सिस्टम है वह अपेक्षाकृत कम जटिल है और यह ऊर्जा का बना हुआ है।ऊर्जा से बने सूक्ष्म शरीर में नाड़ियां या रास्ते होते हैं जिससे ऊर्जा प्रवाहित होती है या हो सकती है।यह जो ऊर्जा है इसे जानना बहुत आवश्यक है, इस ऊर्जा को प्राण ऊर्जा कहा जाता है, यह वास्तव में है, यह जब अधिक मात्रा में आस पास हो तो इसे अनुभव किया जा सकता है, इसे अनुभव करने वाले यंत्र का नाम है 'आज्ञा चक्र' या 'तृतीय नेत्र' अधिकांश लोगों में यह सक्रीय नहीं होता।वैसे एक मनुष्य के शरीर में अनेक चक्र होते हैं पर नीचे से ऊपर की ओर छः प्रमुख चक्र हैं:-

1. मूलाधार (सबसे नीचे गुदा और जनन अंगों के मध्य)

2. स्वादिष्ठान (जनन अंगों के समानांतर उसी स्थान पर)

3. मणिपुर (नाभि के समानांतर उसी स्थान पर)

4. अनाहत (हृदय से कुछ बीच में)

5. विशुद्धि (कंठ में)

6. आज्ञा (दोनों भवों के बीच)

7. सहस्त्रार

मूलाधार :अगर आप की ऊर्जा मूलाधार में प्रबल है, तो आपके जीवन में भोजन और निद्रा का सबसे प्रमुख स्थान होगा। वैसे, चक्रों के एक से ज्यादा आयाम होते है। चक्रों का एक आयाम तो उनका भौतिक अस्तित्व है, लेकिन उनके आध्यात्मिक आयाम भी होते हैं। इसका मतलब है कि उनको पूरी तरह से रूपांतरित किया जा सकता है। उदाहरण के लिए, मूलाधार चक्र, जो भोजन और नींद के लिए तरसता है, अगर आपने सही तरीके से जागरूकता पैदा कर ली है, तो वही इन चीजों से आप को पूरी तरह से मुक्त भी कर सकता है।

स्वाधिष्ठान :दूसरा चक्र है स्वाधिष्ठान। अगर आपकी ऊर्जा स्वाधिष्ठान में सक्रिय है, तो आपके जीवन में आमोद प्रमोद की प्रधानता होगी। आप भौतिक सुखों का भरपूर मजा लेने की फिराक में रहेंगे। आप जीवन में हर चीज का लुत्फ उठाएंगे।

मणिपूरक :अगर आपकी ऊर्जा मणिपूरक में सक्रिय है, तो आप कर्मयोगी होंगे।आप दुनिया में हर तरह का काम करने को तैयार रहें

अनाहत :अगर आपकी ऊर्जा अनाहत में सक्रिय है, तो आप एक सृजनशील व्यक्ति होंगे।

विशुद्धि :इसी तरह से आपकी ऊर्जा अगर विशुद्धि में सक्रिय है, तो आप अति शक्तिशाली होंगे।

आज्ञाचक्र :अगर आपकी ऊर्जा आज्ञा में सक्रिय है, या आपआज्ञा तक पहुंच गये हैं, तो इसका मतलब है कि बौद्धिक स्तर पर आपने सिद्धि पा ली है। बौद्धिक सिद्धि आपको शांति देती है। आपके अनुभव में यह भले ही वास्तविक न हो, लेकिन जो बौद्धिक सिद्धि आपको हासिल हुई है, वह आपमें एक स्थिरता और शांति लाती है। आपके आस पास चाहे कुछ भी हो रहा हो, या कैसी भी परिस्थितियां हों, उस से कोई फर्क नहीं

पड़ेगा।

आज्ञाचक्र एक सार्वभौमिक सत्य है और यह सभी मनुष्यों में होता है, हमारे माथे के एकदम बीचों-बीच जहाँ हमारी अतिसूक्ष्म इड़ा-पिंगला-सुषुम्ना नाड़ियां मिलती हैं लेकिन दुर्भाग्य से यह आज्ञाचक्र कुछ ही सिद्ध योगियों का पूर्ण जागृत होता है और बाकि कुछ लोगों में यह पूर्ण जागृत न होकर केवल स्पंदित अवस्था में रहता है और इसी अवस्था से पूर्ण जागृत अवस्था में आपको आने के लिए निरंतर साधना-रत रहना पड़ता है, ध्यान और समाधि की चिर-अवस्था को प्राप्त होना पड़ता है | अध्यात्म क्षेत्र के विद्वान और साधक इस आज्ञा चक्र को तीसरी आँख भी बोलते हैं जिसके खुलने से इस ब्रह्मांड के कई सारे अनदेखे रहस्य आप साक्षात देख पाने में सक्षम हो जाते हैं, वहीँ हमारे वैज्ञानिक विचारधारा के लोग इस आज्ञाचक्र को पीनियल या पिट्यूटरी ग्रंथि भी बोलते हैं, लेकिन आज तक इस ग्रंथि का होना और इसका सही कार्य उद्देश्य वैज्ञानिक पता नहीं कर सके हैं |

यही वह चक्र है जो साधना में सबसे महत्वपूर्ण बताया गया है क्यूंकि बाकी के सारे चक्र जैसे मूलाधार, स्वाधिष्ठान, विशुद्धि आदि इसी अजना चक्र से जुड़े होते हैं और ऊर्जा प्रवाह के जरिये यह चक्र एक-एक करके बाकी के चक्रों को बेधता हुआ, शुद्धि करता हुआ उनको जाग्रत करता जाता है | बताया गया है की पूर्वजन्म में अगर आपकी साधना रही होगी तो इस जनम में साधना आज्ञाचक्र से ही शुरू होगी लेकिन बाकी के चक्र स्वतः खुलते जाएंगे | वैसे जितना ऊर्जा स्पंदन का अनुभव आज्ञाचक्र पर होता है उससे उलट अनाहत चक्र आपको कुछ ऐसा अनुभव प्रतीत करवाएगा जैसे की आपके सीने के ऊपर कोई पहिया हवा में लगातार घूमता रहता हो लेकिन यहाँ भी आज्ञाचक्र ही आगे रहता है जैसे की वह सभी चक्रों का राजा हो |

जब आज्ञाचक्र ध्यान-साधना शुरू करें तो मंत्र चुनाव अवश्य थोड़ा सावधानी से करें क्यूंकि सारा कुछ इस मंत्र की ऊर्जा से सम्बन्धित है, जैसा आपका मंत्र वैसा ही आपका मन और वैसे ही आपके अनुभव होंगे, वैसे ही सपने होंगे, वैसा ही स्वभाव हो जायेगा, वैसा ही शरीर होने लगेगा |

एक नितांत सच यह है की जिसको भी कुछ ऐसा देखना है जो ब्रह्माण्ड के रहस्यमयी वातावरण का अनुभव एवं साक्षात दर्शन करवाता है तो वह यह आज्ञाचक्र ही है, तो जितना आप आज्ञाचक्र पर ध्यान साधने में पारंगत होते जायेंगे उतने ही नित नए रहस्यों और आयामों को आप अपनी खुली आंखों से देख पाएंगे | चूँकि बंद आँखों से ध्यान करते समय लोगों को कई बार लगता है की सब भ्रम है या मष्तिष्क में होने वाली रासायनिक, यौगिक क्रियाओं का परिणाम है तो मैं कहूंगा की आप खुली आँखों से त्राटक का अभ्यास कीजिये और एक दिन आएगा जब आपके काफी भ्रम दूर होने लगेंगे, आपको दिखेगा की कैसे परमेश्वर निराकार होते हुए भी हमको साक्षात दीखते हैं, कैसे इसी पृथ्वी पर एक अदृश्य अवस्था में कुछ अलग ही संसार बसा हुआ है और ये वैज्ञानिक इनको ढूंढने अंतरिक्ष में निकल पड़ते हैं जबकि सब यहीं है हमारे आसपास बस आपको वह अवस्था प्राप्त करनी होगी ये सभी रहस्यों को देखने, समझने और जानने के लिए |

सबसे पहले अगर किसी को संशय है की भगवान्, ईश्वर, अल्लाह, गॉड है ही नहीं बस यह पृथ्वी और इसका जीवन एक सतत प्रक्रिया के तहत हुआ है तो उनको तो यह आज्ञाचक्र और इसके द्वारा त्राटक क्रिया जरूर जरूर करनी चाहिए ताकि उनकी यह सोंच और अविश्वास भगवान् प्रति दूर हो सके | वो सभी जो आज्ञाचक्र पर ध्यान करते हैं, त्राटक करते हैं खासकर खुली आँखों से वो अवश्य ही मेरी बातों से सशर्त सहमत होंगे | कितने ही लोगों से सुना है अमुक संत - महात्मा त्रिकालदर्शी हैं या थे तो उन्होंने सही सुना है क्यूंकि यही वो सिद्ध पुरुष हैं जो साधना के उच्चतम स्तर को प्राप्त करते हुए स्वयं भगवान् तुल्य हो जाते हैं, ना केवल इनका आज्ञाचक्र पूर्णतः जाग्रत होता है बल्कि सभी और बाकि के चक्र भी इनके जागृत होते हैं |

आज्ञाचक्र की वह विशेषता है कि जब यह स्पंदित हो जाग्रत अवस्था की और त्वरित हो और लगातार 24 घंटे - सातों दिन - बारह महीने यह काम करता है और बावजूद इसके साधक को इससे कोई ख़ास परेशानी नहीं महसूस होती बल्कि एक अलग ही तरह का आनंद, नशा, शरीर पृथ्वी से कुछ फ़ीट ऊपर हवा में, ऊर्जा का औरा या कहो की ऊर्जा का घेरा

चेहरे के चारों तरफ, हाथों से, पैरों से निकलता, बहता और फिर वापस आज्ञाचक्र केंद्र में वापिस टक्कर मारता रहता है | ऐसे में अगर किसी को इन सब चक्रों के बारे में अगर कुछ भी जानकारी न हो तो यह अमुक व्यक्ति के लिए परेशानी का कारण बन सकता है इसलिए पहले से ही यह सब जानकारी रखनी होगी तब ही आगे बढ़ना है |

कम से कम आज जब इन सभी अनुभवों को यहाँ लिखते हुए मुझे इस बात की ख़ुशी है की ईश्वर के होने और ना होने से सम्बंधित मेरा प्रश्न अब शेष नहीं रह गया बल्कि उसके आगे भी कई ऐसी बातें हैं जो आप इस आज्ञाचक्र के द्वारा जान सकते हो, ईश्वर ने मनुष्य को बनाया ही इन्ही सबके लिए है लेकिन साथ ही माया में भी उलझा रखा है ताकि पात्रता जांची-परखी जा सके और उसी के अनुरूप पात्र साधक को ज्ञान और सिद्धियां प्राप्त हो सकें | तो हो सके तो खुद के बारे में जानना शुरू करो, साधना में रम जाओ चक्रों को जगाओ |

सहस्रार :एक बार इंसान की ऊर्जा सहस्रार तक पहुँच जाती है, तो वह पागलों की तरह परम आनंद में झूमता है। अगर आप बिना किसी कारण ही आनंद में झूमते हैं, तो इसका मतलब है कि आपकी ऊर्जा ने उस चरम शिखर को छू लिया है।

सांतवा चक्र चक्र न होकर एक अवस्था है क्यूंकि यहां तक ऊर्जा किसी नाड़ी से होकर नहीं जाती, बाकी चक्रों तक ये नाड़ियों से होकर जाती है, आप इसे चक्र मानो या न मानों कोई अंतर नहीं पड़ता ऊर्जा प्रवाह पर ध्यान दीजिये |आधार भूत बात यह है कि हमारे मूलाधार चक्र में प्राण ऊर्जा का भंडार छुपा हुआ है कुण्डलिनी शक्ति के रूप में, साथ ही प्राण ऊर्जा ब्रह्मांड में भी प्रचुर मात्रा में उपलब्ध है।हमारे चक्रों में अनेक जन्मों के कर्म जनित या भावनात्मक अवरोध या ब्लॉकेजेस होते हैं, तो हमारा उद्देश्य हमारी नाड़ियों में प्राण ऊर्जा को प्रवाहित करना होता है।

याद रखिये जिस चक्र में इस समय आपकी ऊर्जा प्रवाहित हो रही है इस क्षण आपके विचार वैसे ही होंगे, प्राकृतिक रूप से ऊर्जा हमारे मूलाधार और स्वादिष्ठान में प्रभावित होती है। मूलाधार तक सीमित रहने पर हम आलसी, आरामतलब, भोजन प्रेमी निचले तल की अनुभूतियाँ अनुभव करते हैं, काम वेग अनुभव हो रहा हो तो समझिये

आपकी ऊर्जा अभी स्वादिष्ठान पर केंद्रित है, थोड़े दिन ध्यान करके यह प्रयोग करके देखा जा सकता है, जब भी आलस्य और काम अनुभव हो बस अनाहत या आज्ञा चक्र पर ध्यान लगाइये और देखिये कैसे अनायास ही आपके वो विचार वह अनुभूति चली जाती है। इसलिए बच्चों को बचपन से योग की आदत डालना चाहिए जिससे वे किशोर अवस्था में समस्याओं से ग्रसित होने से बच सकते हैं।

नाड़ियां: नाड़ियाँ भी अनेक हैं जिनमे तीन प्रमुख होती हैं इड़ा, पिंगला और सुषुम्ना| सिद्धांत है कि जब आप आज्ञा चक्र पर ध्यान करते हैं तो कुछ प्राण आप ब्रह्माण्ड से लेते हैं जिससे आपके ऊर्जा ऊपर उठनी शुरू होती है, यह किसी भी नाड़ी से जाये प्रत्येक चक्र को छुएगी अवश्य क्यूकि हर चक्र पर सारी नाड़ियां मिलती हैं और अंत में सबके सिरे आज्ञा चक्र पर मिलते हैं, जल्दबाजी में न पड़ें आज्ञा चक्र पर ध्यान करते रहने से बाकी चक्र स्वतः बैलेंस होंगे।

यह कुछ आधारभूत तथ्य हैं, अब प्रश्न उठता है चक्रों को सुरक्षित रीति से जाग्रत कैसे करें, इसके लिए पहले तो ध्यान रखिये की आप आज्ञा चक्र पर ध्यान करें, कोइ कुछ भी कहता रहे यकीन मानिये कहीं कोई हानि नहीं होती, दूसरी बात मन्त्र जप से ऊर्जा अधिक परिमाण में निकलती है तो आप आंखे बंद आँखों को तीसरे नेत्र पर केंद्रित करें और गायत्री, महामृत्युंजय या आपकी पसंद का कोई भी सात्विक मंत्र जप करें।

कुछ लोग यह भी नहीं कर पाते क्योंकि मन बहुत रुग्ण अवस्था में रहता है तो ऐसी दशा में स्नान के पश्चात् सुखासन में रीढ़ सीधे करके बैठें और जितना बन सके अनुलोम विलोम प्राणायाम करें फिर कानों में इअर प्लग लगाएं ,आँखें बंद करें और ॐ की ध्वनि करें और इसे सुनते रहें जितनी देर बैठ सकें, फिर धीरे धीरे समय अपने आप बढ़ जायेगा, यह करते रहें, जीवन में साक्षी बने रहें चक्र भी जाग्रत होंगे, सहायता गुरु सब स्वतः मिलेंगे, आपको बस स्वयं की तैयारी पर ध्यान देना है।

समाधि क्या है ?समाधि के बारे में ईशा फाउन्डेसन के श्री जगदीश वासुदेव जग्गी 'सद्गुरु' ने विस्तार से बताया है| आइये जानते हैं उनके विचार | समाधि शब्द दो शब्दों से मिल कर बना है - सम यानी एक

जैसा होना और धी जिसका मतलब है बुद्धि। यहाँ सद्गुरु इसका महत्व विस्तार से बताते हुए समझा रहे हैं कि समाधि के अलग-अलग प्रकार कौन से हैं, और समाधि की अवस्था क्या है?

भारत में, साधारण बोलचाल में, कब्र को या मरे हुए व्यक्ति के स्मारक को समाधि कहते हैं। जब किसी को किसी जगह दफनाया जाता है या किसी का कहीं अंतिम संस्कार होता है और उस जगह पर किसी तरह का कोई चबूतरा या स्मारक बना दिया जाता है, तो उस जगह को उस व्यक्ति की समाधि कहते हैं। पर वास्तव में, समाधि मानवीय चेतना की वो सबसे ऊँची अवस्था है, जिस तक कोई व्यक्ति पहुँच सकता है।

बुद्धि का मूल स्वभाव है अंतर बनाना, फर्क करना, दो चीजों को अलग-अलग देखना। अगर आप इस बुद्धि के परे चले जाते हैं तो आप समबुद्धि वाले हो जाते हैं। इसका मतलब ये नहीं है कि आपकी फर्क करने की काबिलियत खत्म हो जाती है। अगर ये खत्म हो जाये तो आप पागल हो जायेंगे। समाधि की अवस्था में भी आपकी फर्क करने वाली बुद्धि अपनी सही अवस्था में होती है पर साथ ही, आप इसके परे चले गये होते हैं। आप कोई फर्क, कोई अंतर नहीं कर रहे, आप बस वहाँ हैं और जीवन को उसका सही काम करते हुए देखते हैं। इस तरह की अवस्था आपको अस्तित्व की एकात्मकता का, यानी हर चीज़ के एकीकरण का अनुभव देती है।

इस अवस्था में कोई समय या स्थान नहीं रहता। समय और स्थान ये आपके मन की रचनायें हैं। जब आप मन की सीमितता के परे चले जाते हैं तो समय और स्थान, आपके लिये, अस्तित्व में ही नहीं रहते। जो यहाँ है, वो वहाँ है। जो अब है, वो तब भी था। आपके लिये कोई भूत या भविष्य नहीं रह जाता, सब कुछ यहीं है, इसी पल में। आपको लग सकता है कि कोई व्यक्ति तीन दिनों से समाधि में है, पर, उनके लिये, ये बस कुछ ही पलों की बात है - ये इसी तरह से गुज़र जाता है। जो है और जो नहीं है, ये उनके लिये दो बातें नहीं रह जातीं, वे इससे परे चले जाते हैं। वे सीमा से परे चले गये हैं और उन्होंने उस स्थिति का अनुभव कर लिया है जो नहीं है - जिसका कोई आकार, रूप, परिचय, गुण नहीं है, कुछ भी नहीं है।सारा अस्तित्व, सृष्टिरचना के कई सारे प्रकार तभी

तक हाज़िर हैं, जब तक फर्क करने वाली बुद्धि है। जिस पल आप अपनी बुद्धि को विसर्जित कर देते हैं, सब कुछ उस एक में ही लीन हो जाता है।यही समाधि है।

महासमाधि :महासमाधि वो आयाम है जिसमें आप फर्क करने की योग्यता के परे जाते हैं - सिर्फ अनुभव की दृष्टि से ही नहीं, पर अस्तित्व की दृष्टि से भी।जब तक आप शरीर में हैं, जो भी मुक्ति आप पा लें, आपका शरीर तो एक सीमितता रहेगा ही। ये पूरी मुक्ति नहीं होती। जब कोई अपना शरीर पूरी जागरूकता में छोड़ता है, तो हम उसे महासमाधि कहते हैं क्योंकि उसने अपना शरीर भी छोड़ दिया है।

महासमाधि का मतलब है कि न केवल आप उसे उस तरह से देखते हैं, बल्कि आप पूरी तरह से वैसे ही हो गये हैं - फर्क खत्म हो गया है। आपके लिये सब कुछ एक ही है। व्यक्तिगत अस्तित्व खत्म हो गया है। "आप कौन हैं", ये बात अब है ही नहीं। अभी जो जीवन व्यक्तिगत जीवन की तरह चल रहा है, वह पूरी तरह से ब्रह्मांडीय या असीमित हो जाता है। अगर इसे पारंपरिक रूप से कहा जाये तो आप ईश्वर के साथ या हर चीज़ के साथ एक हो गये हैं।

हम जब कहते हैं, 'मुक्ति' तो इसका मतलब है कि आप अस्तित्व से मुक्त हैं। मैं अस्तित्व को किसी मात्रा के रूप में नहीं देख रहा कि जिससे आप मुक्त हैं। आप अपने खुद के अस्तित्व से मुक्त हैं - आप का अस्तित्व खत्म हो गया है।

मोक्ष और मुक्ति में क्या है फर्क?हर व्यक्ति अपने परिवार के मृतकों की मुक्ति या मोक्ष की कामना करता है। कई दफे मुक्ति और मोक्ष को एक ही मान लिया जाता है। सामान्यत: यह अर्थ निकाला जाता है कि जन्म-मरण से छुटकारा मिलना ही मुक्ति या मोक्ष है। आओ जानते हैं दोनों के बीच के फर्क को।

मुक्ति :जब कोई सामान्य व्यक्ति मरता है तो उसकी सद्गति के लिए श्राद्ध या तर्पण करते हैं। कहते हैं कि कर्मों के अनुसार व्यक्ति यदि पशु, पक्षी या प्रेत आदि बन गया है तो उससे मुक्त होकर वह पुन: मनुष्य योनि में आ जाए या देवलोक चला जाए। इसके लिए गया में श्राद्ध कर्म किया जाता है। अंतिम कर्म ब्रह्मकपाली में होता है। जैसे कोई रोग से

मुक्ति हो जाए, कोई बुरी योनी से मुक्त हो जाए या कोई नरक से मुक्त हो जाए यही मुक्ति का अर्थ है परंतु मोक्ष इससे भी बढ़कर है।

मोक्ष : मोक्ष की धारणा वैदिक ऋषियों से आई है। भगवान बुद्ध को निर्वाण (मोक्ष) प्राप्त करने के लिए अपना पूरा जीवन साधना में बिताना पड़ा। महावीर को कैवल्य (मोक्ष) प्राप्त करने के लिए घोर तपस्या करनी पड़ी और ऋषियों को समाधि (मोक्ष) प्राप्त करने के लिए योग और ध्यान की कठिन साधनाओं को पार करना पड़ता है। अत: सिद्ध हुआ कि मोक्ष को प्राप्त करना बहुत ही कठिन है। मोक्ष प्राप्त करने से व्यक्ति जन्म मरण के चक्र से छुटकर भगवान के समान हो जाता है। मोक्ष मिलना आसान नहीं। दुनिया में सब कुछ आसानी से मिल सकता है, लेकिन खुद को पाना आसान नहीं। खुद को पाने का मतलब है कि सभी तरह के बंधनों से मुक्ति।

मोक्ष क्या है :मोक्ष एक ऐसी दशा है जिसे मनोदशा नहीं कह सकते। इस दशा में न मृत्यु का भय होता है न संसार की कोई चिंता। सिर्फ परम आनंद। परम होश। परम शक्तिशाली होने का अनुभव। मोक्ष समयातीत है जिसे समाधि कहा जाता है।मोक्ष का अर्थ सिर्फ जन्म और मरण के बंधन से मुक्त हो जाना ही नहीं है। बहुत से भूत-प्रेत और देव आत्माएं हैं जो हजारों या सैकड़ों वर्षों तक जन्म नहीं लेती लेकिन उनमें वह सभी वृत्तियां विद्यमान रहती है जो मानव में होती है। भूख, प्यास, सत्य असत्य, धर्म अधर्म, न्याय अन्याय आदि। सिद्धि प्राप्त करना मोक्ष या समाधि प्राप्त करना नहीं है। यह ईश्वर से साक्षात्कार करना भी नहीं है।

ध्यान को छोड़कर संसार में अभी तक ऐसा कोई मार्ग नहीं खोजा गया जिससे समाधि या मोक्ष पाया जा सके। लोग भक्ति की बात जरूर करते हैं लेकिन भक्ति भी ध्यान का एक प्रकार है। अब सवाल यह उठता है कि कौन सी और किस की भक्ति? यह खोजना जरूरी है। गीता में जिन मार्गों की चर्चा की गई है वह सभी मार्ग साक्षित्व ध्यान तक ले जाकर छोड़ देते हैं। योग के सभी आसन ध्यान लगाने के लिए होते हैं।

क्या वास्तव में स्वर्ग और नर्क है? मरने के पहले स्वर्ग पाने की इच्छा के वशीभूत होकर इंसान कितने प्रयास करता है | अपनी इच्छाओं का दमन कर-कर के दान-दक्षिणा देता है। किसलिए? तो सिर्फ इसलिए कि

इस जन्म में तो सुख-शांति और स्वर्ग के आंनद की अनुभुती नहीं हुई। कम से कम मरने के बाद तो स्वर्ग मिले...! लेकिन क्या आपके मन में कभी भी यह शंका नहीं आई कि क्या वास्तव में स्वर्ग और नर्क है या नहीं? है तो ब्रह्मांड में कहां पर है? आइए, हम थोड़ा विस्तार से इस पर सोचते है।

क्या विभिन्न धर्मों के लिए स्वर्ग और नर्क अलग-अलग है?हिंदु धर्म में स्वर्ग की कल्पना में, एक सभागृह में देवतागण मदिरापान करते हुए बैठे हुए है और अप्सराओं का नृत्य चल रहा है, यही है। इसमें कहीं भी ईसा-मसीह, बुद्ध, मुस्लिमों या जैनियों के भगवान नहीं है! हिंदुओं के स्वर्ग में बाकि धर्मों के देवी-देवता क्यों नहीं रह सकते? इसी तरह मैंने कहीं पर पढ़ा था कि जैनिओं के मंदिरों में स्वर्ग का हवाई चित्र बना हुआ रहता है। जिसमें सभी चौबीस तिर्थंकरों के मकान बने हुए है। पर उनमें कहीं भी कृष्ण, बुद्ध, ईसा-मसीह का घर नहीं है। क्या जैनियों का स्वर्ग सिर्फ जैन साधुओं के लिए ही है? बाकि धर्मों के भगवान उनके स्वर्ग में नहीं रह सकते? या फिर धरती की तरह स्वर्ग में भी विभिन्न धर्मों में झगड़े होते है, अत: वहां पर भी अलग-अलग धर्मों के भगवान के लिए अलग-अलग स्वर्ग है? यदि स्वर्ग में भी धार्मिक भेदभाव है, तो क्या हम उसे स्वर्ग कह सकते है?

वास्तविकता:गीता में लिखा हैं कि "आत्मा पर किसी भी चीज का कोई प्रभाव नहीं होता। आत्मा न पानी में डूब सकती हैं, ना हवा में उड़ सकती हैं और ना ही अग्नि में जल सकती हैं!" तो फ़िर आप ही सोचिए कि जब किसी पापी को नर्क में सजा दी जाती हैं तो कैसे दी जाती हैं? क्योंकि शरीर तो पृथ्वी पर क्या तो जला दिया जाता हैं या दफना दिया हैं। और आत्मा पर हवा, पानी एवं अग्नि किसी भी चीज का कोई असर होता ही नहीं! तो फ़िर नर्क में यातनाएं देंगे किसे? इस बात से साबित होता हैं कि स्वर्ग और नर्क सिर्फ़ हमारी कल्पनाएं हैं और कुछ नहीं!!!

आवश्यकता :अब सवाल यह आता है कि जब स्वर्ग और नर्क वास्तव में है हीं नहीं, तब हमारे पुराणों में इसकी कल्पना क्यों की गई है? मुझे लगता है, इसके मुख्यत: दो कारण है। एक अच्छा और दूसरा बुरा । अच्छा कारण यह है कि स्वर्ग के सुख की काल्पनिक आशा और नर्क

का डर, लोगों को लुभा कर अच्छे मार्ग पर ले आता है, सदाचार के लिए प्रेरित करता है। बुरा कारण यह है कि कुछ धंधे-बाज धर्मपरायण लोग, भोली-भाली जनता को स्वर्ग का लालच देकर और नर्क का भय दिखा कर अपनी दुकानदारी चलाना चाहते है! हमारे धर्मपरायण लोग न तो स्वर्ग में रह कर आए थे और न ही नर्क से गुज़रे थे। फिर असल में स्वर्ग और नर्क में क्या-क्या होता है, इन्हें कैसे पता?

जहां तक मृत्यु के बाद स्वर्ग और नर्क के प्राप्ति की बात है, तो वह बेमानी है। क्योंकि इस शरीर के नष्ट हो जाने के बाद स्वर्ग और नर्क की अनुभुती को बतलाने का कोई उपाय, आज भी विज्ञान के पास नहीं है। मरने के बाद आत्मा कहां जाती है, उसके साथ क्या होता है इसका आज तक कोई भी विश्वसनीय प्रमाण हमारे पास नहीं है! जो भी है सिर्फ कयास ही लगाए जाते है!

मृत्यु क्या है ?आइये जानते हैं सद्गुरु वाशुदेव जग्गी के विचार | मरने के बाद क्या होता है ?जो लोग दुर्घटना में मर जाते हैं, वे लम्बे समय तक बिना शरीर के रहते हैं, जिन्हें भूत-प्रेत कहा जाता है|क्या रीति-रिवाज उन्हें शांत करने के लिए होते हैं ? हां, उसे शांत करने के लिए, क्योंकि वह तब भी जीवंत होता है। उसका प्राणिक-शरीर अभी भी इच्छाएं, लालसाएं लिए घूमता रहता है - इसलिए वह शांत नहीं हो पाएगा। वह उस रूप में एक लंबे समय तक बना रहता है। उसे अपना यह दौर पूरा करना होता है। जब वे किसी दुर्घटना में मरते हैं, तो शुरुआत में वे काफी जीवंत होते हैं। उस दौरान वे बहुत प्रभावी तरीके से महसूस किए जाते हैं। फि र जब प्राण अपनी जीवंतता खो देता है, तब वह बस मंडराता रहता है। इस दौर को छोटा करने के लिए भारतीय संस्कृति में कुछ कर्मकांड और प्रक्रियाएं हैं, ताकि उसे वहां पर मंडराना न पड़े। जो इंसान यह कर्मकांड कराता है, अगर वह उसके बारे में जानता है, तो उस प्राणी के भटकने की अवधि कम कर सकता है। वह उसके शांत होने की प्रक्रिया को तीव्र कर सकता है, ताकि उस प्राण को लंबे समय तक भटकना न पड़े।

यह कुछ ऐसा ही है जैसे एक पके फल का पेड़ से टपकना। पका फल जैसे ही पेड़ से टपकता है, उसका बीज जल्दी ही मिट्टी से मिलकर

अपनी जड़ें ढूंढ लेता है। उस बीज के लिए उसका गूदा ही जरूरी खाद बन जाता है। उसी तरह जब एक इंसान अपना जीवन-चक्र पूरा कर के अपने आखिरी क्षण तक पहुंचता है तो हम कहते हैं कि उसकी मरने शांतिपूर्वक हुई। बिना किसी बीमारी या बिना किसी दुर्घटना के जब किसी की स्वाभाविक मृत्यु होती है तो प्राण की जीवंतता एक हद तक शांत हो चुकी होती है, और उसको शरीर से मुक्त होने के लिए कोई संघर्ष नहीं करना पड़ता।

जब एक इंसान बुढ़ापे की वजह से मरता है, तो हम कहते हैं कि प्राण ने अपनी जीवंतता खो दी। अब अगर हम यह मान लेते हैं कि वह एक दूसरा शरीर धारण करता है, तो क्या इसका मतलब है कि प्राण फिर से जीवंत होना शुरू होता है?

हां, यह फिर से जीवंतता प्राप्त करता है। शरीर में प्रवेश करने के लिए इसमें निष्क्रियता की एक खास अवस्था का होना जरूरी है। केवल तभी यह एक शरीर को हासिल कर सकता है। एक बार जब प्रारब्ध-कर्म खत्म या अपने आप क्षीण हो जाता है, तब बिना किसी कार्मिक-तत्व के, प्राण अपनी जीवंतता, अपनी गतिशीलता खो देता है। जब प्रारब्ध-कर्म पूरी तरह से खत्म हो जाता है, तब समय के एक छोटे दौर के बाद, प्रारब्ध-कर्म की एक नयी किस्त फिर से प्रकट होनी शुरू हो जाएगी। जैसे ही एक नया प्रारब्ध जाहिर होना शुरू होता है, प्राण अपनी जीवंतता फिर प्राप्त कर लेता है, और तब यह फिर एक शरीर धारण कर लेगा।

मृत्यु का रहस्य: आइये जानते हैं मृत्यु के रहस्य के बारे में भगवान रजनीश 'ओशो' के विचार |किरलियान फोटोग्राफी ने मनुष्य के सामने कुछ वैज्ञानिक तथ्य उजागर किये हैं। किरलियान ने मरते हुए आदमी के फोटो लिए, उसके शरीर से ऊर्जा के छल्ले बाहर लगातार विसर्जित हो रहे थे, और वो मरने के तीन दिन बाद तक भी होते रहे। मरने के तीन दिन बाद हिन्दू तीसरा मनाते हैं जिसे 'राखफूल उठाना कहते हैं ।अब तो वह जलाने के बाद औपचारिक तौर पर उसकी हड्डियाँ उठाना ही तीसरा हो गया। यानि अभी जिसे हम मरा समझते हैं वो मरा नहीं है। आने वाले समय में वैज्ञानिक कहते हैं तीन दिन बाद भी मनुष्य को जीवित कर सकेगें।

एक और मजेदार घटना किरलियान के फोटो में देखने को मिली। की जब आप क्रोध की अवस्था में होते हो तो तब वह ऊर्जा के छल्ले आपके शरीर से निकल रहे होते हैं। यानि क्रोध भी एक छोटी मृत्यु तुल्य है।

एक बात और किरलियान ने अपनी फोटो से सिद्ध की है कि मरने से ठीक छह महीने पहले ऊर्जा के छल्ले मनुष्य के शरीर से निकलने लग जाते हैं। यानि मरने की प्रक्रिया छ: माह पहले शुरू हो जाती है, जैसे मनुष्य का शरीर मां के पेट में नौ महीने विकसित होने में लेता है वैसे ही उसे मिटने के लिए छ: माह का समय चाहिए। फिर तो दुर्घटना जैसी कोई चीज के लिए कोई स्थान नहीं रह जाता, हां घटना के लिए जरूर स्थान है।

भारत में हजारों साल से योगी मरने के छ:माह पहले अपनी तिथि बता देते थे।ये छ: माह कोई संयोगिक बात नहीं है। इस में जरूर कोई रहस्य होना चाहिए। कुछ और तथ्य किरलियान ने मनुष्य के जीवन के सामने रखे, एक फोटो में उसने दिखाया है, छ: महीने पहले जब उसने जिस मनुष्य का फोटो लिया तो उसके दायें हाथ में ऊर्जा प्रवाहित नहीं हो रही थी। यानि दायाँ हाथ उर्जा को नहीं दर्शा रहा था। जबकि दांया हाथ ठीक ठाक था, पर ठीक छ: माह बाद अचानक एक ऐक्सिडेन्ट के कारण उस आदमी का वह हाथ काटना पड़ा।यानि हाथ की ऊर्जा छ: माह पहले ही अपना स्थान छोड़ चुकी थी।

भारतीय योग तो हजारों साल से कहता आया है कि मनुष्य के स्थूल शरीर में कोई भी बिमारी आने से पहले आपके सूक्ष्म शरीर में छ: माह पहले आ जाती है। यानि छ: माह पहले अगर सूक्ष्म शरीर पर ही उसका इलाज कर दिया जाये तो बहुत सी बिमारियों पर विजय पाई जा सकती है।

इसी प्रकार भारतीय योग कहता है कि मृत्यु की घटना भी अचानक नहीं घटती वह भी शरीर पर छ: माह पहले से तैयारी शुरू कर देती है। पर इस बात का एहसास हमें क्यों नहीं होता।

पहली बात तो मनुष्य मृत्यु के नाम से इतना भयभीत है कि वह इसका नाम लेने से भी डरता है। दूसरा वह भौतिक वस्तुओं के साथ रहते-रहते इतना संवेदनहीन हो गया है कि उसने लगभग अपनी अतीन्द्रिय

शक्तियों से नाता तोड़ लिया है। वरना और कोई कारण नहीं है।

पृथ्वी का श्रेष्ठ प्राणी मनुष्य इतना दीन हीन है । पशु पक्षी भी अतीन्द्रिय ज्ञान में उससे कहीं आगे है।साइबेरिया में आज भी कुछ ऐसे पक्षी हैं जो बर्फ गिरने के ठीक 14 दिन पहले वहां से उड़ जाते हैं। न एक दिन पहले न एक दिन बाद।जापान में आज भी ऐसी चिड़िया पाई जाती है जो भूकंप के 12 घंटे पहले वहाँ से गायब हो जाती है।और भी न जाने कितने पशु-पक्षी हैं जो अपनी अतीन्द्रिय शक्ति के कारण ही आज जीवित हैं।

भारत में हजारों योगी मरने की तिथि पहले ही घोषित कर देते हैं। विनोबा भावे ने कई महीनों पहले कह दिया था कि 'मैं शरद पूर्णिमा के दिन अपनी देह का त्याग करूंगा'।ठीक महाभारत काल में भी भीष्म पितामह ने भी अपने देह त्याग के लिए दिन चुना था। कुछ तो हमारे स्थूल शरीर के उपर ऐसा घटता है, जिससे योगी जान जाते हैं कि अब हमारी मृत्यु का दिन करीब आ गया है।

आम आदमी उस बदलाव को क्यों नहीं महसूस कर पाता। क्योंकि वह अपने दैनिक कार्यो के प्रति सोया हुआ है। योगी थोड़ा सजग है। वह जागने का प्रयोग कर रहा है। इसी से उस परिवर्तन को वह देख पाता है; महसूस कर पाता है।एक उदाहरण है - जब आप रात को बिस्तर पर सोने के लिए जाते है। सोने और निंद्रा के बीच में एक संध्या काल आता है, एक न्यूटल गीयर, पर वह पल के हज़ारवें हिस्से के समान होता है। उसे देखने के लिए बहुत होश चाहिए। आपको पता ही नहीं चल पाता कि कब तक जागे और कब नींद में चले गये। पर योगी सालों तक उस पर मेहनत करता है। जब वह उस संध्या काल की अवस्था से परिचित हो जाता है। मरने के ठीक छ: महीने पहले मनुष्य के चित की वही अवस्था सारे दिन के लिए हो जाती है। तब योगी समझ जाता है अब मेरी बड़ी संध्या का समय आ गया। पर पहले उस छोटी संध्या के प्रति सजग होना पड़ेगा। तब महासंध्या के प्रति आप जान पायेंगे।जब मौत आने का समय होता है तो पहले ही हमारे पूरे शरीर का स्नायु तंत्र प्राण ऊर्जा का घेरा उलटा कर देता है। यानि आप साँसें तो लेंगे पर उसमें प्राण तत्व नहीं ले रहे होंगे। शरीर प्राण तत्व छोड़ना शुरू कर देता है। ध्यान में बैठिए व सज़ग

हो जाइए, मृत्यु का पूर्वाभास हो जाएगा ।
    ओशो; महावीर वाणी

10

मनुस्मृति

"जहां कहीं भी सुन्दर स्त्री,रत्न,विद्या,धर्म,पवित्रता,उपदेश तथा शिल्प का ज्ञान मिले उसे बिना संकोच प्राप्त करने का प्रयास करना चाहिए|"- मनुस्मृति

मनुस्मृति भारत में "हिन्दू लॉ" का आधारभूत ग्रन्थ है परन्तु भारत के कई राजनीतिक दल मनुस्मृति को पिछड़े वर्गों के लिए समाज विरोधी मानते हैं | आइये जानते हैं इसके पीछे सच्चाई क्या है| कुछ लोग बगैर किसी आधार के मानते हैं कि कोई दो हजार साल पहले ब्राह्मणों ने 'मनुस्मृति' की रचना उस वक्त की जब देश से ब्राह्मणों और ब्राह्मणवादी विचारों का वर्चस्व खत्म हो रहा था। ऐसे में ब्राह्मणों ने अपने वर्चस्व को पुन: स्थापित करने के लिए मनु स्मृति लिखी और इसमें ब्राह्मणों को देवतुल्य घोषित किया गया। लेकिन ऐसा मानने वाले इतिहास को गहराई से अध्ययन नहीं किया । यदि वे गुलामी के काल का अच्छे से अध्ययन कर लेते, तो संभवत: ऐसा नहीं मानते। लेकिन यह भी सच ही है कि दुनिया के कानून का नक्शा मनु स्मृति को आधार मानकर ही बनाया गया है।

मनु स्मृति में हेरफेर : ऐसी मान्यता है कि अंग्रेज काल में इस ग्रंथ में हेरफेर करके इसे जबरन मान्यता दी गई और इस आधार पर हिन्दुओं का कानून बनाया गया। जब अंग्रेज चले गए तो भारत में जो सरकार बैठी उसने यह कभी ध्यान नहीं दिया की अंग्रेजों द्वारा जो गड़बड़ियां की

गई थी उसे ठीक किया जाए। उन्होंने भी अंग्रेजों का अनुसरण करते हुए अंग्रेजों की ही परंपरा को आगे बढ़ाया।

कुछ विद्वान मानते हैं कि मनुस्मृति में वेदसम्मत वाणी का खुलासा किया गया है। वेद को कोई अच्छे से समझता या समझाता है तो वह है- मनुस्मृति। लेकिन फिर भी राजा मनु ने इसमें कुछ अपने विचार भी प्रक्षेपित किए हैं। मनु स्मृति की बात करें तो अब तक 14 मनु हो गए हैं। प्रत्येक मनु ने अलग मनु स्मृति की रचना की है। इसी तरह प्रयेक ऋषियों की अलग अलग स्मृतियां हैं और इस तरह कम से कम 20-25 स्मृतियां मौजूद हैं।

मनस्मृति पुस्तक महाभारत और रामायण से भी प्राचीन है। गीता प्रेस गोरखपुर या फिर गायत्री परिवार से प्रकाशित मनुस्मृति को ही पढ़ना चाहिए, क्योंकि अन्य प्रकाशनों की मनुस्मृति पर भरोसा नहीं किया जा सकता कि वह सही है या नहीं। ऐसे भी मनुस्मृति है जिसमें कुछ सूत्रों श्लोकों के साथ छेड़कानी करके उसे खूब प्रचारित और प्रसारित किया गया है।

मनुस्मृति के अनेक मत या वाक्य जो निरुक्त, महाभारत आदि प्राचीन ग्रंथों में नहीं मिलते हैं, उनके हेतु पर विचार करने पर भी कई उत्तर प्रतिभासित होते हैं। इस प्रकार के अनेक तथ्यों का बुहलर (Buhler, G.) (सैक्रेड बुक्स ऑव ईस्ट सीरीज, संख्या 25), पाण्डुरंग वामन काणे (हिस्ट्री ऑव धर्मशात्र में मनुप्रकरण) आदि विद्वानों ने पर्याप्त विवेचन किया है। यह अनुमान बहुत कुछ संगत प्रतीत होता है कि मनु के नाम से धर्मशास्त्रीय विषय परक वाक्य समाज में प्रचलित थे, जिनका निर्देश महाभारतादि में है तथा जिन वचनों का आश्रय लेकर वर्तमान मनुसंहिता बनाई गई, साथ ही प्रसिद्धि के लिये भृगु नामक प्राचीन ऋषि का नाम उसके साथ जोड़ दिया गया। मनु से पहले भी धर्मशास्त्रकार थे।

मनु स्मृति की ऐतिहासिकता : ऐतिहासिक प्रमाणों और साहित्यिक तथ्यों के अनुसार महाभारत का रचनाकाल 3150 ईसा पूर्व अर्थात आज से लगभग 5,165 वर्ष पूर्व का माना जाता है। 'महाभारत' में महाराजा मनु की चर्चा बार-बार की गई है (महाभारत अनुशासन पर्व

और शांतिपर्व देखें), किंतु मनुस्मृति में महाभारत, कृष्ण या वेदव्यास का नाम तक नहीं है।

उसी तरह आधुनिक शोध के अनुसार राम का जन्म 10 जनवरी 5114 ईसा पूर्व हुआ था अर्थात आज से 7,128 वर्ष पूर्व। लगभग इसी काल में वाल्मीकिजी ने रामायण लिखी थी। महर्षि वाल्मीकि रचित रामायण (वाल्मीकि रामायण 4-18-30, 31, 32 देखें) में मनुस्मृति के श्लोक व महाराज मनु की प्रतिष्ठा मिलती है किंतु मनुस्मृति में वाल्मीकि या भगवान राम आदि का नाम तक नहीं मिलता।

महाभारत और रामायण में ऐसे कुछ श्लोक हैं, जो मनुस्मृति से ज्यों के त्यों लिए गए हैं। अतः इससे सिद्ध होता है कि मनु महाराज श्रीकृष्ण और राम से पहले हुए थे और उनकी मनुस्मृति उन्हीं के काल में लिखी गई थी।

चीन से प्राप्त पुरातात्विक प्रमाण: विदेशी प्रमाणों में मनुस्मृति के काल तथा श्लोकों की संख्या की जानकारी कराने वाला एक महत्वपूर्ण पुरातात्विक प्रमाण चीन में मिला है। सन् 1932 में जापान ने बम विस्फोट द्वारा चीन की ऐतिहासिक दीवार को तोड़ा तो उसमें से एक लोहे का ट्रंक मिला जिसमें चीनी भाषा की प्राचीन पांडुलिपियां भरी थीं। ये पांडुलिपियां सर आगस्टस रिट्ज जॉर्ज (Sir Augustus Fritz) के हाथ लग गईं और उन्होंने इसे ब्रिटिश म्यूजियम में रखवा दिया था। उन पांडुलिपियों को प्रोफेसर एंथोनी ग्रेम (Prof. Anthony Graeme) ने चीनी विद्वानों से पढ़वाया तो यह जानकारी मिली|

चीन के राजा शी लेज वांग (Chin-Ize-Wang) ने अपने शासनकाल में यह आज्ञा दी कि सभी प्राचीन पुस्तकों को नष्ट कर दिया जाए। इस आज्ञा का मतलब था कि चीनी सभ्यता के सभी प्राचीन प्रमाण नष्ट हो जाएं। तब किसी विद्याप्रेमी ने पुस्तकों को ट्रंक में छिपाया और दीवार बनते समय चुनवा दिया। संयोग से ट्रंक विस्फोट से निकल आया।

चीनी भाषा के उन हस्तलेखों में से एक में लिखा है कि मनु का धर्मशास्त्र भारत में सर्वाधिक मान्य है, जो वैदिक संस्कृत में लिखा है और 10,000 वर्ष से अधिक पुराना है तथा इसमें मनु के श्लोकों की

संख्या 680 (?) भी बताई गई है।किंतु वर्तमान में मनु स्मृति में 2400 के आसपास श्लोक हैं।

इस दीवार के बनने का समय लगभग 220 से 206 ईसा पूर्व का है अर्थात लिखने वाले ने कम से कम 220 ईसा पूर्व ही मनु के बारे में अपने हस्तलेख में लिखा। 220+10,000= 10,220 ईसा पूर्व मनुस्मृति लिखी गई होगी अर्थात आज से 12,234 वर्ष पूर्व मनुस्मृति उपलब्ध थी।

किसने रची मनु स्मृति : धर्मशास्त्रीय ग्रंथकारों के अतिरिक्त शंकराचार्य, शबरस्वामी जैसे दार्शनिक भी प्रमाणरूपेण इस ग्रंथ को उद्धृत करते हैं। कुछ विद्वान मानते हैं कि परंपरानुसार यह स्मृति स्वायंभुव मनु द्वारा रचित है, वैवस्वत मनु या प्राचनेस मनु द्वारा नहीं। महाभारत ने स्वायंभुव मनु एवं प्राचेतस मनु में अन्तर बताया है, जिनमें प्रथम धर्मशास्त्रकार एवं दूसरे अर्थशास्त्रकार कहे गये हैं।

हिन्दू धर्मग्रंथों के अनुसार राजा वैवस्वत मनु का जन्म 6382 विक्रम संवत पूर्व वैशाख कृष्ण पक्ष 1 को हुआ था अर्थात ईसा पूर्व 6324 को हुआ था। इसका मतलब कि आज से 8,340 वर्ष पूर्व राजा मनु का जन्म हुआ था।

वैवस्वत मनु को श्राद्धदेव भी कहते हैं। इन्हीं के काल में विष्णु ने मत्स्य अवतार लिया था। इनके पूर्व 6 और मनु हो गए हैं। स्वायंभुव मनु प्रथम मनु हैं, तो क्या प्रथम मनु के काल में मनुस्मृति लिखी गई? स्वायंभुव मनु 9057 ईसा में हुए थे। ये भगवान ब्रह्मा की दो पीढ़ी बाद हुए थे।

कुछ इतिहासकार मानते हैं कि उनका काल 9000 से 8762 विक्रम संवत पूर्व के बीच का था अर्थात 8942 ईसा पूर्व उनका जन्म हुआ था। इसका मतलब आज से 10,956 वर्ष पूर्व प्रथम राजा स्वायंभुव मनु थे। तो कम से कम आज से 10,000 वर्ष पुरानी है हमारी 'मनुस्मृति'।

संदर्भ :Education in the Emerging India (R.P. Pathak),मनु धर्मशास्त्र : ए सोशियोलॉजिकल एंड हिस्टोरिकल स्टडीज' (मोटवानी)

मनु स्मृति का अध्ययन करने से यह भी पता चलता है कि स्वायंभुव मनु के मूलशास्त्र का आश्रय कर भृगु ने उस स्मृति का उपवृहण किया था, जो प्रचलित मनुस्मृति के नाम से प्रसिद्ध है। इस 'भार्गवीया

मनुस्मृति' की तरह 'नारदीया मनुस्मृति' भी प्रचलित है। मनु महाराज के जीवन और उनके रचनाकाल के विषय में इतिहास-पुराण स्पष्ट नहीं हैं। तथापि सभी एक स्वर से स्वीकार करते हैं कि मनु आदिपुरुष थे और उनका यह शास्त्र आदिशास्त्र है। 'मनुस्मृति' भारतीय संस्कृति का अभिन्न अंग है। इसकी गणना विश्व के ऐसे ग्रन्थों में की जाती है, जिनसे मानव ने वैयक्तिक आचरण और समाज रचना के लिए प्रेरणा प्राप्त की है।

नारद-स्मृति में आया है कि मनु ने 1,00,000 श्लोकों, 1080 अध्यायों एवं 24 प्रकरणों में एक धर्मशास्त्र लिखा और उसे नारद को पढ़ाया, जिसने उसे 12,000 श्लोकों में संक्षिप्त किया और मार्कण्डेय को पढ़ाया। मार्कण्डेय ने भी इसे 8,000 श्लोकों में संक्षिप्त कर सुमति भार्गव को दिया, जिन्होंने स्वयं उसे 4,000 श्लोकों में संक्षिप्त किया। मनुस्मृति में बहुत-से ऐतिहासिक नाम आये हैं, यथा- अंगिरा, अगस्त्य, वेन, नहुष, सुदास, पैजवन, निमि, पृथु, मनु, कुबेर, गाधिपुत्र विश्वामित्र, वसिष्ठ, वत्स, अक्षमा, सारङ्गी, दक्ष, अजीगर्त, वामदेव, भरद्वाज। इनमें बहुत-से नाम वैदिक परम्परा के भी हैं।

कुछ भारतीय विद्वान मनु स्मृति के रचना काल को ईसा पूर्व एक हजार वर्ष से लेकर ईसा पूर्व दूसरी सदी तक का मानते हैं। धर्म, वर्ण और आश्रमों के विषय में ज्ञान प्राप्ति हेतु जब ऋषिगण स्वायंभुव मनु के समक्ष उपस्थित हुए तो उन्होंने कहा कि मैंने यह ज्ञान ब्रह्मा से प्राप्त किया और मरीचि आदि मुनियों को सुनाया। ये भृगु (जो वहां उपस्थित थे) मुझसे सब विषयों को अच्छी तरह समझ चुके हैं और अब ये आप लोगों को बताएंगे। इस पर भृगु ने मनु की उपस्थिति में, उनका बताया ज्ञान, उन्हीं की शब्दावली में अन्यों को दिया। यही ज्ञान गुरु-शिष्य परंपरा में 'मनुस्मृति' या 'मनु-संहिता' के नाम से प्रचलित हुआ। भारत में मनुस्मृति का सर्वप्रथम मुद्रण 1813 ई. में कलकत्ता में हुआ था। 2694 श्लोकों का यह ग्रंथ 12 अध्यायों में विभक्त है। विभिन्न अध्यायों के विषय इस प्रकार हैं:-

1.वर्णाश्रम धर्म की शिक्षा,2.धर्म की परिभाषा,3.ब्रह्मचर्य, विवाह के प्रकार आदि,4.गृहस्थ जीवन,5.खाद्य-अखाद्य विचार तथा जन्म-

मरण, अशौच और शुद्धि,6.वानप्रस्थ जीवन,7.राजधर्म और दंड,8.न्याय शासन,9.पति-पत्नी के कर्तव्य,10.चारों वर्णों के अधिकार और कर्तव्य,11.दान-स्तुति,प्रायश्चित आदि तथा 12.कर्म पर विचेचन और ब्रह्म की प्राप्ति।

सनातन धर्म की सहज स्वीकार्यता के बावजूद भी कुछ लोग उसे पूरी तरह समझ नहीं सके| अपनी अज्ञानता और अपने स्वार्थ के लिए कमियाँ निकाल कर उसका विरोध करने लगे | भारतीय संविधान समिति के अध्यक्ष डॉक्टर अम्बेडकर भी थे जिन्होंने अनुस्मृति की प्रतियां जलाई थी | उनके इस कार्य से दलितों का एक ऐसा समुदाय जन्मा जो आज खुले रूप में खुद के ही देवी देवताओं को अपशब्द कहने में अपनी शान समझता है। ये बहुत आश्चर्य की बात है कि आज कल जो दलित युवा मनुस्मृति जलाने में गर्व महसूस करते हैं उनमें से 99% ने कभी मनुस्मृति पढ़ी ही नही है ।मनुस्मृति में ऐसा कुछ भी नही लिखा जो दलित विरोधी हो। दलित नाम का शब्द ही हिन्दू धर्म मे नही है।

तो आखिर समस्या पैदा कैसे हुई? दरअसल ये विवाद केवल उस वजह से है क्योंकि अम्बेडकर और उनके समर्थक दो शब्दों के बीच के अंतर को कभी समझ ही नही सके, या यूं कहें कि समझना भी नहीं चाहते । वे दो शब्द हैं - वर्ण और जाति।

सबसे पहले तो आप इस बात को जान लें कि सनातन हिन्दू धर्म मे मनुष्यों के बीच कभी भी जाति शब्द का उपयोग हुआ ही नही है। जाति का अर्थ बहुत व्यापक और बिल्कुल अलग समुदाय के रूप में किया जाता है और हमारे ग्रंथों में जाति की ये परिभाषा बहुत सटीक रूप से वर्णित है। जैसे मनुष्य एक अलग जाति है। उसी प्रकार राक्षस, दैत्य, दानव, नाग, यक्ष, गंधर्व इत्यादि ये अलग-अलग जातियाँ हैं। ये जातियाँ एक दूसरे से बहुत भिन्न होती थी। आप समझ सकते हैं कि मनुष्य और राक्षस, ये दोनो जातियाँ कितनी भिन्न है। लेकिन कही भी, कभी भी मनुष्यों के अंदर अलग-अलग जातियों का वर्णन नही किया गया है।

अब आते हैं वर्ण पर। ये बिल्कुल सत्य है कि मनुष्य जाति सदा से 4 वर्णों में बंटी हुई थी जिसे कुछ अल्पबुद्धि व्यक्तियों ने जाति समझ लिया। क्या वर्ण व्यवस्था गलत है? नही, बिल्कुल नही। ऐसे बचकाने

कुतर्क वही व्यक्ति देते हैं जिन्हें वर्ण का वास्तविक अर्थ ही नही पता। आइये एक बार संक्षेप में वर्ण को समझ लेते हैं।

जो 4 वर्ण हमारे धर्मग्रंथों में वर्णित हैं वो सभी परमपिता ब्रह्मा से ही उत्पन्न हुए हैं और इसीलिए समान हैं। अब प्रश्न उठता है कि अगर समान है तो फिर 4 अलग अलग वर्ण की क्या आवश्यकता थी?

वर्ण व्यवस्था समाज में तारतम्य स्थापित करने के लिए बनाई गई थी। वास्तव में वर्ण व्यवस्था मनुष्यों का नही बल्कि उनके दायित्वों का वर्गीकरण है। ये चारों वर्ण ब्रह्मा से ही उत्पन्न हुए |

क्या एक वर्ण के व्यक्ति को केवल वही काम करना पड़ता था जो उसके लिए निर्दिष्ट था? नही, ऐसा नही है। पुरातन काल में ये व्यवस्था थी कि व्यक्ति अपने कर्मों द्वारा अपना वर्ण बदल सकता था। वो वर्ण व्यवस्था पूर्णतः कर्म प्रधान थी। कुछ उदाहरण देखिये:

- परशुराम और द्रोणाचार्य ब्राह्मण थे किंतु कर्म से क्षत्रिय बने।
- वेदव्यास और वाल्मीकि जैसे महान ऋषि शूद्र वर्ण में जन्में किन्तु अपने कर्म से ब्राह्मणत्व को प्राप्त हुए।
- सत्राजित वैश्य था किंतु उसने कर्म से शूद्र वर्ण प्राप्त किया और असीमित भूमि प्राप्त की।
- विश्वामित्र क्षत्रिय थे किंतु अपने कर्म से ना सिर्फ ब्राह्मण बनें बल्कि ब्रह्मर्षि पद को प्राप्त किया।

अर्थात अपने कर्मों द्वारा व्यक्ति एक वर्ण से दूसरे वर्ण में जा सकता था, इसपर कोई रोक टोक नही थी। जिन्हें ये गलतफहमी है कि शूद्र नीचा वर्ण था उसे ये जानना चाहिए कि शूद्र वर्ण में जन्में महर्षि वाल्मीकि के सामने भगवान श्रीराम शीश झुकाते थे। निषादराज गुह श्रीराम के अभिन्न मित्र थे। उसी प्रकार शूद्र वर्ण में जन्मे वाल्मीकि के सामने भगवान श्रीकृष्ण नतमस्तक रहते थे। जब भगवान ने वर्णों में अंतर नही माना तो हम इंसान कौन होते हैं? इसीलिए इन तुच्छ विचारों को अपने मन से सदा के लिए निकाल दें।

आखिर ये विवाद आखिरकार आरम्भ कैसे हुआ। दलित समाज के मन मे ये बात भर दी गयी है कि दलितों पर हजारों वर्षों से अत्याचार हो रहा है जो बिल्कुल गलत है। भारत मेप्राचीन काल से दलित और सवर्ण का कभी कोई भेद नही था। ये विवाद केवल 500–600 वर्ष पुराना है। समस्या आरम्भ हुई जब मुगलों ने भारत पर आक्रमण किया और फिर यहां की सत्ता हथिया ली। उन्होंने जबरन हिंदुओं का धर्म परिवर्तन करवाया, जो ना मानें उन्हें मार डाला गया। उसी काल मे पहली बार सवर्ण-दलित फूट की नींव पड़ी।

ये फूट खाई में तब तब्दील हुई जब 17वीं शताब्दी में पहले पुर्तगाली और फिर अंग्रेजों के पास सत्ता आयी। उन्होंने अपने शातिर दिमाग से इस छोटी समस्या को बहुत बड़ा बना दिया। दलित समाज को जान बूझ कर ऐसे कार्यों में लगाया जाने लगा जिससे उनके आत्मसम्मान को चोट लगे। अपने 200 वर्षों के शासन में अंग्रेजों ने इस गलतफहमी को बद से बदतर कर दिया। ये इसीलिए भी आवश्यक था क्योंकि उनके पास सैन्यबल बहुत कम था और अगर वे हिंदुओं में आपसी फूट ना डालते तो उनका राज्य कर पाना असंभव होता।

भारत की आजादी के बाद अंग्रेज चले गए और स्वार्थी नेता आ गए जो आज संसद में बैठते हैं। उन लोगों ने इस स्थिति को भयावह बना दिया है। वे केवल ऊंची नीची जाति के खेल तक नही रुके बल्कि उन्होंने ब्राह्मणों, क्षत्रियों, वैश्यों और शूद्रों के आंतरिक समाज तक मे फूट पड़वा दी। तभी आज दलित महादलित के लिए और लिंगायत ब्राह्मण समाज से अलग होने के लिए लड़ रहा है। ये "दलित" शब्द उन्ही धूर्तों की देन है अन्यथा इससे पहले कभी ये शब्द उपयोग में नही लाया गया था। महात्मा गांधी दलित के स्थान पर "हरिजन"शब्द का प्रयोग करते थे, हालांकि इसकी कोई आवश्यकता ही नही थी।रही सही कसर अम्बेडकर ने जातिगत आरक्षण दे कर पूरी कर दी।

25 दिसंबर 1927 को अम्बेडकर ने पवित्र मनुस्मृति जलाकर सारी हदें पार कर दी।बाद में अम्बेडकर स्वयं तो बौद्ध धर्म अपना कर अलग हट गए और दलित समाज को आपस में लड़नें के लिए छोड़ दिया। उसका सबसे अधिक फायदा मुस्लिम और ईसाईयों ने उठाया

और दलितों का बेदर्दी से धर्मांतरण करवाया। अम्बेडकर को लंदन भेजने और पढ़ाई का पूरा खर्च एक ब्राह्मण जर्मींदार ने उठाया था।अम्बेडकर उपनाम भी उनके शिक्षक ने ही उन्हें दिया था जब देश के लोगों के पास पहनने को कपड़ा नही था उस काल मे अम्बेडकर सूट टाई पहनते थे और वापस भारत आने के बाद भी उनका पहनावा वही रहा।कभी जेल नहीं गए,कभी जन आन्दोलन में भाग नहीं लिया| वो संविधान समिति के अध्यक्ष थे और उन्हें भारत के संविधान निर्माता कह कर पेश किया गया |

इस देश के राजनेताओं से दो सबसे बड़ी गलती हुईः धर्म के आधार पर देश का बंटवारा।,दूसरी गलती जाति के आधार पर आरक्षण।आरक्षण मूल संविधान में केवल 10 वर्ष के लिए था लेकिन दलित समाज सदा केवल दलित ही बना रहे इसीलिए कुटिल नेताओं ने कभी इसे समाप्त नही किया, और करेंगे भी नही। इसीलिए इन राजनेताओं के बहकावे मे ना रहें और आपस मे लड़ते ना रहें। ये कभी ना भूलें कि हिन्दू धर्म की वर्ण व्यवस्था को कुछ स्वार्थी लोगों ने अपने फायदे के लिए जाति प्रथा में बांट दिया ताकि हिन्दू आपस मे ही लड़कर कमजोर हो जाएं और ये सदा राज करते रहें। सदैव ये याद रखें कि हम सभी परमपिता ब्रह्मा की ही संतान हैं और बिल्कुल समान हैं। अतः आप किसी भी वर्ण के हों , अपने हिन्दू होने पर गर्व करें।अतीत में अपने फायदे के लिए वर्ण को जाति बना कर दलितों पर जो अत्याचार हुआ है वो अत्यंत खेदजनक है। उसका किसी भी रूप में समर्थन नही किया जा सकता किन्तु अब उसे बदला नही जा सकता।

हिंदुओं को दलित विरोधी दिखाने के लिए अंग्रेज और उस समय के इतिहासकार इस हद तक गए कि उन्होंने हमारे आराध्य श्रीराम के चरित्र हनन के लिए सीता निर्वासन और शम्बूक वध जैसे घटिया और झूठे प्रसंग रामायण में डलवाये। ये बात बहुत कम लोगों को पता होगी कि वाल्मीकि रामायण में शम्बूक नाम का कोई चरित्र ही नही है। और तो और, मूल रामायण श्रीराम के राज्याभिषेक के साथ ही समाप्त होती है किंतु आज जो आप उतरकांड नामक कांड रामायण और रामचरितमानस में देखते हैं वो भ्रामक और गलत तथ्यों से भरा हुआ है

जिसे 150–200 वर्ष पूर्व ही जान बूझ कर जोड़ा गया है।आप रामायण के पहले 6 कांड पढ़ें और फिर उत्तर कांड पढ़ेंगे तो आपको भाषा का अंतर साफ साफ समझ मे आ जाएगा। वो वाल्मीकि की भाषा ही नही है। गरुड़ और काकभुशुण्डि का प्रसंग उत्तरकांड में है जिसमें कुछ अच्छी बातें हैं किंतु रामायण के वो सारे प्रसंग जिससे जनमानस में श्रीराम की छवि धूमिल हो, इसी कांड में बाद में जान बूझ कर जोड़े गए। दूसरे काकभुशुण्डि और गरुड़ के संवाद से वाल्मीकि का कोई लेना देना नही है अतः इसे क्यों जोड़ा गया वो समझने में प्रयास करें। वाल्मीकि एक शूद्र होकर महर्षि पद कैसे प्राप्त कर सकते हैं, कदाचित ये बात उन लोगों को हजम नही हुई जो दलितों को सवर्णों से अलग करना चाहते थे।अन्यथा कोई कारण नही है कि जो वाल्मीकि रामायण के 6 कांडों में श्रीराम द्वारा वनवासी दलितों का उद्धार, निषादराज और शबरी से प्रेम, और तो और वानरों और भालुओं के प्रति भी उनका सम्मान दिखाते हैं, वो अचानक उत्तरकांड में श्रीराम से ही शम्बूक वध करवा दें।

इसी प्रकार रामचरितमानस के दोहे "ढोल, गवार, शुद्र, पशु, नारी। सकल ताड़ना के अधिकारी।।" इस को भी स्त्री और शूद्र विरोधी कह कर खूब उछाला गया जबकि लोगों को इस दोहे की समझ नही है। इसमें ताड़ना शब्द एक है लेकिन सबके लिए उसका अर्थ अलग अलग है। नारी और शूद्र के लिए जब ताड़ना शब्द का उपयोग हुआ है तो उसका अर्थ "दृष्टि रखना" है ना कि मारना। जब ये सब गंदगी हमारे समाज मे फैलाई जा रही होगी कदाचित उसी काल मे मनुस्मृति के अर्थों से भी छेड़ छाड़ की गई होगी। मूल मनुस्मृति को समझने की आवश्यकता है कि कैसे धर्मग्रंथों का गलत अर्थ निकाल कर दलितों को गुमराह किया गया। अतः, अब इस सत्य को समझने और सभी हिन्दुओं को एकजुट होकर राष्ट्रनिर्माण में योगदान देने की आवश्यकता है।

11
वेद, पुराण व रामायण

वेद क्या है ? वेद न केवल भारत अपितु सम्पूर्ण संसार के सबसे प्राचीन ग्रन्थ हैं । वेद सनातन धर्म के सबसे महत्वपूर्ण ग्रन्थ हैं और संसार के सबसे पुराने दस्तावेज भी हैं । वेदों के उल्लेख को वैज्ञानिकों ने भी सही माना है । ऐसा कहा जाता है कि वेदों से ही विश्व के अन्य धर्मों की उत्पत्ति हुई । और लोगों ने अपनी अपनी भाषा और ढंग में वेदों के ज्ञान को अपने जीवन में उतारा । वेद शब्द की उत्पत्ति संस्कृत के विद् शब्द से हुई है जिसका अर्थ है ज्ञान । इसलिए वेदों को ज्ञान के ग्रन्थ कहा जाता है । विद्या, विद्वान् आदि शब्दों की उत्पत्ति भी यहीं से हुई है । वेदों को श्रुति भी कहा जाता है क्यूंकि यह ज्ञान ईश्वर द्वारा ऋषि मुनियों को सुनाया गया था । उस काल में वेद लिखित रूप में नहीं थे तो इस ज्ञान को स्मृति के रूप में ही याद रखा गया था । इसलिए यह स्मृति और बुद्धि पर आधारित ग्रन्थ था ।

<u>वेदव्यास के अनुसार कैसा होगा कलयुग ?</u> वेदों को कुछ हज़ार वर्ष पुराना माना गया है जबकि वास्तव में वेद 1अरब 97 करोड़ वर्षों से भी अधिक प्राचीन हैं । वर्तमान में वेदों को हम चार नामों से जानते हैं । ऋग्वेद, सामवेद, यजुर्वेद और अथर्ववेद| इनके उपवेद क्रमशः आयुर्वेद, गंधर्ववेद, धनुर्वेद और स्थापत्य वेद हैं । परन्तु ऐसा कहा जाता है कि पहले केवल एक ही वेद था । द्वापर युग की समाप्ति के पूर्व तक वेद एक

ही था । बाद में समझने हेतु इन्हे सरल बनाने के लिए वेद को चार भागों में विभाजित किया गया । ऋग्ग को धर्म, यजुर को मोक्ष, साम को काम और अथर्व को अर्थ भी कहा जाता है । और इसी आधार पर धर्मशास्त्र, मोक्षशास्त्र, कामशास्त्र और अर्थशास्त्र भी लिखे गए ।

वेदों के प्रकार :वेदों में मनुष्य जीवन से सम्बंधित हर बात उल्लेखनीय है । उदाहरण के लिए वेदों में आयुर्वेद, खगोल, भूगोल, ब्रह्माण्ड, ज्योतिष, रसायन, गणित, धार्मिक नियम, भौतिक विज्ञान, प्रकृति, इतिहास, विधि विधान आदि के विषय में सम्पूर्ण जानकारी है । ऐसा माना जाता है कि अग्नि, वायु और सूर्य ने तपस्या करके ऋग्वेद, यजुर्वेद और सामवेद का ज्ञान प्राप्त हुआ । इसलिए इन वेदों को अग्नि, वायु और सूर्य से जोड़ा जाता है । और अथर्ववेद को अंगिरा से जोड़ा जाता है । यह जानना भी रोचक है कि वेदों की 28000 पांडुलिपियां पुणे के भांडारकर प्राच्य शोध संस्थान में रखी हुई हैं । जिनमे ऋग्वेद की 30 पांडुलिपियों को यूनेस्को ने भी विरासत की उपाधि देकर इस सूची में सम्मिलित किया है । अब संक्षिप्त में बात करते हैं चारों वेदों की ।

ऋग्वेद सबसे पहला और सबसे प्राचीन वेद है । जिसमे 10 अध्याय, 1028 सूक्त और 11000 मन्त्र हैं । इसमें देवताओं का आवाहन कैसे किये जाए वो सभी मन्त्र हैं । साथ ही चिकित्सा, भौगोलिक स्थिति, देवताओं की प्रार्थना और देवलोक में देवताओं की स्थिति के अतिरिक्त अनेक बातों का वर्णन मिलता है ।

यजुर्वेद की दो शाखाएं हैं जिनके नाम शुक्ल और कृष्ण हैं । इस वेद में यज्ञ की वास्तविक प्रक्रिया के मन्त्र उल्लेखनीय हैं ।

सामवेद में ऋग्वेद की ऋचाएं गीत रूप में हैं । इसमें लगभग सभी मन्त्र ऋग्वेद से ही हैं| इस वेद में अग्नि, सविता, देवताओं के विषय में उल्लेख है ।

अथर्ववेद में प्राकृतिक औषधि अर्थात जड़ी बूटी, आयुर्वेद, रहस्यमयी विद्याओं, आदि का उल्लेख है ।

पुराण क्या हैं?पुराणों की संख्या कुल मिलाकर 18 है । ऐसी भी मान्यता है कि वेदों को लिखित रूप में लाने के बाद भी सभी श्लोकों में लगभग 100 करोड़ श्लोक बच गए थे । इन श्लोकों का संकलन वेद

व्यास द्वारा किया गया । जिसमे से मुख्य 18 संकलनो को पुराण कहा गया, इसके बाद लगभग 18 उपपुराण लिखे गए । और इनके अतिरिक्त बचे हुए श्लोकों को लेकर 28 उपपुराण और भी लिखे गए । मुख्य 18 पुराणों में 6 पुराण ब्रह्मा, 6 विष्णु और 6 महेश को समर्पित हैं ।भगवान विष्णु को समर्पित 6 पुराणों के नाम विष्णु पुराण, नारद पुराण, वामन पुराण, मत्स्य पुराण, गरुण पुराण, श्रीमद्भागवत पुराण हैं । वैष्णव सम्प्रदाय के लोग इन्ही पुराणों के उल्लेखों का अनुसरण करते हैं ।ब्रह्म पुराण, भविष्य पुराण, अग्नि पुराण, ब्रह्मवैवर्त पुराण, ब्रह्माण्ड पुराण और पद्म पुराण हैं ।महेश अर्थात शिव जी को समर्पित पुराण शिव पुराण, लिंग पुराण, कूर्म पुराण, मार्कण्डेय पुराण, स्कन्द पुराण, और वाराह पुराण हैं ।

वेद और पुराणों में अंतर : वेदों में जैसा कि हमने बताया मानव जीवन से सम्बंधित हर बात का वर्णन है । वेदों के श्लोकों के माध्यम से नियम बताये गए हैं । जीवन में हर कार्य व्यवस्थित ढंग से कैसे किया जाए परन्तु मानव जाति के लिए वेदों को समझना बहुत कठिन है । प्रत्येक तथ्य के पीछे क्या धारणा और मंतव्य है ये हम नहीं समझ सकते ।इसलिए इन सभी नियमों को पुराणों के माध्यम से समझाया गया है । पुराणों में वेदों के नियमों को कहानियों के माध्यम से समझाने का प्रयास किया गया है । कहानी और इतिहास के माध्यम से हम बेहतर ढंग से समझ सकते हैं कि हमे जीवन में किस प्रकार किस दिशा की ओर अग्रसर होना है ।

****

रामायण: भारतीय साहित्य के दो प्रमुख महाकाव्य है जिसमें से पहला है रामायण और दूसरा है महाभारत। हिंदू धर्म में दोनों ही महकाव्यों का अपना-अपना अलग महत्व है।हिन्दू धर्म के प्रमुख महाकाव्य रामायण की रचना <u>महर्षि वाल्मीकि</u> ने की थी, जो वास्तव में एक डाकू थे जिनका नाम रत्नाकर था। जिन्होनें एक घटना से प्रेरित होकर अपना पूरा जीवन बदल दिया और फिर रामायण जैसे महाकाव्य की रचना की। रामायण में भगवान विष्णु के अवतार राम चंद्र जी के चरित्र का पूरा विवरण दिया गया है। इस पवित्र ग्रंथ में 24 हजार

श्लोक, 500 उपखंड और 7 कांड हैं।श्रीरामचंद्र जी का जन्म चैत्र मास के शुक्लपक्ष की नवमी तिथी को पुनर्वसु नक्षत्र और कर्क लग्न में 10 जनवरी 5114 ईसा पूर्व अयोध्या में हुआ था हुआ था|

रामायण में क्या है?रामायण में सात काण्ड हैं :

1 बालकाण्ड,2. अयोध्याकाण्ड 3. अरण्यकाण्ड4. किष्किन्धाकाण्ड 5. सुन्दरकाण्ड 6. लंकाकाण्ड 7. उत्तरकाण्ड |

रामायण से हमें क्या शिक्षा मिलती है ?

1.कलयुग में राम का नाम ही तारणहार है : दक्षिण भारत में राम के जीवन चरित्र को लेकर चर्चा होती है और उन्हें आदर्श मानकर उदाहरण दिए जाते हैं। वहां राम के जीवन को लेकर लोगों में बहुत उत्सुकता है, लेकिन उत्तर भारत में राम के जीवन से लोग कोई शिक्षा नहीं लेते बल्कि उन्होंने राम को पूज्यनीय बना दिया है। अर्थात पूजा तक ही सीमित रखा है। राम की याद भी तभी आती है जब रामनवमी आती है।राम एक आज्ञाकारी पुत्र,आदर्श पति, भात्र प्रेमी ,धर्म रक्षक और जनप्रिय राजा, बहादुर योद्धा और एक सच्चे मानव थे| उनका चरित्र युगों युगों तक सदा अनुकरणीय रहेगा |

2. त्याग की भावना रखो : हम देश और समाज की बात नहीं करते लेकिन कम से कम आप अपने परिवार के प्रति तो त्याग की भावना रखो। प्रभु श्री राम ने राजमहल त्याग कर वनवास धारण किया। यह देखकर लक्ष्मण ने भी उनके साथ सभी सुख त्याग दिए, भरत ने अयोध्या का त्याग कर 14 वर्ष तक वनवासियों की तरह नंदीग्राम में जीवन बिताया। भरत जी नंदिग्राम में रहते हैं, तो शत्रुघ्न जी उनके आदेश से राज्य संचालन करते हैं। लक्ष्मण की पत्नी चाहती तो अपने पिता जनक के यहां चली जाती लेकिन नहीं उन्होंने भी सभी सुखों का त्याग कर दिया। यह देखकर शत्रुघ्न ने अपनी पत्नी श्रुतिकीर्ति से दूरी बना ली। भरत की पत्नी मांडवी ने भी भरत के साथ तपस्वियों जैसा जीवन बिताया। बड़े भाई पर संकट आया तो सभी भाइयों ने भी संकट को वरण कर उलिया। इस महाकाव्य में राजा दशरथ की तीनों रानियों और चारों बेटों का चरित्र अलग-अलग होता है। लेकिन इस विविधता के बावजूद उनमें किस तरह की एकजुटता रहती है यह हर परिवार के लिए

दुःख के समय से बाहर निकलने की सीख है।

3. बुराई से डरो: रामायण की सबसे बड़ी सीख थी बुराई पर अच्छाई की जीत। हमेशा अच्छे और सच्चे बने रहो। बुरी नियत से कोई कार्य मत करो। रामायण अनुसार व्यक्ति जब बुराई करता है तो उसे देखने वाले दो लोग होते हैं। एक वह खुद और दूसरा काल पुरुष या उस व्यक्ति के ईष्टदेव। इसलिए बुराई से डरो।

4. ऊंच नीच की भावन से बचो : प्रभु श्रीराम ने अपने जीवन से यह बताया और सिखाया कि संसार में कोई छोटा या कोई बड़ा नहीं होता। कोई उच्च वर्ग का या कोई निम्न वर्ग का नहीं होता है। प्रभु श्रीराम वन में वनवासियों और आदिवासियों की तरह ही रहे। उनका केवट, जटायु, संपाती, शबरी, वानर, रीछ आदि कई जनजातियों ने साथ दिया। वे कई ऋषि मुनियों के आश्रम के साथ ही आदिवासियों की झोपड़ी में भी रहे थे। सिर्फ राम ही नहीं संपूर्ण रामायण में हर पात्र ऊंच और नीच के विचारों से मुक्त है।भगवान श्री राम ने अपने जीवन में सभी से समान और सम्यक व्यवहार रखा। न किसी को राजा समझा और न रंक। न शक्तिशाली समझा और न कमजोर। उन्होंने पशु और पक्षियों के साथ भी वैसा ही व्यवहार किया जैसे कि एक मनुष्य के साथ किया जाता है। उनका विनम्र आचरण और अपने से बड़ों और छोटों सबको सम्मान देना हम सबको एक सीख देता है।

5. कुसंगति से बचो: रामायण हमें शिक्षा देती है कि अच्छी संगति में रहो। कुसंगति में रहकर महापंडित भी राक्षस बन जाते हैं। जिस तरह रावण की संगत गलत थी उसी तरह कैकय की संगत भी गलत थी। नकारात्मक और अपराधिक किस्म के लोगों से दूर रहने में ही भलाई है। इसलिए हमें सीख मिलती है कि हमें अच्छी संगति में रहना चाहिए ताकि नकारात्मकता हम पर हावी ना हो।

6. भक्ति में है शक्ति: संपूर्ण ब्रह्मांड में लक्ष्मण, भरत और हनुमानजी जैसा भक्त खोजना मुश्किल है। निःस्वार्थ सेवा और भक्ति का ही कमाल है कि बड़े बड़े समुद्र को लांघा जा सकता है, पहाड़ों को उठाया जा सकता है और समुद्र पर सेतु बांधा जा सकता है।जिन लोगों की भक्ति बदलती रहती है वे अधम मनुष्य अपना जीवन व्यर्थ गंवा देते

हैं। संसार में प्रभु श्रीराम की भक्ति ही तारने वाली और संकटों से बचाने वाली है। भक्तों में वह भक्त श्रेष्ठ है जो श्रीराम और उनके भक्तों का भक्त है। हनुमानजी की भक्ति हमें यह बताती है कि हमें अपने आराध्य के चरणों में बिना किसी संदेह के अपने आप को समर्पित कर देना चाहिए। जब हम अपने आपको उस सर्वव्यापक के चरणों में समर्पित कर देते हैं, तो हमें निर्वाण या मोक्ष की प्राप्ति होती है और जन्म-मरण से छुटकारा मिलता है।

7. बदले की भावना न रखो:प्रभु श्रीराम से बदला लेना चाहती थी सूर्पणखां। रावण के मन में भी अपनी बहन सूर्पनखा के अपमान का बदला लेने की भावना थी। बदले की भावना रखने वाला क्रोध, विश्वासघात और प्रतिशोध के खुद के जाल में खुद ही उलझता जाता है। अक्सर लोग दूसरे को नुकसान पहुंचाने के चक्कर में बदले की आग में खुद को ही जला बैठते हैं। कई लोग तो बहुत ही छोटी सी बात को लेकर ही बदला लेने के बारे में सोचने लगते हैं, जो कि बहुत ही बुरी स्थिति है।

8. धैर्य और शांति: प्रभु श्रीराम का धैर्य देखते ही बनता है। उन्होंने कभी भी क्रोध, व्यग्रता या बैचेनी का परिचय नहीं दिया बल्कि विपरित परिस्थिति में धैर्य दिखाया और समस्याओं के समाधना की बात सोची। सिर्फ राम ही नहीं रामायण का हर पात्र इसी का परिचय देता है।वीर पुरुषों में ही धैर्य होता है। इस धैर्य के कारण ही प्रभु श्रीराम के मुख पर परम शांति है। उनका शांत और दया भाव से एक पुत्र, पति, भाई और एक राजा की जिम्मेदारियों का निर्वहन करना हमें आपसी प्रेम और सम्मान जैसे मानवीय गुणों से अवगत कराता है। एक खुशहाल और संतुष्ट जीवन के लिए धैर्य और शांति से काम लेने की जरूरत होती है।

9. वचन का पालन करो :श्री राम से यह शिक्षा मिलती है कि प्राण जाई पर वचन ना जाई। प्रभु श्रीराम ने अपने जीवन में कई लोगों को वचन दिया और उसे पूरा भी किया। सुग्रीव को राजपद दिया, विभीषण को लंकेश बनाया और जामवंत ने जब कहा कि प्रभु इस युद्ध में तो मेरा पसीना ही नहीं निकला तब श्रीराम ने वचन दिया की आपकी इच्छा द्वापर में पूरी करूंगा। तब श्रीराम ने श्रीकृष्ण रूप में जामवंतजी से युद्ध किया और उनका पसीना बहा दिया।

10. हर पात्र से मिलती है शिक्षा:रामायण के हर पात्र से हमें मिलती है शिक्षा। कैकयी से यह शिक्षा मिलती है कि साथ में चमचे मत रखो या मंथरा जैसे सलाहकार मत रखो। दशरथ से यह शिक्षा मिलती है कि ऐसा कोई वचन मत दो जो मुसीबत खड़ी कर दे। हनुमानजी और लक्ष्मण जी से यह शिक्षा मिलती है कि प्रभु का प्रत्येक वचन ही हमारा जीवन और आदेश है। लक्ष्य को भेदना ही हमारा लक्ष्य है।

11. राज धर्म का पालन: प्रभु श्रीराम ने राजधर्म का पालन करने के लिए माता सीता का परित्याग कर दिया था। उन्होंने अपने राज्य की प्रजा को हर तरह से सुखी रखा। रामायण से हमें माता-पिता की आज्ञा का पालन करना, भाइयों से प्रेम करना, गुरु का आदर करना, अपने से छोटों को प्रेम और सम्मान देना, एक पत्निव्रत धर्म का पालन करना, पति के प्रति पूर्ण समर्पण भाव रखना, राजधर्म और कर्तव्य का पालन करना। बुराइयां छोड़कर भक्तिपूर्ण जीवन यापन करना और भौतिक सुख की जगह कम साधनों को अपनाना आदि सभी हमें रामायण से शिक्षा मिलती है। संपूर्ण रामायण भोगवादि संस्कृति के विरुद्ध त्याग और तप की महिमा की शिक्षा देती है।

12

महाभारत और भगवतगीता

"कोई भी इंसान जन्म से नहीं बल्कि अपने कर्मों से महान बनता है।"

महाभारत एक पवित्र ग्रंथ है। जो कि प्राचीन समय से ही काफी प्रसिद्ध है। लोग इसके बारे में काफी अधिक जानना पसंद करते हैं क्योंकि इसमें आपको एक से बढ़कर एक ज्ञान की बातें जानने को मिलती है। महाभारत में श्री कृष्ण द्वारा गीता का ज्ञान दिया गया है जिसे संसार का सबसे बड़ा ज्ञान माना गया है।

महाभारत की रचना किसने की ? महाभारत की रचनामहर्षि वेदव्यासद्वारा की गई थी । इस ग्रंथ की रचना करने में वेदव्यास जी को 3 वर्ष का समय लगा था । महाभारत की रचना महर्षि वेदव्यास जी ने ही की थी इसका प्रमाण स्वयं महाभारत के आदिपर्व कै प्रथम अध्याय के श्लोक क्रमांक 62 से 83 में दिया गया है।

महाभारत का युद्ध कब और किस युग मे हुआ था? महाभारत का युद्ध द्वापर युग में हुआ था। भारतवर्ष के एक महान गणितज्ञ आर्यभट्ट ने महाभारत के युद्ध का समय लगभग 4100 ई. पूर्व तय किया है। महाभारत के युद्ध का यह समय आर्यभट्ट ने उस समय के ग्रहों की स्थिति के आधार पर किया था । और इस स्थिति के आधार पर महाभारत युद्ध की समय सीमा आज के कई विद्यमान सत्य मानते

हैं।महाकाव्य की मूल कहानी के रचनाकार "भाट सारथी" थे जिन्हें "सूत" के नाम से भी जाना जाता था। भाट सारथी ही योद्धाओं के संग रणभूमि में जाते थे और रणभूमि में जो भी घटनाएं घटित होती थी, उनको काव्य का रूप देकर लिखते थे।

महर्षि वेदव्यास जी के बारे में जानकारी :महर्षि वेदव्यास जी का जन्म हस्तिनापुरमें हुआ था। महर्षि वेदव्यास जी के पिता का नाम पराशर व माता का नाम सत्यवती था। महर्षि वेदव्यास जी ने कई सारे ग्रंथ की रचना की जैसे महाभारत ,श्री भगवत गीता, अष्टादश पुराण आदि |ऐसा माना जाता है कि महाभारत की रचना करने के लिए महर्षि वेदव्यास जी को भगवान ब्रहमा जी ने कहा था और महर्षि वेदव्यास जी ने महाभारत में जो भी घटनाएं लिखी हैं वह श्री गणेश जी की सहायता से लिखी थी।

महाभारत की रचना कैसे हुई :महाभारत एक महाकाव्य है जो पूरी दुनिया में सबसे लंबी कहानी वा इतिहास का सबसे क्रुर युद्ध माना जाता है। महाभारत पांडव और कौरव की कहानी है। जिससे महाभारत की शुरुआत हुई थी। महर्षि वेदव्यास जी सौ कौरवो एवं पांच पांडवों के दादा थे। कौरवों के पिता धृतराष्ट्र एवं पांडवों के पिता पांडू थे और यह कुरुवंश में विचित्रवीर्य के पुत्र थे। माना जाता है कि वेदव्यास का जीवनकाल काफी लंबा था उन्होंने अपने बच्चों और अपने नाती पोतों का पालन किया था।समकालीन घटनाओं को वेदव्यास ने बहुत करीब से देखा था | यही वजह है कि उन्होंने महाभारत युद्ध की घटनाओं का सजीव चित्रण महाभारत ग्रन्थ में किया|

महाकाव्य लिखने की प्रेरणा :महर्षि वेदव्यास जी बचपन से ही हिमालय पर जाकर तपस्या करते थे और एक बार जब महर्षि वेदव्यास जी हिमालय पर ध्यान कर रहे थे तो वहाँ भगवान ब्रहमा ने महर्षि वेदव्यास जी को महाभारत लिखने की सलाह दी ।

महाकाव्य लिखने में आई दुविधा: महर्षि वेदव्यास जी को यह ज्ञात था कि महाभारत लिखना एक कठिन कार्य है क्योंकि वह महाभारत की कहानियों की जटिलता को काफी अच्छे से जानते थे इसलिए उन्हें महाभारत लिखने के लिए किसी की मदद की आवश्यकता लेनी चाही।

भगवान ब्रहमा ने महर्षि वेदव्यास को श्री गणेश जी से मदद लेने की सलाह दी।भगवान ब्रहमा जी के कहने पर महर्षि वेदव्यास ने श्री गणेश जी की आराधना की जिससे श्री गणेश जी प्रकट हुए और उन्होंने महाकाव्य लिखने में वेदव्यास की मदद की।

****

भगवत गीता :महाभारत के 18 अध्यायों में से 1 भीष्म पर्व का हिस्सा है भगवत गीता। गीता में भी कुल 18 अध्याय हैं। 18 अध्यायों की कुल श्लोक संख्या 700 है। वेदों का सार अर्थात संक्षिप्त रूप है उपनिषद्ध और उपनिषदों का सार है गीता। गीता सभी हिन्दू ग्रंथों का निचोड़ और सारतत्व है इसीलिए यह सर्वमान्य हिन्दू धर्मग्रंथ है। इसे वेद और उपनिषदों का पॉकेट संस्करण भी कह सकते हैं।

गीता को अर्जुन के अलावा संजय ने सुना और उन्होंने धृतराष्ट्र को सुनाया। गीता में श्रीकृष्ण ने 574, अर्जुन ने 85, संजय ने 40 और धृतराष्ट्र ने 1 श्लोक कहा है। हरियाणा के कुरुक्षेत्र में जब यह ज्ञान दिया गया तब तिथि एकादशी थी।

कलियुग के प्रारंभ होने के मात्र तीस वर्ष पहले, मार्गशीर्ष शुक्ल एकादशी के दिन, कुरुक्षेत्र के मैदान में, अर्जुन के नन्दिघोष नामक रथ पर सारथी के स्थान पर बैठ कर श्रीकृष्ण ने अर्जुन को गीता का उपदेश किया था। इसी तिथि को प्रतिवर्ष गीता जयंती का पर्व मनाया जाता है।

आखिर गीता में क्या खास है?गीता में भक्ति, ज्ञान और कर्म मार्ग की चर्चा की गई है। उसमें यम-नियम और धर्म-कर्म के बारे में भी बताया गया है। गीता ही कहती है कि ब्रहम (ईश्वर) एक ही है। गीता को बार-बार पढ़ेंगे तो आपके समक्ष इसके ज्ञान का रहस्य खुलता जाएगा। गीता के प्रत्येक शब्द पर एक अलग ग्रंथ लिखा जा सकता है। इसका कोई भी अध्याय अन्य अध्याय का रिपिटेशन नहीं है। विषय भले ही एक हो लेकिन प्रत्येक अध्याय में अलग ही तरह का ज्ञान है।

गीता में सृष्टि उत्पत्ति, जीव विकास क्रम, हिन्दू संदेशवाहक क्रम, मानव उत्पत्ति, योग, धर्म-कर्म, ईश्वर, भगवान, देवी-देवता, उपासना, प्रार्थना, यम-नियम, राजनीति, युद्ध, मोक्ष, अंतरिक्ष, आकाश, धरती, संस्कार, वंश, कुल, नीति, अर्थ, पूर्वजन्म, प्रारब्ध, जीवन प्रबंधन, राष्ट्र

निर्माण, आत्मा, कर्मसिद्धांत, त्रिगुण की संकल्पना, सभी प्राणियों में मैत्रीभाव आदि सभी की जानकारी है। गीता का मुख्य ज्ञान है कैसे स्थितप्रज्ञ पुरुष बनना, ईश्वर को जानना या मोक्ष प्राप्त करना।

श्रीमद्भगवद्गीता योगेश्वर श्रीकृष्ण की वाणी है। इसके प्रत्येक श्लोक में ज्ञानरूपी प्रकाश है जिसके प्रस्फुटित होते ही अज्ञान का अंधकार नष्ट हो जाता है। ज्ञान-भक्ति-कर्म योग मार्गों की विस्तृत व्याख्या की गई है। इन मार्गों पर चलने से व्यक्ति निश्चित ही परम पद का अधिकारी बन जाता है।

गीता सार

भगवत गीता के उपदेश सबसे बड़े धर्मयुद्ध महाभारत की रणभूमि कुरुक्षेत्र के युद्ध में अपने शिष्य अर्जुन को भगवान् श्रीकृष्ण ने दिए थे जिसे हम गीता सार भी कहते हैं। आज 5 हजार साल से भी ज्यादा वक्त बित गया हैं लेकिन गीता के उपदेश आज भी हमारे जीवन में उतने ही प्रासंगिक हैं।आइये जानते हैं गीता सार क्या है:-

• क्यों व्यर्थ की चिंता करते हो ? किससे व्यर्थ डरते हो? कौन तुम्हें मार सकता है? आत्मा ना पैदा होती है, न मरती है।

• जो हुआ, वह अच्छा हुआ, जो हो रहा है, वह अच्छा हो रहा है, जो होगा, वह भी अच्छा ही होगा। तुम भूत का पश्चाताप न करो। भविष्य की चिन्ता न करो। वर्तमान चल रहा है।

• तुम्हारा क्या गया, जो तुम रोते हो ? तुम क्या लाए थे, जो तुमने खो दिया? तुमने क्या पैदा किया था, जो नाश हो गया? न तुम कुछ लेकर आए, जो लिया यहीं से लिया। जो दिया, यहीं पर दिया। जो लिया, इसी (भगवान) से लिया। जो दिया, इसी को दिया।

• खाली हाथ आए और खाली हाथ चले। जो आज तुम्हारा है, कल और किसी का था, परसों किसी और का होगा। तुम इसे अपना समझ कर मग्न हो रहे हो। बस यही प्रसन्नता तुम्हारे दु:खों का कारण है।

• परिवर्तन संसार का नियम है। जिसे तुम मृत्यु समझते हो, वही तो जीवन है। एक क्षण में तुम करोड़ों के स्वामी बन जाते हो, दूसरे ही क्षण में तुम दरिद्र हो जाते हो। मेरा-तेरा, छोटा-बड़ा, अपना-पराया, मन से मिटा दो, फिर सब तुम्हारा है, तुम सबके हो।

• न यह शरीर तुम्हारा है, न तुम शरीर के हो।यह अग्नि, जल, वायु, पृथ्वी, आकाश से बना है और इसी में मिल जायेगा। परन्तु आत्मा स्थिर है – फिर तुम क्या हो?

• तुम अपने आपको भगवान को अर्पित करो। यही सबसे उत्तम सहारा है। जो इसके सहारे को जानता है वह भय, चिन्ता, शोक से सर्वदा मुक्त है।

• जो कुछ भी तू करता है, उसे भगवान को अर्पण करता चल। ऐसा करने से सदा जीवन-मुक्त का आनन्द अनुभव करेगा।

महान ग्रंथ गीता में जीवन की वास्तविकता और मनुष्य धर्म से जुड़े उपदेश दिए गए हैं। गीता के उपदेश हमें जीवन जीने की कला सिखाते हैं साथ ही सफल जीवन की प्रेरणा देते हैं। गीता के मूल तत्व इस प्रकार हैं :-

मानव शरीर अस्थायी और आत्मा स्थायी है:गीता के श्लोक में भगवान श्री कृष्ण ने मनुष्य के शरीर को महज एक कपड़े का टुकड़ा बताया है। अर्थात एक ऐसा कपड़ा जिसे आत्मा हर जन्म में बदलती है। अर्थात मानव शरीर, आत्मा का अस्थायी वस्त्र है, जिसे हर जन्म में बदला जाता है।इसका आशय यह है कि हमें शरीर से नहीं उसकी आत्मा से व्यक्ति की पहचान करनी चाहिए। जो लोग मनुष्य के शरीर से आकर्षित होते हैं या फिर मनुष्य के भीतरी मन को नहीं समझते हैं ऐसे लोगों के लिए गीता का यह उपदेश बड़ी सीख देने वाला है।

जीवन का एक मात्र सत्य है वो है मृत्यु:गीता सार में श्री कृष्ण ने कहा है कि हर इंसान के द्धारा जन्म-मरण के चक्र को जान लेना बेहद आवश्यक है, क्योंकि मनुष्य के जीवन का मात्र एक ही सत्य है और वो है मृत्यु। क्योंकि जिस इंसान ने इस दुनिया में जन्म लिया है।उसे एक दिन इस संसार को छोड़ कर जाना ही है और यही इस दुनिया का अटल सत्य है। लेकिन इस बात से भी नहीं नकारा जा सकता है कि हर इंसान अपनी मौत से भयभीत रहता है।अर्थात मनुष्य के जीवन की अटल सच्चाई से भयभीत होना, इंसान की वर्तमान खुशियों को भी खराब कर देता है। इसलिए किसी भी तरह का डर नहीं रखना चाहिए।

गुस्से पर काबू करना चाहिए क्योंकि क्रोध से व्यक्ति का नाश हो जाता है:भगवान श्री कृष्ण में गीता के उपदेश में कहा है कि 'क्रोध से भ्रम पैदा होता है और भ्रम से बुद्धि का विनाश होता है। वहीं जब बुद्धि काम नहीं करती है तब तर्क नष्ट हो जाता है और व्यक्ति का नाश हो जाता है। जब क्रोध की भावना इंसान के मन में पैदा होती है तो हमारा मस्तिष्क भी सही और गलत के बीच अंतर करना छोड़ देता है, इसलिए इंसान को हमेशा क्रोध के हालातों से बचकर हमेशा शांत रहना चाहिए। क्योंकि गुस्से में लिया गया फैसला इंसान को गहरी क्षति पहुंचाता है।

व्यक्ति अपने कर्मों को नहीं छोड़ सकता है:श्री कृष्ण ने में बताया है कि कोई भी व्यक्ति अपने कर्म को नहीं छोड़ सकता है अर्थात् जो साधारण समझ के लोग कर्म में लगे रहते हैं उन्हें उस मार्ग से हटाना ठीक नहीं है क्योंकि वे ज्ञानवादी नहीं बन सकते।वहीं अगर उनका कर्म भी छूट गया तो वे दोनों तरफ से भटक जाएंगे। और प्रकृति व्यक्ति को कर्म करने के लिए बाध्य करती है। जो व्यक्ति कर्म से बचना चाहता है वह ऊपर से तो कर्म छोड़ देता है लेकिन मन ही मन उसमे डूबा रहता है। अर्थात जिस तरह व्यक्ति का स्वभाव होता है वह उसी के अनूरुप अपने कर्म करता है।

मनुष्य को देखने का नजरिया:गीता सार में मनुष्य को देखने के नजरिए पर भी संदेश दिया गया है, इसमें लिखा गया है जो ज्ञानी व्यक्ति ज्ञान और कर्म को एक रूप में देखता है, उसी का नजरिया सही है और जो अज्ञानी पुरुष होता है, उसे ज्ञान नहीं होने की वजह से वह हर किसी चीज को गलत नजरिए से देखता है।

इंसान को अपने मन को काबू में रखना चाहिए:गीता सार में उन लोगों के लिए संदेश दिया गया है जो लोग अपने मन को काबू में नहीं रखते हैं क्योंकि ऐसे लोगों का मन इधर-उधर भटकता रहता है और उनके लिए वह शत्रु के समान काम करता है।मन, व्यक्ति के मस्तिक पर भी गहरा प्रभाव डालता है जब व्यक्ति का मन सही होता है तो उसका मस्तिक भी सही तरीके से काम करता है।

खुद का आकलनकरें:गीता सार में यह भी उपदेश दिया गया है कि मनुष्य को पहले खुद का आकलन करना चाहिए और खुद की क्षमता

को जानना चाहिए क्योंकि मनुष्य को अपने 'आत्म-ज्ञान की तलवार से काटकर अपने हृदय से अज्ञान के संदेह को अलग कर देना चाहिए। जब तक मनुष्य खुद के बारे में नहीं जानेगा तब तक उसका उद्धार नहीं हो सकता है।

मनुष्य को खुद पर विश्वास करना चाहिए:श्रीमदभगवद गीता में श्री कृष्ण ने उपदेश दिया है कि हर मनुष्य को खुद पर पूरा भरोसा रखना चाहिए क्योंकि जो लोग खुद पर भरोसा करते हैं वह निश्चय ही सफलता हासिल करते हैं। वहीं इंसान जैसा विश्वास करता है वह वैसा ही बन जाता है।

अच्छे कर्म करें और फल की इच्छा ना करें:जो लोग कर्म नहीं करते और पहले से ही परिणाम के बारे में सोचते हैं ऐसे लोगों के लिए गीता सार का यह उपदेश बड़ी सीख देने वाला है।इसमें श्री कृष्ण ने कहा है कि इंसान को अपने अच्छे कर्म करते रहना चाहिए और यह नहीं सोचना चाहिए कि इसका क्या परिणाम होगा क्योंकि कर्म का फल हर इंसान को मिलता है। अर्थात कर्म करने के दौरान इंसान को इसके परिणाम के बारे में बिल्कुल भी चिंता नहीं करना चाहिए और किसी भी काम को चिंता मुक्त होकर शुरु करना चाहिए।

मनुष्य की इंद्रियों का संयम ही कर्म और ज्ञान का निचोड़ है:जाहिर है कि मनुष्य के सुख और दुख में मन की स्थिति एक जैसी नहीं रहती है। सुख में मनुष्य ज्यादा उत्साहित हो जाता है और दुख में वह बेकाबू हो जाता है। इसलिए सुख और दुख दोनों में ही मनुष्य के मन की समान स्थिति हो इसे योग ही कहा जाता है।

वहीं जब मनुष्य सभी सांसारिक इच्छाओं का त्याग करके बिना फल की इच्छा के कोई काम करता है तो उस समय वह मनुष्य योग मे स्थित कहलाता है। और जो मनुष्य मन को वश में कर लेता है, उसका मन ही उसका सबसे अच्छा मित्र बन जाता है, लेकिन जो मनुष्य अपने मन को वश में नहीं कर पाता है, उसके लिए वह मन ही उसका सबसे बड़ा दुश्मन बन जाता है।वहीं जो मनुष्य अपने अशांत मन को वश में कर लेते हैं, उनको परमात्मा की प्राप्ति होती है और जिस मनुष्य को ज्ञान की प्राप्ति हो जाती है उसके लिए सुख-दुःख, सर्दी-गर्मी और मान-अपमान सब एक

समान हो जाते हैं।ऐसा मनुष्य स्थिर चित्त और इन्द्रियों को वश में करके ज्ञान द्वारा परमात्मा को प्राप्त करके हमेशा सन्तुष्ट रहता है।

खुद पर पूरा भरोसा रखे और अपने लक्ष्य को पाने के लिए लगातार प्रयास करें:गीता सार के इस उपदेश को अगर कोई भी व्यक्ति अपने जीवन में पालन करे तो निश्चय ही वह एक सफल व्यक्ति बन सकता है। जो लोग पूरे विश्वास के साथ अपने लक्ष्य को पाने का प्रयास करते हैं।वह निश्चय ही अपने लक्ष्य को पा लेते हैं, लेकिन मनुष्य को अपने लक्ष्य को हासिल करने के लिए लगातार चिंतन करते रहना चाहिए।

तनाव से दूर रहने का संदेश:भगवान श्री कृष्ण ने गीता सार में कहा है कि लोगों को तनाव से दूर रहना चाहिए क्योंकि तनाव इंसान को सफल होने से रोकता है।

अपना काम को प्राथमिकता दें और इसे पहले करें:श्री मदभगवत गीता में श्री कृष्ण ने यह उपदेश दिया है कि अपने काम को पहले प्राथमिकता दें और पहले अपने काम को पूरा करने की कोशिश करें तभी दूसरे का काम करें क्योंकि जो लोग पहले अपने काम को नहीं करते और दूसरें का काम करते रहते हैं। वे लोग अक्सर परेशान रहते हैं।

लोक में जितने देवता हैं, सब एक ही भगवान की विभूतियां हैं:श्रीमदभगवतगीता में भगवान श्री कृष्ण ने यह भी उपदेश दिया है कि सब एक ही भगवान की विभूतियां हैं। जो लोग भगवान के अलग-अलग रुपों की पूजा करते हैं और उनकी अलग-अलग शक्तियों में भरोसा रखते हैं।ऐसे लोगों के लिए यह जान लेना बेहद जरूरी है कि सभी एक ही भगवान की विभूतियां हैं। मनुष्य के अच्छे गुण और अवगुण भगवान की शक्ति के ही रूप हैं। इसका सार यह है कि लोक में जितने देवता हैं, सभी एक ही भगवान, की विभूतियां हैं। वहीं कोई पीपल को पूज रहा है। तो कोई पहाड़ को कोई नदी या समुद्र को।असंख्य देवता हैं जिनका कोई अंत नहीं है। लोग अपनी-अपनी आस्था के मुताबिक देवी-देवताओं के अलग-अलग स्वरूपों की पूजा करते हैं लेकिन सभी एक ही भगवान की विभूतियां हैं।

जो लोग भगवान का सच्चे मन से ध्यान लगाते हैं वह पूर्ण सिद्ध योगी माने जाते हैं-गीता सार में भगवान श्री कृष्ण ने यह भी उपदेश

दिया है कि जो लोग सच्चे मन से भगवान की आराधना करते हैं और अपना पूरा ध्यान भगवान की भक्ति में लगाते हैं वे लोग पूर्ण सिद्ध योगी माने जाते हैं।वहीं जो मनुष्य परमात्मा के सर्वव्यापी, अकल्पनीय, निराकार, अविनाशी, अचल स्थित स्वरूप की उपासना करता है और अपनी सभी इन्द्रियों को वश में करके, सभी परिस्थितियों में समान भाव से रहते हुए सभी प्राणीयों के हित में लगा रहता है उस पर ईश्वर की कृपा जरूर बरसती है।

गीता सार में महाभारत के युद्ध में भगवान श्री कृष्ण ने अर्जुन से कहा कि हे अर्जुन अपने मन को मुझमें ही स्थिर कर और अपनी बुद्धि को मुझमें ही लगा। इस तरह तू निश्चित रूप से मुझमें ही हमेशा निवास करेगा।वहीं अगर तू ऐसा नहीं कर सकता है, तो भक्ति-योग के अभ्यास द्वारा मुझे प्राप्त करने की इच्छा पैदा कर सकता है। इस तरह तू मेरे लिये कर्मों को करता हुआ मेरी प्राप्ति रूपी परम-सिद्धि को प्राप्त करेगा।

अपने काम को मन लगाकर करें और अपने काम में खुशी खोजें:जो लोग अपने काम को मन लगाकर करते हैं और अपने काम में खुशी ढूंढ लेते हैं वे लोग निश्चत ही सफलता प्राप्त करते हैं।वहीं दूसरी तरफ कई लोग ऐसे भी होते हैं जो किसी काम को बोझिल समझकर उस काम को सिर्फ निपटाने की कोशिश करते हैं। ऐसे लोग किसी काम को ढंग से नहीं कर पाते हैं और अपने जीवन में पीछे रह जाते हैं।

'किसी भी तरह की अधिकता इंसान के लिए बन सकती है बड़ा खतरा:गीता सार में श्री कृष्ण ने यह बात कही है कि इंसान के लिए किसी भी तरह की अधिकता घातक साबित हो सकती है। जिस तरह संबंधों में कड़वाहट हो या फिर मधुरता, खुशी हो या गम, हमें कभी भी "अति" नहीं करनी चाहिए।जीवन में संतुलन बनाए रखना बहुत जरूरी है। जब तक मनुष्य के जीवन में संतुलन नहीं रहेगा वह सुख से अपना जीवन व्यतीत नहीं कर सकेगा अर्थात मनुष्य को जरूरत से ज्यादा कोई भी चीज करने से बचना चाहिए और अपनी जिंदगी में संतुलन बनाकर रखना चाहिए।

स्वार्थी नहीं बनें:श्री कृष्ण ने गीता सार में उन लोगों के लिए इस उपदेश के माध्यम से बड़ी सीख दी है जो लोग दूसरी की भलाई पर ध्यान

नहीं देते और सिर्फ अपना मतलब साधने में लगे रहते हैं उन लोगों का कभी भला नहीं होता।आपको बता दें कि इंसान का स्वार्थ उसे अन्य लोगों से दूर ले जाकर नकारात्मक हालातों की तरफ धकेलता है। जिसके चलते व्यक्ति अकेला रह जाता है। वहीं गीता में यह भी कहा गया है कि स्वार्थ शीशे में फैली धूल की तरह है, जिसकी वजह से व्यक्ति अपना प्रतिबिंब ही नहीं देख पाता।

वहीं अगर आप चाहते हैं कि आप भी अपना जीवन खुशीपूर्वक व्यतीत करें तो इसके लिए यह जरूरी है कि, आप अपने स्वार्थ को कभी अपने पास नहीं आने दें क्योंकि स्वार्थी मनुष्य दोस्ती भी सिर्फ अपना स्वार्थ निकालने के लिए करते हैं।

ईश्वर हमेशा मनुष्य का साथ देता है:आपने अक्सर यह सुना होगा कि जिसका कोई नहीं होताउसका भगवान होता है। गीता सार में भी यह कहा भी गया है कि ईश्वर हमेशा मनुष्यों का साथ देता है। वहीं जब व्यक्ति इस प्रभावशाली सत्य को मान लेता है तो उसका जीवन पूरी तरह बदल जाता है। सृष्टि निर्माता ईश्वर ही है जो सम्पूर्ण जगत को चला रहा है।

वहीं इंसान तो बस ईश्वर की हाथ की एक कठपुतली है, इसलिए इंसान को कभी अपने भविष्य या फिर अतीत की चिंता नहीं करनी चाहिए। क्योंकि हर विकट परस्थिति में ईश्वर इंसान का साथ देता है और उसे मुश्किल से बाहर निकालता है इसलिए हम सभी को ईश्वर पर भरोसा रखना चाहिए।

संदेह की आदत इंसान के दुख का कारण बनती है:जिन लोगों में शक या संदेह की आदत होती है या फिर जो लोग जरूरत से ज्यादा शक करते हैं। ऐसे लोगों के लिए श्री कृष्ण ने गीता में कहा है कि पूर्ण सत्य की खोज या फिर संदेह की आदत इंसान के दुख का कारण बनती है।क्योंकि शक करना एक ऐसी आदत है जो कि मजबूत से मजबूत रिश्ते को भी खोखला कर देती है। वहीं जिज्ञासा होना भी लाजमी है लेकिन पूरी तरह सत्य की खोज या फिर संदेह ही इंसान के दुख का कारण बनती है और शक करने वाले इंसान बाद में इसका पश्चाताप करते हैं।

भगवान श्री कृष्ण का संक्षिप्त जीवन परिचय

1)श्री कृष्ण का जन्म 5252 साल पहले हुआ था

2) जन्म तिथि : 18 जुलाई, 3228 ई.पू

3) मास : श्रावण

4) दिन : अष्टमी

5) नक्षत्र : रोहिणी

6) दिन : बुधवार

7) समय: 00:00 पूर्वाह्न।

8) श्री कृष्ण 125 वर्ष, 08 महीने और 07 दिन जीवित रहे।

9) मृत्यु तिथि : 18 फरवरी 3102 BC।

10) जब कृष्ण 89 वर्ष के थे; महायुद्ध कुरुक्षेत्र का युद्ध हुआ।

11) कुरुक्षेत्र युद्ध के 36 साल बाद उनकी मृत्यु हो गई।

12) कुरुक्षेत्र युद्ध मृगशिरा शुक्ल एकादशी ईसा पूर्व 3139 को शुरू हुआ था। यानी "8 दिसंबर 3139 BC" और "25 दिसंबर, 3139BC" को समाप्त हुआ।

12) "21 दिसंबर, 3139 ईसा पूर्व दोपहर 3 बजे से शाम 5 बजे के बीच" सूर्य ग्रहण था; जयद्रथ की मृत्यु का कारण।

13) भीष्म की मृत्यु 2 फरवरी, उत्तरायण की पहली एकादशी को 3138 ईसा पूर्व में हुई थी।

14) कृष्ण की पूजा की जाती है और उन्हें विभिन्न स्थानों में अलग अलग नामों से जाना जाता है :

(ए) कृष्ण कन्हैया: मथुरा में

(बी) जगन्नाथ:- ओडिशा में

(सी) विठोबा:- महाराष्ट्र में

(डी) श्रीनाथ: राजस्थान में

(ई) द्वारकाधीश: गुजरात में

(च) रणछोड़: गुजरात में

(छ) कृष्णा: कर्नाटक के उडुपी में

ज) गुरुवायुरप्पन : केरल में

15) जैविक पिता: वासुदेव

16) जैविक माता: देवकी

17) दत्तक पिता:- नंद

18) दत्तक माता: यशोदा

19 बड़े भाई: बलराम

20) बहन: सुभद्रा:

21) जन्म स्थान: मथुरा

22) पत्नियाँ: रुक्मिणी, सत्यभामा, जाम्बवती, कालिंदी, मित्रविंदा, नागनजीत, भाद्र, लक्ष्मण

23) कृष्ण ने अपने जीवन काल में केवल 4 लोगों को मारा था ।

(i) चानूरा; पहलवान

(ii) कंस; उसके मामा

(iii) शिशुपाल (iv) और दंतवक्र; उनके चचेरे भाई।

24) उनके लिए जीवन बिल्कुल भी अनुकूल नहीं था। उनकी मां उग्र वंश से थीं, और पिता यादव वंश से, माता-पिटा का अंतरजातीय विवाह था ।

25) वो सांवले रंग के थे । जीवन भर उनका नाम नहीं लिया गया। गोकुल का सारा गाँव उन्हें कान्हा कहने लगा | कान्हा को काले, छोटे और दत्तक पुत्र होने के कारण उनका उपहास किया गया | उनका बचपन खतरनाक स्थितियों से गुजरा था।

26) 'सूखा' और 'जंगली भेड़ियों के खतरे' ने उन्हें 9 साल की उम्र में 'गोकुल' से 'वृंदावन' में जाने को मजबूर कर दिया।

27) वे वृंदावन में 10 वर्ष 8 महीने तक रहे। उन्होंने मथुरा में 10 साल 8 महीने की उम्र में अपने ही मामा को मार डाला। उन्होंने फिर अपने जैविक माता- पिता को कैद से छुडा लिया ।

28) वह फिर कभी वृंदावन नहीं लौटे।

29) सिंधु राजा की धमकी के कारण उन्हें मथुरा से द्वारका कला यवन की ओर पलायन करना पड़ा|

30) उन्होंने गोवा की गोमंतका पहाड़ी पर 'वैनथेय' जनजातियों की मदद से 'जरसंध' को हराया।

31) उन्होंने द्वारका का पुनर्निर्माण किया।

32) फिर 16-18 साल की उम्र में अपनी स्कूली शिक्षा शुरू करने के लिए वे उज्जैन के सांदीपनि आश्रम चले गए।

33) उन्हें अफ्रीका से समुद्री लुटेरों से लड़ना था और अपने शिक्षक पुत्र पुनर्दत्त को बचाना था जिसका गुजरात के एक समुद्री बंदरगाह प्रभासा के पास अपहरण कर लिया गया था|

34) अपनी शिक्षा के बाद, उन्हें अपने फुफेरे भाइयों(पांडव पुत्रों) के वनवास के बारे में पता चला। वे 'लाक्षा गृह' में उनके बचाव में आए और बाद में उनके चचेरे भाइयों ने द्रौपदी से शादी कर ली। इसमें उनकी महत्वपूर्ण भूमिका थी।

35) फिर, उन्होंने अपने फुफेरे भाइयों को इंद्रप्रस्थ और उनके राज्य की स्थापना में मदद की।

36) उन्होंने द्रौपदी को चीरहरण की लज्जा से बचाया।

37) उन्होंने निर्वासन के दौरान अपने फुफेरे भाइयों पांडवों का साथ दिया ।

38) वो उनके साथ खड़े रहे और उन्हें कुरुक्षेत्र युद्ध में जिताया।

39) उन्होंने देखा कि उनका बसाया शहर, द्वारका बह गया।

40) पास के जंगल में एक जारा नाम के शिकारी ने उन्हें तीर से मार डाला।

41) उन्होंने कभी कोई चमत्कार नहीं किया। उनका जीवन सफल नहीं रहा। एक भी क्षण ऐसा नहीं था जब वह जीवन भर शांति से रहे। हर मोड़ पर उनके सामने चुनौतियाँ थीं|

42) उन्होंने जिम्मेदारी की भावना के साथ हर चुनौती और हर किसी का सामना किया और फिर भी अनासक्त बने रहे।

43) वो एकमात्र व्यक्ति थे , जो भूत और भविष्य को जानते थे; फिर भी वो हमेशा उस वर्तमान क्षण में रहते थे और हमेशा आनंदमय रहते थे ।

44) वो एक योगी,गृहस्थ, विद्वान् ,योद्धा और कर्मयोगी थे |महाभारत के युद्ध क्षेत्र में अर्जुन को दिया गया उनका उपदेश पूरी मानवता के लिए प्रेरणास्रोत है |उनका जीवन वास्तव में हर इंसान के लिए एक उदाहरण है। यही वजह है कि पूरी दुनिया उन्हें भगवान मानती है|

13

धार्मिक संस्थाएं

"दूसरों की भलाई के सामान कोई धर्म नहीं, दूसरों को पीड़ा पहुंचाने से बड़ा कोई अधर्म नहीं।" - -गोस्वामी तुलसीदास

सनातन धर्म व समाज के विकास के लिए भारत में कई संस्थाएं कार्यरत हैं जिनका लक्ष्य लोगों में धार्मिक, सामाजिक और राष्ट्रीयता की भावना का विकास करना है। प्रमुख संस्थाएं निम्नलिखित हैं :-

मठ : मठ का अर्थ ऐसे संस्थानों से है जहां इसके गुरु अपने शिष्यों को शिक्षा, उपदेश आदि देने का काम करते हैं। इन्हें पीठ भी कहा जाता है। ये गुरु प्रायः धर्म गुरु होते है। दी गई शिक्षा मुख्यतः आध्यात्मिक होती है। एक मठ में इन कार्यों के अलावा सामाजिक सेवा, साहित्य आदि से संबंधित काम होते हैं। मठ एक ऐसा शब्द है जिसके बहुधार्मिक अर्थ हैं। बौद्ध मठों को विहार कहते हैं। ईसाई धर्म में इन्हें मॉनेट्री, प्रायरी, चार्टरहाउस, एब्बे इत्यादि नामों से जाना जाता है।

शंकराचार्य हिंदू धर्म में सर्वोच्च धर्म गुरु का पद है जो बौद्ध धर्म में दलाई लामा और ईसाई धर्म में पोप के समकक्ष हैं। आदि शंकराचार्य द्वारा देश में स्थापित चार मठों के चार शंकराचार्य होते हैं। शंकराचार्य पद की शुरुआत आदि शंकराचार्य से मानी जाती है। आदि शंकराचार्य एक हिंदू दार्शनिक और धर्मगुरु थे, जिन्हें हिंदुत्व के सबसे महान प्रतिनिधियों में एक के तौर पर जाना जाता है। आठवीं शताब्दी में आदि शंकराचार्य ने सनातन धर्म की प्रतिष्ठा के लिए भारत के चार क्षेत्रों में

चार मठ स्थापित किये।चारों मठों में प्रमुख को शंकराचार्य कहा गया। इन मठों की स्थापना करके आदि शंकराचार्य ने उन पर अपने चार प्रमुख शिष्यों को आसीन किया। तबसे ही इन चारों मठों में शंकराचार्य पद की परम्परा चली आ रही है। देश भर में संन्यासी किसी न किसी मठ से जुड़े होते हैं। संन्यास लेने के बाद दीक्षित नाम के बाद एक विशेषण लगा दिया जाता है जिससे यह संकेत मिलता है कि यह संन्यासी किस मठ से है। वेद की किस परम्परा का वाहक है। सभी मठ अलग-अलग वेद के प्रचारक होते हैं।

आदि शंकराचार्य कौन थे ? आदि शंकराचार्य (जन्म नाम: शंकर, जन्म: 788 ई.– मृत्यु: 820 ई.) अद्वैत वेदांत के प्रणेता, संस्कृत के विद्वान, उपनिषद व्याख्याता और हिंदू धर्म प्रचारक थे। हिंदू धार्मिक मान्यता के अनुसार इनको भगवान शंकर का अवतार माना जाता है। इन्होंने लगभग पूरे भारत की यात्रा की। इनके जीवन का अधिकांश भाग उत्तर भारत में बीता। चार पीठों की स्थापना करना इनका मुख्य रूप से उल्लेखनीय काम था। उन्होंने कई ग्रंथ लिखे। किंतु उनका दर्शन उपनिषद, ब्रह्मसूत्र और गीता पर लिखे उनके भाष्यों में मिलता है।आदि शंकराचार्य ने चारों मठों के अलावा पूरे देश में बारह ज्योतिर्लिंगों की भी स्थापना की थी। आदि शंकराचार्य को अद्वैत परंपरा का प्रवर्तक माना जाता है।

क्या है शंकराचार्य बनने की योग्यता? देश की चारों पीठों पर शंकराचार्य की नियुक्ति के लिए ये योग्यता जरूरी है- त्यागी ब्राम्हण हो, ब्रह्मचारी हो, डंडी संन्यासी हो, संस्कृत, चतुर्वेद, वेदांत और पुराणों का ज्ञाता हो, राजनीतिक न हो।

कहां हैं शंकराचार्यों के चार मठ ? ये चारों मठ ईसा पूर्व आठवीं शताब्दी में स्थापित किए गए थे। ये चारों मठ आज भी चार शंकराचार्यों के नेतृत्व में सनातन परंपरा का प्रचार व प्रसार कर रहे हैं। हर शंकराचार्य को अपने जीवनकाल में ही सबसे योग्य शिष्य को उत्तराधिकारी बनाना होता है। ये चार मठ देश के चार कोनों में हैं।

उत्तरामण्य मठ या उत्तर मठ, ज्योतिर्मठ जो कि जोशीमठ में स्थित है।

पूर्वामण्य मठ या पूर्वी मठ, गोवर्धन मठ जो कि जगन्नाथ पुरी में स्थित है|

दक्षिणामण्य मठ या दक्षिणी मठ, शृंगेरी शारदा पीठ जो कि शृंगेरी(चिकमंगलूर) में स्थित है|

पश्चिमामण्य मठ या पश्चिमी मठ, द्वारिका पीठ जो कि द्वारिका में स्थित है|

इसके अलावा कांची कामकोटि मठ :कांची मठ कांचीपुरम में स्थापित एक हिंदू मठ है| यह पांच पंचभूतस्थलों में एक है| यहां के मठाधीश्वर को शंकराचार्य कहते हैं| इसे आदि शंकराचार्य ने स्थापित किया था| आज ये दक्षिण भारत के महत्वपूर्ण धार्मिक स्थलों में एक है|

****

ब्रह्माकुमारी : विश्व भर में फैला हुआ एक ऐसा आध्यात्मिक संस्थान है जो व्यक्तिगत परिवर्तन और विश्व नवनिर्माण के लिए समर्पित है। सन 1937 में स्थापना के बाद ब्रह्माकुमारी का इस समय सातों खण्डों के 110 देशों में विस्तार हो चुका है। और अन्तर्राष्ट्रीय स्तर पर अनेक क्षेत्रों में गैर सरकारी संस्थान के रूप में स्थापित हो चुका है। हालांकि उनकी वास्तविक प्रतिबद्धता व्यक्ति को अपने दृष्टिकोण में भौतिक से आध्यात्मिकता में परिवर्तन करने के लिए प्रेरित करना है। इससे शान्ति की गहरी सामूहिक चेतना और व्यक्तिगत गरिमा के निर्माण करने में हरेक आत्मा को मदद मिलती है।

अन्तर्राष्ट्रीय संयोजन :ब्रह्माकुमारी का अन्तर्राष्ट्रीय मुख्यालय भारत के माउण्ट आबू में स्थित है। राष्ट्रीय स्तर पर आयोजित की गयी अनेक गतिविधियों को सामान्यतः स्थानीय लोगों द्वारा ब्रह्माकुमारी के ईश्वरीय नियमों के आधार पर और वहाँ के उस क्षेत्र के अपने नियमों और कायदों के आधार पर संचालित किया जाता है। अन्तर्राष्ट्रीय स्तर पर की जाने वाली गतिविधियों को विभिन्न देशों में स्थित कार्यालयों के माध्यम से संचालित किया जाता है, जैसे लण्डन, मॉस्को, नैरोबी, न्यूयॉर्क और सिडनी।

एक आध्यात्मिक नेता के रूप में महिलाओं की भूमिका :ब्रह्माकुमारी महिलाओं द्वारा चलाई जाने वाली विश्व में सबसे बड़ी

आध्यात्मिक संस्था है। विश्व की अन्य सभी आध्यात्मिक और धार्मिक संस्थानों के बीच में ब्रह्माकुमारी अपना अलग अस्तित्व बनाये हुए है। पिछले 80 वर्षों से इनके नेतृत्व ने लगातार हिम्मत, क्षमा करने की क्षमता और एकता के प्रति अपनी गहरी प्रतिबद्धता को साबित किया है।

हालांकि सभी शीर्ष व्यवस्थापकीय पदों पर महिलायें नेतृत्व करती हैं लेकिन यह शीर्ष की महिलायें हमेशा अपने निर्णय भाईयों के साथ मिलजुल कर लेती हैं। यह सहभागिता और आम सहमति के साथ नेतृत्व का एक आदर्श है जो सम्मान, समानता और नम्रता पर आधारित है। यह एक कुशल और सामंजस्यपूर्ण अधिकारों के उपयोग का उदाहरण रूप है।

यह संयुक्त राष्ट्र संघ से संबद्धि स्वयंसेवी संस्था है और इसे, आर्थिक-सामाजिक मामलों में उसकी सलाहकार होने का गौरव प्राप्त है। यह शिक्षा, आध्यात्म, धार्मिक अध्ययन, योग, मानव-सेवा आदि क्षेत्रों में सक्रिय है।

इसकी अनेक विशेषताओं में, सबसे बड़ी विशेषता यह है कि विरोधों के बावजूद, यह संस्था, स्त्रियों के अधिकार, सम्मान एवं आध्यात्मिक उत्थान के लिए प्रयत्नशील रहा है। उनकी बढ़ती सह-भागिता ने इसे ब्रह्मा-कुमारी का सार्थक नाम दिया है।

यह संस्था पर्यावरण एवं सौर-ऊर्जा के क्षेत्र में भी सक्रिय है। माउंट अबू में सौर ऊर्जा से विद्युत-उत्पादन किया जा रहा है।यह मेक्सिको में सरकारी कर्मचारियों को, योग एवं आध्यात्म के माध्यम से प्रबंधन का प्रशिक्षण दे रही है।

केंद्र सरकार ने दिसंबर 2015 में अखिल भारतीय कृषक सशक्तिकरण अभियान की शुरुआत की। यह संस्था उस अभियान से जुड़कर किसानों को यौगिक-कृषि के द्वारा उत्पादन बढ़ाने, उनका अवसाद दूर कर, उन्हें मजबूत एवं आत्म-निर्भर बनाने का प्रयास कर रही है, ताकि वे आत्म-हत्या जैसे कदमों से बचें।

इसकी विचारधारा है कि ईश्वर सृष्टि का निर्माता नहीं है, बल्कि वह एक परम शुद्धि आत्मा है। उनके अनुसार सृष्टि अपने अंतिम चरण में है

और शीघ्र इसका विनाश हो जाएगा। कई बार इसकी घोषणा भी की गई है कि अमुक वर्ष पृथ्वी का अंत होने वाला है, पर दुनिया अभी चल रही है और आगे भी चलेगी। यह संस्था स्त्रियों की, स्त्रियों के लिए, स्त्रियों के द्वारा होने का भ्रम उत्पन्न करती है। स्त्रियों को भी कामना-रहित साध्वी का अनुशासित जीवन जीने को कहा जाता है। यह कहीं-न-कहीं उनकी व्यक्तिगत स्वतंत्रता का हनन प्रतीत होता है।

संस्था का इतिहास : 2 फरवरी 2015 को 'आर्यमंतव्य' पत्रिका में 'ब्रह्मकुमारी का सच' नामक लेख में लेखक आचार्य सोमदेवजी लिखते हैं :-

"वर्तमान में भारत देश के अन्दर हजारों गुरुओं ने मत-सम्प्रदाय चला रखे हैं, जो कि प्रायः वेद विरुद्ध हैं |इससे, मुस्लिम, जैन, बौद्ध नारायण सम्प्रदाय,रामस्नेही सम्प्रदाय,राधास्वामी, निरंकारी,धन-धन सतगुरु(सच्चा सौदा), हंसा मत, जय गुरुदेव, सत्य साईं बाबा, आनंद मार्ग, ब्रह्मकुमारी आदि मत ये सब वेद विरोधी हैं| सबके अपने अपने गुरु हैं, ये सम्प्रदायवादी ईश्वर से अधिक महत्व अपने सम्प्रदाय के प्रवर्तक को देते हैं, वेद से अधिक महत्व अपने सम्प्रदाय की पुस्तक को देते हैं | आपने ब्रह्मकुमारी के विषय में जानना चाहा है | ब्रह्मकुमारी मत वाले हमारे प्राचीन इतिहास व शास्त्र के घोर शत्रु हैं | इस मत के मानने वाले 1 अरब 96 करोड़ 8 लाख, 53 हजार 115 वर्ष से चली आ रही सृष्टि को मात्र 5 हजार वर्ष में समेट देते हैं | ये लाखों वर्ष पूर्व हुए राजा रामचन्द्र के इतिहास को नहीं मानते हैं | वेद आदि किसी शास्त्र को नहीं मानते, इसके प्रमाण की तो बात ही दूर रह जाती है | वेद में प्रतिपादित सर्वव्यापक परमेश्वर को न मान एक स्थान विशेष पर ईश्वर को मानते हैं | अपने मत के प्रवर्तक लेखराम को ही ब्रह्मा व परमात्मा कहते हैं | इनके विषय में स्वामी विद्यानंद जी ने अपने ग्रन्थ 'सत्यार्थ भास्कर' में विस्तार से लिखा है, उसको हम यहाँ दे रहे हैं | 'ब्रह्माकुमारी मत दादा लेखराज के नाम से कुख्यात खूबचंद कृपलानी नामक एक अवकाश प्राप्त व्यक्ति ने अपनी काम वासनाओं की तृप्ति के लिए सिंध में ॐ मंडली नाम से एक संस्था की स्थापना की थी| सबसे पहले उसने कोलकाता से मायादेवी नामक एक विधवा

का अपहरण किया|उसी के माध्यम से उसने अन्य अनेक लड़कियों को अपने जाल में फंसाया| इलाहाबाद के एक साप्ताहिक के द्वारा पोल खुलने पर सन 1936 में लाहौर में रफीखान पी सी एस की अदालत में मुकदमा चला| मायादेवी ने अपने बयान में बताया कि 'गुरु जी ने हमसे कहा कि तुम जनता में जाकर कहो कि मैं गोपी हूँ और ये भगवान् कृष्ण हैं| मैं बड़ी पापिनी हूँ| मैंने कितनी कुंवारी लड़कियों को गुमराह किया है| कितनी ही बहनों को उनके पतियों से दूर किया है......"(आर्य जगत जालंधर 23 जुलाई 1961)|कलियुगी कृष्ण ने अदालत में क्षमा माँगी और भाग निकला|13 अगस्त,1940 में उसने बिहार में डेरा डाल दिया| चेले-चेलियाँ आने लगे| एक दिन एक बूढ़े हरिजन की युवा पत्नी धनिया को लेकर भाग खडा हुआ| फिर मुकदमा चला| धनिया ने अपने बयान में कहा- "इस गुरु महाराज ने हमें कहा था कि मैं आपका पति हूँ| ब्रह्माजी ने मुझे आपके लिए भेजा है"| इसी प्रकार नाना प्रकार के अनैतिक कर्म करते हुए दादा लेखराम हैदराबाद (सिंध पाकिस्तान) में जम गए और देवियों को गोपियाँ बनाकर रासलीलाएं रचाने लगे| रासलीला की ओर से होने वाले व्यभिचार के बारे में जब प्रसिद्ध विद्वान ओजस्वी वक्ता और समाजसेवी साधु टी एस वासवानी को पता चला तो वे उसके विरुद्ध मैदान में कूद पड़े| इससे सामान्यतः देश भर में और विशेषतः सिंध में तहलका मच गया| ॐ मंडली के काले कारनामे खुलकर सामने आने लगे| यहाँ पर भी मुकदमा चला| पटना के 'योगी' पत्र से 'सरस्वती'(भाग 39 संख्या खंड 61,मई 1938) का यह विवरण द्रष्टव्य है| "ॐ मंडली पर पिकेटिंग शुरू हो गयी है| सी पी सी की धारा 107 के अनुसार सिटी मजिस्ट्रेट की अदालत में पिकेटिंग करवाने वालों के साथ ॐ मंडली के संस्थापक और चार अन्य सदस्यों पर मुकदमा चल रहा है"| दादा लेखराज को कारावास का दंड मिला| भारत विभाजन के बाद से ब्रह्माकुमारी मत का मुख्यालय आबू पर्वत पर है जो कि माउंटआबू राजस्थान में हैं |जनवरी 1969 में दादा लेखराज की मृत्यु के बाद से दादी के नाम से चर्चित प्रकाशमणि इस सम्प्रदाय की प्रमुख रही है | वर्तमान में इस संस्था या सम्प्रदाय की लगभग दो हजार से अधिक शाखाएं संसार के अनेक देशों में स्थापित हैं | मैट्रिक तक पढी

प्रकाशमणि माउंटआबू से विश्वभर में फैले अपने धर्म साम्राज्य का संचालन करती रही| समस्त साधक साधिकाएँ , प्रचारक या प्रचारिकाएं ब्रह्माकुमार या ब्रह्माकुमारी कहलाती हैं | प्रचारिकाएं प्रायः कुमारी होती हैं | विवाहित स्त्रियाँ अपने पतियों को छोड़कर या छोड़ी जाकर इस सम्प्रदाय में साधिकाएँ बन सकती हैं | ये भी ब्रह्माकुमारी ही कहलाती हैं | पुरुष,चाहे विवाहित अथवा अविवाहित , ब्रह्माकुमार ही कहलाते हैं | ब्रह्माकुमारियों के वस्त्र श्वेत रेशम के होते हैं | प्रचारिकाएं विशेष प्रकार का सुरमा लगाती हैं, जो इनकी सम्मोहन शक्ति को बढाने में सहायक होता है| सात दिन की साधना में ही वे साधकों को ब्रह्म का साक्षात्कार कराने का दावा करती हैं” |

ब्रह्माकुमारी संस्था विवाहित जोड़ो को भाई बहन मानती है : एक ईश्वर शिव की संतान होने एवं संयमित आचरण पर अधिक जोर दिये जाने के कारण शायद ऐसी भावना बनी हो।आइये अध्यात्मिक संस्थाओं की खूबी और कमियों पर नजर डालते हैं |लगभग सभी आस्तिक पंथों के आध्यात्म में ज़बरदस्ती को महत्व दिया गया है|

राष्ट्रीय स्वयं सेवक संघ (RSS)के प्रचारकों पर अविवाहित रहने का दबाव होता है|

- ब्रह्मकुमारी संस्था में यह भाई बहन वाली घोषणा है| ऐसी ही घोषणा गायत्री परिवार वाले भी करते हैं|
- उत्तर प्रदेश और दिल्ली में ‘जय गुरुदेव’ पंथ बहुत प्रचलित है उसमें मांसाहार की बहुत तीखी वर्जना है|
- झारखंड के देवघर स्थित कुछ आश्रमों में दीक्षा लेते ही प्याज लहसुन और मांसाहार का त्याग करना आवश्यक है|
- आर्य समाज ज़बरदस्ती ब्रह्मचर्य पर बल देता है|

यह सब आध्यात्म को प्राप्त होने के सतही माध्यम हैं| क्योंकि इनके फॉलोअर सामान्य जन होते हैं और उनमें से ज्यादातर लोग मानसिक तौर पर आध्यात्म के लायक बने बिना ही आधात्मिक अनुभव प्राप्त करना चाहते हैं| जैसे कोई व्यक्ति दौड़ने के लिए फिट हुए बिना ही तेज

गति से सफर करना चाहे तो उसको मोटर, घोड़ागाड़ी अथवा ऐसे ही किसी साधन की आवश्यकता होगी| एक सामान्य व्यक्ति के लिए यह सारे निषेध उसकी वासनाओं को कुछ हद तक नियंत्रण में लाने के साधन मात्र हैं| पर मोटर पर बैठकर आप तेज़ नहीं चलते, वह गति आपकी नहीं है| जैसे ही मोटर से उतरे, आप फिर दुर्बल और मंद हो जाएंगे| तो इन साधनों का कोई लाभ नहीं है| जिनका मन मस्तिष्क आध्यात्म के लिए तैयार होता है उन महापुरुषों को इन साधनों की ज़रूरत नहीं होती जैसे:-

- कबीर और नानक गृहस्थ रहे और फिर भी आध्यात्म को प्राप्त हुए|
- स्वामी विवेकानंद और उनके गुरु रामकृष्ण परमहंस मांसाहार करते थे पर आध्यात्मिक अनुभव हुआ|
- ओशो किसी भी कामना के ऊपर निषेध लगाने के पक्ष में नहीं थे पर उनकी ध्यान पद्धति, श्रेष्ठ पद्धतियों में एक है|
- कृष्ण को 'निषेधों का निषेध' कहा जाता है| अर्थात वह किसी वर्जना का पालन करने की जगह परिस्थिति के अनुसार निर्णय लेते थे| पर उनका जीवन भी आध्यात्म से भरपूर रहा|

आध्यात्म कभी भी ज़बरदस्ती नहीं लादा जा सकता| आप अपने आप को जानने की यात्रा में अपने हिस्से का आध्यात्म हासिल करते हैं| ज़बरदस्ती कामनाओं को नियंत्रित अवश्य किया जा सकता है पर उनके प्रति अरुचि पैदा नहीं हो सकती| ऐसे में दमन से पैदा होने वाली नकारात्मक ऊर्जा आपके शरीर और आत्मा की उससे ज्यादा क्षति करेगी जितना आध्यात्म उसका उत्थान करेगा|अध्यात्म बेहद जरूरी है खासकर तब जब आप विचारशील हैं।अब अगर बात की जाए आध्यात्मिक संस्थाओं और गुरुओं की तो उसके पीछे कई धारणाएं और विचार कार्य करते हैं।

ब्रह्माकुमारीकेनियमऔरज्ञान :ब्रह्माकुमारी एक संस्थान है जिसके नियम और ज्ञान निम्नलिखित हैं:-

- यहाँ पर अपने हर दिन की शुरुआत परमात्मा को याद करके की जाती है|
- अमृतवेला तथा नुमाशायोग रोजाना करें |
- हमारे रोजाना 24 घंटे में से 4 घंटे ध्यान में रहने का पुरुषार्थ करे|
- प्रतिदिन कम से कम 30 मिनिट मौन रहने का अभ्यास करे. ताकि मौन रहने की शक्तियों का हम अनुभव कर सके|
- प्रतिदिन शुद्ध भोजन और पानी का उपयोग करें |
- प्रतिदिन ईश्वर के ज्ञान की मुरली को अवश्य सुनें |
- प्रतिदिन अपने कीमती समय में से प्रभु ज्ञान का चिंतन और मनन करें |
- दुसरो की सेवा नि:स्वार्थ भाव से करें |
- हमारे साथ मौजूद हमारे ब्रह्माकुमारी साथी के साथ ज्ञान की चर्चा करे| उनसे ज्ञान लें और उन्हें भी ज्ञान दें |
- दुसरो के प्रति ईष्र्या का भाव न रखे तथा लोगो के साथ प्रेम भाव से रहें |
- अगर कोई समस्या आती है| तो चिंता करने की बजाय उसे सुलझाने का प्रयास करें |
- प्रतिदिन लगभग तीन लोगो के चेहरे पर मुस्कान लाने का प्रयास करें |
- अगर कोई गलती करता है तो उसकी गलतियों को क्षमा कर दें |
- अपने समय का सही उपयोग करे, इसे फालतू जगह व्यर्थ न करे|
- कभी भी खुद की प्रशंसा सुनने की इच्छा न रखे. बल्कि दुसरो की प्रशंसा करें |
- प्रतिदिन सच्चे मन से तथा सच्चे हृदय के साथ ईश्वर का धन्यवाद करें |
- भोजन बनाते समय ईश्वर को याद करते रहें तथा ईश्वर को भोग लगाने के बाद ही खुद भोजन करे|
- अगर कोई कमजोर व्यक्ति है तो उसका मजाक न बनाए बल्कि उसे सहयोग दे और मदद करे|

- अगर आपने अतीत में कोई भूल की है तो उसे बार-बार याद न करे| बल्कि अतीत में हुई गलती को भूल जाए| और वर्तमान के साथ जिए और खुश रहे|
- अगर आप से गलती से भी कोई भूल हो जाती है| तो ईश्वर को याद करके उनसे क्षमा मांगें और दोबारा ऐसी गलती नही होने का प्रण लें |

****

राष्ट्रीय स्वयं सेवक संघ :दुनिया का सबसे बड़ा स्वयंसेवक संगठन RSS, जिसे राष्ट्रीय स्वयंसेवक संघ कहा जाता है, काफी प्रसिद्ध संगठन है| आरएसएस एक ऐसा संगठन है जिसने हमेशा समाज में जात-पात, ऊंच-नीच व रंग-भेद जैसे भेदभाव को समाप्त करने का प्रयास किया है| इस संगठन का उद्देश्य भारत को सनातन संस्कृति के मूल्यों के साथ एक खुशहाल और समृद्धशाली देश बनाए रखने का है|

राष्ट्रीय स्वयंसेवक संघ भारत का एक हिन्दू राष्ट्रवादी, अर्धसैनिक, स्वयंसेवक संगठन है, जिसे आरएसएस या संघ के नाम से अधिक जाना जाता है. यह विश्व का सबसे बड़ा स्वयंसेवक संगठन है. स्वयंसेवक (volunteer) का मतलब है "वो व्यक्ति जो बिना किसी दबाव या पैसों के समाज की सेवा करता है"|

राष्ट्रीय स्वयंसेवक संघ की स्थापना 27 सितम्बर 1925 को विजयदशमी के दिन डॉ केशव बलिराम हेडगेवार द्वारा हिन्दू राष्ट्र बनाने के लिए हिन्दू समुदाय को एकजुट करने और हिन्दू अनुशासन के माध्यम से चरित्र प्रशिक्षण प्रदान करने के उद्देश्य से की गई|

यह संगठन भारतीय संस्कृति और नागरिक समाज के मूल्यों को बनाए रखने के आदर्शों को बढ़ावा देता है और हिन्दू समुदाय को मजबूत करने के लिए हिन्दुत्व विचारधारा का प्रचार करता है| इसे शुरू करने की प्रेरणा द्वितीय विश्व युद्ध के समय यूरोपीय right-wing समूह से मिली|

राष्ट्रीय स्वयंसेवक संघ के कार्य निम्न हैं:-

- संघ का सबसे मुख्य कार्य भारतीय संस्कृति और नागरिक समाज के मूल्यों को बनाए रखने के लिए आदर्शों को बढ़ावा देना और हिन्दू समुदाय को मजबूत करने के लिए हिन्दुत्व की विचारधारा का प्रचार करना है|

- संघ की शाखाओं में स्वयंसेवकों को व्यायाम, खेल, सूर्य नमस्कार और परेड करवाई जाती है. इन शाखाओं को राष्ट्रीय स्वयंसेवक संघ की बजाय 'भारतीय स्वयंसेवक संघ' या 'हिन्दू स्वयंसेवक संघ' के नाम से जाना जाता है|

- संघ शिक्षा वर्ग के माध्यम से स्वयंसेवकों को समाज, राष्ट्र और धर्म की शिक्षा दी जाती है. ये वर्ग कई प्रकार के होते हैं जैसे दीपावली वर्ग, शीत शिविर वर्ग, निवासी वर्ग, संघ शिक्षा वर्ग, शारीरिक वर्ग और बौद्धिक वर्ग|

- संघ सामाजिक सेवा और सुधार के कार्य करता है. संघ हमेशा हिन्दू धर्म में सामाजिक समानता को बढ़ावा देने वाले कार्यों पर बल देता है. संघ के अनुसार सामाजिक वर्गीकरण ही हिन्दू मूल्यों के हनन का कारण है|

- राहत और पुनर्वास संघ की पुरानी परंपरा रही है. संघ भूकंप, बाढ़ या चक्रवात जैसी आपदाओं की स्थिति में राहत कार्यों में जुटकर पीड़ितों की मदद करता है|

- संघ उज्जवल समाज के गठन के लिए शिक्षा और अनुशासन पर बल देता है|

- यह सामाजिक विषयों से जुड़ी परियोजनाओ जैसे स्वास्थ्य, पानी, सड़क निर्माण इत्यादि की तरफ सरकार का ध्यान आकर्षित करता है, ताकि आम जनजीवन को पूर्ण रूप से लाभ मिल सके.

राष्ट्रीय स्वयंसेवक संघ का इतिहास :राष्ट्रीय स्वयंसेवक संघ की स्थापना 27 सितम्बर 1925 को विजयदशमी के शुभ अवसर डॉ केशव बलिराम हेडगेवार द्वारा की गई, जो महाराष्ट्र के नागपुर के रहने वाले थे| जब राष्ट्रीय स्वयंसेवक संघ की शुरुआत हुई तब इसमें केवल 5 लोग शामिल हुए थे| वक्त के साथ इसमें लोग जुड़ते गए और आज

इस संघ की 55 हजार से अधिक शाखाएं हैं, जिसमें लाखों की संख्या में स्वयंसेवक शामिल हैं|

जब संघ की शुरुआत की गई तब लोगों ने हेडगेवार जी का काफी मजाक उड़ाया गया| क्योंकि तब संघ में शामिल हुए पांचो सदस्य बच्चे थे| लेकिन आजसंघ विश्व का सबसे बड़ा स्वयंसेवी और हिन्दू संगठन है| डॉ हेडगेवार जी को ब्रिटिश राज से काफी नफ़रत थी इसलिए उनके संघ बनाने का शुरुआती उद्देश्य केवल एक ही था, ब्रिटिश राज के विरोध में हिन्दुओं को एकजुट करना| वे ब्रिटिश शासकों द्वारा लागू किए गए कानून के खिलाफ थे|

जब हेडगेवार जी कॉलेज में पढ़ते थे उस दौरान कलकता में देश की आजादी के लिए लहर उठी थी| वे इससे काफी प्रभावित हुए और कॉलेज से पढ़ाई पूरी करने के बाद वे अनेक क्रांतिकारियों से मिलने लगे थे और उनसे विचार विमर्श करते थे, इसी दौरान उन्होंने नागपुर महाराष्ट्र में संघ की स्थापना की|

संघ की स्थापना के छः महीने बाद 17 अप्रैल 1926 को डॉ हेडगेवार जी ने अपने सभी सहयोगियों के साथ अपने घर पर एक बैठक बुलाई| उस बैठक का मुख्य उद्देश्य था संघ का नामकरण करना और संघ की विचारधारा को स्पष्ट करना| बैठक में शामिल सभी सदस्यों ने संघ के नाम को लेकर अपने-अपने विचार प्रस्तुत किए, जिसमें तीन नामों को लेकर आगे विचार करने का फैसला लिया गया| ये तीन नाम थे; राष्ट्रीय स्वयंसेवक संघ, भारतोद्धारक मंडल और जरपटिका मंडल |इन नामों पर काफी समय तक विचार विमर्श किया गया और अंत में राष्ट्रीय स्वयंसेवक संघ नाम पर सब ने मुहर लगाई| इसके साथ ही संघ के सदस्यों को सभासद की जगह स्वयंसेवक कहे जाने की बात पर भी सहमति बनी|

आज संघ द्वारा देश में अपनी पत्रिकाएँ रिलीज़ की जाती है जिन्हें लाखों लोग पढ़ते हैं| इनमें शामिल मुख्य पत्रिकाएँ अंग्रेजी भाषा में 'ऑर्गेनाइजर' और हिंदी में 'पांचजन्य' है| इसके अलावा संघ द्वारा किशोर और बाल पत्रिका 'देवपुत्र' का भी संपादन किया जाता है| आज विश्व भर में संघ के लगभग 55 अनुषांगिक संगठन हैं. बजरंग दल,

विद्या भारती, संस्कार भारती, सेवा भारती और मजदूर संघ जैसे बड़े संगठन भी राष्ट्रीय स्वयंसेवक संघ के ही घटक हैं|

महात्मा गाँधी जी ने सन 1934 में संघ के शिविर की यात्रा की और वहां अनुशासन और छुआछूत की अनुपस्थिति देख काफी प्रभावित हुए| उन्होंने संघ की मुक्त कंठ से प्रशंसा की| यह संघ विश्व में इकलौता ऐसा संघ है जिसमें आजतक भ्रष्टाचार और अनैतिकता से जुड़ी कोई शिकायत देखने को नहीं मिली| वर्तमान में आरएसएस द्वारा करीब 25,028 सेवा-प्रकल्प चलाए जा रहे हैं जो देश के 30 प्रान्तों में लगभग 11,500 स्थानों पर चल रहे हैं. ये सेवा प्रकल्प शिक्षा, स्वास्थ्य, आर्थिक और सामाजिक विकास इत्यादि जैसे भिन्न-भिन्न क्षेत्रों पर केंद्रित हैं.

राष्ट्रीय स्वयंसेवक के साथ जुड़े अन्य संगठनों के नाम :राष्ट्रीय स्वयंसेवक संघ के अनेकों ऐसे संगठन हैं जो संघ की विचारधारा को आधार मान कर राष्ट्र और समाज की सेवा के लिए सक्रिय हैं. ये संगठन राजनीतिक, सामाजिक, शिक्षा, सेवा, सुरक्षा, धर्म और संस्कृति के क्षेत्रों में और विदेशों में और अन्य कई क्षेत्रों में सक्रिय रहते हैं. इन संगठनों के नाम कुछ इस प्रकार हैं:-

भारतीय जनता पार्टी,बजरंग दल,हिन्दू जागरण मंच,भारतीय किसान संघ,हिन्दू स्वयंसेवक संघ,राष्ट्र सेविका समिति,अखिल भारतीय विश्व परिषद,विद्या भारती,सरस्वती शिशु मंदिर,वनवासी कल्याण आश्रम,मुस्लिम राष्ट्रीय मंच,राष्ट्रीय सिख संगत,विश्व संवाद केंद्र,स्वदेशी जागरण मंच,लघु उद्योग भारती,विवेकानंद केंद्र,भारतीय मजदूर संघ,सेवा भारती,विश्व हिन्दू परिषद |

राष्ट्रीय स्वयं सेवक संघ से जुड़े रोचक तथ्य :-

1. RSS भलें ही देश के लिए काम कर रहा हो लेकिन इसपर आरोप भी लगते रहे हैं | जब1990-92 में अयोध्या में मस्जिद गिराई गई थी तब संघ पर इसके आरोप लगाए गए थे. सन 1948 में नाथूराम गोडसे ने महात्मा गाँधी की गोली मारकर हत्या कर दी थी, जो 1930 तक संघ का सदस्य रहा था. इस घटना के बाद आरएसएस का नाम उछाला गया और संगठन दुनिया की नजरों में आ गया|

2. वर्ष 1962 में भारत-चीन युद्ध के समय भी संघ ने सरकार का साथ दिया था. संघ के इस सहयोग से नेहरु जी काफी खुश हुए और उन्होंने 1963 की गणतंत्र दिवस की परेड में RSS को शामिल होने का न्योता दिया. यह संगठन बाढ़ और भूकंप जैसी प्राकृतिक आपदाओं में पीड़ितों की मदद करता है और सरकार का साथ देता है|

3. आरएसएस किसी इंसान को नहीं बल्कि भगवा झंडे को अपना गुरु मानती है, जो इसका अपना झंडा है. इसकी सभी शाखाओं में भगवा ध्वज ही फहराया जाता है.

4. संघ की शाखाओं में शाखा के अंत में एक प्रार्थना गाई जाती है *"नमस्ते सदा वत्सले"*. इस प्रार्थना की शुरुआत संघ की स्थापना के 15 वर्ष बाद हुई| इससे पहले प्रत्येक शाखा में एक हिंदी और एक मराठी श्लोक गाया जाता था|

5. संघ के प्रचारकों को कार्य की अवधि के दौरान अविवाहित रहना होता है, यानी जब तक वे संघ का प्रचार करेंगे तब तक शादी नहीं कर सकते. जबकि **विस्तारक** गृहस्थ जीवन व्यतीत करते हुए संघ में स्वयंसेवकों को जोड़ने का काम करते हैं|

6. देश के बाहर संघ की पहली शाखा मोंबासा, केन्या में लगी थी. संघ की शाखाएं दुनिया के 40 देशों में मौजूद है|

7. सन 1965 में भारत-पाकिस्तान युद्ध के दौरान संघ ने दिल्ली में ट्रैफिक व्यवस्था सुधारने में सहयोग किया था|

8. भारत के सबसे बड़े राजनितिक दल भारतीय जनता पार्टी (BJP) की स्थापना संघ से निकले स्वयंसेवकों ने ही की थी|

9. जब RSS की शुरुआत हुई तब इसमें केवल 5 लोग शामिल हुए थे, जो बच्चे थे. इस बात को लेकर लोगों ने डॉ हेडगेवार जी का मजाक उड़ाया था. लोग कहते थे ये बच्चे क्या क्रांति लाएंगे देश में| आज दुनिया के 50 से अधिक देशों में संघ की 55000 से अधिक शाखाएं मौजूद हैं और यह विश्व का सबसे बड़ा स्वयंसेवक संस्थान (volunteer organization)है|

आरएसएस में महिलाएं शामिल नहीं हैं, क्योंकि महिलाओं के लिए राष्ट्र सेविका समिति बनाई गई है. इन दोनों संगठनों के कार्य एक जैसे हैं लेकिन ये एक दूसरे से अलग हैं. यानी राष्ट्र सेविका समिति, राष्ट्रीय स्वयंसेवक संघ का भाग नहीं है|

शाखा ही संघ की बुनियाद है जिसके आधार पर इतना विशाल संगठन खड़ा हुआ है. यह किसी सार्वजनिक स्थल जैसे खुला मैदान या खुली जगह पर सुबह-शाम एक घंटे के लिए लगती है | इस शाखा में सूर्य नमस्कार, व्यायाम, योग, खेल, परेड, गीत और प्रार्थना होती है|

****

विश्व हिन्दू परिषद :विश्व हिन्दू परिषद राष्ट्रीय स्वयं सेवक संघ का ही एक भाग है जिसकी मूल प्रकृति सेवा है। सन् 1964 में इसकी स्थापना के पश्चात् शनैः शनैः अपने समाज के प्रति स्वाभाविक प्रेम तथा आत्मीयता के आधार पर विविध प्रकार के सेवा कार्यों का क्रमिक विकास किया गया।

"संसार का सम्बन्ध 'ऋणानुबन्ध' है। इस ऋणानुबन्ध से मुक्त होने का उपाय है – सबकी सेवा करना और किसी से कुछ न चाहना।"

"मनुष्य शरीर अपने सुख-भोग के लिये नहीं मिला, प्रत्युत सेवा करने के लिये, दूसरों को सुख देने के लिये मिला है।"

"सेवा परमो धर्मः"इत्यादि अवधारणाओं के आधार पर परिषद द्वारा यह सम्पूर्ण सेवा कार्य समर्पित कार्यकर्ताओं के द्वारा अत्यल्प संसाधनों के बल पर संचालित है। समूचे भारतवर्ष में सेवा कार्यों का विस्तार है।

उद्देश्य :परिषद द्वारा सेवा गतिविधियों का संचालन निश्चित उद्देश्य के अंतर्गत किया जाता है |देश के सभी भू-भागों, विशेषकर जनजातीय क्षेत्रों में धर्मांतरण रोकना तथा परावर्तन को प्रोत्साहन देना है |

1. सामाजिक समरसता के भाव को परिपुष्ट करना।
2. अशिक्षित, पिछड़े अथवा साधनहीन समाज बांधवों का स्वाभिमान जगाते हुए उन्हें स्वावलम्बी एवं जागरूक बनाना तथा।

3. जिनकी सेवा की जाती है, धीरे-धीरे वे स्वयं सेवाकार्य करने वाले बनें, यह वातावरण बनाना।

सर्वप्रथम सन् 1967 में महाराष्ट्र-गुजरात की सीमा पर (मुंबई से गुजरात की ओर 150 किमी. दूरी पर) स्थित गांव 'तलासरी' में जनजातीय छात्रों के लिये एक आश्रमशाला प्रारम्भ की गयी। इसके लिये कल्याण, जिला ठाणे, महाराष्ट्र के तत्कालीन नगराध्यक्ष माधवराव जी काणे ने अपने पद से त्याग पत्र देकर तलासरी जाना तय किया। 40 वर्ष की आयु में राजकीय सेवा से सन्यास लेना, कल्याण जैसा शहर छोड़कर, तलासरी जैसे छोटे गांव में आना, प्रसिद्धि का क्षेत्र छोड़कर सेवा कार्य को अपनाना, अनुकूल क्षेत्र छोड़कर, प्रतिकूल क्षेत्र में आना यह सब बातें श्री माधवराव जी की विशेषता तथा महानता दर्शाती हैं। ज्येष्ठ छात्र श्री चिंतामण वनगा कहते है, ''कि मंदिर के शिखर से उतरकर नींव का पत्थर बनना जैसी असाधारण बात माधवराव जी ने की थी।''

इसी क्रम में दूसरा छात्रावास सन् 1972 में असम राज्य के डिमाहसाओ जिले के हाफलांग में आरम्भ हुआ। उस समय यातायात संबंधी कठिनाइयों के साथ-साथ असम के जनजातीय विस्तार में प्रवेष करना अत्यंत ही कठिन था। किन्तु बलिया, उत्तर प्रदेश से वहां भेजे गये श्री रामानंद शर्मा ने जनजातीय बालकों की शिक्षा का आधार लेकर 5 बालकों से एक छात्रावास आरम्भ किया। समर्पित कार्यकर्ता श्री रामानंद शर्मा की एकनिष्ठ साधना, परिश्रम तथा सेवाभाव के फलस्वरूप वह छोटा सा पौधा आज बालक एवं बालिकाओं के अलग-अलग छात्रावास तथा 600 विद्यार्थियों के विद्यालय के रूप में विशाल वट वृक्ष बनकर शिक्षा के क्षेत्र में यश प्राप्त कर रहा है। इस प्रकल्प का सम्पर्क प्रभाव 100 से अधिक बस्तियों में हजारों छात्रों एवं अभिभावकों तक व्याप्त हुआ है। यहां के पूर्व छात्रों में प्राध्यापक, अधिवक्ता, जनप्रतिनिधि तथा अन्य शासकीय सेवाओं में व्यवस्थित होकर समाज की सेवा कर रहे हैं।

शिक्षा :कालान्तर में स्थान-स्थान की आवश्यकता तथा कार्यकर्ता उपलब्धता के आधार पर देशभर में सेवा प्रकल्पों का विस्तार होता गया। वर्तमान में सम्पूर्ण देश में शैक्षिक कार्यों की दृष्टि से 101 छात्रावास,

639 विद्यालय, 200 बालवाड़ियां, 235 बाल संस्कार केन्द्र, 242 अन्य शिक्षण केन्द्र तथा 240 संस्कार शालाएं संचालित हैं।

स्वाथ्य :समाज में व्याप्त कुपोषण, मौसमी व्याधियों के निवारण एवं ग्रामीण तथा वनांचल में चिकित्सा सुविधाओं के अभाव की पूर्ति के दृष्टि से इस दिशा में कार्य आरम्भ हुआ। चिकित्सा एवं स्वास्थ्य के उद्देश्य से वर्तमान में 13 अस्पताल, 64 डिस्पेन्सरी, 11 मोबाइल डिस्पेन्सरी, 34 एम्बूलेंस एवं 1531 अन्य चिकित्सा व स्वास्थ्य के क्षेत्र में प्रकल्प संचालित हैं।

समाज कल्याण :सामाजिक एवं आर्थिक समुत्थान के लिये विश्व हिन्दू परिषद के द्वारा सम्पूर्ण देश में 32 बाल कल्याण केन्द्र, 4 महिला सहायता केन्द्र, 19 निःशुल्क भोजन वितरण केन्द्र, 93 वृद्धाश्रम तथा 24 अन्य सामाजिक कार्य संचालित हैं। आर्थिक क्षेत्र में 111 सिलाई केन्द्र, 60 कम्प्यूटर केन्द्र, 160 महिला स्वयं सहायता केन्द्र तथा 14 अन्य कार्य चल रहे हैं। यह सुखद है कि जहाँ - जहाँ विगत कुछ वर्षों से परिषद के द्वारा छात्रावास, विद्यालय तथा अन्य सेवा गतिविधियां संचालित हैं, वहां - वहां प्रायः धर्मांतरण रुका है, समाज-जागरण हुआ है, कार्यकर्ता निर्मित हुए हैं तथा स्वावलम्बन की दिशा में स्वरोजगार आदि की उपलब्धि हुयी है।

विगत 57 वर्षों में लगभग 500 जिलों में 4500 केन्द्रों तक कार्य का विस्तार हुआ। कश्मीर से कन्याकुमारी और कच्छ से कोहिमा तक सेवाकार्यों का संचालन किया जा रहा है। विश्व हिन्दू परिषद द्वारा अगले तीन वर्षों में देशभर में भौगोलिक दृष्टि से 41 प्रांतों में लगभग 1000 जिलों में सेवा कार्यों का विस्तार करने की योजना है।

प्राकृतिक आपदाएं भी एक ऐसा कारक है जिसे विशाल भौगोलिक विविधता वाले विशाल देश के कारण लगभग हर साल झेलना पड़ता है। बाढ़, चक्रवात, सूखा, भूकंप, महामारी आदि लगभग हर साल आते हैं। असम, उत्तर बिहार व बंगाल में बाढ़ का खतरा है और इसी तरह, पूर्वी समुद्र तट, विशेष रूप से बंगाल, ओडिशा और आंध्र के साथ-साथ पश्चिमी तट भी चक्रवात के प्रभाव क्षेत्र में आते हैं। अब जलवायु तेजी से बदल रही है। राजस्थान, एक सूखा क्षेत्र, अब बाढ़ का भी

सामना कर रहा है। विश्व हिन्दू परिषद इस तरह की आपदाओं के दौरान राहत और बचाव कार्य करता है। भोजन, पानी, बच्चों के लिए दूध, तिरपाल, चिकित्सा सहायता, सौर लालटेन, आदि की आवश्यकता होने पर तत्काल व्यवस्था की जाती है और वितरित की जाती है। कोरोना महामारी के समय में भारत के लगभग हर जिले में बड़े पैमाने पर समाज की सेवा की गयी है। 1.87 लाख लोगों को टीका, 50,000 लोगों में औषधि वितरण, 2.15 लाख लोगों में भोजन वितरण, 27,000 परिवारो में राशन वितरण, 7.50 लाख लोगों में काढ़ा वितरण, 10.000 यूनिट रक्तदान, 3.300 मृतकों का अंतिम संस्कार इत्यादि सेवा कार्यों में 375 जिलों के 1700 प्रखंडों के 3141 स्थानों पर 13747 कार्यकर्ताओं ने सेवा की। 40 स्थानों पर योगा, ध्यान, जागरूकता अभियान आदि कार्यक्रम किये गए।

विश्व हिन्दू परिषद् का ध्येय है -सर्वे भवन्तु सुखिनः,सर्वे सन्तु निरामयाः।

ॐ सर्वे भवन्तु सुखिनः,सर्वे सन्तु निरामयाः।
सर्वे भद्राणि पश्यन्तु,मा कश्चित् दुःख भाग्भवेत्॥
ॐ शान्तिः शान्तिः शान्तिः॥

हिन्दी भावार्थः सभी सुखी होवें, सभी रोगमुक्त रहें, सभी का जीवन मंगलमय बनें और कोई भी दुःख का भागी न बने।हे भगवन हमें ऐसा वर दो!

14

मंदिर और मूर्तिपूजा

"चरण मंदिर तक पहुंचाते हैं और आचरण भगवान तक |"

मूर्तिपूजकों तथा मूर्तिभंजकों के संघर्षों के इतिहास से पूरी दुनिया भरी पडी है | प्रारम्भ में मूर्तिपूजकों के धर्म ही थे | मूर्तिपूजकों के धर्म के अंतर्गत ही मूर्तिभंजकों की एक धारा भी प्राचीनकाल से चली आ रही थी | मूर्तियाँ तीन तरह के लोगों ने बनाई | एक वे जो वास्तु और खगोल विज्ञान के जानकार थे, तो उन्होंने तारों और नक्षत्रों के मंदिर बनाए| ऐसे दुनियाभर में सात मंदिर थे |दुसरे वे, जो अपने पूर्वजों या प्रोफेट के मरने के बाद उनकी याद में मूर्ति बनाते थे| तीसरे वे, जिन्होंने अपने अपने देवता गढ़ लिए थे | हर कबीले का एक देवता होता था |कुलदेवता और कुलदेवी भी होती थी|

शोधकर्ताओं के अनुसार अरब के मक्का में पहले मूर्तियाँ ही राखी होती थीं| वहाँ उस काल में न बृहस्पति, मंगल, अश्विनी कुमार, गरुड़, नृसिंह और महाराजा बलि सहित लगभग ३६० मूर्तियाँ राखी हुई थी | ऐसा माना जाता है | इतिहास के अनुसार जात और गुर्जर तुर्किस्तान पहले नागवंसियों का गढ़ था | यहाँ नागपूजा का प्रचलन था |

भारत में वैसे तो मूर्तिपूजा का प्रचलन पूर्व आर्यकाल (वैदिक काल) से ही रहा है | भगवान् कृष्ण के काल में नाग, यक्ष, इंद्र आदि की पूजा की जाती थी | वैदिक काल के पतन और अनीश्वरवादी धर्म के उत्थान के बाद मूर्तिपूजा का प्रचलन बढ़ गया |

वेदकाल में न तो मंदिर थे और न ही मूर्ति, क्योंकि इसका इतिहास में कोइ साक्ष्य नहीं मिलता | इंद्र और वरुण आदि देवताओं की चर्चा जरूर होती है, लेकिन उनकी मूर्तियाँ थीं इसके भी साक्ष्य नहीं मिलते हैं |

भगवान् कृष्ण के काल में लोग इंद्र नामक देवता से जरूर डरते थे| भगवान् कृष्ण ने ही उक्त देवी-देवताओं के दर को लोगों के मन से निकाला था| इसके अलावा हड़प्पा काल में देवताओं(पशुपति शिव) की मूर्ति का साक्ष्य मिला है, लेकिन निश्चित ही यह आर्य और अन्य का मामला रहा होगा |

प्राचीन अवैदिक मानव पहले आकाश, समुद्र,पहाड़,बादल, बारिश,तूफ़ान,जल,अग्नि ,वायु,नाग,सिंह आदि प्राकृतिक शक्तियों की शक्ति से परिचित था और वह जानता था कि यह मान शक्ति से कहीं ज्यादा शक्तिशाली है इसलिए वह इनकी प्रार्थना करता था| बाद में धीरे धीरे इसमें बदलाव आने लगा| वह मानने लगा कि कोइ एक ऐसी शक्ति है, जो इन सभी को संचालित करती है| वेदों में सभी तरह की प्राकृतिक शक्तियों का खुलासा कर उनके महत्व का गुणगान किया गया है| हालांकि वेदों का केन्द्रीय दर्शन 'ब्रह्म' ही है |

पूर्व वैदिक काल में वैदिक समाज जन इकट्ठा होकर एक ही वेदी पर खड़े रहकर ब्रह्म (ईश्वर) के प्रति अपना भाव व्यक्त करते थे|वे यज्ञ द्वारा भी इश्वर और प्रकृति तत्वों का आह्वान और प्रार्थना करते थे|बाद में धीरे धीरे लोग वेदों का गलत अर्थ निकालने लगे| हिन्दू धर्म मूलतः अद्वित्वाद और एकेश्वरवाद का समर्थक है जिसका मूल ऋग्वेद,उपनिषद और गीता में मिलता है| अथर्ववेद की रचना के बाद हिन्दू समाज में दो विचारधारा हो गई : ऋग-यजु और साम-अथर्व|

इस तरह वेदों में इश्वर उपासना के दो रूप प्रचलित हो गए- साकार तथा निराकार| निराकारवादी प्रायः साकार उपासना या मूर्तिपूजा का विरोध करते हैं,पर वे यह भूल जाते हैं कि ऋषि-मनीषियों ने दोनों उपासना पद्धतियों का निर्माण मनुष्य के बौधिक स्टार की अनुकूलता के अनुरूप किया था|

शिवलिंग की पूजा का प्रचलन अथर्व और पुराणों की देन है| शिवलिंग पूजन के बाद धीरे धीरे नाग और यक्षों की पूजा का प्रचलन हिन्दू-जैन

धर्म में बढ़ने लगा| बौद्धकाल में बुद्ध और महावीर की मूर्तियों को अपार जन-समर्थन मिलने के कारण विष्णु,राम और कृष्ण की मूर्तियाँ बनाई जाने लगीं|

मान्यता के अनुसार महाभारत काल तक अर्थात द्वापर युग के अंत तक देवी और देवता धरती पर ही रहते थे और वे भक्तों के समक्ष कभी भी प्रकट हो जाते थे | तब उनके साक्षात रूप की पूजा या प्रार्थना होती थी| लेकिन कलयुग के प्रारम्भ होने के बाद उनके विग्रह रूप की पूजा होने लगी | विग्रह रूप अर्थात शिवलिंग,शालिग्राम,जल, अग्नि ,वायु,आकाश और वृक्ष रूप इत्यादि |

अब सवाल यह उठता है कि हिन्दू धर्म के धर्मग्रन्थ वेद, उपनिषद और गीता भी मूर्ति पूजा को नहीं मानते हैं तो हिन्दू क्यों मूर्ति या पत्थर की पूजा करते हैं और इस पूजा का प्रचलन आखिर कैसे,क्यों और कब हुआ?

भारत में जो लोग अनीश्वरवादी थे, वे निराकार ईश्वर को नहीं मानते थे| उन्होंने अपने प्रोफेट,पूर्वजों आदि की मूर्तियाँ बनाकर उन्हें पूजना आरम्भ कर दिया| इन अनीश्वरवादियों में जैन,चार्वाक,न्यायवादी आदि धर्म के लोग थे|

महावीर स्वामी और बुद्ध के जाने के बाद मूर्तिपूजा का प्रचलन बढ़ा और हजारों की संख्या में सम्पूर्ण देश में जैन और बौद्ध मंदिर बनाने लगे| जिसमें बुद्ध और महावीर की पूर्तियां रखकर उनकी पूजा होने लगी| इन मंदिरों में हिन्दू भी बड़ी संख्या में जाने लगे जिसकी वजह से बाद में राम और कृष्ण के मंदिर बनाए जाने लगे और इस तरह भारत में मूर्ति आधारित मंदिरों का विस्तार हुआ|

मूर्तिपूजा का पक्ष : मूर्तिपूजा के समर्थक कहते हैं कि ईश्वर तक पहुँचने में मूर्तिपूजा रास्ते को सरल बनाती है| मन की एकाग्रता और चित्त को स्थिर करने में मूर्ति की पूजा से सहायता मिलती है | मूर्ति को आराध्य मानकर उसकी उपासना करने और फूल आदि अर्पित करने से मन में विश्वास और खुशी का अहसास होता है| इस विश्वास और खुशी के कारण ही मनोकामना की पूर्ती होती है |विश्वास और श्रद्धा ही जीवन में सफलता का आधार है|

प्राचीन मंदिर ध्यान और प्रार्थना के लिए होते थे| उन मंदिरों के स्तंभों या दीवारों पर मूर्तियाँ आवेष्टित की जाती थीं| मंदिरों में पूजा-पाठ नहीं होता था| यदि आप खजुराहो,कोणार्क या दक्षिण के प्राचीन मंदिरों की रचना देखेंगे तो जान जायेंगे कि ये मंदिर किस तरह के होते हैं|ध्यान या प्रार्थना करने वाली पूरी पीढी जब ख़त्म हो गयी है तो इन जैसे मंदिरों में पूजा-पाठ का प्रचलन बढ़ा|पूजा-पाठ के प्रचलन से मध्यकाल के अंत में मनमाने मंदिर बने| मनमाने मंदिर से मनमानी पूजा-आरती आदि कर्मकांडों का जन्म हुआ, जो वेदसम्मत नहीं माने जा सकते|

मूर्तिपूजा के पक्ष में पंडित दीनानाथ शर्मा लिखते हैं – 'जड़ (मूल) ही सबका आधार हुआ करती है| जड़ सेवा के बिना किसी का भी कार्य नहीं चलता| दूसरे की आत्मा की प्रसन्नतापूर्वक उसके आधारभूत जड़ शरीर एवं उसके अंगों की सेवा करनी पड़ती है| परमात्मा की उपासना के लिए भी उसके आश्रय स्वरूप जड़ प्रकृति की पूजा करनी पड़ती है | हम वायु ,अग्नि, जल, पृथ्वी,प्रकाश आदि की उपासना में प्रचुर लाभ उठाते हैं, तब मूर्तिपूजा से क्यों घबराना चाहिए? उसके द्वारा तो आप अणु-अणु में व्याप्त चेतन (सच्चिदानंद) की पूजा कर रहे होते हैं |

आप जिस बुद्धि या मन को आधारभूत मानकर परमात्मा का अध्ययन कर रहे होते हैं, क्यों वे जड़ नहीं हैं परमात्मा भी जड़ प्रकृति के बिना कुछ नहीं कर सकता, सृष्टि भी नहीं रच सकता| तब सिद्ध हुआ कि जड़ और चेतन का परस्पर सम्बन्ध है | तब परमात्मा भी किसी मूर्ति के बिना उपास्य कैसे हो सकता है? वैसे तो पूरा विश्व ही मूर्तिपूजक है| पंचभूतों से निर्मित किसी आकार पर श्रद्धा स्थिर करना मूर्तिपूजा है | मंदिर, मस्जिद,चर्च,गुरुद्वारा ,पुस्तक, आकाश इत्यादि सभी मूर्तिपूजा के अंतर्गत हैं| कौन मूर्तिपूजक नहीं है?

यह एक निर्विवाद सत्य है कि भारत में सबसे अधिक मूर्तियाँ हैं, मंदिर हैं, किन्तु भारत मूर्तिपूजक नहीं है| ये मंदिर,मूर्तियाँ आध्यात्मिक देश भारत में अध्यात्म की प्राथमिक कक्षाएं हैं, अध्यात्म की दिशा में बढ़ने के स्रोत हैं जिनका लक्ष्य आत्मा का परमात्मा से मिलन है |

अपने आराध्य या इष्टदेव के स्वरूप को पत्थर या मिट्टी की मूर्ति में रूपायित कर (तथा उसको अपनी कल्पनानुसार श्रृंगारित करके)

उसके रूबरू होने की हमारी आकांक्षा ने हमें मूर्ति पूजा की प्रेरणा दी। निराकार परमेश्वर का तो कोई स्वरूप गढ़ा नहीं जा सकता था अत: उसके अवतारों या पौराणिक स्वरूपों की मूर्तियां गढ़ी जाने लगीं।

प्राचीन मंदिरों की बाहरी दीवारों, गर्भगृहों, मंडपों, स्तंभों, गोपुरम, गुंबजों में अज्ञात कलाकारों द्वारा ऐसी असंख्य मूर्तियां गढ़कर सज्जित कर दी गई हैं कि जिन्हें देखकर मोहित, आत्मविस्मृत, स्तब्ध, तन्मय, विभोर और अनोखे दैवी भाव से संतृप्त ही हुआ जा सकता है। भारत के असंख्य मंदिर इस कलात्मक खजाने से भरे हुए हैं और यह हमारी संपूर्ण संपन्न सांस्कृतिक धरोहर का गौरवमय कोष है।

मूर्तियां ऐसी कि उनके नाक, नक्श, मुस्कान, भाव-भंगिमाएं, शरीर-सौष्ठव, देहयष्टि, श्रृंगार, आभरण, मुद्राएं अनुपम और आलौकिक हैं और भावप्रवण दर्शकों को दैवी अनुभूति से निहाल करती हैं। चाहिए आपकी तन्मयता और निर्निमेष देखने की ललक, उस आनंद में खो जाने की तत्परता और न्योछावर हो जाने का मनोभाव। आनंदातिरेक के ये क्षण आप कई बार अनुभव कर सकते हैं । अद्भुत और वर्णनातीत। सौभाग्यशाली हैं वे, जो इन क्षणों को आत्मसात करने की क्षमता से संपन्न हैं।

मनोहारी मूर्तियों में विष्णु, कृष्ण, राम, देवी की कलात्मक रूप से गढ़ी गईं और श्रृंगारित मूर्तियां दर्शनीय और आत्मविभोरकारी हैं तथा बुद्ध की प्रतिमाएं अनंत शांति और मानसिक तोष प्रदान करती हैं। ऐसी कि आप एकटक, निर्निमेष, स्तब्ध, आत्मविस्मृत होकर निहारते रहिए और दैवी आनंद से अभिभूत हो जाइए।

अनर्थ तब हुआ जब प्रतीकात्मक मूर्तियों का चलन हुआ। पहाड़ी देवस्थानों में अनगढ़ चट्टानें या पाषाण शिलाएं ही मूर्ति के रूप में स्थापित कर दी गईं अथवा किसी शिला या पत्थर पर सिंदूर लेप कर, चमकदार वर्कों से सज्जित कर आंखें, नाक, मूछें चिपकाकर उन्हें हनुमान, भैरव, काली और अन्य देवियों के रूप में प्रतिष्ठित कर दिया गया। बाद में ये मंदिर चमत्कार और कामना पूर्ति के स्थानों के रूप में प्रचारित और प्रसिद्ध कर दिए गए। कामना पूर्ति की मन्नतें मांगने वालों की भीड़ और अनंत चढ़ावों ने इन देवस्थानों को ऐसी प्रसिद्धि और

भव्यता दी कि कलात्मक मंदिर गौण व वीरान हो गए। हमारी अमर सांस्कृतिक धरोहर विदेशी पर्यटकों का इंतजार करती उदास बिखरी पड़ी है, कलात्मक दृष्टि गायब है और मानसिक आस्थाएं भौतिक आस्थाओं के पीछे लुप्त हो गई हैं। अब यह मूर्ति पूजा पाखंड, दुकानदारी, अंधविश्वास और आमोद यात्राओं का शगल बन रही है, जो धार्मिक आस्थाओं, सांस्कृतिक परंपराओं, नई पीढ़ी के विश्वासों और नैतिक जीवन की आवश्यकताओं के लिए घातक है। अब इस दिशा में जरूरत है सजग और चिंतनशील लोगों द्वारा पुनरावलोकन की तथा कलात्मक दृष्टिकोण के पुनर्प्रचार द्वारा सही दृष्टिकोण की पुनर्स्थापना की।

****

इसकोन मंदिर:आज हम सोशल मिडिया चाहे फेसबुक हो यूट्यूब हो या कोई और प्लेटफॉर्म हर जगह विदेशियों खासकर क्रिश्चियन कम्युनिटी के लोगो द्वारा हरे रामा और हरे कृष्ण का कीर्तन के वीडियो देखते रहते हैं। ये सभी लोग इस्कॉन मंदिर से जुड़े होते है और इस समय इस्कॉन भगवान श्री कृष्ण की भक्ति का सबसे बड़ा संगठन बन चुका है। इस्कॉन को "हरे कृष्ण आन्दोलन" के नाम से भी जाना जाता है।

इस्कॉन से जुड़े लोग आज दुनियाभर में मौजूद है। लगभग हर बड़े शहर में इस्कॉन मंदिर पाए जाते है। इसके अनुयाई दुनिया भर में राम और कृष्ण के भजन और कीर्तन गाते हुए मिल जायेंगे। चाहे वो न्यूयॉर्क, लंदन, बर्लिन, मास्को, मथुरा, वृंदावन की सड़कों ही क्यों न हों।

इस्कॉन मंदिर पूरे विश्व में भगवान श्री कृष्ण की भक्ति का सबसे बड़ा मंदिरो का संगठन है। इस्कॉन(ISKCON) का मतलब इंटरनेशनल सोसायटी फॉर कृष्णा कांशसनेस है। ये संगठन दुनिया भर में कृष्ण भक्ति को प्रचारित और प्रसारित करता है। इस्कॉन मंदिर की स्थापना श्रीमूर्ति श्री अभयचरणारविन्द भक्तिवेदांत स्वामी प्रभुपादजी ने न्यूयॉर्क सिटी में 1966 में की थी। आज देश-विदेश में इसके 400 से अधिक मंदिर और विद्यालय मौजूद हैं। इसकी 850 शाखाएं हैं | इसका मुख्यालय पश्चिम बंगाल के नदिया जिले के मायापुर में स्थित हैं| यह दुनिया का सबसे बड़ा वैदिक मंदिर है |

एक छोटे से समूह से प्रारंभ हुआ ISKCON आज भक्ति का एक बहुत ही सुंदर और बड़ा आंदोलन बन चुका है। इस्कॉन के अनुयायी आज पूरी दुनिया में मौजूद है और वे विश्व में गीता और हिन्दू धर्म एवं हिन्दू संस्कृति का प्रचार-प्रसार करते हैं। इस्कॉन मंदिर से जुड़े लोगो का सबसे बड़ा मंत्र है -'हरे रामा-हरे रामा, राम-राम हरे हरे,हरे कृष्ण-हरे कृष्ण, कृष्ण-कृष्ण हरे हरे'।

इस्कॉन मंदिर के सिद्धान्त व नियम :इस्कॉन मंदिर में आस्था रखने वालों को चार सरल नियमों तप,दया,सत्य और मन की शुद्धता का पालन करना होता है | अपने सिद्धान्त के अलावा इस्कॉन के अनुयायी मुख्यत: चार नियमों का पालन करते हैं जो निम्न है:-

- इस्कॉन के अनुयायी को तामसिक भोजन त्यागना होता है। इसके तहत उन्हें प्याज, लहसुन, मांस, मदिरा आदि से दूर रहना होता है।
- अनैतिक आचरण से दूर रहना जैसे की जुआ, पब, वेश्यालय जैसे स्थानों पर जाना अनैतिक आचरण के अंतर्गत आता है।
- इस्कॉन के अनुयायी को रोजाना एक घंटा शास्त्राध्ययन में बिताना होता है। इसमें गीता के साथ साथ भारतीय धर्म और इतिहास से जुड़े शास्त्रों का अध्ययन करना होता है।
- सबसे महत्वपूर्ण सभी को रोजाना हरे कृष्णा-हरे कृष्णा' नाम की 16 बार माला जपनी होती है।

****

शिवलिंग का सच और रहस्य क्या हैं? भगवान शिव का प्रतीक शिवलिंग जिसकी हम पूजा करते हैं। सप्ताह में मुख्यतया सोमवार को शिवलिंग की पूजा की जाती हैं व उन पर जल, दूध, बेल पत्र इत्यादि चढ़ाये जाते हैं। शिवलिंग को हिंदू धर्म में सर्वोच्च स्थान दिया गया हैं तथा इसकी परिकल्पना ब्रह्मांड से की गयी है|

सर्वप्रथम जानते हैं कि शिवलिंग का अर्थ क्या है। यह संस्कृत के शब्द से बना है जो दो शब्दों का मेल हैं: शिव + लिंग। शिव का अर्थ स्थिरता या शव से है व लिंग का अर्थ प्रतीक, चिन्ह या अंश से है। अर्थात जो शिव का अंश या प्रतीक है उसे ही शिवलिंग कहा जाता है।

शिवलिंग का गलत अर्थ : शिवलिंग का अर्थ कई लोगों से शिवजी भगवान के गुप्तांग के बारे में सुना होगा किन्तु यह पूर्णतया गलत है जिसे हिंदू धर्म को बदनाम करने के लिए मुगलों व अंग्रेज़ शासकों द्वारा प्रचारित किया गया व भोलेभाले हिन्दुओं ने इस पर विश्वास कर लिया। दरअसल लिंग का हिंदी भाषा में अर्थ गुप्तांग या जननांग होता है

सत्य यह हैं कि यह संस्कृत शब्द है जिसका अर्थ प्रतीक या चिन्ह से होता है ना कि गुप्तांग से। संस्कृत भाषा में पुरुष गुप्तांग को शिशिन कहा जाता हैं। उदाहरण के तौर पर हम पुल्लिंग व स्त्रीलिंग का प्रयोग करते है। तो अब आप ही सोचिये स्त्री का लिंग कैसे हो सकता है। असलियत में पुल्लिंग व स्त्रीलिंग का अर्थ पुरुष व महिला के प्रतीक हैं, ठीक वैसे ही शिवलिंग का अर्थ शिव के चिन्ह से।

शिवलिंग किसका प्रतिनिधित्व करता हैं?जब हमारे महापुरुषों, ऋषि मुनियों ने लाखों वर्ष पूर्ण शिवलिंग की रचना की और उसे विश्व के सामने रखा तब उनकी यह खोज अद्वितीय थी जो पूरे ब्रह्मांड, ऊर्जा, पदार्थ, मनुष्ययोनी, जीवन, उत्पत्ति, उदय का प्रतिनिधित्व करता हैं। शिवलिंग से हमे मानव जीवन के उदय व पतन के बारे में पता चलता है, सृष्टि का ज्ञान होता है व यह कैसे चलती है इसके बारे में पता चलता है।

शिवलिंग अर्थात आदि अनंत :शिवलिंग का अभिप्राय मुख्यतया ब्रह्मांड से हैं जिसका ना तो कोई आदि है और ना ही कोई अंत अर्थात ब्रह्मांड सीमाओं से परे है व इसकी कहीं से भी शुरुआत नही होती व ना ही इसका कहीं अंत होता है । विज्ञान में हम तीन प्रकार के अणु पढ़ते हैं जिससे पूरी सृष्टि का निर्माण हुआ है, वे हैं न्यूट्रॉन, प्रोटोन व इलेक्ट्रान। इसमें न्यूट्रॉन व प्रोटोन आपस में जुड़े होते है व स्थिर होते है तथा इलेक्ट्रान उसके चारो ओर स्थित होते है और गतिशील होते है। ठीक इसी तरह हमारा ब्रह्मांड भी है।जब भी कही विस्फोट होता है व ऊर्जा फैलती है तो वो वृताकार आकार में चारो ओर फैलती है व साथ ही

ऊपर व नीचे की ओर अंडाकार दिशा बनती है जैसे कि शिव का रूप है। हमारा ब्रह्मांड भी ऐसा ही है जहाँ विभिन्न आकाशगंगाएं अपने अंदर अनगिनत तारे समेटे हुए ब्लैक होल के चारो ओर घुमती है व अंततः उसी में समा जाती है।विज्ञान भी ब्रह्मांड की आकृति को वृताकार रूप में व ऊपर नीचे की ओर अंडाकार रूप में दिखता है अर्थात शिवलिंग का अभिप्राय ब्रह्मांड के रूप का ही प्रतिनिधित्व करता है।

शिवलिंग अर्थात पदार्थ व ऊर्जा: समूचे ब्रह्मांड व विश्व में केवल दो ही चीज़े विद्यमान है वे है पदार्थ व ऊर्जा। पदार्थ वे है जिन्हें आप देख सकते है, छू सकते व महसूस कर सकते है किन्तु ऊर्जा को केवल महसूस किया जा सकता है। जब भी पदार्थ व ऊर्जा का मेल होता है तब उसमे जीवन आता है अन्यथा वह वस्तु निर्जीव मानी जाती है।ठीक इसी प्रकार आपका शरीर भी एक पदार्थ है जो विभिन्न तरह के पदार्थो से मिलकर बना है व आपकी आत्मा ऊर्जा है। शिवलिंग भी पदार्थ व ऊर्जा का प्रतिनिधित्व करता है जो जीवन को दर्शाता है।

शिवलिंग का अर्थ शिव व आदिशक्ति: जो सभी जगह विद्यमान है अर्थात सर्वज्ञ है, जिसको विभाजित नहीं किया जा सकता है अर्थात अविभाजित है, जिसे दिखाया नही जा सकता है अर्थात अदृश्य है, जो शुन्य है अर्थात जिसका कोई आदि अनंत नही है वह शिव है। जो सर्वशक्तिमान है, जिससे विभाजित होकर नयी संरचनाएं बनती है, जो सीमाओं से परे है, जिसे देखा जा सकता है वह है आदिशक्ति।स्कंदपुराण में भी आकाश को लिंग कहा गया है व इस पृथ्वी को उसका आधार अर्थात एक दिन सब उसी आकाश में समा जायेगा व फिर से एक नयी संरचना बनेगी।

शिवलिंग को ज्योतिर्लिंग क्यों कहा जाता है?योगासन में ध्यान लगाने के लिए ज्योति की लौं पर ध्यान केन्द्रित किया जाता है। इससे ध्यान की मुद्रा में जाया जाता है व नेत्रों को एक जगह केन्द्रित किया जाता हैं। चूँकि ज्योति की लौं वायु में टिमटिमाती है जिससे ध्यान केन्द्रित करने में समस्या उत्पन्न होती है। इसलिए ज्योति की लौ के आकार का रूप शिवलिंग के रूप के सामान होता है जो हमारे मन को चेतना में ले जाता है।

महामृत्युंजय मन्त्र :महामृत्युंजय मंत्र का उल्लेख ऋग्वेद से लेकर यजुर्वेद तक में मिलता है। वहीं शिवपुराण सहित अन्य ग्रंथो में भी इसका महत्व बताया गया है। संस्कृत में महामृत्युंजय उस व्यक्ति को कहते हैं जो मृत्यु को जीतने वाला हो। इसलिए भगवान शिव की स्तुति के लिए महामृत्युंजय मंत्र का जप किया जाता है। इसके जप से संसार के सभी कष्ट से मुक्ति मिलती हैं। ये मंत्र जीवन देने वाला है। इससे जीवनी शक्ति तो बढ़ती ही है साथ ही सकारात्मकता बढ़ती है। महामृत्युंजय मंत्र के प्रभाव से हर तरह का डर और टेंशन खत्म हो जाती है। शिवपुराण में उल्लेख किए गए इस मंत्र के जप से आदि शंकराचार्य को भी जीवन की प्राप्ति हुई थी।महामृत्युंजय मंत्र निम्नलिखित है :-

ॐ हौं जूं सः ॐ भूर्भुवः स्वः ॐ त्र्यम्बकं यजामहे सुगन्धिं पुष्टिवर्धनम् उर्वारुकमिव बन्धनान् मृत्योर्मुक्षीय मामृतात् ॐ स्वः भुवः भूः ॐ सः जूं हौं ॐ !!

अर्थ :इस मंत्र का मतलब है कि हम भगवान शिव की पूजा करते हैं, जिनके तीन नेत्र हैं, जो हर श्वास में जीवन शक्ति का संचार करते हैं और पूरे जगत का पालन-पोषण करते हैं।

****

माला में 108 दाने, रुद्राक्ष से बनी माला मंत्र जप के लिए सर्वश्रेष्ठ क्यों है ?

हिन्दू पौराणिक शास्त्रों के अनुसार हम मंत्र जप के लिए जिस माला का उपयोग करते है, उसमें दानों की संख्या 108 होती है। शास्त्रों में 108 संख्या का अत्यधिक महत्व है। इसके पीछे कई धार्मिक, ज्योतषिक और वैज्ञानिक मान्यताएं हैं, कि माला में 108 ही दाने क्यों होते हैं| आइए हम यहां जानते है ऐसी ही कुछ मान्यताओ के बारे में और जानेंगे आखिर माला का प्रयोग क्यों करना चाहिए मन्त्र जाप के लिए।

हिन्दू ग्रंथों के अनुसार रुद्राक्ष से बनी माला मंत्र जप के लिए सर्वश्रेष्ठ होती है। रुद्राक्ष को महादेव का प्रतीक माना गया है। रुद्राक्ष में सूक्ष्म कीटाणुओं का नाश करने की शक्ति भी होती है और रुद्राक्ष वातावरण में मौजूद सकारात्मक ऊर्जा को ग्रहण करके साधक के शरीर में पहुंचा

देता है। रुद्राक्ष से अलग यह माला तुलसी, स्फटिक, मोती या नगों से भी बनी होती है। प्राचीन काल से ही बड़े-बड़े तपस्वी, साधु-संत इस उपाय को अपनाते रहे हैं।

भगवान की पूजा के लिए कुश का आसन बहुत जरूरी है, इसके बाद दान-पुण्य जरूरी है। जब भी मंत्र जप करें, माला का उपयोग अवश्य करना चाहिए। माला के बिना संख्याहीन किए गए मंत्र जप का भी पूर्ण फल प्राप्त नहीं हो पाता है। जो भी व्यक्ति माला की मदद से मंत्र जप करता है, उसकी मनोकामनएं बहुत जल्द पूर्ण होती हैं। मंत्र जप निर्धारित संख्या 108 के अनुसार किए जाए तो सर्व श्रेष्ठ रहता है।

शास्त्रों के अनुसार एक पूर्ण रूप से स्वस्थ व्यक्ति दिनभर में जितनी बार सांस लेता है, व्यक्ति के सांस से ही माला के दानों की संख्या 108 का संबंध है। सामान्यत: 24 घंटे में एक व्यक्ति करीब 21600 बार सांस लेता है। दिन के 24 घंटों में से 12 घंटे दैनिक कार्यों में व्यतीत हो जाते हैं और शेष 12 घंटों में व्यक्ति सांस लेता है 10800 बार। शास्त्रों के अनुसार व्यक्ति को हर सांस पर यानी पूजन के लिए निर्धारित समय 12 घंटे में 10800 बार ईश्वर का ध्यान करना चाहिए, लेकिन यह संभव नहीं हो पाता है। इसीलिए 10800 बार सांस लेने की संख्या से अंतिम दो शून्य हटाकर जप के लिए 108 संख्या निर्धारित की गई है। इसी संख्या के आधार पर जप की माला में 108 दाने होते हैं।

वैज्ञानिक महत्त्व:वैज्ञानिकों के अनुसार माला के 108 दाने और सूर्य की कलाओं का गहरा संबंध है। एक वर्ष में सूर्य 216000 कलाएं बदलता है और वर्ष में दो बार अपनी स्थिति भी बदलता है। छह माह उत्तरायण रहता है और छह माह दक्षिणायन। अत: सूर्य छह माह की एक स्थिति में 108000 बार कलाएं बदलता है। इसी संख्या 108000 से अंतिम तीन शून्य हटाकर माला के 108 मोती निर्धारित किए गए हैं। माला का एक-एक दाना सूर्य की एक-एक कला का प्रतीक है। सूर्य ही व्यक्ति को तेजस्वी बनाता है, सूर्य ही एकमात्र साक्षात दिखने वाले देवता हैं, इसी वजह से सूर्य की कलाओं के आधार पर दानों की संख्या 108 निर्धारित की गई है।

माला के दानों की संख्या 108 संपूर्ण ब्रह्मांड का प्रतिनिधित्व करती है। ज्योतिष के अनुसार सम्पूर्ण ब्रह्मांड को 12 भागों (राशियों) में विभाजित किया गया है। इन 12 भागों (राशियों) के नाम मेष, वृष, मिथुन, कर्क, सिंह, कन्या, तुला, वृश्चिक, धनु, मकर, कुंभ और मीन हैं। इन 12 राशियों में नौ ग्रह सूर्य, चंद्र, मंगल, बुध, गुरु, शुक्र, शनि, राहु और केतु विचरण करते हैं। अत: विचरण ग्रहों की संख्या 9 का गुणा 12 राशियों की संख्या में किया जाए तो संख्या 108 प्राप्त हो जाती है। ज्योतिष के अनुसार इसी संख्या के आधार पर जप की माला में 108 दाने होते हैं।

ऋषियों के अनुसार :एक अन्य मान्यता के अनुसार ऋषियों ने में माला में 108 दाने रखने के पीछे ज्योतिषी कारण बताया है। शास्त्रों के अनुसार कुल 27 नक्षत्र बताए गए हैं। हर नक्षत्र के 4 चरण होते हैं और 27 नक्षत्रों के कुल चरण 108 ही होते हैं। माला का एक-एक दाना नक्षत्र के एक-एक चरण का प्रतिनिधित्व करता है।

मंत्र जप की माला में सबसे ऊपर एक बड़ा दाना होता है जो कि सुमेरू कहलाता है। सुमेरू से ही जप की संख्या प्रारंभ होती है और यहीं पर खत्म भी। जप का एक चक्र पूर्ण होकर सुमेरू दाने तक पहुंच जाता है तब माला को पलटा लिया जाता है। सुमेरू को कभी भी लांघना नहीं चाहिए। जब भी मंत्र जप पूर्ण करें तो सुमेरू को माथे पर लगाकर नमन करना चाहिए। इससे जप का पूर्ण फल प्राप्त होता है।

******

ॐ की उत्पत्ति कहां से हुई और ओम का अर्थ क्या होता है?हिंदू धर्म में ॐ शब्द को सबसे महत्वपूर्ण शब्द की संज्ञा दी गयी है जो सभी मंत्रो व शब्दों से सबसे ऊपर व सर्वोच्च हैं। ॐ अपने आप में एक पूर्ण मंत्र है जिसका उच्चारण हर धार्मिक कार्य व यज्ञ से पहले किया जाता हैं। यहाँ तक कि जब बच्चे का उपनयन संस्कार किया जाता हैं अर्थात जब उसकी शिक्षा प्रारंभ की जाती हैं तब सर्वप्रथम उससे ॐ मंत्र का ही जाप करवाया जाता हैं।

ॐ एक ऐसा शब्द हैं जो संपूर्ण ब्रह्मांड में गुंजायमान हैं और एक गूंगा व्यक्ति भी इसका उच्चारण कर सकता हैं। इस शब्द की महत्ता

को अलग से बताने की आवश्यकता नहीं हैं किन्तु आज हम इसके गूढ़ में जायेंगे और जानेंगे कि आखिर क्यों ॐ शब्द को इतना महत्व दिया जाता है।

ॐ शब्द का अर्थ व महत्व:हिंदू धर्म के अनुसार, ॐ को ब्रहमांड का प्रणव शब्द कहा जाता हैं जिसके बाद ब्रहमांड की उत्पत्ति हुई थी। यहाँ प्रणव से अर्थ सर्वप्रथम से है। ब्रहमांड लगातार फैलाव कर रहा है और वहां सब गतिमान है चाहे वह सूर्य तारा हो या आकाशगंगाएं। इस ब्रहमांड में लाखों तारे व आकाशगंगाएं है जो हमेशा गति करते रहते है और फैलते रहते है व अंत में ब्लैक होल में समा जाते है।

ब्रहमांड में जो ध्वनि हमेशा गुंजायमान रहती हैं उसी ध्वनि को ही ॐ कहा गया है। यह बात कई वैज्ञानिक शोधों से सत्य भी प्रमाणित हो चुकी हैं। वर्षो पहले हमारे ऋषि मुनियों ने इस शब्द की व्याख्या कर दी थी और बता दिया था कि इसका संबंध सीधे ब्रहमांड अर्थात ईश्वर से हैं जो सर्वत्र विद्यमान हैं।

ओम (ॐ) का अर्थ क्या होता है या ॐ का सही उच्चारण: ॐ या ओम शब्द तीन अक्षरों के मेल से बना हैं जो स्वयं ब्रह्मा, विष्णु व महादेव का प्रतिनिधित्व करते है। इसका सर्वप्रथम अक्षर "अ" हैं जो मुख से निकलने वाला प्रथम अक्षर हैं व इसके उच्चारण से नाभि पर बल पड़ता हैं जो हमारी रचना को दर्शाता हैं। जब हम गर्भ में होते हैं व जन्म लेते हैं तब हम अपनी माँ के द्वारा गर्भनाल से जुड़े होते हैं जो हमारी नाभि से निकलती हैं। हम अपना खाना-पीना सब इसी से प्राप्त करते हैं। जन्म लेने के बाद चिकित्सक इसे काट देते हैं अर्थात यह स्वयं ब्रहम का प्रतीक हैं जो हमारे रचियता है।

ॐ शब्द का दूसरा अक्षर "उ" होता हैं जो हमारे हृदय से निकलता हैं जो हमारे जीवन यापन का प्रतिनिधित्व करता है अर्थात यह विश्व के पालनहार भगवान विष्णु से संबंध रखता हैं।

ॐ शब्द का अंतिम शब्द "म" होता हैं जो हमारे कंठ से निकलता हैं व वहां कम्पन्न उत्पन्न करता हैं। कंठ भगवान शिव से संबंध रखता है जो हमारे जीवन चक्र के समाप्ति का प्रतीक हैं।इस तरह से ॐ का उच्चारण करने से हम ब्रह्मा, विष्णु व महेश का आह्वान करते है। इसी

कारण इस शब्द को हमारे धर्म में सबसे ज्यादा महत्ता दी गयी है व हर मंत्र से पूर्व इसका उच्चारण करने को कहा गया है।

ॐ शब्द की विशेषता:ॐ एक ऐसा शब्द हैं जिसका उच्चारण करने से हम अपने आसपास सकारात्मक ऊर्जा का संचार देख सकते हैं। यदि इसका उच्चारण किसी शांत स्थल पर किया जाये तो हम अपने अंदर किसी अद्भुत ऊर्जा का संचार देख सकते हैं।

योग में भी इसको बहुत ज्यादा महत्त्व दिया गया हैं क्योंकि ॐ शब्द के उच्चारण के बिना योग अधूरा माना जाता हैं। पुराने समय में भी ऋषि मुनि जब पर्वतों पर जाकर तपस्या करते थे तो वे इस शब्द का उच्चारण करके स्वयं को ब्रह्मांड से जोड़ने का यत्न करते थे।

इस मंत्र के लगातार जाप से व एकाग्र मन से हम सीधे ब्रह्मांड से जुड़ सकते हैं क्योंकि यही ब्रह्मांड की ध्वनि हैं। ॐ एक ऐसा शब्द हैं जिसकी कोई उत्पत्ति या अंत नही हैं व बाकि हर शब्द या अक्षर, इसी ॐ शब्द के अक्षरों के सम्मलेन से बनते हैं।

ॐ शब्द का अन्य धर्मों में महत्व:आपको यह जानकर आश्चर्य होगा कि अन्य धर्मों ने भी ॐ को अपने अंदर समाहित किया है बस कुछ अलग रूप में। इसाई धर्म के लोग आमेन बोलते हैं जो इसी ॐ शब्द का प्रतीक है, इसी तरह इस्लाम में आमीन शब्द का प्रयोग किया गया है। सिख धर्म में ओंकार (Omkar Kya Hai) शब्द का उल्लेख है जो ॐ के गुणों का वर्णन करता हैं। इसी प्रकार अन्य धर्मों जैन, बौद्ध इत्यादि में भी इसे अलग-अलग रूपों में सम्मिलित किया गया हैं।अंग्रेजी में ओमनी (Omni) शब्द का उल्लेख है जिसका अर्थ सर्वत्र विद्यमान होता है व इसका संबंध भी ॐ से ही है। ॐ शब्द किसी धर्म से संबंध ना रखकर ब्रह्मांड की उत्पत्ति व विनाश को दर्शाता हैं, इसलिये हिंदू धर्म में इसे सर्वोपरी स्थान दिया गया है। यह सब धर्मों से परे है जो सबका प्रतिनिधित्व करता (OM Sound) है।आइये जानते हैं ॐ बोलने के फायदे :-

1. ॐ बोलने के फायदे: मानसिक शांति :यदि आप तनाव से ग्रस्त है या अवसाद में हैं तो ॐ इसमें महत्वपूर्ण भूमिका निभाता है। इसके लिए आप एकाग्र मन से कुछ देर आँखे बंद करके ॐ मंत्र का जाप करे जिससे

आपके आसपास सकारात्मक ऊर्जा का संचार होगा व आपका मन शांत होगा। इससे मनुष्य को मानसिक शांति की अनुभूति होती है व उसका मानसिक विकास होता हैं।

2. ॐ जाप के फायदे: सुचारू रक्तसंचार :यह आपके शरीर में रक्त के सुचारू प्रवाह में भी महत्वपूर्ण भूमिका निभाता है। इसका निरंतर व प्रतिदिन जाप करने से आपके शरीर में रक्त संचार सुचारू रूप से बना रहता है जिससे आपको कई स्वास्थ्य लाभ मिलते हैं।

3. ॐ उच्चारण के फायदे: अनिद्रा की समस्या में:यदि आप नींद ना आने या कम नींद आने की समस्या से परेशान हैं तो इसमें भी यह मंत्र आपकी मदद कर सकता हैं। रात को सोते समय आप इस मंत्र का शांत मन से उच्चारण करे व इसे 10 मिनट तक करे। इससे आपको नींद तो आएगी ही बल्कि आप नकारात्मक स्वप्नों से भी दूर रहेंगे।

4. ओम बोलने के फायदे: मजबूत चेतना :जब हम ॐ मंत्र का जाप करते हैं तो इससे हमारा मन मस्तिष्क एकाग्र होता हैं व हमारी बुद्धि तेज बनती है। इसका निरंतर जाप करते रहने से आपकी याददाश्त में बढ़ोत्तरी होती हैं व आपकी चेतना मजबूत होती हैं।

5. ओम जाप के लाभ: हृदय व फेफड़ों की मजबूती :इस मंत्र में आप जिन अक्षरों का उच्चारण करते हैं वे हमारे कंठ, हृदय व नाभि में कम्पन्न करते हैं जो हमारे शरीर के अंगों को स्वस्थ रखते हैं। इससे आपके फेफड़े पहले की अपेक्षा में मजबूत बनते हैं व आपका हृदय स्वस्थ रहता हैं।

6. ओम जप के स्वास्थ्य लाभ: स्वस्थ पाचन तंत्र:इसका नियमित जाप करने से आपका पाचन तंत्र भी सुचारू रूप से काम करता हैं व आपकी पाचन शक्ति बढ़ती है। आप अपच, कब्ज, दस्त इत्यादि की समस्या से बचे रहते हैं। इन्ही कारणों से ॐ मंत्र को हिंदू धर्म में सबसे ऊँचा स्थान दिया गया हैं व इसका उच्चारण करने को कहा गया हैं। आप भी दिन में कम से कम 10 से 20 मिनट इस मंत्र का जाप करना ना भूलें। यह ना केवल आपको शारीरिक अपितु मानसिक व भावनात्मक रूप से भी मजबूती प्रदान करेगा।

ॐ एक विशेष ध्वनि :हिन्दू धर्म में ओम एक 'विशेष ध्वनि' का शब्द है। तपस्वी और ध्यानियों ने जब ध्यान की गहरी अवस्था में सुना की कोई एक ऐसी ध्वनि है जो लगातार सुनाई देती रहती है शरीर के भीतर भी और बाहर भी। हर कहीं, वही ध्वनि निरंतर जारी है और उसे सुनते रहने से मन और आत्मा शांती महसूस करती है तो उन्होंने उस ध्वनि को नाम दिया ओम।

1. अनहद नाद : इस ध्वनि को अनाहत कहते हैं। अनाहत अर्थात जो किसी आहत या टकराहट से पैदा नहीं होती बल्कि स्वयंभू है। इसे ही नाद कहा गया है। ओम की ध्वनि एक शाश्वत ध्वनि है जिससे ब्रह्मांड का जन्म हुआ है। ॐ एक ध्वनि है, जो किसी ने बनाई नहीं है। यह वह ध्वनि है जो पूरे कण-कण में, पूरे अंतरिक्ष में हो रही है और मनुष्य के भीतर भी यह ध्वनि जारी है। सूर्य सहित ब्रह्मांड के प्रत्येक गृह से यह ध्वनि बाहर निकल रही है।

2. ब्रह्मांड का जन्मदाता : शिव पुराण मानता है कि नाद और बिंदु के मिलन से ब्रह्मांड की उत्पत्ति हुई। नाद अर्थात ध्वनि और बिंदु अर्थात शुद्ध प्रकाश। यह ध्वनि आज भी सतत जारी है। ब्रह्म प्रकाश स्वयं प्रकाशित है। परमेश्वर का प्रकाश। इसे ही शुद्ध प्रकाश कहते हैं। संपूर्ण ब्रह्मांड और कुछ नहीं सिर्फ कंपन, ध्वनि और प्रकाश की उपस्थिति ही है। जहां जितनी ऊर्जा होगी वहां उतनी देर तक जीवन होगा। यह जो हमें सूर्य दिखाई दे रहा है एक दिन इसकी भी ऊर्जा खत्म हो जाने वाली है। धीरे-धीरे सबकुछ विलिन हो जाने वाला है। बस नाद और बिंदु ही बचेगा।

3. ओम शब्द का अर्थ : ॐ शब्द तीन ध्वनियों से बना हुआ है- अ, उ, म...। इन तीनों ध्वनियों का अर्थ उपनिषद में भी आता है। अ मतलब अकार, उ मतलब ऊंकार और म मतलब मकार। 'अ' ब्रह्मा का वाचक है जिसका उच्चारण द्वारा हृदय में उसका त्याग होता है। 'उ' विष्णु का वाचक हैं जिसाक त्याग कंठ में होता है तथा 'म' रुद्र का वाचक है और जिसका त्याग तालुमध्य में होता है।

4. ओम का आध्यात्मिक अर्थ : ओ, उ और म- उक्त तीन अक्षरों वाले शब्द की महिमा अपरम्पार है। यह नाभि, हृदय और आज्ञा चक्र को जगाता है। यह ब्रह्मा, विष्णु और महेश का प्रतीक भी है और यह भू:

लोक, भूव: लोक और स्वर्ग लोग का प्रतीक है। ओंकार ध्वनि के 100 से भी अधिक अर्थ दिए गए हैं।

5. **मोक्ष का साधन :** ओम ही है एकमात्र ऐसा प्रणव मंत्र जो आपको अनहद या मोक्ष की ओर ले जा सकता है। धर्मशास्त्रों के अनुसार मूल मंत्र या जप तो मात्र ओम ही है। ओम के आगे या पीछे लिखे जाने वाले शब्द गौण होते हैं। प्रणव ही महामंत्र और जप योग्य है। इसे प्रणव साधना भी कहा जाता है। यह अनादि और अनंत तथा निर्वाण, कैवल्य ज्ञान या मोक्ष की अवस्था का प्रतीक है। जब व्यक्ति निर्विचार और शून्य में चला जाता है तब यह ध्वनि ही उसे निरंतर सुनाई देती रहती है।

6. **प्रणव की महत्ता :** शिव पुराण में प्रणव के अलग-अलग शाब्दिक अर्थ और भाव बताए गए हैं- 'प्र' यानी प्रपंच, 'ण' यानी नहीं और 'व:' यानी तुम लोगों के लिए। सार यही है कि प्रणव मंत्र सांसारिक जीवन में प्रपंच यानी कलह और दु:ख दूर कर जीवन के अहम लक्ष्य यानी मोक्ष तक पहुंचा देता है। यही कारण है ॐ को प्रणव नाम से जाना जाता है। दूसरे अर्थों में प्रणव को 'प्र' यानी यानी प्रकृति से बने संसार रूपी सागर को पार कराने वाली 'ण' यानी नाव बताया गया है। इसी तरह ऋषि-मुनियों की दृष्टि से 'प्र' अर्थात प्रकर्षेण, 'ण' अर्थात नयेत् और 'व:' अर्थात युष्मान् मोक्षम् इति वा प्रणव: बताया गया है। जिसका सरल शब्दों में मतलब है हर भक्त को शक्ति देकर जनम-मरण के बंधन से मुक्त करने वाला होने से यह प्रणव: है।

7. **स्वतः ही उत्पन्न होता है जाप :** ॐ के उच्चारण का अभ्यास करते-करते एक समय ऐसा आता है जबकि उच्चारण करने की आवश्यकता नहीं होती आप सिर्फ आंखों और कानों को बंद करके भीतर उसे सुनें और वह ध्वनि सुनाई देने लगेगी। भीतर प्रारंभ में वह बहुत ही सूक्ष्म सुनाई देगी फिर बढ़ती जाएगी। साधु-संत कहते हैं कि यह ध्वनि प्रारंभ में झींगुर की आवाज जैसी सुनाई देगी। फिर धीरे-धीरे जैसे बीन बज रही हो, फिर धीरे-धीरे ढोल जैसी थाप सुनाई देने लग जाएगी, फिर यह ध्वनि शंख जैसी हो जाएगी और अंत में यह शुद्ध ब्रह्मांडीय ध्वनि हो जाएगी।

8. **शारीरिक रोग और मानसिक शांति हेतु :** इस मंत्र के लगातार जप करने से शरीर और मन को एकाग्र करने में मदद मिलती है। दिल

की धड़कन और रक्तसंचार व्यवस्थित होता है। इससे शारीरिक रोग के साथ ही मानसिक बीमारियां दूर होती हैं। काम करने की शक्ति बढ़ जाती है। इसका उच्चारण करने वाला और इसे सुनने वाला दोनों ही लाभांवित होते हैं।

9. सृष्टि विनाश की क्षमता :ओम की ध्वनि में यह शक्ति है कि यह इस ब्रहमांड के किसी भी गृह को फोड़ने या इस संपूर्ण ब्रहमांड को नष्ट करने की क्षमता रखता है। यह ध्वनि सूक्ष्म से भी सूक्ष्म और विराट से भी विराट होने की क्षमता रखती है।

10. शिव के स्थानों पर होता रहता है ओम का उच्चारण: सभी ज्योतिर्लिंगों के पास स्वत: ही ओम का उच्चारण होता रहता है। यदि आप कैलाश पर्वत या मानसरोवर झील के क्षेत्र में जाएंगे, तो आपको निरंतर एक आवाज सुनाई देगी, जैसे कि कहीं आसपास में एरोप्लेन उड़ रहा हो। लेकिन ध्यान से सुनने पर यह आवाज 'डमरू' या 'ॐ' की ध्वनि जैसी होती है। वैज्ञानिक कहते हैं कि हो सकता है कि यह आवाज बर्फ के पिघलने की हो। यह भी हो सकता है कि प्रकाश और ध्वनि के बीच इस तरह का समागम होता है कि यहां से 'ॐ' की आवाजें सुनाई देती हैं।

****

33 करोड़ या 33 कोटि देवी-देवता? अक्सर आप ने लोगों को कहते सुना होगा कि कुछ लोग का मानना है कि हिंदू धर्म में कुल 33 करोड़ देवी-देवता हैं। तो वहीं कुछ का मानना है कि 33 करोड़ नहीं बल्कि हिंदू धर्म में 33 कोटि देवी-देवता है।हिन्दू धर्म के ग्रंथों में कोटि देवभाषा संस्कृत का शब्द है जिसका अर्थ है प्रकार। यानि इसका अर्थात हुआ हिंदू धर्म में 33 करोड़ नहीं बल्कि 33 कोटि यानि प्रकार के देवी-देवता हैं। तो आप में से जो भी लोग आज तक ये सोचे बैठे हैं कि हिंदू धर्म में 33 करोड़ देवी-देवता हैं तो इस बात को अपने दिमाग से निकाल दें।

****

गायत्री मन्त्र : मंत्रो में असीम शक्ति होती है | मन्त्र कुछ विशेष प्रकार के शब्दों की सरंचना होते हैं | एक खोज है जिनका विधिओंपूर्वक जप करने से सृष्टि की समस्त उपलब्धियां प्राप्त की जा सकती हैं| मन्त्रों को इस तरह बनाया जाता है, जिससे ये अन्दर और बाहर की शक्तियों को प्रकट

करने का साधन बन जाते हैं | मंत्रो की शक्ति हमारी प्राण उर्जास को जगाने की कोशिश करती है| व्यक्ति कई तरह की परेशानियों से मुक्ति प्राप्त कर लेने में सक्षम हो पाता है |समस्त धर्म ग्रंथों में गायत्री की महिमा एक स्वर से कही गई। समस्त ऋषि-मुनि मुक्त कंठ से गायत्री का गुण-गान करते हैं। शास्त्रों में गायत्री की महिमा के पवित्र वर्णन मिलते हैं। गायत्री मंत्र तीनों देव, बृह्मा, विष्णु और महेश का सार है। गीता में भगवान् ने स्वयं कहा है 'गायत्री छन्दसामहम्' अर्थात् गायत्री मंत्र मैं स्वयं ही हूं|शक्तिशाली गायत्री मन्त्र की रचना भगवान् श्रीराम के गुरु ब्रह्मर्षि विश्वामित्र ने की थी |

गायत्री मन्त्र वेदों की एक रिचा(वेदों के मन्त्र या श्लोक) है| यह ऋग्वेद के तीसरे मंडल के 62 वें सूक्त में मौजूद 10 वां श्लोक है | इस रिचा को जिस छंद में लिखा गया है उस छंद का नाम गायत्री है |इसलिए भी इस मन्त्र को गायत्री मन्त्र कहा जाता है | इश्वर के प्रकाश को 'सविता' भी कहते हैं और इसीलिये गायत्री मन्त्र का एक और नाम 'सावित्री' भी है| हम कह सकते हैं कि गायत्री मन्त्र में मुख्य रूप से भगवान् सूर्य की अराधना है , क्योकि धरती पर (इश्वर के) प्रकाश का माध्यम भगवान् सूर्य है |यत्री मंत्र की अर्थ सहित व्याख्या इस प्रकार है :-

"ॐ भूर्भुवः स्वः तत्सवितुर्वरेण्यं भर्गो देवस्य धीमहि धियो यो नः प्रचोदयात्" ॥

अर्थ: हम ईश्वर की महिमा का ध्यान करते हैं, जिसने इस संसार को उत्पन्न किया है, जो पूजनीय है, जो ज्ञान का भंडार है, जो पापों तथा अज्ञान की दूर करने वाला हैं- वह हमें प्रकाश दिखाए और हमें सत्य पथ पर ले जाए।

गायत्री मन्त्र जाप करने की विधि: किसी भी मन्त्र का शुद्ध मन से जाप किया जाना चाहिए| कहा जाता है कि जिसकी जैसी बुद्धि और भावना होती है, गायत्री मन्त्र के जप से उसे वैसा ही फल या उपलब्धि प्राप्त होती है |इस मन्त्र का जप रुद्राक्ष, चन्दन या हल्दी आदि किसी भी माला से किया जा सकता है | मन्त्र के पहले अपने गुरु या माता-पिताकि वंदना करें| जप करने से पहले जो भी इच्छा आपके मन में है उसे एक बार

दोहरा ले, उसके बाद मन्त्र का जाप कम से कम 27 बार यस 108 बार करे| जितने दिनों तक गायत्री मन्त्र का जप कर रहे हैं, उतने दिनों तक अपने खान-पान और आचरण में सावधानी बनाए रखे, सात्विक भोजन ही खाएं और मांस मदिरा आदि से तो बिलकुल दूर रहें |अगर आप शिक्षा ,ज्ञान,बुद्धि में विकास या उपलब्धि चाहते हैं तो गायत्री मन्त्र का जप सुबह के समय करना बहुत लाभदायक है |

गायत्री मन्त्र पर वैज्ञानिक शोध व लाभ : गायत्री मन्त्र पर बहुत वैज्ञानिक शोध किये गए हैं | गायत्री मन्त्र का उच्चारण करने से शारीरिक और मानसिक स्वास्थ्य पर बहुत गहरा प्रभाव पड़ता है | AIIMS की एक रिसर्च के अनुसार गायत्री मन्त्र के रोजाना जप से अपनी बौद्धिक क्षमता का अनंत विकास किया जा सकता है| अपने दिमाग की ताकत को बढाया जा सकता है | एकाग्रता बढ़ती है, मन्त्र के लगातार उच्चारण से जीभ, होंठ, और वोकल कोर्ड पर दबाव पड़ता है, जिससे इसकी वाइब्रेशन दिमाग तक पहुँचती है और दिमाग हाइपोथैलेमस ग्लैंड को उत्तेजित करता है| यह ग्ल्सैंड हमारे दिमाग में हैप्पी हारमोंस को रिलीज करने में काफी मददगार होता है | यानी डिप्रेशन को दूर करने और खुश रहने या मन की शान्ति के लिए गायत्री मन्त्र का जप करना जरूरी है |इस मन्त्र का जाप करने से शरीर में मौजूद सभी चक्र क्रियाशील हो जाते हैं, जिससे शरीर को ऊर्जा मिलती है और शरीर बीमारियों से लड़ने में और भी सक्षम बन पाता है | ब्रिटिश मेडिकल जर्नल में छपी एक स्टडी के मुताबिक़ , गायत्री मन्त्र फेफड़ों और हृदय को स्वस्थ रखने में भी मददगार है| रोजाना इस मन्त्र का जप करने से दिल से जुड़ी बीमारियां होने की संभावना कम हो जाती है|

गायत्री मन्त्र पर शोध : जबलपुर के डॉक्टर ने अपने प्रयोगों से सिद्ध किया है कि गायत्री मन्त्र का नियमित जप करने से उच्च रक्तचाप तथा हृदय संबंधी रोग नहीं होते| जाने माने हृदय रोग चिकित्सक डॉक्टर रविशंकर शर्मा (जबलपुर मेडिकल यूनिवर्सिटी के कुलपति) ने यह बात प्रमाणित की है|

उन्होंने 20 परिवारों पर गायत्री मन्त्र के प्रभावों का अध्ययन किया| प्रत्येक परिवार से उन्होंने लगभग सामान आयु के व्यक्ति शामिल किये

|उनमें से एक को उन्होंने शाकाहार तथा प्रतिदिन गायत्री मन्त्र का जाप करने को कहा| 3 साल तक उन्होंने परिवार के उन दो सामान व लोगों का निरीक्षण किया| उन्होंने पाया कि 3 वर्ष में गायत्री मन्त्र का जाप करने वालों को उच्च रक्तचाप या दिल से सम्बंधित कोई समस्या आई ही नहीं| इसके बाद उन्होंने अपने रोगियों को प्रत्येक 2 घंटे में 5 मिनट गायत्री मन्त्र जपने को कहा| इसके चमत्कारिक परिणाम आये और रोगियों को कोई दवा लेने की जरूरत ही नहीं पडी| उन्होंने पाया कि ॐ के दीर्घ उच्चारण से भी हृदय गति एकदम सामान्य हो जाती है | गायत्री मन्त्र भी खड़े खड़े या लेते हुए करने पर भी पूरा लाभ होता है | हमारे धर्म में गायत्री मन्त्र को चमत्कारी मन्त्र कहा जाता है| जिस कामना के साथ मन्त्र किया जाता है मन्त्र जाप उसे अवश्य पूरा करता है |

****

हनुमान चालीसाः संकट के समय वैदिक ब्राह्मणों द्वारा हमें हनुमान चलीसा करने की सलाह दी जाती है,ऐसा माना जाता है कि कलयुग में हनुमान जी सबसे जल्दी प्रसन्न हो जाने वाले जीवंत देवता हैं। जीवन की हर समस्या का समाधान हनुमान चालीसा द्वारा किया जा सकता है। हनुमान चालीसा का पाठ करने से भक्तों के सभी कष्ट दूर हो जाते हैं। गोस्वामी तुलसीदास द्वारा रचित हनुमान चालीसा,वीर हनुमान को प्रसन्न करने के लिए सबसे सरल और शक्तिशाली स्तुति है। उन्होंने हनुमान जी की स्तुति में कई रचनाएं रची जिनमें हनुमान बाहुक,हनुमानाष्टक और हनुमान चालीसा प्रमुख हैं। हनुमान चालीसा का ओजपूर्ण पाठ मनोवैज्ञानिक रूप से इंसान के अन्दर साहस और बल का संचार करता है |हनुमान चालीसा की रचना दोहे और चौपाई के रूप में इस तरह है :

दोहा

श्रीगुरु चरन सरोज रज निजमनु मुकुरु सुधारि।
बरनउँ रघुबर बिमल जसु जो दायकु फल चारि।।
बुद्धिहीन तनु जानिके, सुमिरौं पवन-कुमार।
बल बुधि बिद्या देहु मोहिं, हरहु कलेस बिकार।।
चौपाई

जय हनुमान ज्ञान गुन सागर,जय कपीस तिहुं लोक उजागर।।
रामदूत अतुलित बल धामा,अंजनि-पुत्र पवनसुत नामा।।

महावीर विक्रम बजरंगी,कुमति निवार सुमति के संगी।।
कंचन वरन विराज सुवेसा,कानन कुण्डल कुंचित केसा.....

****

दुर्गा स्तुति का पाठ हमारे जीवन में दैविक उर्जा लाता है , क्या है इसके पीछे का कारण?

प्राचीनकाल में भारत वर्ष ज्ञान और विज्ञान में बेहद समृद्ध था । हमारे मनीषियों नें निश्चित रूप से संभवत: ध्वनि के शब्द संयोजन से ऊर्जा को रूपांतरित करने की वैज्ञानिक विधि इजाद कर ली थी। जो कई प्रयोगों में बेहद अचूक और कारगर थी। यही प्रणाली कालांतर में स्तोत्र और कवच कहलाई। नवरात्रि में मार्कण्डेय पुराण के सात सौ श्लोकों के सस्वर पठन का विशिष्ट उल्लेख हमारी परम्पराओं में पाया जाता है, जिसे हम चण्डी पाठ कहते हैं। शक्ति उपासना और नवरात्रि दोनों आपस में घुले- मिले है। धार्मिक और ऐतिहासिक कथायें विजय और शक्ति प्राप्ति के लिये देवी उपासना और चण्डीपाठ का बखान करती हैं।

मान्यताएं कहती हैं विजयश्री के सूत्र प्राप्त करने के लिये श्रीराम नें ऊर्जा के रूपांतरण की सस्वर पद्धति अपनाई, जिसे देवी स्तुति कहा जाता है। पौराणिक मान्यताओं के अनुसार ये माना जाता है कि श्रीरामचंद्र ने शारदीय नवरात्रि की प्रतिपदा को समुद्र तट पर सस्वर चण्डीपाठ किया। तृतीया तिथि से युद्ध आरम्भ हुआ और दशमी को रावण की सेना को पराभूत कर विजयश्री का वरण किया। चण्डीपाठ प्राचीन वैज्ञानिक ग्रंथ मार्कण्डेय पुराण के वो सात सौ श्लोक हैं, जो स्वयं में ऐसे वैज्ञानिक फॉर्म्युला प्रतीत होते हैं, जो अपने शब्द संयोजन की ध्वनि से व्यक्ति के भीतर रासायनिक क्रिया करके उसकी आन्तरिक शक्ति के अनन्त विस्तार की क्षमता रखते हैं। जैसे मानसिक शक्ति

का विस्तार करके एक मार्शल आर्ट का अभ्यासी पाषाण शिलाओं और फौलाद को बिखेर देता है।

चण्डीपाठ के रूप में ये फ़ॉर्म्युला यानि समस्त सात सौ श्लोक अर्गला, कीलक, प्रधानिकम रहस्यम, वैकृतिकम रहस्यम और मूर्तिरहस्यम के छह आवरणों में लिपटे हुए हैं। इसके सात सौ मंत्रों में से हर मंत्र अपने चौदह अंगों के तानों बानों में बुना हुआ है, जो इस प्रकार हैं- ऋषि, देवता, बीज, शक्ति, महाविद्या, गुण, ज्ञानेंद्रिय, रस, कर्मेंद्रिय स्वर, तत्व, कला, उत्कीलन और मुद्रा। माना जाता है कि संकल्प और न्यास के साथ इसके उच्चारण से हमारे अंदर एक रासायनिक परिवर्तन होता है, जो आत्मिक शक्ति और आत्मविश्वास को फलक पर पहुंचाने की क्षमता रखता है। मान्यताएं इसे अपनी आंतरिक ऊर्जा के विस्तार के लिये विलक्षण मानती हैं। चण्डी पाठ फ़लक पर बैठी किसी देवी की उपासना से ज़्यादा स्वयं की दैविक ऊर्जा के संचरण यानि विकास और विस्तार की पद्धति प्रतीत होती है।

****

शिव स्तुति क्या है ? भगवान शिव का नाम लेने मात्र से ही वे अपने भक्तों पर कृपा बरसाते हैं। वैसे तो शिव स्तुति कई तरह की उपलब्ध हैं जिसमें से आदि गुरु शंकराचार्य जी द्वारा रचित शिव स्तुति एक हैं तो एक <u>तुलसीदास</u> जी द्वारा लिखी शिव रुद्राष्टक दूसरी। इसके अलावा कई अन्य शिव स्तुति भी प्रचलित हैं।इसमें सबसे अधिक प्रचलित शिव जी की स्तुति शंकराचार्य जी की हैं।

शिव स्तुति

।। शिव स्तुति मंत्र ।।
कर्पुरगौरं करुणावतारं
संसारसारं भुजगेन्द्रहारं।
सदा वसन्तं हृदयारविन्दे
भवं भवानीसहितं नमामि।।

****

परिक्रमाया प्रदक्षिणा का मंदिर से विशेष संबंध है। जब भी हम मंदिर जाते हैं तो गर्भगृह के चारों और परिक्रमा करना कभी नही भूलते

लेकिन क्या आपने सोचा हैं कि ऐसा क्यों किया जाता हैं? दरअसल <u>सनातन धर्म</u> से जुड़ी हर चीज़ को वैज्ञानिक आधार पर तय किया गया था ताकि मनुष्यों को इसका सर्वोत्तम लाभ मिल सके।जैसे कि मंदिर में प्रवेश करने से पहले झुकना, फिर घंटी बजाना, हाथ जोड़कर अंदर प्रवेश करना, गर्भगृह के सामने कुछ देर खड़े रहना, फिर उसके चारों ओर परिक्रमा करना इत्यादि सभी का अपना अलग-अलग महत्व हैं।

परिक्रमा की परिभाषा :किसी व्यक्ति, स्थान, वस्तु, नदी, वृक्ष इत्यादि के चारों ओर घड़ी की सुई की दिशा में घूमने को परिक्रमा कहा जाता है। घड़ी की सुई की दिशा में घूमने से तात्पर्य हुआ कि आप अपने दाहिने हाथ की ओर से परिक्रमा शुरू करे और फिर उस स्थान के चारों ओर घूमते हुए उसी जगह अपनी परिक्रमा समाप्त करे, जहाँ से आपने शुरू की थी।

परिक्रमा को मूल रूप से प्रदक्षिणा कहा जाता है जो कि संस्कृत भाषा का एक शब्द है। यह दो शब्दों के मेल से बना है जिसमे "प्र" अर्थात "आगे की ओर" व "दक्षिणा" अर्थात "दक्षिण दिशा में"। दक्षिण दिशा की ओर आगे बढ़ने को ही प्रदक्षिणा कहा जाता है।

परिक्रमा क्यों की जाती है :सनातन धर्म को आदि अनन्त से चला आ रहा धर्म इसलिए कहा जाता है क्योंकि इसमें जीवन जीने की एक उत्तम पद्धति विकसित की गयी है। इसी पद्धति के एक प्रमुख अंग हैं हमारे देवालय या मंदिर। मंदिरों की स्थापत्य कला इस प्रकार हुआ करती हैं कि इन्हें सकारात्मक ऊर्जा का प्रमुझ स्रोत कहा जाए तो कोई अतिश्योक्ति नही होगी।

दरअसल मंदिर निर्माण से पहले यह देखा जाता था कि भूमि पर किस जगह विद्युतीय व चुम्बकीय तरंगो का प्रभाव सबसे अधिक हैं अर्थात पृथ्वी के नीचे किस जगह से यह ज्यादा मात्रा में प्रवाहित हो रही हैं। उस स्थान का पता लगाकर उसके मध्य क्षेत्र को मंदिर के गर्भगृह के लिए चुना जाता जाता था जहाँ ईश्वर की मूर्ति स्थापित करनी होती थी। इसके बाद उस स्थान के चारों ओर मंदिर का निर्माण किया जाता था।

मुख्य मूर्ति को तांबे की धातु के ऊपर रखा जाता था क्योंकि तांबा ऊर्जा को सोखने का एक मुख्य स्रोत हैं। इसी के साथ मंदिर निर्माण में

सभी चीज़ों को इस प्रकार व्यवस्थित किया जाता था कि पृथ्वी से ऊर्जा का लाभ ज्यादा से ज्यादा मनुष्यों तक पहुंचे जैसे कि मंदिर में होने वाला मंत्रोच्चार, दीपक प्रज्ज्वलित किया जाना, घंटियाँ को बजाना, आरती, ताली बजाना इत्यादि।

हम गर्भगृह के सामने खड़े होकर ईश्वर की मूर्ति को प्रणाम करते हैं क्योंकि गर्भगृह तीन ओर से दीवार से घिरा होने के कारण, वहां से ऊर्जा का प्रवाह सामने की ओर सबसे ज्यादा होता है। साथ ही इसकी परिक्रमा करने से हमारे शरीर के अंदर सकारात्मक ऊर्जा का संचार होता है। इसलिए प्रतिदिन मंदिर जाने और गर्भगृह की परिक्रमा करने को कहा जाता है।

परिक्रमा का महत्व :जब कोई व्यक्ति नियमित रूप से मंदिर जाता है व गर्भगृह की परिक्रमा करता है तो वह सकारात्मक ऊर्जा को अपने अंदर सोखता है। इसी के साथ वहां होने वाले मंत्रोच्चार व घंटे की ध्वनि से वह अपना ध्यान केन्द्रित कर पाता है। जब कई लोग एक साथ वहां पूजा करते हैं व मंत्रो का उच्चारण करते हैं तो व्यक्ति अपने जीवन से संबंधित समस्याओं को भूल जाता हैं व परमात्मा पर ध्यान लगाता हैं।

यह एक बहुत धीमी प्रक्रिया है जिसे प्रतिदिन करने से मनुष्य पर शारीरिक, मानसिक व भावनात्मक रूप से सकारात्मक प्रभाव पड़ता हैं जो उसके सुखी जीवन के लिए अत्यंत आवश्यक हैं। इससे मनुष्य का मन शांत रहता है व मन में बुरे या गलत विचार नही आते हैं। साथ ही सकारात्मक ऊर्जा को ग्रहण करने से उसका शारीरिक स्वास्थ्य ठीक बना रहता है।

इसलिए प्राचीन समय में मंदिरों को एक तरह से ऊर्जा के मुख्य केन्द्रों के रूप में स्थापित किया गया था जहां प्रतिदिन जाकर मनुष्य स्वयं को चार्ज करता था व एक नयी ऊर्जा से भर जाता था।

परिक्रमा किस दिशा में करनी चाहिए :सब कुछ जानने के बाद एक बात आपको परेशान कर रही होगी कि आखिर परिक्रमा को हमेशा दक्षिण दिशा में या बाएं से दाएं ओर करने को ही क्यों कहा जाता हैं, इसका उल्टा क्यों नही? जब मंदिर का गर्भगृह और मंदिर ऊर्जा का स्रोत ही हैं तो परिक्रमा चाहे दक्षिण की ओर करो या उत्तर की ओर, क्या अंतर

पड़ता हैं?दरअसल इसके पीछे भी एक गहरा रहस्य छुपा हुआ हैं जिसका जानना आपके लिए आवश्यक हैं। इसे हम आपको एक उदाहरण देकर समझाएंगे जो परिक्रमा के दार्शनिक महत्व को समझाता हैं। परिक्रमा का दार्शनिक महत्व कहता हैं कि इस विश्व में ही नही अपितु संपूर्ण ब्रह्मांड में हरेक वस्तु (आकाशगंगा, तारे, ग्रह, उपग्रह इत्यादि) सभी गतिमान हैं और सभी एक-दूसरे के चक्कर लगा रहे हैं।

सभी निरंतर गति कर रहे हैं तभी उनके अंदर ऊर्जा हैं और उसी ऊर्जा के कारण उनका अस्तित्व हैं। सभी की गति को देखने पर हम पाएंगे कि सभी उत्तर की ओर नही बल्कि दक्षिण की ओर घेरा बनाते हुए गति करते हैं। इसका साक्ष्य हम प्रतिदिन उगने वाले सूर्य की गति को देखकर भी कर सकते हैं। सूर्य पूर्व दिशा से उगता है और दक्षिण की ओर घूमता हुआ पश्चिम दिशा में पहुँच जाता है।

सरल शब्दों में कहने का तात्पर्य यह हुआ कि जैसे चुंबक के समान ध्रुव एक-दूसरे से दूर जाते हैं लेकिन विपरीत पास। ठीक उसी प्रकार यदि हम मंदिर की दक्षिणावर्ती परिक्रमा ना करके वामवर्ती परिक्रमा करेंगे तो वहां की सकारात्मक ऊर्जा हमारे शरीर की आंतरिक ऊर्जा के तेज को बढ़ाने की बजाए उसे कम कर देगी अर्थात इस प्रक्रिया का हमारे ऊपर नकारात्मक प्रभाव पड़ेगा। इसलिए हमेशा दक्षिणावर्ती परिक्रमा करने को ही कहा गया हैं।

परिक्रमा के लाभ :यह तो हमने जान लिया कि परिक्रमा करने का संबंध हमारे शरीर में ऊर्जा के प्रवाह को बढ़ाने से हैं लेकिन इसका ज्यादा से ज्यादा लाभ कैसे उठाया जाएँ, इसके बारे में भी जानना आवश्यक हैं। इसके लिए दो मुख्य बातें हैं जिनका हर स्त्री व पुरुष को ध्यान में रखना चाहिए।

मंदिर जाने से पहले यदि हम रेशमी वस्त्रों को पहनेंगे तो यह और भी ज्यादा लाभप्रद होगा क्योंकि किसी और कपड़े की तुलना में रेशमी कपड़ों में ऊर्जा को सोखने की क्षमता सबसे अधिक होती है। इसी के साथ महिलाओं को मंदिर जाने से पहले गहने पहनने को कहा जाता हैं। धातु ऊर्जा को सोखने में महत्वपूर्ण भूमिका निभाते हैं। इसलिए मंदिर जाने से पहले रेशमी वस्त्रों व गहनों को अनिवार्य रूप से पहनेंगे तो अधिक लाभ

मिलेगा।

किस देवी-देवता की कितनी बार परिक्रमा करनी चाहिए?

शास्त्रों में सभी देवी-देवताओं के रूप के अनुसार परिक्रमाओं की संख्या को भी निर्धारित किया गया हैं और हमे उसी के अनुसार उनकी परिक्रमा करनी चाहिए।

- <u>शिवलिंग</u>– आधी परिक्रमा (सोमसुत्र को लांघना नही चाहिए)
- माँ दुर्गा या शक्ति के अन्य रूप- एक परिक्रमा
- भगवान गणेश व हनुमान – तीन परिक्रमा
- भगवान विष्णु व उनके सभी रूप/ अवतार- चार परिक्रमा
- सूर्य देवता- सात परिक्रमा

जिन देवी-देवताओं की प्रदक्षिणा का उल्लेख नही हैं उनकी विधिवत रूप से तीन प्रदक्षिणा की जा सकती हैं।

परिक्रमा का अन्य धर्मों में महत्व :सनातन धर्म से निकले तीन मुख्य धर्मों <u>जैन</u>, बौद्ध व <u>सिख</u> में भी परिक्रमा का विशेष महत्व हैं। वहां भी मुख्य गर्भगृह के चारों ओर ईश्वर/ अवतार/ गुरु की परिक्रमा करने का विधान हैं। इसी के साथ इस्लाम के सबसे पवित्र स्थल मक्का-मदीना में भी काबा के चारों ओर घूमते हुए लोगों को देखा जा सकता हैं।

****

पंच तत्व क्या व कौन कौन से हैं? हिंदू धर्म में प्रकृति की हर एक सजीव व निर्जीव वस्तु की उत्पत्ति के बारे में विस्तार से बताया गया हैं। सभी वस्तुएं मुख्यतया केवल 5 तत्वों से मिलकर बनी होती है जिन्हें प्रकृति के पांच तत्व कहते हैं। अंत में सभी वस्तुएं इन्हीं पंच तत्वों में समा जाती है फिर चाहे वह मानव शरीर हो या किसी जानवर का या फिर कोई निर्जीव वस्तु या पेड़-पौधे।

पांच तत्वों के नाम हैं: आकाश, पृथ्वी, जल, वायु व अग्नि। इन्ही पांच तत्वों से मिलकर ही हर चीज़ का निर्माण होता है किंतु विभिन्न वस्तुओं में इनकी मात्रा भिन्न-भिन्न होती है। इनके मिलने से एक निर्जीव वस्तु का निर्माण होता है जिसमें प्राण नही होते है।

किसी वस्तु को सजीव बनाने के लिए इसमें परमात्मा का स्वरुप अर्थात आत्मा का होना आवश्यक है। कहने का अर्थ यह हुआ कि पंचतत्व मिलकर एक निर्जीव वस्तु का निर्माण कर सकते है या सरल शब्दों में कहे तो एक देह का निर्माण। जब इस देह में आत्मा का प्रवेश होता है तो इसमें प्राण आते है और वह वस्तु सजीव बन जाती है। जब आत्मा उस देह को त्याग देती है तब वह निर्जीव हो जाती हैं और फिर से इन्ही पंचतत्वो में मिल जाती है।

पंचतत्व क्या है :पंचतत्व में 5 तत्व आते है जिनका अलग-अलग अर्थ हैं। यहाँ पर पांचो तत्व भिन्न-भिन्न चीजों का प्रतिनिधित्व करते है। आइये जाने:-

1.आकाश तत्व

आकाश का तात्पर्य अनंत से है जो हमारा शारीरिक संतुलन बनाए रखता है। इसी के द्वारा हमारे शरीर में शब्दों व वाणी का निर्माण होता है। इसका वर्ण काला रंग है। शरीर की स्थिति में इसे मस्तक नाम दिया गया है। हमारी वासना व संवेग का आधार आकाश तत्व ही है। मूल रूप से आकाश तत्व का तात्पर्य हमारे शरीर के रिक्त स्थान और मन से हैं। मन को ही आकाश तत्व की संज्ञा दी गयी हैं।

आकाश तत्व का गुण

इसका महत्व समझने के लिए हमे मन को समझना होगा। मन हमारे शरीर में विचारों का एक समूह हैं लेकिन कुछ लोग इसे आत्मा का पर्यायवाची समझ लेते हैं जबकि आत्मा परमात्मा का एक अंश हैं। आत्मा को नियंत्रित नही किया जा सकता जबकि मन को किया जा सकता हैं।

जिस प्रकार आकाश के अंत की कोई सीमा नही ठीक उसी प्रकार मन भी एक पल में कहीं से कहीं भी पहुँच सकता हैं। आकाश अपने आप में अनंत शक्तियों को समेटे हुए हैं ठीक उसी प्रकार मन भी अथाह ऊर्जा का सागर है। जैसे आकाश में कभी बादल आ जाते हैं तो कभी धूल तो कभी वह साफ नजर आता हैं ठीक उसी प्रकार हमारा मन भी परिस्थितियों के अनुसार कभी खुश तो कभी दुखी तो कभी सामान्य रहता हैं।

2. पृथ्वी तत्व

पृथ्वी का तात्पर्य हमारे शरीर की त्वचा व कोशिकाओं से है जिससे हमारे शरीर का बाहरी निर्माण होता है। इसी रूप में बाकि हमे देखते है और हम उन्हें देखते है। यह हमारे शरीर का भार भी दर्शाता है। इसका वर्ण पीला होता है। हमारे शरीर की गंध पृथ्वी तत्व से निर्धारित होती है व यह हमारे अंदर अहंकार का भी परिचारक है। शरीर में इसकी स्थिति जांघो से की जाती है।

पृथ्वी तत्व का गुण

हमारे शरीर के हाड़, मास, मांसपेशियां, कोशिकाएं, त्वचा इत्यादि पृथ्वी तत्व के अंतर्गत ही आते हैं। कहने का तात्पर्य यह हुआ कि हमारे शरीर की दिखने और महसूस होने वाली ज्यादातर चीज़ों का निर्माण पृथ्वी तत्व से ही हुआ हैं। गुरुत्वाकर्षण बल और चुम्बकीय गुण भी पृथ्वी तत्व की विशेषता हैं जो हमें पृथ्वी पर टिकाये रखती हैं और हमे अपना भार महसूस करवाती हैं।

3. जल तत्व

जल का तात्पर्य हमारे शरीर में विद्यमान हर एक द्रव्य पदार्थ से है जो शीतलता को दर्शाता है। इससे हमारे शरीर में संकुचन आती है। शरीर में इसकी स्थिति पैरों से होती है। इसका वर्ण सफेद है। हमारे शरीर में किसी भी चीज़ का स्वाद जानने की शक्ति जल तत्व से ही आती है। यह

हमारे अंदर बुद्धि का परिचायक है।

जल तत्व के गुण

हमारे शरीर के सभी तरल पदार्थ फिर चाहे वह पानी हो, रक्त हो, रस हो, एंजाइम हो या अन्य कोई तरल पदार्थ, सभी जल तत्व के अंतर्गत ही आते है। जैसा कि हम सभी जानते हैं कि शरीर में खून नसों के द्वारा पूरे शरीर में दौड़ता हैं और उसका संचालन करता हैं। इस प्रकार जल तत्व शरीर के संचालन, सभी पोषक तत्वों और ऊर्जा के वितरण में महत्वपूर्ण भूमिका निभाता है।

4. वायु तत्व

वायु हमारे शरीर में गतिशीलता की परिचायक होती है जिससे हमारे शरीर में वेग या गति का निर्माण होता है। शरीर में इसकी स्थिति नाभि से होती है व इसका वर्ण नीला या भूरा होता है। वायु की प्रकृति अनिश्चित होती है। हमारे शरीर में स्पर्श करने की शक्ति व उसकी अनुभूति वायु तत्व से ही होती है।

वायु तत्व का गुण

जिस भी जीव में प्राण हैं उसमें वायु तत्व पाया जाता हैं। जब भी किसी की मृत्यु हो जाती हैं तब हम सबसे पहले यही देखते हैं कि उसकी सांसे चल रही हैं या नही, यदि उसकी सांसे बंद हो गयी अर्थात शरीर में वायु तत्व नही रहा, इसका अर्थ वह मनुष्य जीवित नही रहा। वायु तत्व हमारे शरीर में प्राणवायु अर्थात ऑक्सीजन के रूप में विद्यमान हैं।

5. अग्नि तत्व

अग्नि का तात्पर्य हमारे शरीर की ऊर्जा से है जो शरीर को सुचारू रूप से चलाने में सहायक है। शरीर में इसकी स्थिति कंधो से है व इसका वर्ण लाल रंग होता है। देखने की शक्ति का विकास अग्नि तत्व से ही होता है व हमारे विवेक के निर्माण में भी इसी की भूमिका होती है।

अग्नि तत्व का गुण हमारे शरीर को जीवित रखने के लिए भोजन की आवश्यकता होती हैं लेकिन जरा सोचिये यदि शरीर उस भोजन को पचायेगा नही तो उसे ऊर्जा कैसे मिलेगी। ऐसे में भोजन ग्रहण करना निरर्थक हो जाएगा। अग्नि तत्व का कार्य शरीर में भोजन को पचाकर उसे ऊर्जावान बनाए रखना होता हैं। इसी से हमे शक्ति, बल तथा ऊर्जा

की प्राप्ति होती हैं।

भगवान शब्द का अर्थ क्या है? हम ईश्वर को याद करने के उद्देश्य से उनका आह्वान करते है। हिंदू धर्म में ईश्वर को भगवान नाम की संज्ञा दी गयी है जो इन्ही पंचतत्वो को दर्शाता हैं। यदि भगवान शब्द को तोड़ा जाये तो यही पंचतत्व निकल कर आते है।

भगवान: भ+ग+व+अ+न

इसमें "भ" का अर्थ भूमि से है अर्थात पृथ्वी।

"ग" का अर्थ गगन अर्थात आकाश।

"व" का अथ वायु से है अर्थात हवा।

"अ" का अर्थ अग्नि से है अर्थात आग।

"न" का अर्थ नीर से है अर्थात जल।

इसी प्रकार इन पांचो तत्वों के संगम से भगवान शब्द की रचना की गयी जो हमारे लिए पूजनीय है। इसका अर्थ यह हुआ कि हिंदू धर्म में भगवान के स्वरुप में हमारे निर्माण के लिए उतरदायी तत्वों को पूजनीय बताया गया है व उनकी सुरक्षा करने का दायित्व भी हमे सौंपा गया है। इसी के साथ इन पञ्च तत्वों के मिलने के बाद इसमें प्राण डालने वाली आत्मा को स्वयं परमात्मा का स्वरुप बताया गया है जो नश्वर होती है।

पंचतत्व का महत्व :संपूर्ण प्रकृति का निर्माण इन्हीं पंचतत्वों के कारण हुआ हैं जिसमे मानव शरीर भी एक हैं। किंतु साथ ही यह बात भी ध्यान देने योग्य हैं कि इन पंच तत्वों की मात्रा हर चीज़ में अलग-अलग होती हैं, साथ ही यह भी आवश्यक नही कि हर चीज़ में यह पाँचों तत्व उपस्थित हो। अर्थात किसी चीज़ में कोई तत्व नही होगा तो किसी में कोई, किसी चीज़ में किसी तत्व की मात्रा कम होगी तो किसी में ज्यादा।इन्हीं पाँचों तत्वों की विभिन्न मात्राओं और योग से ही विभिन्न वस्तुएं के विभिन्न रूप और गुण निर्धारित होते हैं जैसे कि मानव शरीर। हमारे मानव शरीर में इन पाँचों तत्वों का समावेश होता हैं जिनकी मात्रा भी निश्चित हैं। यदि मानव शरीर में इनमे से किसी एक की भी मात्रा ऊपर या नीचे होती है या कोई एक तत्व सही से काम नहीं कर रहा होता है तब रोग की उत्पत्ति होती है जिसके फलस्वरूप मनुष्य बिमार पड़ जाता है।फिर हम विभिन्न माध्यमों चाहे वह योग हो या आयुर्वेद या दवाइयां,

उनकी सहायता से उस तत्व को ठीक करने का काम करते हैं ताकि शरीर का संचालन सुचारू रूप से हो सके।

दाह संस्कार का महत्व: जैसा कि ऊपर बताया ,पंचतत्वों में इतनी शक्ति नही कि वह एक सजीव चीज़ का निर्माण कर सके क्योंकि यह शक्ति केवल परमात्मा अर्थात ईश्वर में हैं। ठीक उसी प्रकार पंच तत्व मिलकर एक मानव की देह का निर्माण कर सकते हैं लेकिन उसमे प्राण नही ला सकते। उसके लिए परमात्मा के अंश आत्मा की आवश्यकता होती हैं जो पंच तत्वों से बने उस मानव शरीर में प्राण लेकर आती हैं।उसी प्रकार परमात्मा की आज्ञा से जब आत्मा उस शरीर का त्याग कर देती हैं तब वह शरीर पुनः निर्जीव अवस्था में आ जाता हैं जिसमें पुनः आत्मा का प्रवेश नही हो सकता। इसलिए हिंदू धर्म में दाह संस्कार की प्रथा शुरू की गयी थी जिसके अनुसार एक शरीर का <u>अंतिम संस्कार</u> करके उसे पुनः इन पंचतत्वों में मिला दिया जाए।

*****

चरणस्पर्शका क्या महत्व है? :भारतीय परंपरा में हमेशा से बड़ो के चरण स्पर्श करने की महत्ता रही है। इससे हम उनके प्रति हमारा सम्मान भी प्रकट करते है और फलस्वरूप हमे उनका आशीर्वाद प्राप्त होता हैं। किन्तु क्या आप जानते है इस प्रथा को क्यों शुरू किया गया था और इसके क्या लाभ होते हैं?

चरण स्पर्श का अर्थ :भारत देश में शुरुआत से ही संस्कारों व अपनों से बड़ो का सम्मान करने के रीति-रिवाज रहे हैं। हम जब भी किसी से मिलते हैं तो उसका अभिवादन दोनों हाथों को जोड़कर करते हैं। यह अभिवादन अपने से आयु या गुणों में बराबर व्यक्ति के लिए किया जाता हैं। किंतु जब हम अपने से आयु या गुणों में बड़े व्यक्ति से मिलते हैं जैसे कि हमारे माता-पिता, गुरु या अन्य सिद्धि प्राप्त व्यक्ति तो उनके सामने केवल हाथ जोड़कर अभिवादन किया जाना ही पर्याप्त नही रहता है।इसलिए उनके प्रति अपना सम्मान व्यक्त करने के लिए हम अपने दोनों हाथों से उनके दोनों पैरों को स्पर्श करते हैं। ऐसा करके हम उनके प्रति अपना आभार व्यक्त करते हैं। इसे ही चरण स्पर्श कहा जाता हैं। ऐसा करके ना केवल हम उनका सम्मान करते हैं बल्कि चरण स्पर्श

करते समय वे अपने हाथों को हमारे सिर पर रखते हैं, इस क्रिया से हमें उनके गुणों और सकारात्मक विचारों को ग्रहण करने में सहायता मिलती हैं।

चरण स्पर्श करने का तरीका :हमारे ऋषि-मुनियों ने 3 प्रकार के चरण स्पर्श के बारे में बताया है जिनके लाभ भी विभिन्न हैं। आइये इसके बारे में जाने:-

1. साष्टांग चरण स्पर्श:इसमें हमे सामने वाले मनुष्य की ओर दंडवत होकर प्रणाम करना होता हैं। इसमें आपको सामने वाले के चरणों में पेट के बल पूरा लेटना होता है व आपका पूरा शरीर भूमि के संपर्क में होना चाहिए। इसी के साथ आपके दोनों हाथ आगे की ओर नमस्कार की मुद्रा में जुड़े होने चाहिए।

साष्टांग प्रणाम में आपके पैर, घुटने, पेट, नाभि, ठोड़ी, नाक, मस्तिष्क व हाथ भूमि के संपर्क में होने चाहिए व आपका सिर श्रद्धा से झुका होना चाहिए। आपके हाथों का जोड़ सामने वाले के चरणों की दिशा में होना चाहिए।

इससे आपको कई तरह के लाभ प्राप्त होंगे। इससे आपके सभी अंग सुचारू रूप से काम करते है व साथ ही आप सीधे भूमि के संपर्क में आते है जो ऊर्जा का केंद्र है। आपके शरीर में शिथिलता आती हैं व अहंकार का नाश होता हैं।

किसे करे साष्टांग प्रणाम? साष्टांग प्रणाम हर किसी को नही करना चाहिए। इसे कुछ लोगों को ही किया जाना चाहिए जैसे कि ईश्वर, गुरु, माता-पिता व सिद्धि प्राप्त मनुष्य अर्थात यह ईश्वर के अलावा आपके जीवनदाता व अति सम्मानित मनुष्य को ही किया जाना चाहिए।

2. घुटनों के बल बैठकर चरण स्पर्श :इसमें आपको अपने घुटने मोड़कर भूमि पर टिकाने होते हैं व अपने दोनों हाथो से सामने वाले के चरणों को स्पर्श करना होता है। साथ ही अपने सिर अपने दोनों हाथों के ऊपर रखना होता हैं। इसमें आपके पैरों की उँगलियाँ व घुटने भूमि के संपर्क में होते हैं व आपके दोनों हाथ और मस्तिष्क सामने वाले मनुष्य के चरणों के संपर्क में।

आपके इस श्रद्धापूर्ण भाव को देखकर सामने वाला मनुष्य अपना हाथ आपकी ओर करके आपको आशीर्वाद देता हैं। इसमें आप सामने वाले मनुष्य से उसके चरणों के द्वारा ऊर्जा तो ग्रहण करते ही है व साथ ही उनका आशीर्वाद भी लेते हैं।

घुटनों के बल बैठकर चरण स्पर्श करने से आपके जोड़ों को भी आराम मिलता हैं व घुटनों की समस्या भी दूर होती हैं। नीचे की ओर झुके होने से रक्त का प्रवाह मस्तिष्क की ओर हो जाता है जिससे रक्त का संचालन सुचारू रूप से होता हैं।

3. झुककर प्रणाम :इसमें आप खड़े-खड़े ही झुककर अपने हाथों से सामने वाले के चरणों को स्पर्श करते हैं। सामने वाला मनुष्य विनम्र भाव से अपने हाथों को आपके सिर पर रखकर आपको आशीर्वाद देता हैं। आजकल इस प्रकार का चरण स्पर्श सबसे ज्यादा प्रचलन में हैं किन्तु लोग केवल एक हाथ से चरण स्पर्श करते हैं जो कि अनुचित हैं। जब भी आप इस प्रकार का चरण स्पर्श करे तब अपने दोनों हाथों से सामने वाले मनुष्य के चरणों को स्पर्श करे तभी यह संपूर्ण चरण स्पर्श माना जाता हैं।

इसमें सामने की ओर झुके होने के कारण आपका रक्त का प्रवाह मस्तिष्क की ओर बढ़ता हैं जिससे आपकी आँखों पर जोर पड़ता हैं। इस जोर के पड़ने से आपकी आँखों पर सकारात्मक प्रभाव पड़ता हैं व उनकी रोशनी बढ़ती हैं। इसके साथ ही इस तरह के चरण स्पर्श से आपकी रीढ़ की हड्डी भी मजबूत होती हैं व उसमे दर्द से भी आराम मिलता हैं।

किसके चरण स्पर्श नही करने चाहिए? इसी के साथ आपका यह जानना भी आवश्यक हैं कि किस मनुष्य के चरण स्पर्श नही करने चाहिए। इसमें अपनों से छोटे मनुष्य आते हैं जिनका चरण स्पर्श नही करना चाहिए क्योंकि आपमें उससे ज्यादा ऊर्जा होती हैं। छोटे से तात्पर्य- उम्र में, ज्ञान में |किन्तु यदि वह व्यक्ति आपसे ज्यादा ज्ञानी या सिद्ध पुरुष हैं तो आपको उसके चरण स्पर्श करने चाहिए क्योंकि वह आपसे ज्यादा ज्ञान ले चुका हैं व उसमे ऊर्जा का संचार भी आपसे ज्यादा हैं।

इसी के साथ हमे दुष्ट प्रवत्ति के लोगों का चरण स्पर्श कदापि नही करना चाहिए। इससे आपके ऊपर भी नकारात्मक प्रभाव पड़ सकता हैं। दुष्ट प्रवत्ति के लोगों में नकारात्मक ऊर्जा होने के साथ-साथ उनके आस पास का आभामंडल भी दूषित होता हैं। इसलिये ऐसे मनुष्य का चरण स्पर्श करने से बचना चाहिए।

चरण स्पर्श के लाभ

1. चरण स्पर्श का वैज्ञानिक महत्व :विज्ञान के सिद्धांत के अनुसार विश्व में सभी चीज़ों पर गुरुत्वाकर्षण का नियम लागू होता है अर्थात पृथ्वी में गुरुत्वाकर्षण बल होता है जो हर वस्तु को अपनी ओर खींचता हैं। हमारे शरीर पर भी इसी नियम के आधार पर ऊर्जा का प्रवाह संचालित होता है। हमारे मस्तिष्क के भाग को उत्तरी ध्रुव कहा गया है व पैरों को दक्षिणी ध्रुव। इसलिए इस नियम के अनुसार ऊर्जा हमारे शरीर में उत्तरी ध्रुव अर्थात मस्तिष्क से प्रवेश करती है और दक्षिणी ध्रुव अर्थात पैरों तक पहुँचती है।

इसी प्रकार हमारे शरीर में ऊर्जा का संचालन होता है व सिर से पैरों में ऊर्जा पहुँचने के कारण, पैरों में ऊर्जा असीमित मात्रा में एकत्रित हो जाती है। इस कारण एक तरह से पैर ऊर्जा का केंद्र बन जाते है। जब हम अपने हाथों या सिर से बड़ो के पैर छूते है तो उनके पैरों से ऊर्जा हमारे शरीर में प्रवेश करती है जो कि हमारे लिए अत्यंत लाभदायक होती है।

2. चरण स्पर्श कामनोवैज्ञानिक लाभ: जब हम अपने से किसी बड़े व्यक्ति के सम्मान में झुकते है तो हमारे अहंकार में कमी आती है व साथ ही हम विनम्र बनते है। यह एक मनोवैज्ञानिक तथ्य है जिसका प्रभाव सीधा हमारे मन मस्तिष्क पर पड़ता है। इससे हमारे अंदर सकारात्मकता का संचार होता है व अच्छी भावनाओं का विकास होता है।

विज्ञान के अनुसार हर मनुष्य के चारों ओर उसकी ऊर्जा संचालित होती हैं जिसको हम आभामंडल भी कह सकते हैं। यह आभामंडल उस मनुष्य के गुणों के आधार पर ज्यादा या कम शक्तिशाली होता हैं। इसलिए ऐसे मनुष्य के संपर्क में आने से हमारे अंदर भी उसका सकारात्मक प्रभाव पड़ता हैं।

3. **चरण स्पर्श का शारीरिक लाभ :**जब भी हम झुकते है या चरण स्पर्श करते है तो इससे हमारा लघु व्यायाम भी हो जाता हैं। यह एक तरह का सूक्ष्म व्यायाम है जो हमारे शरीर में लचीलापन लाता है व रीढ़ की हड्डी को सही रखता हैं। प्रतिदिन अपने से बड़ो के चरण स्पर्श करने से हम स्वस्थ रहते है व सभी अंगो का सही से विकास हो पाता हैं। चरण स्पर्श के विभिन्न प्रकारों से हमारा अलग-अलग व्यायाम होता है जिनके लाभ भी भिन्न-भिन्न हैं।

हिन्दू धर्म में कन्या दान का क्या अर्थ है ? कन्या दान यानी कि महादान, ये शादी के सभी संस्कारों में सबसे महत्वपूर्ण संस्कार है| लोग समझते हैं कि कन्यादान का अर्थ- कन्या+दान है यानी कि कन्या का दान है | दरअसल हिन्दू विवाह में कुल २२ चरण होते हैं | कन्यादान को इसमें सबसे महत्वपूर्ण माना गया है| इस संस्कार में अग्नि को साक्षी मानकर लड़की का पिता अपनी बेटी के गोत्र का दान करता है | इसके बाद बेटी अपने पिता का गोत्र छोड़कर पति के गोत्र में प्रवेश करती है | कन्यादान हर पिता का धार्मिक कर्तव्य है| इस संस्कार के दौरान मंत्रोच्चारण के समय पिता होने वाले दामाद से वचन लेता है कि आज से वो उसकी बेटी की सभी खुशियों का ध्यान रखेगा| इस रस्म में हर पिता अपनी बेटी का हाथ वर के हाथ में सौंपता है, जिसके बाद कन्या की सारी जिम्मेदारियां वर को निभानी होती हैं |

15

प्रकृति पूजा

"मैं भगवान में विश्वास रखता हूँ, बस मैं उसे प्रकृति कहता हूँ।"

प्रकृति ईश्वर द्वारा बनाया गया सबसे सुन्दर उपहार है। यह सभी जीवों की प्राण शक्ति है। भारतीय संस्कृति के जनक ऋषि-मुनि न केवल दार्शनिक थे, वैज्ञानिक भी थे, ज्ञानी थे। ऊर्जा के संचरण की उनके पास गहन दृष्टि थी। हो सकता है कि उस समय का जनसमूह ज्यादा बुद्धिवादी न होते हुए धर्म में मानने वाले हो। तो उन ऋषि-मुनियों ने कुछ परंपरा दैनिक जीवन में या त्यौहार के तौर पर डाली। जैसे पीपल का पूजन, बरगद का पूर्णिमा के दिन पूजन, उदुम्बर का पवित्र वृक्ष माना जाना आदि।सनातन धर्म में प्रकृति पूजा का विशेष महत्व है। इसी वजह से पूजा विभिन्न प्रकार की वनस्पतियाँ भारतीय पूजा पद्धति का अभिन्न अंग रही हैं। आईये जानते हैं किन वनस्पतियों का विशेष महत्व है।

हिमालय के महर्षि एवं समर्पण संस्कार के प्रणेता सद्गुरु श्री शिवकृपानंद स्वामीजी ने अपने एक प्रवचन में सायन्स के विद्यार्थी का जिक्र करते हुए यही बात समझायी है। ऐसे बड़े बड़े वृक्ष की जड़ें बहुत गहरी होती है। पृथ्वी अपनी गुरुत्वाकर्षण शक्ति से हमारे विचारों को, हमारी नकारात्मक ऊर्जा को भी खिंच लेती है। यह क्रिया का प्रभाव हमें ऐसे बड़े पेड़ों के सान्निध्य में जल्द महसूस होता है।

पूजा करने के बहाने हम नंगे पैर प्रदक्षिणा करते हैं, जमीन से सीधे संपर्क में रहते हैं। ज्यादातर बीमारियों की जड़ विचार है जो हमें असंतुलित करता है, वर्तमान में रहने नहीं देता। और घर में तथा बाहर कर समय हम जूते डाले रहने के कारण हमारा भूमिमाता से संपर्क छूट गया है।ऐसी वृक्षपूजा की परंपरा हमारी वैचारिक नकारात्मक ऊर्जा को विसर्जित करने में सहायक है।

दूसरा, जल भाव का वाहक है। जल भाव से चढाते वक्त स्वाभाविक हम अपने दोष उस वृक्षदेवता को समर्पित करते हैं तो भीतर के नकारात्मक भावों का भार कम होने से हमें हल्का लगता है, हम संतुलित होते हैं और हमारे प्रयास भी संतुलित रहते हैं तो हम अपना कार्य ठीक से कर पाते हैं, पूरी ऊर्जा से कर पाते हैं, जो हमें कार्य सफलता का आनंद देता है। हम प्रसन्न रहने लगते हैं उन निर्विचार साधु समान वृक्षदेवता के सान्निध्य में!

शहरों में पल-बढ़ रही आबादी के बड़े हिस्से को शायद पीपल, बरगद में अंतर और इसका महत्व ही नहीं पता। हिन्दू संस्कृति में इन वृक्षों को पूजने कि परंपरा न होती तो आम-जन को छोड़, केवल पादप-विज्ञानी ही इसके के बारे में बात कर रहे होते। सदियों से इन्हें पूजने की परंपरा ने ही प्रकृति से हमें जोड़ रखा है।

पीपल और बरगद के वृक्ष गूलर या अंजीर कुल (अंग्रेजी में ficus या fig) के अंतर्गत आते हैं जिनकी शाखाओं में से गोल-गोल फल उत्पन्न होते हैं। इनके तने को काटने पर इसमें से सफेद दूध निकलता है। पौराणिक शास्त्रों में वट (बरगद), पीपल, गूलर, हरड़ और खैर को इनके विशिष्ट गुण के कारण पंचवट कहा गया है। विशेष औषधीय लक्षणों के कारण भारतीय उपमहाद्वीप में 'पंचवटी' की खास महिमा है। इनकी विशेषताओं से आपको पता चल जायगा कि इन्हे क्यों पूजा जाता है।

1. बरगद (वट, बड़, बर, ficus bengalnesis) एक सदाबहार पेड़ है, जो अपने प्ररोहों के लिए विश्वविख्यात है। यह भारत का राष्ट्रीय वृक्ष है। अपने सूक्ष्म बीज से विशालकाय पेड़ बनने में इसे वर्षों लगते हैं। इसकी ऊँचाई 20 मीटर से 30 मीटर तक हो सकती है। समय के साथ बरगद का विशालकाय वृक्ष अपने आप में छोटे जंगल का पर्याय बन

जाता है। अकेला बरगद सैकड़ों पशु-पक्षियों कि आश्रय स्थली हो जाता है। भारतीय समाज में बरगद के पेड़ को अमरता का वृक्ष कहा जाता है। पुराणों में ऐसा वर्णन आता है कि प्रलय में जब समस्त पृथ्वी जल में डूब जाती है उस समय भी बरगद का वृक्ष बच जाता है।

सैंकड़ों साल पुराने बरगदों में उज्जैन का 'सिद्धवट', प्रयाग का 'अक्षयवट', मथुरा-वृंदावन का 'वंशीवट', गया का 'गयावट', पंचवटी (नासिक) का 'पंचवट', कोलकाता के बोटैनिकल गार्डेन का वट-वृक्ष प्रमुख माना जाता है। भारत में बरगद के दो सबसे बड़े पेड़ कोलकाता के राजकीय उपवन में और महाराष्ट्र के सतारा में हैं। कोलकाता (शिवपुर में जगदीश चंद्र बोस बॉटनिकल गार्डेन) के वटवृक्ष की मूल जड़ का घेरा 42 फुट और अन्य छोटे छोटे 230 स्तंभ हैं। वैज्ञानिकों का मानना है कि ये बरगद दुनिया का सबसे चौड़ा पेड़ है, जो लगभग 14,500 वर्ग मीटर में फैला हुआ है।

बरगद का पेड़ धार्मिक महत्व रखने के साथ-साथ आयुर्वेद में भी प्रमुख रूप से उपयोग किया जाता है। इसकी जड़ों, छाल, पत्ते, फूल और फलों का उपयोग औषधि के रूप में किया जाता है। बरगद के पेड़ से दस्त, पेचिस, और बवासीर के उपचार होते हैं। इसका उपयोग दांतों और मसूड़ों के उपचार के लिए भी किया जाता है। आयुर्वेद में बरगद का उपयोग महिला बांझपन को दूर करने तथा कान के दर्द का प्रभावी रूप से उपचार कर ने में भी होता है।

2.पीपल (अश्वत्थ, बोधि वृक्ष, ficus religiosa या sacred फिग) : हिन्दुओं, बौद्धों और जैनियों के लिए समान रूप से आदर प्राप्त वृक्ष है। पीपल को देववृक्ष माना गया है। भगवान बुद्ध को पीपल के नीचे ज्ञान प्राप्त हुआ था। भगवतगीता में भगवान कृष्ण ने कहा है- समस्त वृक्षों में मैं अश्वत्थ (पीपल) का वृक्ष हूँ। स्कन्ध पुराण में यह वर्णित है कि अश्वत्थ (पीपल) के मूल में विष्णु, तने में केशव, शाखाओं में नारायण, पत्तों में श्रीहरि और फलों में सभी देवताओं के साथ अच्युत सदैव निवास करते हैं। पीपल एक ऐसा वृक्ष है, जो चौबीसों घंटे ऑक्सीजन देता है जबकि अन्य वृक्ष रात को कार्बन-डाइ-आक्साइड या नाइट्रोजन छोड़ते है।

वनस्पति शास्त्र तथा आयुर्वेद में पीपल के औषधीय गुणों का अनेक असाध्य रोगों में उपयोग वर्णित है। विविध वृक्षों में जितना अधिक धार्मिक एवं औषधीय महत्त्व पीपल का है, अन्य किसी वृक्ष का नहीं । ऐसा मानते हैं कि पीपल की छाया में ऐसा कुछ आरोग्यवर्धक वातावरण निर्मित होता है जिसके सेवन से वात, पित्त और कफ का शमन-नियमन होता है और मानसिक शांति प्राप्त होती है। पीपल के इस्तेमाल से अस्थमा, गुर्दे, कब्ज, पेट दर्द आदि बीमारियों का इलाज किया जाता है। दमा या सांस संबंधी किसी भी प्रकार की समस्या में पीपल के पेड़ कि छाल का चूर्ण बहुत फायदेमंद होता है। त्वचा की समस्याएं जैसे दाद, खाज, खुजली में पीपल के कोमल पत्तों को खाने या इसका काढ़ा बनाकर पीने से लाभ होता है। फटी हुई एड़ियों पर पीपल के पत्तों का दूध निकालकर लगाने से कुछ ही दिनों फटी एड़ियां ठीक हो जाती हैं।

श्रीकृष्ण ने पीपल के पेड़ को बहुत महत्व दिया |पीपल के पेड़ को इतना महत्ता देने के पीछे भी कई कारण है जो कि इस वृक्ष की विशेषताएं है। पीपल के पेड़ के नीचे घास नहीं उगती है अर्थात यह नए जीवन की सरंचना को रोकता है व साथ ही इस वृक्ष पर फल भी नही लगते है। इसके साथ पीपल का पेड़ अन्य वृक्षों के अनुपात में सैकड़ों वर्षों तक जीवित रहते हैं। पृथ्वी पर सदा रहने के कारण भी भगवान श्रीकृष्ण ने इसे अपना रूप बताया था।।इसके अलावा शनिवार के दिन पीपल पर जल चढ़ाया जाता है |ऐसी मान्यता है कि इससे शनिदेव प्रसन्न होते हैं |

पीपल की आयु कितनी होती है: सामान्यतया एक पीपल के वृक्ष की आयु एक हजार (1,000) से लेकर पंद्रह सौ (1,500) वर्षों तक की होती हैं। कुछ पीपल के वृक्ष की आयु 2,500 से लेकर 3,000 वर्ष भी आंकी गयी हैं।पीपल और बरगद के अलावा भी कुछ पूजनीय वृक्ष ऐसे हैं जो व्यक्ति को संतान, धन, यश, सुख-समृद्धि आदि विभिन्न प्रकार के लाभ पहुँचाते हैं। आइये जानते हैं वे कौन से वृक्ष हैं जो धार्मिक तौर इतने लाभकारी माने जाते हैं।

1. केले का पेड़ पूजा कार्यों में इस्तेमाल किया जाता है| इसका फल त्वरित ऊर्जा देता है | गुरूवार के दिन इसकी पूजा का महत्व बताया गया है जिससे व्यक्ति को भगवान विष्णु की कृपा प्राप्त होती है।

2.तुलसी का पौधा भी एक औषधीय पौधा है| इसमें जीवाणु रोधी गुण होते हैं | अतः जल, दूध या पके हुए भोजन में इसे डालकर जीवाणुरोधी बनाया जाता है |यह एक धार्मिक महत्व वाला पौधा भी है इसमें धन की देवी मां लक्ष्मी का निवास होता है और प्रत्येक दिन इसकी पूजा करने से देवी लक्ष्मी प्रसन्न होती हैं।यदि घर में लगाया हुआ तुलसी का पौधा सूख जाता है तो इसे अशुभ माना जाता है और यह मुशीबत या दरिद्रता का संकेत माना जाता है|

3. नीम का पेड़ घर में लगाना भी बहुत अच्छा माना जाता है| यह एक औषधीय पौधा है यह भी धार्मिक तौर महत्वपूर्ण पेड़ माना जाता है और इसे घर में लगाने वाले व्यक्ति को दीर्घायु का फल मिलता है।

4. अशोक का पेड़ भी एक औषधीय पौधा है | इससे स्त्री रोग संबंधी समस्याओं को दूर करने में, त्वचा का रंग साफ़ करने में, शरीर का दर्द दूर करने में,इन्टरनल ब्लीडिंग रोकने में डायबिटीज को नियंत्रित करने में बावासीर से छुटकारा दिलाने में संक्रमण रोगों से बचाव करने में ,पेट के कीड़ों से निजात दिलाने में ,पथरी की समस्या को दूर करने में,टूटी हड्डियों को जोड़ने में मददगार होता है | यह धार्मिक महत्व वाला पेड़ है साथ ही यह वास्तु शास्त्र के अनुसार भी लाभकारी माना जाता है जिसे

घर में लगाने धन प्राप्ति होती है।

5. **बेल** का वृक्ष एक औषधीय पौधा है और यह एक पूजनीय वृक्ष है जिसका इस्तेमाल भगवान शंकर की कृपा प्राप्त करने के लिए उनकी पूजा में किया जाता है।

6. **शमी** का पेड़ औषधीय पौधा है | कई लाभकारी उपायों में इसका इस्तेमाल किया जाता है| इससे कफ-पित्त विकार, खांसी,बावासीर,दस्त, रक्तपित्त,पेट की गड़बड़ी, साँसों की बीमारियों में लाभ मिलता है| और इसे भगवान को अर्पण करने से आपको मनवांछित फल मिलता है।

7.गुलाब के फूल भी औषधीय पौधा है | इसका भगवान की पूजा में इस्तेमाल करना खास महत्व रखता है इसी के साथ गुलाब के पौधे में भगवान शंकर की पत्नी देवी पार्वती निवास करती हैं।

8.चंदन का पेड़ भी एक औषधीय पौधा है | इसे पूजनीय माना जाता है| इसकी लकड़ी को घिस कर माथे पर लगाया जाता है | चन्दन शीतलता प्रदान करता है |

******

हिन्दू धर्म की विशेषता

"मैंने हिंदू धर्म के बारे में पढ़ा। मुझे लगता है कि यह पूरी दुनिया में मानव जाति का धर्म है। हिंदू धर्म पूरे यूरोप में फैला है। हिंदू धर्म का अध्ययन करने वाले कई विद्वान यूरोप में दिखाई देंगे। एक दिन ऐसी स्थिति विकसित होगी जहां केवल हिंदू ही दुनिया का नेतृत्व करेंगे|" - बर्ट्रैंड रसेल (1872-1970)

शाहजहां को उसके बेटे औरंगजेब ने 7 वर्ष तक कारागार में रखा था। वह उसको पीने के लिए नपा-तुला पानी एक फूटी हुई मटकी में भेजता था तब शाहजहाँ ने अपने बेटे औरंगजेब को पत्र लिखा, "हे पुत्र ! तू भी विचित्र मुसलमान है जो अपने जीवित पिता को पानी के लिए भी तरसा रहा है। शत शत बार प्रशंसनीय हैं वे 'हिन्दू' जो अपने मृत पूर्वजों को भी पानी देते हैं"। इसाई धर्म में ईसा एक है,बाइबिल एक है फिर भी, लेटिन कैथलिक, सीरियन कैथलिक, मारथोमा, पेंटेकोस्ट, सैल्वेशन आर्मी, सेवेंथ डे एडवांटिष्ट, ऑर्थोडॉक्स, जेकोबाइट जैसे 146 फिरके आपस

में किसी के भी चर्च में नहीं जाते। इसी तरह इस्लाम धर्म के अनुसार अल्लाह एक, कुरान एक,नबी एक।फिर भी शिया, सुन्नी, अहमदिया, सूफी, मुजाहिद्दीन जैसे 13 फिरके एक दूसरे के खून के प्यासे रहते हैं । सबकी अलग अलग मस्जिदें हैं । साथ बैठकर नमाज नहीं पढ़ सकते। धर्म के नाम पर एक-दूसरे का कत्ल करने को सदैव आमादा रहते हैं ।

हिन्दू धर्म में 1280 धर्म ग्रन्थ, 10 हज़ार से ज्यादा जातियां, अनगिनत पर्व एवं त्योहार, 33 कोटि देवी-देवता,एक लाख से ज्यादा उपजातियां, हज़ारों ऋषि-मुनि, सैकड़ों भाषाएँ,फिर भी सारे हिन्दू सभी मन्दिरों में जाते हैं और सारे त्योहारों को मनाते हुए आपस में शान्ति एवं शालीनता से रहते हैं।यह है भव्यता, सुन्दरता और खूबसूरती हिन्दू धर्म की .....!!

16

यहूदी धर्म

"धर्म वह नैतिक बल है जो व्यक्ति तथा राष्ट्र को शक्ति प्रदान करता है।"

-स्वामी विवेकानंद

यहूदी धर्म दुनिया के सबसे प्राचीन धर्मों में से एक है यहूदी धर्म। लगभग 4000 साल पुराना यह धर्म वर्तमान में इसराइल का राजधर्म है। यहूदी धर्म की शुरुआत पैगंबर हजरत इब्राहिम (अबराहम या अब्राहम) से मानी जाती है, जो ईसा से 2000 वर्ष पूर्व हुए थे। हजरत इब्राहिम के बाद यहूदी इतिहास में सबसे बड़ा नाम 'पैगंबर मूसा' का है। हजरत मूसा ही यहूदी जाति के प्रमुख व्यवस्थाकार हैं। हजरत मूसा को ही पहले से चली आ रही एक परंपरा को स्थापित करने के कारण यहूदी धर्म का संस्थापक माना जाता है। हजरत मूसा के बाद यहूदियों को विश्वास है कि कयामत के समय उनका अगला पैगंबर आएगा। मूसा मिस्र के फराओ के जमाने में हुए थे।

ऐसा माना जाता है कि उनको उनकी मां ने नील नदी में बहा दिया था। उनको फिर फराओ की पत्नी ने पाला था। बड़े होकर वे मिस्री राजकुमार बने। बाद में मूसा को मालूम हुआ कि वे तो यहूदी हैं और उनका यहूदी राष्ट्र अत्याचार सह रहा है और यहां यहूदी गुलाम है, तो उन्होंने यहूदियों को इकट्ठा कर उनमें नई जागृती लाईं। मूसा को ईश्वर द्वारा दस आदेश मिले थे। मूसा का एक पहाड़ पर परमेश्वर से

साक्षात्कार हुआ और परमेश्वर की मदद से उन्होंने फराओ को हरा कर यहूदियों को आजाद कराया और मिस्र से पुनः उनकी भूमि इसराइल में यहूदियों को पहुंचाया। इसके बाद मूसा ने इसराइल में इसराइलियों को ईश्वर द्वारा मिले 'दस आदेश' दिए जो आज भी यहूदी धर्म के प्रमुख सैद्धांतिक है।

दुनिया के प्राचीन धर्मों में से एक यहूदी धर्म से ही ईसाई और इस्लाम धर्म की उत्पत्ति हुई है। इस्लाम की एक ईश्वर की परिकल्पना, खतना, बुतपरस्ती का विरोध, नमाज, हज, रोजा, जकात, सूदखोरी का विरोध, कयामत, कोशर (हराम-हलाल), पवित्र दिन (सब्बाब), उम्माह जैसी सभी बातें यहूदी धर्म से ली गई हैं। पवित्र पवित्र भूमि, धार्मिक ग्रंथ, अंजील, हदीस और तालमुद की कल्पना एक ही है। ईसाई और इस्लाम में आदम, हव्वा, इब्राहीम, नूह, दावूद, इसाक, इस्माइल, इल्यास, सोलोमन आदि सभी ऐतिहासिक और महान लोग यहूदी परंपरा से ही है। हजरत अब्राहम को यहूदी, मुसलमान और ईसाई तीनों धर्मों के लोग अपना पितामह मानते हैं। आदम से अब्राहम और अब्राहम से मूसा तक यहूदी, ईसाई और इस्लाम सभी के पैगंबर एक ही है किंतु मूसा के बाद यहूदियों को अपने अगले पैगंबर के आने का अब भी इंतजार है।

यहूदियों के कुल 12 कबिले थे, जिसमें से एक कबिला कश्मीर में आकर बस गया था। यहूदी धर्म की शुरुआत पैगंबर अब्राहम (अबराहम या इब्राहिम) से मानी जाती है, जो ईसा से 2000 वर्ष पूर्व हुए थे। पैगंबर अलै. अब्राहम के पहले बेटे का नाम हजरत इसहाक अलै. और दूसरे का नाम हजरत इस्माईल अलै. था। दोनों के पिता एक थे, किंतु मां अलग-अलग थीं। हजरत इसहाक की मां का नाम सराह था और हजरत इस्माईल की माँ हाजरा थीं। पैगंबर अलै. अब्राहम के पोते का नाम हजरत अलै. याकूब था। याकूब का ही दूसरा नाम इजरायल था। याकूब ने ही यहूदियों की 12 जातियों को मिलाकर एक सम्मिलित राष्ट्र इजरायल बनाया था। याकूब के एक बेटे का नाम यहूदा (जूदा) था। यहूदा के नाम पर ही उसके वंशज यहूदी कहलाए और उनका धर्म यहूदी धर्म कहलाया।

यहूदी अपने ईश्वर को यहवेह या यहोवा कहते हैं। यहूदियों का सबसे प्राचीन स्थल अब एक परिसर और पवित्र दीवार के रूप में विद्यमान है जो जेरूशलम में स्थित है। जेरूशलम या येरुशलम इसराइल देश का विवादित शहर है। इस पर यहूदी धर्म, ईसाई धर्म और इस्लाम धर्म, तीनों ही दावा करते हैं, क्योंकि यहीं यहूदियों का पवित्र सुलैमानी मन्दिर हुआ करता था, जो अब एक दीवार मात्र है। यही शहर ईसा मसीह की कर्मभूमि रहा है। यहीं से हजरत मुहम्मद स्वर्ग गए थे। इसीलिए यह विवाद का केंद्र है। यही पर मूसा ने यहूदियों को धर्म की शिक्षा दी थी।

ईश्वर :यहूदी मान्यताओं के अनुसार ईश्वर एक है और उसके अवतार या स्वरूप नहीं है, लेकिन वो दूत से अपने संदेश भेजता है। ईसाई और इस्लाम धर्म भी इन्हीं मान्यताओं पर आधारित है पर इस्लाम में ईश्वर के निराकार होने पर अधिक ज़ोर डाला गया है। यहूदियों के अनुसार मूसा को ईश्वर का संदेश दुनिया में फैलाने के लिए मिला था जो लिखित धर्मग्रन्थ तनाख तथा मौखिक रूपों में था। यहोवा ने इसरायल के लोगों को एक ईश्वर की अर्चना करने का आदेश दिया।

अब्राहम :अब्राहम, यहूदी, इस्लामऔरईसाई धर्मतीनों के पितामह माने जातें हैं।तोराह के अनुसार अब्राहम लगभग 2000 ई॰पू॰ अकीदियन साम्राज्य के ऊर प्रदेश में अपने इब्रानी कबीले के साथ रहा करते थे। जहाँ प्रचलित मूर्तिपूजा से व्यथित होकर इन्होंने ईश्वर की खोज में अपने कबीले के साथ एक लम्बी यात्रा को शुरू किया।यर्दन नदी की तराई के प्रदेश में पहुँचने के बाद प्रथम इज़राएली प्रदेश की नींव पड़ी। यहूदी मान्यता के अनुसार कालांतर में कनान प्रदेश में भीषण अकाल पड़ने के कारण इब्रानियों को सम्पन्न मिस्र देश में जाकर शरण लेनी पड़ी। मिस्र में कई वर्षों बाद इज़राएलियों को गुलाम बना लिया गया।

मूसा :मूसा का जन्म मिस्र के गोशेन शहर में हुआ था। यहूदी इतिहास के अनुसार इन्होंने इब्रानियों को मिस्र की 400 वर्ष की गुलामी से बाहर निकालकर उन्हें कनान देश तक पहुँचाने में उनका नेतृत्व किया। मूसा को ही यहूदी धर्मग्रन्थ की प्रथम पाँच किताबों, तोराह का रचयिता माना जाता है। इन्होंने ही ईश्वर के दस विधान व व्यवस्था इब्रानियों को प्रदान की थी। तनख के अनुसार मूसा मिस्र में रामसेस

द्वितीय के शासन में थे, जो कि लगभग 1300 ई.पू. था।

मत : यहूदी मृत्यु के बाद की दुनिया में यकीन नहीं रखते। उनके हिसाब से सभी मनुष्यों का यहूदी होना जरूरी नहीं है। यहूदीदर्शन में वर्तमान को ही महत्वपूर्ण माना जाता है, एवं हर क्षण को भरपूरी के साथ जीना ही आवश्यक है। ईश्वर समय-समय पर सही राह दिखाने के लिए नबियों को भेजता है। अपने हाथों से बनाई हुई मूर्ति को ईश्वर मानकर पूजना पूर्ण रूप से प्रतिबंधित है। अपने सारे कर्तव्यों को ईश्वर को समर्पित कर उनका पूरी ईमानदारी से निर्वाह ही असल धर्म है। यहूदी धर्म किसी निर्धारित पाप को मान्यता नहीं देता जिसमें मनुष्य जन्म से ही पापी हो बल्कि, इसमें पाप व प्रायश्चित को निरन्तर प्रक्रिया के रूप में माना जाता है। प्रायश्चित ही मुक्ति है।

17
ईसाई धर्म

"एक दुसरे से प्रेम करो, जैसे मैंने तुमसे प्रेम किया है|"- ईसा मसीह

ईसाई धर्म एक इब्राहीमवादी धर्म है जो प्राचीन यहूदी परंपरा से निकला है। अन्य इब्राहीमी धर्मों के सामान यह भी एक धर्म है। ईसाई परंपरा के अनुसार इसकी शुरूआत प्रथम सदी ई. में फलिस्तीन में हुई, जिसके अनुयायी 'क्रिश्चियन/ईसाई' कहलाते हैं। यह धर्म यीशु मसीह की उपदेशों पर आधारित है। ईसाइयों में मुख्ययतः तीन सम्प्रदाय हैं, कैथोलिक, प्रोटेस्टेंट और ऑर्थोडॉक्स तथा इनका धार्मिक ग्रंथ बाइबिल है। ईसाइयों के धार्मिक स्थल को गिरिजाघर कहते हैं। विश्व में ईसाई धर्म के अनुयायियों की संख्या सर्वाधिक हैं।

क्रॉस - मसीही धर्म का निशान है |चौथी सदी तक यह धर्म किसी क्रांति की तरह फैला, किन्तु इसके बाद ईसाई धर्म में अत्यधिक कर्मकांडों की प्रधानता तथा धर्म सत्ता ने दुनिया को अंधकार युग में धकेल दिया था। फलस्वरूप पुनर्जागरण के बाद से इसमें रीति-रिवाज़ों के बजाय आत्मिक परिवर्तन पर अधिक ज़ोर दिया जाने लगा। ईसाई तीन तत्व वादी हैं, और वे ईश्वर को तीन रूपों में समझते हैं - परमपिता परमेश्वर, उनके पुत्र ईसा मसीह (यीशु मसीह) और पवित्र आत्मा।परमपिता इस सृष्टि के रचयिता हैं और इसके शासक भी।

यीशु मसीह स्वयं परमेश्वर के पुत्र हैं | जो पतन हुए (पापी) सभी मनुष्यों को पाप और मृत्यु से बचाने के लिए जगत में देहधारण कर आए

थे। परमेश्वर जो पवित्र हैं वो एक देह में प्रकट हुए ताकि पापी मनुष्यों को नहीं परन्तु मनुष्यों के अन्दर के पापों को खत्म करें। वे इस पृथ्वी पर जो पापी, बीमार, मूर्ख और सताए हुए थे उनका पक्ष लिया| यह बात परमेश्वर पिता का मनुष्यों के प्रति अटूट प्रेम को प्रकट करता है। मनुष्यों को पाप से बचाने के लिये परमेश्वर शरीर में आए। यह बात ही यीशु मसीह का परिचय है। यीशु मसीह परमेश्वर के पुत्र थे। यही बात आज का यीशुई मजहब का आधार है। उन्होंने स्वयं कहा मैं हूँ।

यीशु मसीह (यीशु) एक यहूदी थे जो <u>इजराइल</u> के गाँव बेत्लहम में जन्मे थे (4 BC)। इसाई मानते हैं कि उनकी माता <u>मारिया</u> (मरियम) "Almah" थीं। यीशु उनके गर्भ में परमपिता परमेश्वर की कृपा से चमत्कारिक रूप से आये है। यीशु के बारे में यहूदी रब्बीयों ने भविष्यवाणी की थी कि एक मसीहा (नबी) जन्म लेगा। यीशु ने इजराइल में यहूदियों के बीच प्रेम का संदेश सुनाया और कहा कि वो ही ईश्वर के पुत्र हैं। इन बातों से पुराणपंथी यहूदी धर्मगुरु भड़क उठे और उनके कहने पर इजराइल के <u>रोमन</u> राज्यपाल ने यीशु को <u>क्रूस</u> पर चढ़ाकर मारने का प्राणदण्ड दे दिया। ईसाई मानते हैं कि इसके तीन दिन बाद यीशु का पुनरुत्थान हुआ या यीशु पुनर्जीवित हो गये। यीशु के उपदेश <u>बाइबिल</u> के नये नियम में उनके 12 शिष्यों द्वारा रेखांकित किये गये हैं।

यीशु मसीह का पुनरुत्थान यानी मृत्यु पर विजय पाने के बाद अथवा तीसरे दिन में जीवित होने के वाद यीशु एक साथ प्रार्थना कर रहे सभी शिष्य और अन्य मिलाकर कुल 40 लोग वहाँ मौजूद थे पहले उन सभी के सामने प्रकट हुए ।

बाइबिल : ईसाई धर्मग्रन्थ <u>बाइबिल</u> है | इसके दो भाग हैं। पहला भाग <u>पुराना नियम</u> कहलाता है, जो कि यहूदियों के धर्मग्रंथ <u>तनख</u> का ही संस्करण है। दूसरा भाग <u>नया नियम</u> कहलाता तथा <u>ईसा</u> के उपदेश, चमत्कार और उनके शिष्यों के कामों का वर्णन करता है।

सम्प्रदाय :ईसाइयों के मुख्य सम्प्रदाय हैं -<u>कैथोलिक</u> और ओर्थोडोक्स| कैथोलिक सम्प्रदाय में <u>पोप</u> को सर्वोच्च धर्मगुरु मानते हैं।<u>ऑर्थोडॉक्स</u> रोम के पोप को नहीं मानते, पर अपने-अपने राष्ट्रीय

धर्मसंघ के प्रमुख को मानते हैं और परम्परावादी होते हैं।

प्रोटेस्टेंट किसी पोप को नहीं मानते है और इसके बजाय पवित्र बाइबिल में पूरी श्रद्धा रखते हैं। मध्य युग में जनता को बाइबिल पढ़ना मना था। जिससे लोगो को इसाई धर्म का उचित ज्ञान नहीं था। कुछ बिशप और पादरियों ने बाइबल को सच्चे इसाई धर्म के अनुसार नहीं समझा और बाइबिल का अपनी अपनी भाषाओ में भाषान्तर करने लगे जिसका पोप ने विरोध किया। परिणामस्वरूप उन बिशप और पादारियों ने पोप से अलग होकर एक नया सम्प्रदाय स्थापित किया जिसे प्रोटेस्टेंट कहते हैं।

जीसस के बारे में ओशो के विचार :जीसस पर ओशो को उनके बेबाक विचारों के कारण उन्हें अमेरिका से निकाला गया |ओशो जब अमेरिका गए तो उन्होंने जीसस की खुलकर आलोचना करी और ये साफ साफ कह दिया कि जीसस भगवान या भगवान के बेटे नहीं हो सकते हैं| ओशो ने कहा कि जीसस मांस खाते थे और शराब पीते थे और जो व्यक्ति मांस खाता है उसमें करुणा नहीं हो सकती है इसलिए मांस खाने वाले जीसस ईश्वर या उनके पुत्र नहीं हो सकते हैं |

ओशो ने कहा कि भारतीय चिंतन में ध्यान की परंपरा है जबकि ईसाइयत में ध्यान की कोई जगह ही नहीं है । भारत का योगी ध्यान के आनंद में रहता है जबकि ईसा मसीह शराब का नशा करते थे और शराब वही पीता है जो दुखी आदमी होती है तो जो खुद ही दुखी है वो किसी को क्या खुश रखेगा ? क्या ईश्वर के समकक्ष हो सकेगा ?

ओशो ने कहा कि ईसा मसीह के संबंध में ये दावा किया गया कि वो पानी पर चल सकते थे| ओशो ने इसे झूठ कहा और ये जोड़ते हुए कहा कि हमारे देश में योगी पानी में चलने की सिद्धि प्राप्त कर लेता है लेकिन उसे भगवान के बराबर दर्जा नहीं दिया जाता ।

ओशो के इन प्रवचनों से अमेरिका में हड़कंप मच गया ।लोगों ने चर्च पर आना कम कर दिया और ओशो के सत्संग में जाने लगे । इन घटनाओं से अमेरिका के पोप और पादरियों की जमीन खिसक गईं ।

ओशो ने इन पोप और पादरियों को भी नहीं बख्शा ।ओशो ने कहा कि अगर तुम्हारे जीसस नदी पर चल सकते थे तो तुम स्वीमिंग पूल में ही

चल कर दिखा दो नहीं तो कम से कम बाथ टब में ही चल कर दिखा दो। इन टिप्पणियों ने अमेरिका के पोप पादरियों का गुस्सा सातवें आसमान पर पहुंचा दिया था।

ओशो ने ईसाइयों के उस दावे का भी खंडन किया किजीसस ने एक मुर्दे को जिंदा किया था। ओशो ने सवाल उठाया कि जीसस ने सिर्फ एक ही मुर्दे को जिंदा क्यों किया? और वो भी अपने बचपन के दोस्त को ही क्यों? ओशो ने ये भी कहा कि क्या जिसको जिंदा किया वो फिर कभी मरा ही नहीं?

ओशो ने कहा कि भारत में पादरी गरीब लोगों को पैसा देकर ईसाई बनाते हैं लेकिन मैंने अमेरिका के प्रतिभावान लोगों जैसे चित्रकार, मूर्तिकार, संगीतकार, लेखक, कवि, वास्तुशिल्पी, वैज्ञानिक, विचारकों को प्रभावित किया और उनकी आंखें खोल दीं इसीलिए अमेरिका की सरकार और पोप पादरी डर गए।

ओशो उस वक्त अमेरिका के राष्ट्रपति रोनल्ड रीगन को कहा कि मैं व्हाइट हाउस में तुमसे धर्म पर चर्चा करना चाहता हूं। रोनल्ड रीगन एक कट्टरपंथी ईसाई थे लेकिन उनको उस वक्त बहुत बड़ा झटका लगा था जब उन्होंने खुद अपनी पत्नी को ही ओशो की किताब पढ़ते देखा था। इन घटनाओं के बाद रोनल्ड रीगन ने ओशो को अपना दुश्मन ही मान लिया था।

ओशो ने वेटिकन सिटी के पोप से ये अपील की थी कि मैं तुम्हारे बीच आकर तुमसे धर्म पर चर्चा करना चाहता हूं और बहुत आत्मविश्वास से ये कहना चाहता हूं कि जिसको तुम धर्म मानते हो वो धर्म नहीं है। ओशो की इन बातों ने ईसाई देशों को इतना डरा दिया कि अमेरिका समेत तमाम ईसाई देशों में ओशो की एंट्री पर ही प्रतिबंध लगा दिया गया था और इन्हीं वजहों से आखिरकार ओशो को झूठे मामलों में फंसा कर अमेरिका छोड़ने पर मजबूर कर दिया गया। लेकिन ओशो ने जीसस पर जो टिप्पणियां कीं और सवाल उठाए उसका कोई जवाब आज भी दुनिया के किसी भी पोप और पादरी के पास नहीं है।

ओशो का वह प्रवचन, जिससे ईसायत तिलमिला उठी थी और अमेरिका की रोनाल्ड रीगन सरकार ने उन्हें हाथ-पैर में बेड़ियां डालकर

गिरफ्तार किया और फिर मरने के लिए थेलियम नामक धीमा जहर दे दिया था। इतना ही नहीं, अमेरिका में बसे रजनीशपुरम को तबाह कर दिया गया था और पूरी दुनिया को यह निर्देश भी दे दिया था कि न तो ओशो को कोई देश आश्रय देगा और न ही उनके विमान को ही लैंडिंग की इजाजत दी जाएगी।

जब भी कोई सत्य के लिए प्यासा होता है, अनायास ही वह भारत में उत्सुक हो उठता है। अचानक पूरब की यात्रा पर निकल पड़ता है। और यह केवल आज की ही बात नहीं है। यह उतनी ही प्राचीन बात है, जितने पुराने प्रमाण और उल्लेख मौजूद हैं। आज से 2500 वर्ष पूर्व, सत्य की खोज में पाइथागोरस भारत आया था। ईसा मसीह भी भारत आए थे। ईसामसीह के 13 से 30 वर्ष की उम्र के बीच का बाइबिल में कोई उल्लेख नहीं है। और यही उनकी लगभग पूरी जिंदगी थी, क्योंकि 33 वर्ष की उम्र में तो उन्हें सूली ही चढ़ा दिया गया था। तेरह से 30 तक 17 सालों का हिसाब बाइबिल से गायब है! इतने समय वे कहां रहे? आखिर बाइबिल में उन सालों को क्यों नहीं रिकार्ड किया गया? उन्हें जानबूझ कर छोड़ा गया है, कि ईसायत मौलिक धर्म नहीं है, कि ईसा मसीह जो भी कह रहे हैं वे उसे भारत से लाए हैं।

यह बहुत ही विचारणीय बात है। वे एक यहूदी की तरह जन्मे, यहूदी की ही तरह जिए और यहूदी की ही तरह मरे। स्मरण रहे कि वे ईसाई नहीं थे, उन्होंने तो-ईसा और ईसाई, ये शब्द भी नहीं सुने थे। फिर क्यों यहूदी उनके इतने खिलाफ थे? यह सोचने जैसी बात है, आखिर क्यों ? न तो ईसाईयों के पास इस सवाल का ठीक-ठाक जवाब है और न ही यहूदियों के पास। क्योंकि इस व्यक्ति ने किसी को कोई नुकसान नहीं पहुंचाया। ईसा उतने ही निर्दोष थे जितनी कि कल्पना की जा सकती है।पर उनका अपराध बहुत सूक्ष्म था। पढ़े-लिखे यहूदियों और चतुर ईसाईयों ने स्पष्ट देख लिया था कि वे पूरब से विचार ले रहे हैं, जो कि गैर यहूदी हैं। वे कुछ अजीबोगरीब और विजातीय बातें ले रहे हैं। और यदि इस दृष्टिकोण से देखो तो तुम्हें समझ आएगा कि क्यों वे बार-बार कहते हैं- ' अतीत के पैगंबरों ने तुमसे कहा था कि यदि कोई तुम पर क्रोध करे, हिंसा करे तो आंख के बदले में आंख लेने और ईंट का जवाब पत्थर से देने को तैयार

रहना। लेकिन मैं तुमसे कहता हूं कि अगर कोई तुम्हें चोट पहुंचाता है, एक गाल पर चांटा मारता है तो उसे अपना दूसरा गाल भी दिखा देना।' यह पूर्णत: गैर यहूदी बात है। उन्होंने ये बातें गौतम बुद्ध और महावीर के दर्शनों से सीखी थीं।

ईसा जब भारत आए थे तब बौद्ध धर्म बहुत जीवंत था, यद्यपि बुद्ध की मृत्यु हो चुकी थी। गौतम बुद्ध के पांच सौ साल बाद जीसस यहां आए थे। पर बुद्ध ने इतना विराट आंदोलन, इतना बड़ा तूफान खड़ा किया था कि तब तक भी पूरा मुल्क उसमें डूबा हुआ था। बुद्ध की करुणा, क्षमा और प्रेम के उपदेशों को भारत पिए हुआ था।

जीसस कहते हैं कि अतीत के पैगंबरों द्वारा यह कहा गया था। कौन हैं ये पुराने पैगंबर? वे सभी प्राचीन यहूदी पैगंबर हैं: इजेकिएल, इलिजाह, मोसेस,- कि ईश्वर बहुत ही हिंसक है और वह कभी क्षमा नहीं करता है!? यहां तक कि प्राचीन यहूदी पैगंबरों ने ईश्वर के मुंह से ये शब्द भी कहलवा दिए हैं कि मैं कोई सज्जन पुरुष नहीं हूं, तुम्हारा चाचा नहीं हूं। मैं बहुत क्रोधी और ईर्ष्यालु हूं, और याद रहे जो भी मेरे साथ नहीं है, वे सब मेरे शत्रु हैं। पुराने टेस्टामेंट में ईश्वर के ये वचन हैं। और ईसा मसीह कहते हैं, मैं तुमसे कहता हूं कि परमात्मा प्रेम है। यह ख्याल उन्हें कहां से आया कि परमात्मा प्रेम है? गौतम बुद्ध की शिक्षाओं के सिवाए दुनिया में कहीं भी परमात्मा को प्रेम कहने का कोई और उल्लेख नहीं है। उन 17 वर्षों में जीसस इजिप्त, भारत, लद्दाख और तिब्बत की यात्रा करते रहे। यही उनका अपराध था कि वे यहूदी परंपरा में बिल्कुल अपरिचित और अजनबी विचारधाराएं ला रहे थे। न केवल अपरिचित बल्कि वे बातें यहूदी धारणाओं के एकदम से विपरीत थीं। तुम्हें जानकर आश्चर्य होगा कि अंतत: उनकी मृत्यु भी भारत में हुई! और ईसाई रिकाइर्स इस तथ्य को नजरअंदाज करते रहे हैं। यदि उनकी बात सच है कि जीसस पुनर्जीवित हुए थे तो फिर पुनर्जीवित होने के बाद उनका क्या हुआ? आजकल वे कहां हैं ? क्योंकि उनकी मृत्यु का तो कोई उल्लेख है ही नहीं!

सच्चाई यह है कि वे कभी पुनर्जीवित नहीं हुए। वास्तव में वे सूली पर कभी मरे ही नहीं थे। क्योंकि यहूदियों की सूली आदमी को मारने की सर्वाधिक बेहूदी तरकीब है। उसमें आदमी को मरने में करीब-करीब 48

घंटे लग जाते हैं। चूंकि हाथों में और पैरों में कीलें ठोंक दी जाती हैं तो बूंद-बूंद करके उनसे खून टपकता रहता है। यदि आदमी स्वस्थ है तो 60 घंटे से भी ज्यादा लोग जीवित रहे, ऐसे उल्लेख हैं। औसत 48 घंटे तो लग ही जाते हैं। और जीसस को तो सिर्फ छह घंटे बाद ही सूली से उतार दिया गया था। यहूदी सूली पर कोई भी छह घंटे में कभी नहीं मरा है, कोई मर ही नहीं सकता है।

यह एक मिलीभगत थी, जीसस के शिष्यों की पोंटियस पॉयलट के साथ। पोंटियस यहूदी नहीं था, वो रोमन वायसराय था। जूडिया उन दिनों रोमन साम्राज्य के अधीन था। निर्दोष जीसस की हत्या में रोमन वायसराय पोंटियस को कोई रुचि नहीं थी। पोंटियस के दस्तखत के बगैर यह हत्या नहीं हो सकती थी।पोंटियस को अपराध भाव अनुभव हो रहा था कि वह इस भद्दे और क्रूर नाटक में भाग ले रहा है। चूंकि पूरी यहूदी भीड़ पीछे पड़ी थी कि जीसस को सूली लगनी चाहिए। जीसस वहां एक मुद्दा बन चुका था। पोंटियस पॉयलट दुविधा में था। यदि वह जीसस को छोड़ देता है तो वह पूरी जूडिया को, जो कि यहूदी है, अपना दुश्मन बना लेता है। यह कूटनीतिक नहीं होगा। और यदि वह जीसस को सूली दे देता है तो उसे सारे देश का समर्थन तो मिल जाएगा, मगर उसके स्वयं के अंतःकरण में एक घाव छूट जाएगा कि राजनैतिक परिस्थिति के कारण एक निरपराध व्यक्ति की हत्या की गई, जिसने कुछ भी गलत नहीं किया था।

तो पोंटियस ने जीसस के शिष्यों के साथ मिलकर यह व्यवस्था की कि शुक्रवार को जितनी संभव हो सके उतनी देर से सूली दी जाए। चूंकि सूर्यास्त होते ही शुक्रवार की शाम को यहूदी सब प्रकार का कामधाम बंद कर देते हैं, फिर शनिवार को कुछ भी काम नहीं होता, वह उनका पवित्र दिन है। यद्यपि सूली दी जानी थी शुक्रवार की सुबह, पर उसे स्थगित किया जाता रहा। ब्यूरोक्रेसी तो किसी भी कार्य में देर लगा सकती है। अतः जीसस को दोपहर के बाद सूली पर चढ़ाया गया और सूर्यास्त के पहले ही उन्हें जीवित उतार लिया गया। यद्यपि वे बेहोश थे, क्योंकि शरीर से रक्तस्राव हुआ था और कमजोरी आ गई थी। पवित्र दिन यानि शनिवार के बाद रविवार को यहूदी उन्हें पुनः सूली पर चढ़ाने वाले थे।

जीसस के देह को जिस गुफा में रखा गया था, वहां का चौकीदार रोमन था न कि यहूदी। इसलिए यह संभव हो सका कि जीसस के शिष्यगण उन्हें बाहर आसानी से निकाल लाए और फिर जूडिया शहर से बाहर ले गए।

जीसस ने भारत में आना क्यों पसंद किया? क्योंकि युवावास्था में भी वे वर्षों तक भारत में रह चुके थे। उन्होंने अध्यात्म और ब्रह्म का परम स्वाद इतनी निकटता से चखा था कि वहीं दोबारा लौटना चाहा। तो जैसे ही वह स्वस्थ हुए, भारत आए और फिर 112 साल की उम्र तक जिए। कश्मीर में अभी भी उनकी कब्र है। उस पर जो लिखा है, वह हिब्रू भाषा में है। स्मरण रहे, भारत में कोई यहूदी नहीं रहते हैं। उस शिलालेख पर खुदा है, जोशुआ- यह हिब्रू भाषा में ईसामसीह का नाम है। जीसस जोशुआ का ग्रीक रुपांतरण है। जोशुआ यहां आए- समय, तारीख वगैरह सब दी है। एक महान सदगुरू, जो स्वयं को भेड़ों का गड़रिया पुकारते थे, अपने शिष्यों के साथ शांतिपूर्वक 112 साल की दीर्घायु तक यहां रहे। इसी वजह से वह स्थान भेड़ों के चरवाहे का गांव कहलाने लगा। तुम वहां जा सकते हो, वह शहर अभी भी है-पहलगाम, उसका काश्मीरी में वही अर्थ है- गड़रिए का गांव |

जीसस यहां रहना चाहते थे ताकि और अधिक आत्मिक विकास कर सकें। एक छोटे से शिष्य समूह के साथ वे रहना चाहते थे ताकि वे सभी शांति में, मौन में डूबकर आध्यात्मिक प्रगति कर सकें। और उन्होंने मरना भी यहीं चाहा, क्योंकि यदि तुम जीने की कला जानते हो तो यहां (भारत में)जीवन एक सौंदर्य है और यदि तुम मरने की कला जानते हो तो यहां (भारत में)मरना भी अत्यंत अर्थपूर्ण है। केवल भारत में ही मृत्यु की कला खोजी गई है, ठीक वैसे ही जैसे जीने की कला खोजी गई है। वस्तुत: तो वे एक ही प्रक्रिया के दो अंग हैं।यहूदियों के पैगंबर मूसा ने भी भारत में ही देह त्यागी थी | इससे भी अधिक आश्चर्यजनक तथ्य यह है कि मूसा (मोजिज) ने भी भारत में ही आकर देह त्यागी थी! उनकी और जीसस की समाधियां एक ही स्थान में बनी हैं। शायद जीसस ने ही महान सदगुरू मूसा के बगल वाला स्थान स्वयं के लिए चुना होगा। पर मूसा ने क्यों कश्मीर में आकर मृत्यु में प्रवेश किया?

मूसा ईश्वर के देश इजराइल की खोज में यहूदियों को इजिप्त के बाहर ले गए थे। उन्हें 40 वर्ष लगे, जब इजराइल पहुंचकर उन्होंने घोषणा की कि, यही वह जमीन है, परमात्मा की जमीन, जिसका वादा किया गया था। और मैं अब वृद्ध हो गया हूं और अवकाश लेना चाहता हूं। हे नई पीढ़ी वालों, अब तुम सम्हालो!

मूसा ने जब इजिप्त से यात्रा प्रारंभ की थी तब की पीढ़ी लगभग समाप्त हो चुकी थी। बूढ़े मरते गए, जवान बूढ़े हो गए और नए बच्चे पैदा होते रहे। जिस मूल समूह ने मूसा के साथ यात्रा की शुरुआत की थी, वह बचा ही नहीं था। मूसा करीब-करीब एक अजनबी की भांति अनुभव कर रहे थे उन्होंने युवा लोगों को शासन और व्यवस्था का कार्यभारा सौंपा और इजराइल से विदा हो लिए। यह अजीब बात है कि यहूदी धर्मशास्त्रों में भी, उनकी मृत्यु के संबंध में , उनका क्या हुआ इस बारे में कोई उल्लेख नहीं है। हमारे यहां (कश्मीर में) उनकी कब्र है। उस समाधि पर भी जो शिलालेख है, वह हिब्रू भाषा में ही है। और पिछले चार हजार सालों से एक यहूदी परिवार पीढ़ी-दर-पीढ़ी उन दोनों समाधियों की देखभाल कर रहा है।

मूसा भारत क्यों आना चाहते थे ? केवल मृत्यु के लिए ? हां, कई रहस्यों में से एक रहस्य यह भी है कि यदि तुम्हारी मृत्यु एक बुद्धक्षेत्र में हो सके, जहां केवल मानवीय ही नहीं, वरन भगवत्ता की ऊर्जा तरंगें हों, तो तुम्हारी मृत्यु भी एक उत्सव और निर्वाण बन जाती है।सदियों से सारी दुनिया के साधक इस धरती पर आते रहे हैं। यह देश दरिद्र है, उसके पास भेंट देने को कुछ भी नहीं, पर जो संवेदनशील हैं, उनके लिए इससे अधिक समृद्ध कौम इस पृथ्वी पर कहीं नहीं हैं। लेकिन वह समृद्धि आंतरिक है।

भारत में इसाई धर्म का प्रचार कैसे हुआ ? भारत में ईसाइयों की संख्या लगभग 2.78 करोड़ है। ईसा मसीह ने 13 साल से 29 साल उम्र के बीच तक क्या किया, यह रहस्य की बात है। बाइबल में उनके इन वर्षों के बारे में कुछ भी उल्लेख नहीं मिलता है। कुछ शोधकर्ताओं का मानना है कि 13 से 29 वर्ष की उम्र और उसके बाद 33 से 112 वर्ष की उम्र तक ईसा मसीह भारत में रहे थे। माना जाता है कि इस दौरान उन्होंने

भारतीय राज्य कश्मीर में बौद्ध और नाथ संप्रदाय के मठों में रहकर ध्यान साधना की थी। मान्यता है कि यहीं कश्मीर के श्रीनगर शहर के एक पुराने इलाके खानयार की एक तंग गली में 'रौजाबल' नामक पत्थर की एक इमारत में एक कब्र बनी है जहां उनका शव रखा हुआ है।

ईसाई प्रचारक सेंट थॉमस:माना जाता है कि भारत में ईसाई धर्म की शुरुआत केरल के तटीय नगर कंगानूर में हुई जहां, किंवदंतियों के मुताबिक, ईसा के बारह प्रमुख शिष्यों में से एक सेंट थॉमस ईस्वी सन 52 में पहुंचे थे। कहते हैं कि उन्होंने उस काल में सर्वप्रथम कुछ ब्राह्मणों को ईसाई बनाया था। इसके बाद उन्होंने आदिवासियों को धर्मान्तरित किया था। दक्षिण भारत में सीरियाई ईसाई चर्च सेंट थॉमस के आगमन का संकेत देता है।

ईसाई प्रचारक सेंट फ्रांसिस :इसके बाद सन् 1542 में सेंट फ्रांसिस जेवियर के आगमन के साथ भारत में रोमन कैथोलिक धर्म की स्थापना हुई जिन्होंने भारत के गरीब हिन्दू और आदिवासी इलाकों में जाकर लोगों को ईसाई धर्म की शिक्षा देकर ईसाई बनाने का कार्य शुरू किया। कुछ लोग उन पर सेवा की आड़ में भोलेभाले लोगों को ईसाई बनाने का आरोप लगाते रहे हैं।

अंग्रेज काल में धर्म प्रचार : भारत में जब अंग्रेजों का शासन प्रारंभ हुआ तब ईसाई धर्म का व्यापक प्रचार प्रसार हुआ। अंग्रेजों के काल में दक्षिण भारत के अलावा पश्चिम बंगाल और पूर्वोत्तर में ईसाई धर्म के लाखों प्रचारकों ने इस धर्म को फैलाया। उस दौरान शासन की ओर से ईसाई बनने पर लोगों को कई तरह की रियायत मिल जाती थी। बहुतों को बड़े पद पर बैठा दिया जाता था साथ ही ग्रामीण क्षेत्रों में लोगों को जमींदार बना दिया जाता था। अंग्रेजों के काल में कॉन्वेंट स्कूल और चर्च के माध्यम से ईसाई संस्कृति और धर्म का व्यापक प्रचार और प्रसार हुआ।

ईसाई प्रचारक मदर टेरेसा :ऐसा व्यापक रूप से प्रचारित है कि भारत की आजादी के बाद 'मदर टेरेसा' ने सेवा की आड़ में बड़े पैमाने पर गरीब लोगों को ईसाई बनाया। इस संबंध में ओशो रजनीश ने कहा था कि "उन्होंने लोगों के दुखों का शोषण कर उन्हें ईसाई बनाया। मदर टेरेसा

और अधिक गरीब लोग चाहती है। ताकि वह उनका धर्मांतरण कैथोलिक धर्म में कर सके। यह शुद्ध राजनीति है। सभी धर्म शोषण कर रहे है"।

मदर टेरेसा रोमन कैथोलिक नन थीं। मदर टेरेसा ने भारत में 'निर्मल हृदय' और 'निर्मला शिशु भवन' के नाम से आश्रम खोले जहां वे अनाथ और गरीबों को रखती थी। 1946 में गरीबों, असहायों, बीमारों और लाचारों के लिए उन्होंने अपना जीवन समर्पित कर दिया। 1948 में स्वेच्छा से उन्होंने भारतीय नागरिकता ले ली और व्यापकर रूप से ईसाई धर्म की सेवा में लग गई। 7 अक्टूबर 1950 को उन्हें वैटिकन से 'मिशनरीज ऑफ़ चैरिटी' की स्थापना की अनुमति मिल गयी। इस संस्था का उद्देश्य समाज से बेघर और बीमार गरीब लोगों की सहायता करना था। मदर टेरेसा को उनकी सेवाओं के लिए विविध पुरस्कारों एवं सम्मानों से सम्मनित किया गया था। 13 मार्च 1997 को उन्होंने 'मिशनरीज ऑफ चैरिटी' के मुखिया का पद छोड़ दिया और 5 सितम्बर, 1997 को उनकी मौत हो गई।

प्रचारक तेजी से कर रहे हैं भारत का धर्मान्तरण :भारत में वर्तमान में प्रत्येक राज्य में बड़े पैमाने पर ईसाई धर्मप्रचारक मौजूद है जो मूलत: ग्रामीण और आदिवासी क्षेत्रों में सक्रिय हैं। अरुणालच प्रदेश में वर्ष 1971 में ईसाई समुदाय की संख्या 1 प्रतिशत थी जो वर्ष 2011 में बढ़कर 30 प्रतिशत हो गई है। इसी से अनुमान लगाया जा सकता है कि भारतीय राज्यों में ईसाई प्रचारक किस तरह से सक्रिय हैं। इसी तरह नगालैंड में ईसाई जनसंख्या 93 प्रतिशत, मिजोरम में 90 प्रतिशत, मणिपुर में 41 प्रतिशत और मेघालय में 70 प्रतिशत हो गई है। चंगाई सभा और धन के बल पर भारत में ईसाई धर्म तेजी से फैल रहा है।

भारत सरकार ने 2015 में छह धर्मों-हिंदू, मुस्लिम, सिख, ईसाई, बौद्ध और जैन के जनसंख्या के आंकड़े जारी किए थे। इन आंकड़ों के अनुसार वर्ष 2011 में भारत की कुल आबादी 121.09 करोड़ है। जारी जनगणना के आंकड़ों के मुताबिक देश में भारत में 96.63 करोड़ हिंदू हैं, जो कुल आबादी का 79.8% है। मुस्लिम 17.22 करोड़ है जो कुल आबादी का 14.23% है। ईसाइयों की आबादी 2.78 करोड़ है जो देश की कुल आबादी का 2.3% है। देश में ईसाई की जनसंख्या हिंदू और मुस्लिम के

बाद सबसे अधिक है।

****

जीसस से शादी के नाम पर शिकार बनीं लड़कियांःस्वर्ग का सपना दिखाकर कई नन्स का यौन शोषण, आखिर ये प्रथा है क्या ?

नन यानी सफेद या काले रंग का गाउन पहनी महिला। सिर ढंका हुआ और गले में लटकता क्रॉस। कॉन्वेंट स्कूलों और चर्च में आपने इन्हें अक्सर देखा होगा। आम भाषा में कई लोग इन्हें सिस्टर भी कह जाते हैं, हालांकि ये सिस्टर से अलग होती हैं।

ये वो महिलाएं होती हैं, जो धर्म के नाम पर जीसस से शादी करती हैं और अपना पूरा जीवन धर्म की सेवा के लिए समर्पित कर देती हैं, लेकिन इस पवित्र परंपरा को अपनाने वालीं नन्स एक बड़ा तबका ऐसा भी है, जो हर तरह के शोषण का शिकार है।

केरल के मानंथवाडी में स्थित सेंट जोसेफ कैथेड्रल। 1973 में पोप पॉल VI ने इस चर्च की स्थापना की थी।मानंथवाडी से तकरीबन 15 किलोमीटर दूर है कराक्कमाला शहर, जहां 58 साल की नन लूसी कल्लापुरा का कॉन्वेंट है। कॉन्वेंट यानी नन्स की रहने की खास जगह। ईसाई धर्म में ये करीब-करीब वैसे ही होते हैं जैसे हिंदू धर्म में मठ।

लूसी Franciscan Clarist Congregation (FCC) से हैं। कैथोलिक ईसाइयों में नन्स अलग-अलग Congregation से होती हैं। Congregation यानी जहां प्रेयर के लिए ईसाई कम्युनिटी के लोग इकट्ठे होते हैं। यह उनके सामाजिक-धार्मिक काम के आधार पर बंटे होते हैं।भारत में इनकी सही संख्या का अंदाजा नहीं है।

17 साल की उम्र में लूसी ने FCC जॉइन किया था। वह 11 भाई बहनों में 7वें नंबर पर थीं। वे बताती हैं- बचपन के दिनों की बात है। पांच नन्स और प्रीस्ट रेगुलर घर आते। वे लोग मुझे नन बनने के लिए प्रेरित करते। लगातार मेरा और परिवार का ब्रेन वॉश करते।वे लोग धार्मिक ज्ञान देते और स्वर्ग ले जाने का सपना दिखाते। तब समझ ज्यादा नहीं थी। लगातार ब्रेन वॉश की वजह से मेरे मन में भी स्वर्ग की बात बैठ गई, क्योंकि फादर लोग नर्क की भयानक कहानियां सुनाकर डराते थे।

लूसी ने दसवीं के बाद ही नन बनने का फैसला ले लिया। परिवार ने इसका विरोध किया, लेकिन वह नहीं मानीं और आखिरकार 12वीं बाद 1982 में कॉन्वेंट में चली गईं, जहां तीन साल बाद वह नन बन गईं। इसके बाद लूसी एक गवर्नमेंट एडेड स्कूल में बतौर इंग्लिश टीचर पढ़ाने लगीं, लेकिन उनकी पूरी सैलरी कॉन्वेंट के पास जाती थी। एक रुपया भी उन्हें नहीं मिलता था।

इसी बीच सितंबर 2018 में फ्रैंको मुलाक्कल पर मिशनरीज ऑफ जीसस की 46 साल की नन के साथ 13 बार रेप करने का आरोप लगा। इसके विरोध में केरल की सड़कों पर नन्स का हुजूम निकल पड़ा। लूसी की अगुआई में वे लोग बिशप की गिरफ्तारी की मांग कर रही थीं।बिशप को गिरफ्तार किया गया, लेकिन बाद में उन्हें रिहा भी कर दिया गया। पीड़ित नन को आज तक न्याय नहीं मिला।

लूसी के दुशाहसपूर्ण कार्य से कॉन्वेंट में लूसी से कोई बात नहीं करता है। खाना भी नहीं मिलता है। लाइब्रेरी, रसोई, आयरन, गार्डन में जाना, मेडिकल, प्रेयर रूम में उनकी एंट्री नहीं है। उन पर नजर रखने के लिए 16 CCTV कैमरे लगे हैं।एक कैमरा तो उस जगह पर है, जहां से वह रात में टॉयलेट जाती हैं। उनका कहना है कि कम से कम वो कैमरा तो हटा दो, क्योंकि रात में वह शॉर्ट ड्रेस में टायलेट जाती हैं। कैमरे में सब कुछ कैद होता है। इसे हटाने के लिए उन्होंने राष्ट्रीय महिला आयोग में भी एप्लिकेशन दी, लेकिन कोई सुनवाई नहीं हुई।

लूसी के मुताबिक नन्स की कोई प्राइवेसी नहीं होती। अगर कोई नन कॉन्वेंट की चारदीवारी के अंदर हो रहे अत्याचार पर बोलती है, तो उसे इतना प्रताड़ित कर दिया जाता है कि वो आत्महत्या तक कर लेती है। केरल में बीते 20 सालों में 28 नन ने आत्महत्या की है।नन दुनिया से कट चुकी हैं। उनकी पूरी लाइफ सीक्रेट है। अगर कोई नन आवाज उठाती है, तो या तो उसे कॉन्वेंट से बाहर निकाल दिया जाता है या उसे प्रताड़ित किया जाता है।

1992 में कोटट्य्यम की 30 साल की नन अभया की दर्दनाक हत्या ने तो कॉन्वेंट और चर्च व्यवस्था की तह खोल के रख दी। पहले इससे आत्महत्या माना गया, लेकिन पब्लिक प्रोटेस्ट के बाद मामले की जांच

CBI को सौंपी गई। जांच में फादर थॉमस कुट्टूर और सिस्टर सेफी दोषी पाए गए। उन्हें आजीवन कारावास की सजा मिली, लेकिन बाद में केरल हाईकोर्ट ने जमानत दे दी।अभया का कसूर इतना था कि उसने फादर और सिस्टर सेफी को कोट्टयम के PIUS X कॉन्वेंट में संबंध बनाते देख लिया था।

एक पत्रकार की तमाम कोशिशों के बाद एडरसन कॉन्वेंट की एक नन एल्सी बात करने के लिए राजी तो हुई, लेकिन खौफ ऐसा कि बार-बार नन्स के साथ शोषण के बारे में पूछने पर टालने के अंदाज में वे बस इतना ही बोल पाईं 'आई एम वैरी हैप्पी, आई एम वैरी हैप्पी'... साफ था कि वे कुछ भी कहने से बच रही थीं।

केरल के त्रिसूर जिले की नन जैसेमे राफैल 63 साल की है। वो अपने दो बेडरूम फ्लैट में अकेली रहती हैं। 50 साल कॉन्वेंट को देने के बाद अब बीमार हालत में हैं। जैसमे ने अपनी किताब 'आमीन' में कॉन्वेंट और चर्च के अंदर भ्रष्टाचार और अपने यौन शोषण का जिक्र किया है।जैसेमे ने कालिकट यूनिवर्सिटी से एमफिल की है। वे त्रिसूर की विमला कॉलेज में वाइस प्रिंसिपल और सेंट मेरी कॉलेज में प्रिंसिपल रही हैं। इनके कॉन्वेंट का नाम मदर ऑफ कार्मेल कॉन्ग्रिगेशन है। उन्होंने अपने शोषण के खिलाफ आवाज उठाई, तो उन्हें पागल घोषित कर दिया गया। कॉन्वेंट से निकाल दिया गया।

जैसेमे नन बनने की कहानी बताती हैं। वे कहती हैं- 17 साल की थी, जब मुझे जीसस से प्यार हो गया। मुझे लगता था कि वे मेरे सपने में आ रहे हैं। इसके बाद मैंने तय किया कि जीसस की दुल्हन बनूंगी। मां को यह बात बताई तो उन्होंने कहा कि वक्त के साथ तुम ये फितूर भूल जाओगी।कुछ दिनों बाद मैंने मां से फिर कहा कि मैं नन बनने जा रही हूं। वह कहने लगीं कि तुम भूली नहीं अभी तक। क्या तुम फैशनेबल ड्रेस, स्वादिष्ट खाने और बाकी चीजों के बिना रह पाओगी। अभी भी सोच लो, लेकिन मैंने तो जीसस से वादा कर लिया था।

इसके बाद मैंने कॉन्वेंट जॉइन किया। मेरे साथ 14 लड़कियां नन बनी थीं। हालांकि, कुछ साल बाद ही मुझे पता चल गया कि यहां कोई गॉड नहीं हैं। यहां तो नकली नकाब ओढ़े लोग हैं।

नन एक दूसरे को गाली दे रही हैं, बुरा-भला बोल रही हैं। बिशप और प्रीस्ट नन्स का यौन शोषण कर रहे हैं। कोई गलत तरीके से पैसे कमाकर घर भेज रहा है। इतना कुछ देखकर तो हमारे होश उड़ गए। हम आपस में बात करने लगे कि क्या यही सब देखने के लिए हम नन बने थे।

पहले मैं छुपकर रोती रहती। फिर मुझे लगा कि जीसस मुझसे बोल रहे हैं कि तुम बोल क्यों नहीं रही, चर्च और कॉन्वेंट में अन्याय के खिलाफ बोलो, सवाल करो। मैंने जीसस से कहा कि मुझे ताकत दो।वे कहती हैं- चर्च व्यवस्था में अमीर और ताकतवर लोग ही गॉड हैं। इसलिए मैंने ऐसे नर्क से भागने का मन बनाया।

उन लोगों ने मुझे पागल घोषित कर दिया। वे मेरा इलाज कराना चाहते थे, लेकिन मैंने भी तय कर लिया था कि किसी भी कीमत पर इलाज नहीं कराऊंगी, क्योंकि मैं पूरी तरह ठीक थी। मैं दिल्ली चली गई और 6 महीने के बाद कॉन्वेंट छोड़ दिया।

परिवार में किसी की शादी हो तो भी नहीं जा सकती हैं नन :नन के लिए कई बंदिशें हैं। मसलन बिशप या प्रीस्ट किसी शादी में जा सकते हैं, लेकिन नन नहीं जा सकतीं। अपने परिवार के भी किसी शादी समारोह में। वे सिर्फ अपने परिवार में किसी की मौत पर जा सकती हैं।बिशप या प्रीस्ट कुछ भी पहन सकते हैं, लेकिन नन को हमेशा गाउन में ही रहना है। बिशप या प्रीस्ट फिल्म देख सकते हैं, मनोरंजन कर सकते हैं, लेकिन नन को ऐसा करने की छूट नहीं है। कॉन्वेंट में सिर्फ यस लॉर्ड चलता है। यानी जो कहा जाए, उसे करना ही है।

कॉन्वेंट और चर्च के लिए पैसों की व्यवस्था नन ही करती हैं। वे एजुकेशन, हेल्थ, धार्मिक काम-काज संभालती हैं। अलग-अलग कॉन्ग्रिगेशन में उन्हें अलग-अलग जिम्मेदारियां दी जाती हैं।

मदर टेरेसा जैसी नन को दुनिया ने सलाम किया है, लेकिन यह भी सच है कि ज्यादातर कॉन्वेंट की चारदीवारी से जब बातें बाहर ही नहीं आ पाती हैं, तो किसी को क्या पता लगेगा कि आखिर अंदर चल क्या रहा है।

3 साल और 3 कसमों को पूरा करने के बाद बनती हैं नन:मानंथवाडी सिटी का कौथोलिक चर्च। चर्च के इसी खास हॉल में बैठकर नन्स प्रेयर

करती हैं।नन बनने वाली ज्यादातर लड़कियां 17-18 साल की होती हैं। प्योरिटी यानी पवित्रता उनके लिए पहली शर्त होती है।

नन बनने में 3 से 5 साल का वक्त लगता है। इस दौरान कड़े अनुशासन का पालन करना होता है। बिशप और प्रीस्ट उन्हें लगातार लेक्चर देते हैं। उन्हें गॉड और एंजेल्स के बारे में बताया जाता है।पहला साल aspirancy का होता है। इस दौरान नन बनने जा रही लड़की को उस समाज के हिसाब से ढलने की ट्रेनिंग दी जाती है।दूसरा साल postlancy का होता है। इसमें उस समुदाय के बारे में स्टडी पर जोर दिया जाता है।तीसरा साल novices (canonical and apostolic) का होता है। यह सबसे कठिन साल होता है। नन बनने जा रही लड़की को दिन-रात प्रार्थना करनी होती है। साथ ही उन्हें एक साल तक मौन भी रहना होता है। वे केवल अपने सीनियर से ही बात कर सकती हैं।इसके बाद उन्हें नया नाम दिया जाता है और जीसस के साथ शादी की तारीख तय होती है। तकरीबन 4 घंटे की सेरेमनी के बाद लड़की जीसस की पत्नी बन जाती है।

सुबह 5 बजे उठना। 5.30 बजे तक प्रार्थना हॉल में जमा होना, वोकल प्रार्थना करना, मेडिटेशन करना, नाश्ता करना, कॉन्वेंट का काम करना, जिसे जो काम सौंपा जाता है, उसे करना ही होता है।

हर नन को तीन कसमें खानी होती हैं-

1. chastity यानी शुद्धता। नन न तो कभी किसी से शादी करेंगी, न रोमांटिक रिलेशनशिप में जाएंगी और न ही कभी किसी से संबंध बनाएंगी।

2. poverty यानी गरीबी। उन्हें हमेशा मांगकर ही गुजारा करना है।

3. obedience यानी आज्ञाकारी। उन्हें हमेशा यस लॉर्ड कहना है।

आखिर नन्स को इंसाफ क्यों नहीं मिल रहा है?दुनिया की कैथोलिक महिलाओं के धार्मिक आदेशों का प्रतिनिधित्व करने वाला संगठन, इंटरनेशनल यूनियन ऑफ सुपीरियर्स जनरल भी नन्स के शोषण की खुलकर निंदा कर चुका है। 2019 में उसने कहा था कि कई नन्स कल्चर ऑफ साइलेंस और सीक्रेसी के नाम पर चुप रह जाती हैं। इससे और ज्यादा शोषण होता है। नन्स को अपने शोषण के खिलाफ आवाज उठाने

की जरूरत है।

कोच्चि के फादर ऑगस्टाइन वाट्टोली कहते हैं- कॉन्वेंट में नन्स की शिकायतों के लिए व्यवस्था है, लेकिन अगर किसी शिकायत से कैथोलिक चर्च का समाज में नाम खराब होता है, तो उसे दबाने की कोशिश की जाती है। कैथोलिक में इस मान्यता की जड़ें भी बहुत गहरी हैं कि प्रीस्ट की शिकायत से नर्क मिलता है, गॉड खफा हो जाते हैं। इस वजह से ज्यादातर नन्स शिकायत ही नहीं करती हैं।

नन रह चुकीं जैसेमे का आरोप है कि चर्च बहुत पावरफुल हैं। उनके सामने सत्ता और सरकार की भी नहीं चलती है। हमने हर जगह शिकायत की, महिला आयोग में भी अपील की, लेकिन कुछ नहीं हुआ।वे कहती हैं- एक बार नन बनने के बाद दो ही रास्ते हैं। या तो बाहर गुमनाम जिंदगी जीनी है या अंदर शोषण का शिकार होकर। जो विद्रोह कर देते हैं उन्हें कॉन्वेंट से बाहर कर दिया जाता है। जो महिलाएं कम पढ़ी-लिखीं या पिछड़ी जातियों से होती हैं, वे मजबूरन खुद को सिस्टम के हिसाब से ढाल लेती हैं।जैसेमे कहती हैं कि हमारी मांग है कि जल्द से जल्द थर्ड वैटिगन काउंसिल बुलाई जाए। जिसे शादी करनी है, उसे शादी करने की इजाजत दी जाए। शादी करने के बाद बिशप, प्रीस्ट या नन बनने की परमिशन दी जाए।

मोनेस्ट्री का इतिहास :सन 1940 के दशक मे केंटुकी की 6 महिलायें नन बनकर भारत आई थी| चौथी सदी में नन का जिक्र इतिहास में मिलता है तब जीसस के सम्मान में ईसाई लडकियां नन बन जाती थीं | 344-421 ईस्वी के दौरान मिस्र की मशहूर वेश्या सेंट मेरी नन बनी थी | उन्होंने रेगिस्तान में 17 साल बिताए थे| धीरे धीरे नन ने समुदायों में रहना शुरू किया |उन्होंने आवास,भोजन की जरूरत समझी जिसे आज ननरी या मोनेस्ट्री कहते हैं| शुरुआत में लोग परिवार की लड़कियों को बेहतर शिक्षा के लिए नन बनाने के लिए भेजते थे| नन कसम खाती थी कि वह आजीवन शादी नहीं करेगी,ब्रह्मचर्य का पालन करेंगी, सांसारिक चीजों का त्याग करेंगी| 5वीं सदी में मोनेस्ट्री का आइडिया पूरे यूरोप में फैल गया| जहां इटेलियन सेंट बेनेडिक्ट ऑफ नर्सिया ने मोनेस्ट्रीज के लिए कोड ऑफ़ कंडक्ट बनाए | पुरुषों की तरह नन दान में लिए

गए धन,घर ,जमीन, अनाज से अपना गुजारा करती थीं| वह समाज के संपन्न वर्ग से यह सब लेती थीं| नन बनने के लिए पहली शर्त लड़कियों का पवित्र होना था| बाद में बिधवा महिलायें भी नन बनने लगीं| 12 वीं सदी में कान्वेन्ट्स की शुरुआत हुई| इसमें ननों को रहने की जगह दी गयी| 1228 ईस्वी तक दुनिया में 24 कान्वेन्ट्स थे|सिस्टर्स ऑफ़ मोकामा किताब के मुताबिक़ भारत में 1940 के दशक में नन बनने की परम्परा की शुरुआत हुई | केंटुकी(अमेरिका) की 6 महिलायें नन के रूप में भारत आई थीं|

18
इस्लाम धर्म

"किसी भी धर्म को अपना अस्तित्व बनाए रखने और बढ़ाने के लिए किसी और धर्म के लोगों को मारने की जरूरत नहीं हैं।" – डॉक्टर ए पी जे अब्दुल कलाम

इस्लाम एक एकेश्वरवादी धर्म है जो अल्लाह की तरफ़ से अंतिम रसूल और नबी, पैगंबर हजरत मोहम्मद द्वारा इंसानों तक पहुंचाई गई अंतिम ईश्वरीय किताब क़ुरआन की शिक्षा पर स्थापित है। इस्लाम शब्द का अर्थ है – 'अल्लाह को समर्पण'। इस प्रकार मुसलमान वह है, जिसने अपने आपको अल्लाह को समर्पित कर दिया, अर्थात इस्लाम धर्म के नियमों पर चलने लगा।

इस्लाम धर्म का आधारभूत सिद्धांत अल्लाह को सर्वशक्तिमान, एकमात्र ईश्वर और जगत का पालक तथा हज़रत मुहम्मद को उनका संदेशवाहक या पैगम्बर मानना है। यही बात उनके 'कलमे' में दोहराई जाती है – ला इलाहा इल्लल्लाह मुहम्मदुर्रसूलुल्लाह अर्थात 'अल्लाह एक है, उसके अलावा कोई दूसरी सत्ता नहीं और मुहम्मद उसके रसूल या पैगम्बर।' कोई भी शुभ कार्य करने से पूर्व मुसलमान यह क़लमा पढ़ते हैं।

इस्लाम में अल्लाह को कुछ हद तक साकार माना गया है, जो इस दुनिया से काफ़ी दूर सातवें आसमान पर रहता है। वह अभाव (शून्य) में सिर्फ़ 'कुन' कहकर ही दुनिया रचता है। उसकी रचनाओं में आग से

बने फ़रिश्ते और मिट्टी से बने मनुष्य सर्वश्रेष्ठ हैं। गुमराह फ़रिश्तों को 'शैतान' कहा जाता है। इस्लाम के अनुसार मनुष्य सिर्फ़ एक बार दुनिया में जन्म लेता है। मृत्यु के पश्चात पुनः वह ईश्वरीय निर्णय (क़यामत) के दिन जी उठता है और मनुष्य के रूप में किये गये अपने कर्मों के अनुसार ही 'जन्नत' (स्वर्ग) या 'नरक' पाता है।

इस्लाम धर्म का उदय :इस्लाम का उदय कब हुआ, इस पर अलग-अलग अवधारणाएं हैं। कुछ लोग इसे सातवीं सदी में आरम्भ हुआ मानते हैं तो कुछ मानते हैं कि यह आदिकाल से चल रहा है। एक पक्ष मानता है कि इस्लाम का उदय सातवीं सदी में अरब में हुआ। अंतिम नबी मुहम्मद का जन्म 570 इस्वी में मक्का में हुआ। 613 इस्वी के आसपास उन्होंने लोगों को ज्ञान बांटना आरम्भ किया तो उनके बहुत से अनुयायी बनते चले गए। इसी को इस्लाम की शुरुआत कहा गया। दूसरे पक्ष के विचारक इसे सही नहीं मानते। वे इस्लाम के मूल ग्रंथ कुरआन के आधार पर इसकी शुरुआत देखते हैं। इनके अनुसार इस्लाम आदिकाल से अस्तित्व में है।

कुरआन में पहले इंसान 'आदम' का जिक्र है। 'मुस्लिम' शब्द का इस्तेमाल हज़रत इब्राहिम (अलैहि।) के लिए किया है, जो लगभग 4 हजार साल पहले एक महान पैगम्बर हुए। कहा जाता है कि हज़रत आदम (अलैहि।) से लेकर हज़रत मुहम्मद तक हजारों वर्षों में कई पैगम्बर हुए। इनमें से 26 के नाम कुरआन में हैं। इनके अनुसार, हज़रत मुहम्मद इस्लाम के प्रवर्तक(फाउंडर) नहीं थे, बल्कि ईश्वर का संदेश फैलाने वाले एक पैगम्बर थे।

पैगंबर हजरत मोहम्मदः कुछ विद्वानों के मुताबिक पैगंबर हजरत मोहम्मद का जन्मदिन हिजरी रबीउल अव्वल महीने की 2 तारीख को मनाया जाता है। 570 ईसवी को शहर मक्का में पैगंबर साहब हजरत मुहम्मद का जन्म हुआ था। मक्का सऊदी अरब में स्थित है। हजरत मोहम्मद के जन्मदिन को ईद-ए-मिलाद-उन-नबी के नाम से मनाया जाता है।हजरत मोहम्मद के पिता का नाम अब्दुल्ला बिन अब्दुल्ल मुतलिब था और माता का नाम आमना था। मोहम्मद के पिता का इंतकाल उनके जन्म के दो माह बाद ही हो गया था। ऐसे में उनका

लालन-पालन उनके चाचा अबू तालिब ने किया।

25 वर्ष की आयु में मोहम्मद ने ख़दीजा नामक एक विधवा से विवाह किया। मोहम्मद जन्म के समय अरबवासी अत्यन्त पिछड़ी, क़बीलाई और चरवाहों की ज़िन्दगी बिता रहे थे। अतः मोहम्मद ने उन क़बीलों को संगठित करके एक स्वतंत्र राष्ट्र बनाने का प्रयास किया। 15 वर्ष तक व्यापार में लगे रहने के पश्चात कारोबार छोड़कर चिन्तन-मनन में लीन हो गये। मक्का के समीप हिरा की चोटी पर कई दिन तक चिन्तनशील रहने के उपरान्त उन्हें फरिश्तो के सरदार जिबरील का संदेश प्राप्त हुआ कि वे जाकर क़ुरान शरीफ़ के रूप में प्राप्त ईश्वरीय संदेश का प्रचार करें। तत्पश्चात उन्होंने इस्लाम धर्म का प्रचार शुरू किया।

उन्होंने मूर्ति पूजा का विरोध किया, जिससे मक्का का पुरोहित वर्ग भड़क उठा और अन्ततः मोहम्मद ने 16 जुलाई 622 को मक्का छोड़कर वहाँ से 300 किलोमीटर उत्तर की ओर यसरिब (मदीना) की ओर कूच कर दिया। उनकी यह यात्रा इस्लाम में 'हिजरत' कहलाती है। इसी दिन से 'हिजरी संवत' का प्रारम्भ माना जाता है। कालान्तर में 630 ई. में अपने लगभग 10 हज़ार अनुयायियों के साथ हज़रत मुहम्मद ने मक्का पर चढ़ाई करके उसे जीत लिया और वहाँ इस्लाम को लोकप्रिय बनाया। 632 ईस्वीं, 28 सफर हिजरी सन 11 को 63 वर्ष की उम्र में हजरत मुहम्मद का मदीना में देहांत हो गया। उनकी मृत्यु के बाद तक लगभग पूरा अरब इस्लाम के सूत्र में बँध चुका था और आज पूरी दुनिया में इस्लाम धर्म फैल चुका है।

सच्चा मुसलमान :इस्लाम के मुताबिक कोई इन्सान तब तक सच्चा मुसलमान नहीं हो सकता जब तक कि वह पांच कर्मों को पूरा ना करे। इन पांचों में ये शामिल हैं- 1 वह इस बात को माने कि अल्लाह के अलावा कोई अन्य पूज्य नहीं है और मुहम्मद सल्लल्लाहु अलैहि वसल्लम अल्लाह के संदेशवाहक हैं। 2 नमाज़ कायम करे। 3 अनिवार्य धर्म-दान (ज़कात) दे। 4 रमज़ान के महीने का रोज़ा रखे। 5 काबा का हज्ज करे, यदि वह वहां तक पहुंचने में समर्थ हो।

क़ुरान :इस्लाम धर्म की पवित्र पुस्तक का नाम क़ुरान है जिसका हिन्दी में अर्थ 'सस्वर पाठ' है। कुरआन को लिखे हुए लगभग 14 सौ

साल हो गए लेकिन इस संदेश में जरा भी रद्दोबदल नहीं की गई है |

नबी औररसूल इस्लाम के अनुसार ईश्वर ने धरती पर मनुष्य के मार्गदर्शन के लिये समय समय पर किसी व्यक्ति को अपना दूत बनाया। यह दूत भी मनुष्य जाति में से होते थे और ईश्वर की ओर लोगों को बुलाते थे। ईश्वर इन दूतों से विभिन्न रूपों से संपर्क रखता था। इन को इस्लाम में नबी कहते हैं। जिन नबियों को ईश्वर ने स्वयं, शास्त्र या धर्म पुस्तकें प्रदान कीं उन्हें रसूल कहते हैं। हजरत मुहम्मद भी इसी कड़ी का भाग थे। उनको जो धार्मिक पुस्तक प्रदान की गयी उसका नाम कुरान है। कुरान में अल्लाह के 25 अन्य नबियों का वर्णन है। मुसलमान, मुहम्मद को ईश्वर का अन्तिम नबी मानते हैं।

सम्प्रदाय :इस्लाम में दो मुख्य सम्प्रदाय – शिया और सुन्नी मिलते हैं। मुहम्मद साहब की पुत्री फ़ातिमा और दामाद अली के बेटों हसन और हुसैन को पैगम्बर का उत्तराधिकारी मानने वाले मुसलमान 'शिया' कहलाते हैं। दूसरी ओर सुन्नी सम्प्रदाय ऐसा मानने से इन्कार करता है।

भारत में इस्लाम का प्रवेश :712 ई. में भारत में इस्लाम का प्रवेश हो चुका था। मुहम्मद-इब्न-क़ासिम के नेतृत्व में अरब के मुसलमानों ने सिंध पर हमला कर दिया और वहाँ के ब्राह्मण राजा दाहिर को हरा दिया। इस तरह भारत की भूमि पर पहली बार इस्लाम के पैर जम गये और बाद की शताब्दियों के हिन्दू राजा उसे फिर हटा नहीं सके।

इस्लाम का आतंक : हर्बर्ट वेल्स (1846-1946) ने कहा था "जब तक कि हिंदू धर्म को अच्छी तरह से नहीं समझा जाता, कितनी पीढ़ियाँ अत्याचार और हत्याओं का सामना करती रहेंगी |लेकिन दुनिया एक दिन हिंदुत्व से प्रेरित होगी। उस दिन ही दुनिया इंसानों के बसने और रहने की जगह बन जाएगी।" हर्बर्ट वेल्स का यह कथन धर्म के नाम पर अत्याचार करने वालों के लिए एक चेतावनी थी |वास्तविकता यह है कि इस्लाम का प्रचार पूरी दुनिया में जोर जबरदस्ती तलवार के बल पर किया गया और आज भी हो रहा है |ISIS इस्लामिक स्टेट ऑफ़ ईराक एंड सीरिया और अल कायदा जैसे संगठन पूरी दुनिया में धर्म के नाम पर आतंक मचा रहे हैं | भारत के मुस्लिम शासकों ने तलवार के बल पर हिन्दुओं पर घोर अत्याचार कर उनका धर्म परिवर्तन किया, हिन्दू मंदिरों

को तोड़ा | उन पर कब्जा जमाकर उन्हें मस्जिदों में तब्दील कर दिया | बावरी मस्जिद भारत में इनकी धर्मान्धता का जीता जागता उदाहरण है |इसका रक्तरंजित इतिहास भारत में मौजूद है |

इस्लाम महिलाओं के लिए बड़े शख्त नियम लागू करता है| उन्हें अपने शरीर को पूरी तरह ढंकने की हिदायत दी जाती है| एक मुसलमान एक से अधिक पत्नियां रख सकता है| मुसलमान आज भी धरती को गोल नहीं चपटी मानते हैं और कहते हैं मुस्लिम धर्म को न मानने वाले काफिर हैं और उनका क़त्ल करो | इनका मानना है कि धर्म की लड़ाई में मरने वाला जन्नत में जाता है जहां उसका स्वागत 72 हूरें करती हैं | ऐसे अंधविश्वास और धर्मान्धता मुस्लिम समाज का कभी भला नहीं कर सकते |इसी वजह से मुस्लिम धर्म के लोग भारत में ज्यादातर पिछड़े हुए हैं क्योंकि ये अपनी सोच में बदलाव नहीं लाना चाहते | मुसलमान दुनिया के जिस देश में जाते हैं वहाँ सरिया लॉ लागू करना चाहते हैं |धर्म निंदा करने वालों की हत्या करते हैं| आज दुनिया के ज्यादातर देश इनके आतंक से पीड़ित हैं |

हलाला क्या है ?इस्लाम में औरत को तीन तलाक़ देने के बाद दोबारा उसी औरत से विवाह करने की प्रक्रिया को निकाह हलालाकहते हैं। यह विवाह (निकाह) मुख्य रूप से सुन्नी मुसलमानों के कुछ संप्रदायों द्वारा किया जाता है क्योंकि शरिया के मुताबिक अगर किसी पुरुष ने औरत को तीन तलाक दे दिया है तो उस पुरुष ने उस औरत का अपमान किया है, इस लिए अब वह पुरुष उस औरत से दोबारा तब तक शादी नहीं कर सकता जब तक वह औरत किसी दूसरे पुरुष से शादी कर तलाक न ले ले| हालांकि दूसरे पति को तलाक देने के लिए मजबूर नहीं किया जा सकता, अगर वह तलाक देना न चाहे तो यह दोनों पति-पत्नी के रिश्ते के साथ जीवन बिताएंगे। अतः निकाह हलाला के लिए, तलाकशुदा महिला किसी दूसरे पुरुष से शादी कर लेती है, उस पुरुष के साथ यौन सम्बन्ध स्थापित कर लेती है और फिर तलाक लेती है तभी वह अपने पूर्व पति से पुनर्विवाह कर सकती है | निकाह हलाला एक प्रक्रिया है जिसके हिसाब से अगर आपने अपनी पत्नी को तीन बार तीन तलाक दे दिया तो आप उससे तब तक दोबारा विवाह नहीं कर सकते जब तक वो एक बार फिर किसी और

से शादी न कर ले।साथ ही वह अपने दूसरे पति के साथ शारीरिक संबंध न बना ले। यह एक स्त्री के लिए बहुत ही अपमानजनक प्रक्रिया है परन्तु धर्मांध मुस्लिम हलाला के नाम पर इसे आज भी मानते हैं |

मुता विवाह क्या है : अरबी शब्द 'मुता' का शाब्दिक अर्थ 'आनंद' ;इसलिए इसे 'आनंद के लिए विवाह' भी माना जाता है |इस्लाम के शुरुआती दिनों, जब अरबों को युद्धों या व्यापार यात्राओं के कारण काफी लम्बी अवधि के लिए अपने घरों से दूर रहना पड़ता था तो वे वेश्याओं के माध्यम से अपनी यौन इच्छाओं को पूरा करते थे| समाज में वेश्यावृति से बचने और ऐसे संबंधों में पैदा हुए बच्चों को वैधता प्रदान करने के लिए अस्थायी विवाह अर्थात 'मुता विवाह' को मान्यता दी गयी थी| यह एक अनुबंध के तहत एक निश्चित अवधि के लिए होता है | लेकिन आज भी शिया सम्प्रदाय के लोग इस प्रथा को मानते हैं| इस विवाह के बंधन से कभी भी अलग हुआ जा सकता है| यह किसी भी धर्म की महिला के साथ किया जा सकता है | परन्तु किसी हिन्दू महिला के साथ किया गया मुता विवाह शून्य माना जाता है | मुता विवाह आज के सभ्य समाज में किसी स्त्री के लिए कलंक है |

19

पारसी धर्म

पारसी धर्म का आदर्श वाक्य है –"अच्छे विचार,अच्छे शब्द और अच्छे कर्म|"

इतिहासः वेद ही सब मतों व सम्प्रदाय का मूल है| ईश्वर द्वारा मनुष्य को अपने कर्मों का ज्ञान व शिक्षा देने के लिए आदि काल में ही परमेश्वर द्वारा वेदों की उत्पत्ति की गई| लेकिन लोगों के वेद मार्ग से भटक जाने के कारण हिन्दू, जैन, सिख, ईसाई, बौद्ध, पारसी, मुस्लिम,यहूदी आदि मतों का उद्गम हुआ | पारसी धर्म की सभी शिक्षाएं वेदों से ली गयी हैं|

पारसी धर्म जिसे हम जरथुस्त्र धर्म भी कहते हैं विश्व का अत्यंत प्राचीन धर्म है| इस धर्म की स्थापना आर्यों की ईरानी शाखा के एक संत ज़रथुष्ट्र ने की थी| इस्लाम के आने के पूर्व प्राचीन ईरान में ज़रथुष्ट्र धर्म का ही प्रचलन था| सातवीं शताब्दी में अरबों ने ईरान को पराजित

कर वहाँ के ज़रथुष्ट्र धर्मावलम्बियों को जबरन इस्लाम में दीक्षित कर लिया था| ऐसी मान्यता है कि कुछ ईरानियों ने इस्लाम नहीं स्वीकार किया और वे एक नाव पर सवार होकर भारत भाग आये और यहाँ गुजरात तट पर नवसारी में आकर बस गये| वर्तमान में भारत में उनकी जनसंख्या लगभग एक लाख है, जिसका 70% बम्बई में रहते हैं|

कैसे हुई पारसी धर्म कीस्थापना ? :पारसी धर्म को 'ज़रथुष्ट्र धर्म' भी कहा जाता है, क्योंकि संत ज़रथुष्ट्र ने इसकी शुरुआत की थी| संत ज़रथुष्ट्र को ऋग्वेद के अंगिरा, बृहस्पति आदि ऋषियों का समकालिक माना जाता है| परन्तु ऋग्वेदिक ऋषियों के विपरीत ज़रथुष्ट्र ने एक संस्थागत धर्म का प्रतिपादन किया| हम ऐसा मान सकते हैं कि जरथुस्त्र किसी संस्थागत धर्म के वे प्रथम पैगम्बर थे| इतिहासकारों का मत है कि वे 1700-1500 ई.पू. के बीच सक्रिय थे| वे ईरानी आर्यों के स्पीतमा कुटुम्ब के पौरुषहस्प के पुत्र थे| उनकी माता का नाम दुधधोवा (दोग्दों) था| 30 वर्ष की आयु में उन्हें ज्ञान प्राप्त हुआ| उनकी मृत्यु 77 वर्ष 11 दिन की आयु में हुई|

पारसी धर्म का सही मायने क्या है ?'पारसी' या 'ज़रथुष्ट्र' धर्म एकैकाधिदेववादी धर्म है, जिसका तात्पर्य यह है कि पारसी लोग एक ईश्वर 'अहुरमज्द' में आस्था रखते हुए भी अन्य देवताओं की सत्ता को नहीं नकारते| यद्यपि अहुरमज्द उनके सर्वोच्च देवता हैं, परन्तु दैनिक जीवन के अनुष्ठानों व कर्मकांडों में 'अग्नि' उनके प्रमुख देवता के रूप में दृष्टिगत होते हैं| इसीलिए पारसियों को अग्निपूजक भी कहा जाता है|

पारसीधर्मका दीक्षासंस्कार :ज़रथुष्ट्र धर्मावलम्बियों के दो अत्यंत पवित्र चिह्न हैं- सदरो (पवित्र कुर्ती) और पवित्र धागा| धर्मदीक्षा संस्कार के रूप में ज़रथुष्ट्र धर्मी बालक तथा बालिका- दोनों को एक विशेष समारोह में ये पवित्र चिह्न दिये जाते हैं, जिन्हें वे आजीवन धारण करते हैं| मान्यता है कि इन्हें धारण करने से व्यक्ति दुष्प्रभावों और दुष्ट आत्माओं से सुरक्षित रह सकता है| विशेष आकृति वाली सदरों को

निर्माण सफ़ेद सूती कपड़े के नौ टुकड़ों से किया जाता है| इसमें एक जेब होती है, जिसे 'किस्म-ए-कर्फ़' कहते हैं| पवित्र धागा, जिसे 'कुश्ती' कहते हैं, ऊन के 72 धागों को बंटकर बनाते हैं और उसे कमर के चारों ओर बांध दिया जाता है, जिसमें दो गांठें सामने और दो गांठें पीछे बांधी जाती हैं|ज़रथुष्ट्र धर्मावलम्बी सात देवदूतों (यज़त) की कल्पना करते हैं, जिनमें से प्रत्येक सूर्य, चंद्रमा, तारे, पृथ्वी, अग्नि तथा सृष्टि के अन्य तत्वों पर शासन करते हैं| इनकी स्तुति करके लोग अहरमज्द को भी प्रसन्न कर सकते हैं|पारसियों का प्रवित्र धर्मग्रंथ 'जेंद अवेस्ता' है, जो ऋग्वेदिक संस्कृत की ही एक पुरातन शाखाअवेस्ताभाषामें लिखी गई है|

कैसे हुआपारसी धर्म का विस्तार :ज़रथुस्त्र की मृत्यु के बाद (551 ई. पू.) उनकी शिक्षाएं धीरे-धीरे बैक्ट्रिया (बाख्तर) और फ़ारस में फैलीं| तीसरी सदी में फ़ारस में सासेनियाई राजवंश के उदय के साथ पारसी धर्म को मान्यता मिलने लगी और इसे देश का आधिकारिक धर्म बना दिया गया| इसके पुरोहितों के पास काफ़ी अधिकार आ गए; अवेस्ता का संकलन और अनुवाद स्थानीय भाषा पहलवी में किया गया|

पारसी धर्म काभारत आगमनकैसे हुआ :633 ई.में अरब मुसलमानों का आक्रमण शुरू होने पर इराक़ को और फिर 651 ई. में ईरान को जीत लिया गया| अग्नि मंदिर नष्ट किए गए, धार्मिक ग्रंथ जलाए गए और लोगों को बलपूर्वक धर्मांतरित किया गया| कई लोग भागकर रेगिस्तान या पहाड़ों में छिप गए| अन्य दक्षिण ईरान के प्राचीन राज्य पर्सिस चले गए और वहां उन्होंने स्वयं को सुरक्षित कर लिया. कुछ अन्य हॉरमुज़ खाड़ी पर स्थित हॉरमुज़ तक पहुंच गए| वहां वे 100 साल रहे और गुप्त रूप से पालदार जहाज़ बनाते रहे| अंतत: वे जहाज़ से भारत रवाना हुए और गुजरात में काठियावाड़ के सिरे पर मछुआरों के दिऊ गांव पहुंचे| यहां से वो वलसाड पहुंचे। तब गुजरात के इस इलाके के राजा जाधव राणा ने कुछ शर्तों के साथ पारसियों को यहां रहने की इजाजत दी। जहां पारसियों ने संजान नाम का छोटा सा नगर बसाया।

पारसी धर्म की अनोखी परम्परा :पंथ मौत के बाद अपनों को छूते तक नहीं |खुले में छोड़ देते हैं बिना कफन के शव|पंथ, धर्म, आस्था, विश्वास और उपासना...ये लोक जीवन की धरोहरी मान्यताएं हैं। वो भी

ऐसी जिनके ईर्द-गिर्द सैकड़ों रीति-रिवाज और परंपराएं तह लगाए बैठी हैं। न जाने कितने पुरखों और बरसों से। परत उठाएं तो हैरानी तक आंखें फाड़ ले। आप इस एक घटना से समझ सकते हैं |देश के बड़े कारोबारी साइरस मिस्त्री की सड़क हादसे में मौत की खबर आई।पहले पता चला कि साइरस मिस्त्री का पारसी परंपरा से अंतिम संस्कार होगा। यानी शव को खास जगह बिना कपड़े खुले में छोड़ दिया जाएगा। गिद्ध जैसे पक्षियों के नोंच-नोंचकर खाने के लिए। कुछ देर बाद खबर आई कि ऐसा नहीं होगा। उनका बिजली के क्रिमैटोरियम में अंतिम संस्कार किया जाएगा।

अब सवाल यह है कि पारसी आखिर ऐसा करते क्यों हैं? पारसी धर्म में अंतिम क्रिया चार दिनों की होती है। पहले दिन शव को तैयार करके बंगली में लाया जाता है। इसके बाद डेड बॉडी को टावर्स ऑफ साइलेंस में गिद्धों के खाने के लिए छोड़ दिया जाता है। चौथे दिन रूह के फैसले का दिन होता है।

पारसी आग को सन ऑफ गॉड मानते हैं। इसकी पूजा करते हैं। पानी और मिट्टी भी उनके लिए पवित्र होता है। इसलिए किसी की मौत के बाद पारसी डेड बॉडी को न जलाते हैं, न ही दफनाते हैं। उनका मानना है कि ऐसा करने से आग, पानी, मिट्टी अपवित्र हो जायेगी ।

कुत्ता देखकर पता करता है कि शरीर से शैतान निकल गया है कि नहीं :पारसियों में अंतिम संस्कार के वक्त कुत्ते का खास महत्व है। ऐसी मान्यता है कि ये कुत्ते ही इस बात की तस्दीक करते है कि उस व्यक्ति के प्राण निकल गए हैं या नहीं| अगर कुत्ता भौंकता है, तो इसका मतलब है कि आदमी जिंदा है।इस दौरान दो पारसी पुजारी यानी अथोरनान प्रेयर करते रहते हैं। दोनों सफेद कपड़े के जरिए खुद को एक दूसरे से बांधे रहते हैं, ताकि शैतान दो लोगों की ताकत को देखकर डरे और बाहर नहीं निकल सके।

दादर ईस्ट में अथोरनान इंस्टीट्यूट है, जो पारसी धार्मिक शिक्षा का केंद्र है। यह पूरी दुनिया में सिर्फ मुंबई में है। अगर किसी की मौत शाम में हुई है, तो बॉडी को रातभर बंगली में रखा जाता है। इस दौरानफर्जीआत (पारसी प्रार्थना)होती रहती है। डेड बॉडी के पास फूल, चंदन और अग्नि

जलाई जाती है। माना जाता है कि चंदन की खुशबू के आगे शैतान नियंत्रित रहता है और अग्नि से दूर भागता है।पारसी अग्नि को पवित्र मानते हैं और इसकी पूजा भी करते हैं। जब तक मृत व्यक्ति का अंतिम संस्कार नहीं किया जाता, उसके शव के पास अग्नि रखकर ये लोग लगातार प्रार्थना करते रहते हैं।

पारसियों के लिए सूरज की रोशनी का बहुत महत्व है। इसलिए धूप निकलने के बाद ही अगले दिन डेड बॉडी को टावर्स ऑफ साइलेंस यानी दखमा में फ्यूनरल के लिए ले जाया जाता है ताकि गिद्ध डेड बॉडी का मांस खा सकें और सूरज की किरणें उस पर पड़ सकें।

टावर्स ऑफ साइलेंस में बॉडी लाने के बाद आखिरी बार मृतक के परिजनों को दर्शन करने का मौका मिलता है, लेकिन 9 फीट दूर से। यहां डेड बॉडी के कपड़े उतारकर एक गड्ढे में जला दिए जाते हैं। बॉडी बिना कपड़ों के रखी जाती है। टावर्स ऑफ साइलेंस में नसासलार ही अंतिम क्रिया को अंजाम देते हैं।

अब गिद्धों का काम शुरू होता है। जैसे ही उन्हें यहां डेड बॉडी दिखती है, वे नीचे उतरकर इसे खाने लगते हैं। जहां तक वक्त की बात है, तो यह बॉडी के साइज पर डिपेंड करता है। पहले दस से पंद्रह दिन के भीतर गिद्ध डेड बॉडी का मांस खा जाते थे, लेकिन अब गिद्धों की संख्या काफी कम हो गई है, तो दो से तीन महीने का वक्त लग जाता है।

कुछ इस तरह टावर्स ऑफ साइलेंस में डेड बाडी रखी जाती है। जिसका मांस 2-3 महीने में गिद्ध खा जाते हैं।गिद्धों के मांस खाने के बाद बची हुई हड्डियों को धूप और बारिश में डीकंपोज होने के लिए छोड़ दिया जाता है। आखिर में बॉडी का जो कुछ हिस्सा बच जाता है, उसे नसासालार टावर ऑफ साइलेंस के बीच बने सूखे कुएं में डाल देते हैं, जिसमें चूना और ब्लैक सॉल्ट होता है। आठ से दस महीने में कुएं में उसका पाउडर बन जाता है| इस तरह पारसी अंतिम संस्कार की क्रिया पूरी करते हैं। अब 10% पारसी बिजली के क्रिमैटोरियम में करते हैं अंतिम संस्कार करने लगे हैं |4 सितंबर 2022 को सड़क हादसे में जान गंवाने वाले इंडस्ट्रियलिस्ट साइरस मिस्त्री का पारसी परंपरा के बजाय वर्ली के इलेक्ट्रिक क्रिमैटोरियम में किया गया था।

दुनिया के 40% पारसी मुंबई में रहते हैं, कुल आबादी सवा लाख से कम :मुंबई के जोरास्ट्रियन स्ट्डीज सेंटर के मुताबिक दुनिया में पारसी की कुल संख्या 1 लाख 15 हजार है। इनमें से 40% पारसी सिर्फ मुंबई में रहते हैं। साउथ मुंबई के दादर ईस्ट, कोलाबा, भाईकल्ला, परेल और मालाबार हिल्स पारसियों के ठिकाने हैं। यहां पारसियों के बड़े-बड़े बंगले और उनके घरों का विशेष ब्रिटिश आर्किटेक्चर बता देता है कि यहां पारसी परिवार रहता है।

एक तिहाई पारसी शादी ही नहीं करते, घट रही है आबादी :पारसियों में 30% पुरुष और 28% औरतें शादी नहीं करती हैं, क्योंकि छोटा सा समुदाय होने की वजह से उन्हें परफेक्ट मैच नहीं मिलते हैं।पारसियों की घट रही जनसंख्या के चलते दिल्ली की पारसियों की संस्था पारजोर भारत सरकार के साथ मिलकर एक फर्टिल्टी प्रोग्राम चलाती है। जिसमें वह उन पारसी जोड़ों का इलाज करवाते हैं, जिनके बच्चा नहीं हो सकता है। यह इलाज मुफ्त होता है। इसकी वजह से बीते 6 साल में 261 पारसी बच्चे पैदा हुए हैं।

20

जैन धर्म

"जैन धर्म का मूल मन्त्र है –सभी जीवों की रक्षा करना।"

जैन शब्द का अर्थ : जैन शब्द जिन शब्द से बना है। जिन बना है 'जि' धातु से जिसका अर्थ है जीतना। जिन अर्थात जीतने वाला। जिसने स्वयं को जीत लिया उसे जितेंद्रिय कहते हैं।

जैन धर्म की प्राचीनता और इतिहास का संक्षिप्त परिचय: दुनिया के सबसे प्राचीन धर्म जैन धर्म को श्रमणों का धर्म कहा जाता है।यह सनातन धर्म की ही एक शाखा है। वेदों में प्रथम तीर्थंकर ऋषभनाथ का उल्लेख मिलता है। माना जाता है कि वैदिक साहित्य में जिन यतियों और व्रात्यों का उल्लेख मिलता है वे ब्राह्मण परम्परा के न होकर श्रमण परम्परा के ही थे। मनुस्मृति में लिच्छवि, नाथ, मल्ल आदि क्षत्रियों को व्रात्यों में गिना है। श्रमणों की परम्परा वेदों को मानने वालों के साथ ही चली आ रही थी। भगवान पार्श्वनाथ तक यह परम्परा कभी संगठित रूप में अस्तित्व में नहीं आई। पार्श्वनाथ से पार्श्वनाथ सम्प्रदाय की शुरुआत हुई और इस परम्परा को एक संगठित रूप मिला। भगवान महावीर पार्श्वनाथ सम्प्रदाय से ही थे।

जैन धर्म का मूल भारत की प्राचीन परंपराओं में रहा है। आर्यों के काल में ऋषभदेव और अरिष्टनेमि को लेकर जैन धर्म की परंपरा का वर्णन भी मिलता है। महाभारतकाल में इस धर्म के प्रमुख नेमिनाथ थे। जैन धर्म के 22वें तीर्थंकर अरिष्ट नेमिनाथ भगवान कृष्ण के चचेरे भाई

थे। जैन धर्म ने कृष्ण को उनके त्रैसष्ठ शलाका पुरुषों में शामिल किया है, जो बारह नारायणों में से एक है। ऐसी मान्यता है कि अगली चौबीसी में कृष्ण जैनियों के प्रथम तीर्थंकर होंगे।

ई पू आठवीं सदी में 23वें तीर्थंकर पार्श्वनाथ हुए, जिनका जन्म काशी में हुआ था। काशी के पास ही 11वें तीर्थंकर श्रेयांसनाथ का जन्म भी हुआ था। इन्हीं के नाम पर सारनाथ का नाम प्रचलित है। भगवान पार्श्वनाथ तक यह परंपरा कभी संगठित रूप में अस्तित्व में नहीं आई। पार्श्वनाथ से पार्श्वनाथ संप्रदाय की शुरुआत हुई और इस परंपरा को एक संगठित रूप मिला। भगवान महावीर पार्श्वनाथ संप्रदाय से ही थे।

ईस्वी पूर्व 599 में अंतिम और 24 वें तीर्थंकर भगवान महावीर ने तीर्थंकरों के धर्म और परंपरा को सुव्यवस्थित रूप दिया। कैवल्य का राजपथ निर्मित किया। संघ-व्यवस्था का निर्माण किया:- मुनि, आर्यिका, श्रावक और श्राविका। यही उनका चतुर्विंघ संघ कहलाया। भगवान महावीर ने 72 वर्ष की आयु में देह त्याग किया।

ईसा की पहली शताब्दी में कलिंग के राजा खारावेल ने जैन धर्म स्वीकार किया। ईसा के प्रारंभिक काल में उत्तर भारत में मथुरा और दक्षिण भारत में मैसूर जैन धर्म के बहुत बड़े केंद्र थे। पांचवीं से बारहवीं शताब्दी तक दक्षिण के गंग, कदम्बु, चालुक्य और राष्ट्रकूट राजवंशों ने जैन धर्म के प्रचार-प्रसार में महत्वपूर्ण योगदान दिया। इन राजाओं के यहां अनेक जैन मुनियों, कवियों को आश्रय एवं सहायता प्राप्त होती थी। ग्याहरवीं सदी के आसपास चालुक्य वंश के राजा सिद्धराज और उनके पुत्र कुमारपाल ने जैन धर्म को राजधर्म घोषित कर दिया तथा गुजरात में उसका व्यापक प्रचार-प्रसार किया गया।

मुगल काल :मुगल शासन काल में हिन्दू, जैन और बौद्ध मंदिरों को आक्रमणकारी मुस्लिमों ने निशाना बनाकर लगभग 70 फीसदी मंदिरों का नामोनिशान मिटा दिया। दहशत के माहौल में धीरे-धीरे जैनियों के मठ टूटने एवं बिखरने लगे लेकिन फिर भी जैन धर्म को समाज के लोगों ने संगठित होकर बचाए रखा। जैन धर्म के लोगों का भारतीय संस्कृति, सभ्यता और समाज को विकसित करने में बहुत ही महत्वपूर्ण योगदान रहा है।

जैन तीर्थ : श्री सम्मेद शिखरजी (गिरिडीह, झारखंड), अयोध्या, कैलाश पर्वत, वाराणसी, तीर्थराज कुंडलपुर (महावीर जन्म स्थल), पावापुरी (महावीर निर्वाण स्थल), गिरनार पर्वत, चंपापुरी, श्रवणबेलगोला, बावनगजा (चूलगिरि), चांदखेड़ी, पालिताणा तीर्थ इत्यादि हैं।

जैन त्रिरत्न : सम्यक्दर्शनज्ञानचारित्राणि मोक्षमार्गः। 1. सम्यक् दर्शन 2. सम्यक् ज्ञान और 3. सम्यक् चरित्र। उक्त तीनों मिलकर ही मोक्ष का द्वार खोलते हैं। यही कैवल्य मार्ग है।

जैन संप्रदाय : सम्राट अशोक के अभिलेखों से यह पता चलता है कि उनके समय में मगध में जैन धर्म का प्रचार था। लगभग इसी समय, मठों में बसने वाले जैन मुनियों में यह मतभेद शुरू हुआ कि तीर्थंकरों की मूर्तियां कपड़े पहनाकर रखी जाए या नग्न अवस्था में। इस बात पर भी मतभेद था कि जैन मुनियों को वस्त्र पहनना चाहिए या नहीं। आगे चलकर यह मतभेद और भी बढ़ गया। ईसा की पहली सदी में आकर जैन धर्म को मानने वाले मुनि दो दलों में बंट गए। एक दल श्वेतांबर कहलाया, जिनके साधु सफेद वस्त्र (कपड़े) पहनते थे, और दूसरा दल दिगंबर कहलाया जिसके साधु नग्न ही रहते थे। माना जाता है कि दोनों संप्रदायों में मतभेद दार्शनिक सिद्धांतों से ज्यादा चरित्र को लेकर है। दिगंबर आचरण पालन में अधिक कठोर हैं जबकि श्वेतांबर कुछ उदार हैं। श्वेतांबर संप्रदाय के मुनि श्वेत वस्त्र पहनते हैं जबकि दिगंबर मुनि निर्वस्त्र रहकर साधना करते हैं। यह नियम केवल मुनियों पर लागू होता है।

जैन धर्मग्रंथ :भगवान महावीर ने जो उपदेश दिए थे उन्हें बाद में उनके गणधरों ने, प्रमुख शिष्यों ने संग्रह कर लिया। इस संग्रह का मूल साहित्य प्राकृत और विशेष रूप से मगधी में है। भगवान महावीर से पूर्व के जैन साहित्य को महावीर के शिष्य गौतम ने संकलित किया था जिसे 'पूर्व' माना जाता है। इस तरह चौदह पूर्वों का उल्लेख मिलता है।

जैन धर्म ग्रंथ के सबसे पुराने आगम ग्रंथ 46 माने जाते हैं। इनका वर्गीकरण इस प्रकार किया गया है। समस्त आगम ग्रंथों को चार भागों में बांटा गया है:-1. प्रथमानुयोग 2. करनानुयोग 3. चरननुयोग 4.

द्रव्यानुयोग। इन सभी के उपग्रंथ हैं। फिर चार मुख्य पुराण आदिपुराण, हरिवंश पुराण, पद्मपुराण और उत्तरपुराण है।

महावीर स्वामी :भगवान महावीर का जन्म 27 मार्च 598 ई.पू. को वैशाली गणतंत्र के कुंडलपुर के क्षत्रिय राजा सिद्धार्थ के यहां हुआ। उनकी माता त्रिशला लिच्छवि राजा चेटकी की पुत्र थीं। भगवान महावीर ने सिद्धार्थ-त्रिशला की तीसरी संतान के रूप में चैत्र शुक्ल की तेरस को जन्म लिया।

महावीर स्वामी के कार्य :अंतिम तीर्थंकर भगवान महावीर ने तीर्थंकरों के धर्म और परंपरा को सुव्यवस्थित रूप दिया। कैवल्य का राजपथ निर्मित किया। संघ-व्यवस्था का निर्माण किया:- मुनि, आर्यिका, श्रावक और श्राविका। यही उनका चतुर्विघ संघ कहलाया।

इसके लिए उन्होंने धर्म का मूल आधार अहिंसा को बनाया और उसी के विस्तार रूप पंच महाव्रतों (अहिंसा, अमृषा, अचौर्य, अमैथुन और अपरिग्रह) व यमों का पालन करने के लिए मुनियों को उपदेश किया। गृहस्थों के भी उन्होंने स्थूलरूप-अणुव्रत रूप निर्मित किए। उन्होंने श्रद्धान मात्र से लेकर, कोपीनमात्र धारी होने तक के ग्यारह दर्जे नियत किए। दोषों और अपराधों के निवारणार्थ उन्होंने नियमित प्रतिक्रमण पर जोर दिया।

महावीर स्वामी के सिद्धांत : अहिंसा, अनेकांतवाद, स्यादवाद, अपरिग्रह और आत्म स्वातंत्र्य। मन, वचन और कर्म से हिंसा नहीं करना ही अहिंसा है। अनेकांतवाद अर्थात वास्तववादी और सापेक्षतावादी बहुत्ववाद सिद्धांत और स्यादवाद अर्थात ज्ञान की सापेक्षता का सिद्धांत। उक्त दोनों सिद्धांतों में सिमटा है भगवान महावीर का दर्शन।

महावीर स्वामी का निर्वाण : महावीर का निर्वाण काल विक्रम काल से 470 वर्ष पूर्व, शक काल से 605 वर्ष पूर्व और ईसवी काल से 527 वर्ष पूर्व 72 वर्ष की आयु में कार्तिक कृष्ण (अश्विन) अमावस्या को पावापुरी (बिहार) में हुआ था। निर्वाण दिवस पर घर-घर दीपक जलाकर दीपावली मनाई जाती है।

21

बौद्ध धर्म

"बौद्ध धर्म का मूल मन्त्र है –'बुद्धं शरणम गच्छामि,धम्मम शरणम गच्छामि'।"

सन 528 ईशा पूर्व भगवान् गौतम बुद्ध द्वारा बौद्ध धर्म की उत्पति हुई थी। ईसाई और मुस्लिम धर्म के बाद यह दुनिया का तीसरा सबसे बड़ा धर्म है। इस धर्म को मानने वाले ज्यादातर चीन, जापान, कोरिया, थाईलैंड, कंबोडिया, श्रीलंका, नेपाल, भूटान और भारत आदि देशों में रहते हैं।गुप्तकाल में यह धर्म यूनान, अफगानिस्तान और अरब के कई हिस्सों में फैल गया था किंतु ईसाई और इस्लाम के प्रभाव के चलते इस धर्म को मानने वाले लोग उन देशों में अब नहीं के बराबर ही है।

दो शब्दों में बौद्ध धर्म को व्यक्त किया जा सकता है- अभ्यास और जागृति। बौद्ध धर्म नास्तिकों का धर्म है।कर्म ही जीवन में सुख और दुख लाता है। सभी कर्म चक्रों से मुक्त हो जाना ही मोक्ष है। कर्म से मुक्त होने या ज्ञान प्राप्ति हेतु मध्यम मार्ग अपनाते हुए व्यक्ति को चार आर्य सत्य को समझते हुए अष्टांग मार्ग का अभ्यास कहना चाहिए यही मोक्ष प्राप्ति का साधन है।

बौद्ध धर्म के संस्थापक भगवान बुद्ध हैं। इस धर्म के मुख्यत: दो संप्रदाय है हिनयान और महायान। वैशाख माह की पूर्णिमा का दिन बौद्धों का प्रमुख त्योहार होता है। बौद्ध धर्म के चार तीर्थ स्थल हैं- लुंबिनी, बोधगया, सारनाथ और कुशीनगर। बौद्ध धर्म के धर्मग्रंथ को

त्रिपिटक कहा जाता है।

भगवान बुद्ध का परिचय-भगवान बुद्ध को गौतम बुद्ध, सिद्धार्थ और तथागत भी कहा जाता है। बुद्ध के पिता कपिलवस्तु के राजा शुद्धोदन थे और इनकी माता का नाम महारानी महामाया देवी था। बुद्ध की पत्नी का नाम यशोधरा और पुत्र का नाम राहुल था।

वैशाख माह की पूर्णिमा के दिन बुद्ध का जन्म नेपाल के लुम्बिनी में ईसा पूर्व 563 को हुआ। इसी दिन 528 ईसा पूर्व उन्होंने भारत के बोधगया में सत्य को जाना और इसी दिन वे 483 ईसा पूर्व को 80 वर्ष की उम्र में भारत के कुशीनगर में निर्वाण (मृत्यु) को उपलब्ध हुए।

जब बुद्ध को सच्चे बोध की प्राप्ति हुई उसी वर्ष आषाढ़ की पूर्णिमा को वे काशी के पास मृगदाव (वर्तमान में सारनाथ) पहुँचे। वहीं पर उन्होंने सबसे पहला धर्मोपदेश दिया, जिसमें उन्होंने लोगों से मध्यम मार्ग अपनाने के लिए कहा। चार आर्य सत्य अर्थात दुःख, उसके कारण और निवारण के लिए अष्टांगिक मार्ग सुझाया। अहिंसा पर जोर दिया। यज्ञ, कर्मकांड और पशु-बलि की निंदा की।

बौद्ध सम्प्रदाय-भगवान बुद्ध के समय किसी भी प्रकार का कोई पंथ या सम्प्रदाय नहीं था किंतु बुद्ध के निर्वाण के बाद द्विवतीय बौद्ध संगति में भिक्षुओं में मतभेद के चलते दो भाग हो गए। पहले को हिनयान और दूसरे को महायान कहते हैं। महायान अर्थात बड़ी गाड़ी या नौका और हिनयान अर्थात छोटी गाड़ी या नौका। हिनयान को ही थेरवाद भी कहते हैं। महायान के अंतर्गत बौद्ध धर्म की एक तीसरी शाखा थी वज्रयान। झेन, ताओ, शिंतो आदि अनेकों बौद्ध सम्प्रदाय भी उक्त दो सम्प्रदाय के अंतर्गत ही माने जाते हैं।

बुद्ध के गुरु और शिष्य- बुद्ध के प्रमुख गुरु थे- गुरु विश्वामित्र, अलारा, कलम, उद्दाका रामापुत्त आदि।उनके प्रमुख शिष्य थे- आनंद, अनिरुद्ध, महाकश्यप, रानी खेमा (महिला), महाप्रजापति (महिला), भद्रिका, भृगु, किम्बाल, देवदत्त, उपाली आदि।

प्रमुख प्रचारक- अँगुलिमाल, मिलिंद (यूनानी सम्राट), सम्राट अशोक, ह्वेन त्सांग, फा श्येन, ई जिंग, हे चो इत्यादि।

बौद्ध धर्मग्रंथ- बौद्ध धर्म के मूल तत्व है- चार आर्य सत्य, आष्टांगिक मार्ग, प्रतीत्यसमुत्पाद, अव्याकृत प्रश्नों पर बुद्ध का मौन, बुद्ध कथाएँ, अनात्मवाद और निर्वाण। बुद्ध ने अपने उपदेश पालि भाषा में दिए, जो त्रिपिटकों में संकलित हैं। त्रिपिटक के तीन भाग है- विनयपिटक, सुत्तपिटक और अभिधम्मपिटक। उक्त पिटकों के अंतर्गत उप-ग्रंथों की विशाल श्रृंखलाएँ है। सुत्तपिटक के पाँच भाग में से एक खुद्दक निकाय की पंद्रह रचनाओं में से एक है धम्मपद। धम्मपद ज्यादा प्रचलित है।

बौद्ध तीर्थ- लुम्बिनी, बोधगया, सारनाथ और कुशीनगर ये चार प्रमुख बौद्ध तीर्थ स्थल है, जहाँ विश्वभर के बौद्ध अनुयायी बौद्ध त्योहार पर इकट्ठा होते हैं। लुम्बिनी तीर्थ नेपाल में है। बोधगया भारत के बिहार में है। सारनाथ भारत के उत्तरप्रदेश में काशी के पास हैं। कुशीनगर उत्तरप्रदेश के गोरखपुर के पास का एक जिला है।

बौद्ध त्योहार- वैशाख मास के शुक्ल पक्ष की पूर्णिमा के दिन बुद्ध का जन्म हुआ था और इसी दिन उन्हें ज्ञान प्राप्त हुआ था तथा इसी दिन उन्होंने देह छोड़ दी थी अर्थात निर्वाण प्राप्त किया था इसलिए उक्त पूर्णिमा के दिन बुद्ध जयंती और निर्वाण दिवस मनाया जाता है। इसके अलावा आषाढ़ की पूर्णिमा का दिन भी बौद्धों का प्रमुख त्योहार होता है।

22

सिख धर्म

"अकाल पुरख अर्थात परमात्मा एक है; उसके जैसा कोई और नहीं है; वो सब में रस व्यापक है; वो हर जगह मौजूद है|" - गुरु नानक देव

सिख धर्म की उत्पत्ति : सिख धर्म के प्रवर्तक प्रथम सच्चे पातशाह धन गुरु नानक देव जी थे ! वो एक हिन्दू माँ बाप की संतान थे | उनका जन्म 15 अप्रैल 1469 में तलवंडी नामक स्थान में हुआ था जिसका नाम बदलकर ननकाना हो गया था | वर्तमान में यह जगह पाकिस्तान में है | गुरु नानक देव जी ने करतारपुर नाम का शहर बाया था जो अब पाकिस्तान में मौजूद है | यही वो स्थान है जहां सन 1539 को गुरु नानांक देव जी का देहांत हुआ था |

उनका बचपन से ही दुनियादारी में मन नही लगता था | उस समय पंजाब में बहुत से पीर फ़क़ीर होते थे और उनके बहुत अनुयायी होते थे | पीर फ़क़ीर जिस आश्रम में रहते थे उसको डेरा बोला जाता था | गुरु नानक देव जी ने भी बहुत से चमत्कार दिखाये उन्होंने मुगल सम्राट बाबर का विरोध किया था और लोगो को जात, पात, छुआ छूत का विरोध किया लोगो को उसके बारे में जाग्रत किया वो हिन्दू और मुसलमान दोनों धर्मों की कुरीतियों का विरोध किया | उन्होंने पूरे भारत में ही नही बल्कि पूरे एशिया में यात्राएं की उनकी यात्राओं को उदासी कहते हैं |

गुरु नानक देव जी के बाद गुरु शिष्य परम्परा के तहत उनकी गद्दी उनके शिष्यों ने संभाली | उस समय मध्य एशिया और अफगानिस्तान

से भारत पर बहुत आक्रमण हो रहे थे और वो पंजाब के रास्ते से ही होते थे| इसलिए पंजाब का बहुत जोरो से इस्लामीकरण किया जा रहा था जिसका गुरुनानक के अनुयायी बहुत जोर शोर से विरोध करते थे| इसी लिए सभी मुगल बादशाहों की सभी गुरुओ से अनबन रहती थी | गुरु अंगद देव ,गुरु तेग बहादुर ,गुरु अर्जुन देवजी पर मुगलो ने इस्लाम अपनाने के लिए बहुत अत्यचार किया | उनको जिंदा दीवार में चुनवा दिया |गुरु तेग बहादुर को तो गर्म तेल में जिंदा डाल दिया गया लेकिन गुरुओ ने कभी मुगलो की अधीनता स्वीकार नही की|

गुरु गोविंद सिंह सिखों के दसवें और अंतिम गुरु माने जाते हैं | उनका जन्म २२ दिसंबर 1666 ईस्वी को पटना में हुआ था | वह नौवें गुरु तेग बहादुर जी के पुत्र थे | उनको 9 वर्ष की उम्र में गुरुगद्दी मिली थी | गुरु गोबिंद सिंह के जन्म के समय देश पर मुगलों का शासन था | उन्होंने अपने पिता का बदला लेने के लिए तलवार उठाई थी |

उन्होंने पांच अलग अलग जातियों के हिन्दू शिष्यों को अमरत चखाकर प्रथम पांच सिख पंज प्यारे बना कर पांच निशान देकर 'खालसा' दस्ते का गठन किया और उनको सिंह बनाया | मुगल बादशाह ओरंगजेब से लड़ने के लिए अपनी सेना बनाई | उनके आव्हान पर पूरा पंजाब जाग गया| उस समय प्रायः सभी हिन्दू घरों से बड़े बेटे को गुरु को सौप देते थे | उन्होंने नारा दिया 'वाहे गुरुजी का खालसा वाहे गुरुजी की फतेह ,राज करेगा खालसा आकी रहे न कोय' ,मैं चिड़िया संग बाज लड़ाऊँ सवा लाख से एक लड़ाऊँ ता गुरु गोविंद सिंह नाम कहाउ'| उन्होंने अपने सैनिकों मे इतना जोश भर दिया की खालसा का मतलब ही सिंह हो गया | एक एक खालसा सैनिक दस दस मुगल सैनिकों पर भारी पड़ने लगा | आज यदि पंजाब में हिन्दू बचे हुए हैं तो सिर्फ गुरुओं के कारण |

क्या सिख धर्म हिन्दुओं से अलग है ? सिख धर्म एक पंथ हैं जो हिन्दू धर्म का ही हिस्सा है | अंग्रेजों नें भारत के हिन्दूओं को 1857 के बाद विघटन करने के लिये चाल चली थी। इन तथ्यों को खुले मन से देखें |

गुरु नानक देव से ले कर सभी गुरु जनों के नाम के साथ सिंह नहीं लगता था देव, राय, बहादुर, दास लगता था जो हिन्दू प्रथा थी। सिंह लगवाना गुरु गोविन्द राय ने खालसा की स्थापना के बाद शुरु किया

और यह एक राजपूती परम्परा थी।

शिष्य शब्द का अपभ्रंश रूप सिख है और पंजाबी (गुरुमुखी - गुरु के मुख से निकली बात) में हिन्दी के अपभ्रंश के तौर से प्रयोग किया गया है।

मध्य काल (इसलामी काल) को हिन्दी भाषा का भक्ति काल गिना जाता है। इस काल में वीर गाथाओं के बाद भक्ति रचनायें की गई। हिन्दूओं के नायक वीर गति को प्राप्त हो चुके थे और उन्होंने अपने मन को समझाने के लिये इष्टदेवों का आसरा लिया और अपने आप को उन का दास कहना शुरु किया था। उन की वेष भूषा फकीरों जैसी होती गयी। ऐसे में दो नायक मुख्य थे राम और कृष्ण - जिस में राम भक्ति शाखा का साहित्य अवधी भाषा में लिखा गया (तुलसी दास आदि) और कृष्ण भक्ति शखा का साहित्य बृज भाषा में लिखा गया (सूरदास और अन्य) इन दोनो को सगुण भक्ति धारा कहा जाता है क्यों कि वह ईश्वर को मानवी रूप में मानते थे। तीसरी धारा ईश्वर को निर्गुण रुप में मानती थी जिस के मुख्य संत कबीर, दादू दयाल नानक कुछ सूफी संत इत्यादी थे। वह संस्कृत भी नहीं जानते थे और उन की भाषा में अपभ्रंश हिन्दी (हिन्दवी) उर्दू वगैरा भी थे तो उस भाषा को सधुकडी भाषा कहा जाता था। गुरुमुखी उसी भाषा का रूप था जिस की लिपि बाद में गुरु अंगद देव ने बनाई और आज पंजाबी की लिपि है। इस लिपि को लिखने का चलन भी हिन्दी की तरह बायें से दाहिने है, उर्दू, अरबी फारसी की तरह दाहिने से बायें नहीं।

वैदिक ओं को ही ओंकार, शिव को अकाल पुरुष (अकाल पुरख) और देवी भगवती की अर्चना गुरू गोबिन्द सिहं ने की थी। अमृतसर में स्वर्ण मन्दिर हरि मन्दिर अपभ्रंश हो कर हरमिन्दर साहब बन गया।

खालसा की स्थापना के समय पांच प्यारे हिन्दू ही थे उन में कोई अन्य धर्म से नहीं था। उन्हें गौ, ब्राहम्ण, धर्म स्त्रियों की रक्षा के लिये अलग पहचान दी गई थी | सभी शिष्यों की अन्त्येष्टि दाह संस्कार से होती थी, दफनाया नहीं जाता था और सभी विधि विधान हिन्दू तरीके से ही होते थे।

धार्मिक पुस्तक : दशम गुरु गुरु गोबिंद सिंह जी मानवीय कमजोरियों को जानते थे इसलिए उन्होंने गुरु शिष्य परम्परा खत्म कर दस गुरुओं के जो उपदेश थे उनको संकलित करवाकर कर गुरुवाणी को **'गुरु ग्रन्थ साहिब'** का नाम दिया | गुरु ग्रन्थ साहिब को ही गुरु की गद्दी पर स्थापित किया आज हर सिख गुरु ग्रन्थ साहेब को ही गुरु मानकर उसकी पूजा आराधना करते हैं| कालांतर में यही 'खालसा पंथ' सिख धर्म के नाम से जाना जाने लगा| फिर कुछ राजनीतिक नेताओ ने अपने व्यक्तिगत स्वार्थ के लिए सिखों ओर हिन्दुओ में फर्क करना सुरु कर दिया वर्ना तो गुरूजी के समय कोई हिन्दू और खालसा अपने आपको अलग नही समझता था |

सिख धर्म में 'लंगर' की शुरुआत कैसे हुई और किन्होने की ?सबसे पहले गुरुनानक जी के घर से हुई थी 'लंगर' की शुरुआत|गुरुद्वारे में मिलने वाले लंगर यानी प्रसाद खाने के लिए सभी जाते हैं। सिर्फ खाने ही नहीं लोग निस्वार्थ भाव से लंगर में काम करने के लिए भी उत्साहित रहते हैं। गुरु नानक जी कहा करते थे कि आम लोगों से मिलिए, उनके साथ खाना खाइए, उनसे बात कीजिए, तभी सच्ची खुशी मिलती है। कहा जाता है कि, एक बार सिखों के पहले गुरु नानक देव जी को उनके पिता ने व्यापार करने के लिए कुछ पैसे दिए, जिसे देकर उन्होंने कहा कि वो बाजार से सौदा करके कुछ कमा कर लाए। नानक देव जी इन पैसों को लेकर जा रहे थे कि उन्होंने कुछ भिखारियों को देखा, उन्होंने वो पैसे भूखों को खिलाने में खर्च कर दिए और खाली हाथ घर लौट आए। नानक जी की इस हरकत से उनके पिता बहुत नाराज हुए, जिसके बाद नानक देव जी ने कहा कि सच्चा लाभ तो सेवा करने में है।

'लंगर' को आने वाले गुरुओं ने भी जारी रखा। वे कहते थे कि चाहे अमीर हो या गरीब, ऊंची जाति का हो या नीची जाति, अगर वह भूखा है तो उसे खाना जरूर खिलाओ। इसलिए स्वर्ण मंदिर में चार दरवाजे हैं। जो यही संदेश देते हैं कि व्यक्ति कोई भी हो, उसके लिए चारो दरवाजे खुले हैं। सिख धर्म सेवा और शान्ति में विश्वास करता है|

****

पाठक कृपया ध्यान दें :- धर्म का विषय बहुत विस्तृत है, इसे संक्षेप में एक पुस्तक में समाहित करना असंभव है | यह ठीक वैसा ही है जैसे गागर में सागर भरना | धार्मिक पुस्तकों, लेखों, महापुरुषों के अनुभवों, और स्वयं के अनुभवों से मैंने 'धर्मचक्र' को संक्षेप में लिखने का प्रयास किया है जो कि एक सामान्य ज्ञान की तरह है | यदि आप तथ्यों की गहराई में जाना चाहते हैं तो सम्बंधित ग्रंथों का अध्ययन करें |धन्यवाद|

लेखक की रचनाएं

1. BORDERMAN
2. सीमा प्रहरी
3. आवारा
4. कमीने दोस्त
5. संगिनी
6. काबिल
7. मुक्तिदाता
8. माया
9. चरित्रहीन
10. चक्रव्यूह
11. परिवार
12. प्रेम विवाह
13. वफ़ादार दोस्त
14. जीवन-संघर्ष
15. नारी-शक्ति
16. नारी महिमा
17. अग्निपथ
18. रॉकेट लक्ष्मी
19. अपराध चक्र
20. नारी अस्मिता
21. काला सच
22. धर्मचक्र

लेखक से पत्र व्यवहार का पता : rps1959@gmail.com ,
मोबाईल नंबर 7000153809